TÜBINGER GEOGRAPHISCHE STUDIEN

Herausgegeben von

D.Eberle * H.Förster * H.Gebhardt * G.Kohlhepp * K.-H.Pfeffer

Schriftleitung H.Eck

Heft 115

zugleich

TÜBINGER BEITRÄGE ZUR
GEOGRAPHISCHEN LATEINAMERIKA-FORSCHUNG

Herausgegeben von Gerd Kohlhepp

Heft 13

Fridolin Birk

Kommunikation, Distanz und Organisation

Dörfliche Organisationen indianischer Kleinbauern im westlichen Hochland Guatemalas

Mit 5 Karten, 20 Abbildungen und 15 Tabellen

1995

Im Selbstverlag des Geographischen Instituts der Universität Tübingen

ISBN 3-88121-020-2
ISSN 0932-1438

Die Deutsche Bibliothek - CIP-Einheitsaufnahme

Birk, Fridolin:
Kommunikation, Distanz und Organisation : dörfliche Organisation indianischer Kleinbauern im westlichen Hochland Guatemalas ; mit 15 Tabellen / Fridolin Birk. Geographisches Institut der Universität Tübingen. - Tübingen : Geograph. Inst. der Univ., 1995
 (Tübinger geographische Studien ; H. 115) (Tübinger Beiträge zur geographischen Lateinamerika-Forschung ; H. 13)
 ISBN 3-88121-020-2
NE: 1. GT; 2. GT

Copyright 1995 Geographisches Institut der Universität Tübingen, Hölderlinstr. 12, 72074 Tübingen

Zeeb-Druck, 72070 Tübingen

VORWORT

Erinnerungen sind gute Begleiter, nicht weil sie etwas beweisen könnten, sondern weil sie immer da sind. Ich lebte von Herbst 1982 bis April 1983 im Hochland Guatemalas, mitten im Bürgerkrieg gegen die indianische Bevölkerung. Kolonialgeschichtlicher Alltag lähmte in einer neuen, jahrhunderteübergreifenden, apokalyptischen Konvulsion das Leben. Maisfelder wurden verbrannt.

Inmitten dieser Szenerie besuchte ich einmal einen Maya-Altar in der Nähe von Quetzaltenango. Eine Priesterin hatte gerade eine Besprechung mit einer Frau von der Küste begonnen, die plötzlich mit vier Kindern alleine dasaß und nicht wußte mehr ein noch aus wußte. Der Mann war ihr davongelaufen. Ich wagte nicht, mich zu nähern, bis mich die Priesterin einlud, an der Zeremonie teilzunehmen. Sie erzählte dabei eine Parabel: Die Menschen sind wie der Mais, es gibt schwarzen, gelben, weißen oder rötlichen Mais, und alle Farben wachsen an einem Kolben. So ist es auch mit den Menschen. Sie haben viele Hautfarben und doch sind sie von einer Natur. Es gibt also keinen Grund, nicht zu jedem Mitmenschen gastlich zu sein.

1986 kehrte ich wieder zurück nach Guatemala, in dieselbe Region und lebte wieder im selben Dorf, Cabricán. Die Gastlichkeit hatte mich verlockt, wieder dorthin zu gehen. Ich kam um eine Zulassungsarbeit vorzubereiten, in deren Mittelpunkt ein agrarstruktureller Vergleich zwischen zwei indianischen Hochlanddörfern stand. Ich hatte bis zu dieser Zeit im Geographiestudium zwar die Lektüre fachkritischer Wissenschaftstheorie betrieben, konnte sie jedoch in der damaligen Arbeit noch nicht mit der im indianischen Guatemala angetroffenen Lebenswirklichkeit verbinden. Das blieb der Dissertation vorbehalten, deren Betreuung freundlicherweise Prof. Dr. G. Kohlhepp ab 1989 zu übernehmen bereit war. Mein zweijähriger Aufenthalt und der Einblick in die dörfliche Alltagswelt, den ich während der Zeit von 1989-1991 finden konnte, ist vor allem den Freunden in Cabricán geschuldet. In erster Linie möchte ich Felix Ramirez Clemente erwähnen, der, tief verwurzelt in sein bäuerliches Leben, den Blick für das für ihn machbare niemals verloren hat. Er hat mich die Achtung vor dem Mais und der Familie gelehrt.

Die Aufnahme an Sohnes statt im Haus von Don Felix Méndez und seiner Frau Maria mit ihren zehn Töchtern hat mir den bäuerlichen Alltag erlebbar gemacht. Die Abendstunden, im Schein der Petroleumlampe in der Küche um den Herd, hat die Gedanken an die eigene Heimat verfliegen lassen.

Ich danke "meinen alten Männern", Don Felipe Rojas, Don Ciriaco Ramirez und Don Antonio Ramirez, die mir gezeigt haben, was Geschichte und Gegenwart indianischen Lebens trennt und vereint. Sie haben viele Stunden Gespräch mit mir verbracht, die an mir nicht spurlos vorübergegangen sind. Dank an die Mitglieder der *Cooperativa Santiago Cabricán,* an die Mitglieder des *Proyecto Miniriego Cabricán,* an die Mitglieder der beiden *Proyecto Campesino* in Ciénaga Chiquita und Buena Vista.

In Santa Maria Chiquimula danke ich in erster Linie Padre Chema für die Aufnahme im Pfarrhaus und die vielen Gespräche. Desweiteren ein Danke schön an die Mitglieder des *"taller Ajticonel".* In Concepción Chiquirichapa schulde ich Dank Odilia Méndez, Juliana Méndez mit ihrer Tochter Lia und der *Cooperativa de Paperos,* die mir durch ihr unerwartetes Handeln einen authentischen Eindruck von den Anforderungen gaben, die notwendig sind, um die Wirklichkeit im indianischen Hochland Guatemalas täglich von neuem zu bewältigen.

In Deutschland danke ich Woody Sahr und Volker Demuth für die Zeit der Diskussionen. Martina Kaller hat mir durch Insistieren manche unhinterfragte Annahme zum Problem gemacht. Barbara Honner und Christine Vogt möchte ich für das Korrekturlesen danken. Die Durchführung der zweijährigen Feldarbeit und die anschließende zweijährige Ausarbeitung der Dissertation wurde ermöglicht durch ein Graduiertenstipendium der Konrad-Adenauer-Stiftung.

Meine Eltern haben mir das Empfinden für Gastlichkeit mit auf meinen Weg gegeben. Ich widme Ihnen diese Arbeit.

Tübingen, im Juni 1993

Inhaltsverzeichnis

Vorwort	I
Inhaltsverzeichnis	III
Verzeichnis der Abbildungen im Text	VI
Verzeichnis der Tabellen im Text	VII
Verzeichnis der Karten im Text	VIII
1. Antworten, Fragen, Menschen - ein Zugang	1
1.1. Antworten	1
1.2. Fragen	19
1.3. Zur Methodenfrage	25
1.4. Menschen	27
2. Dorf und Geschichte	31
2.1. Prähispanische Strukturen und gesellschaftliche Formungen	40
2.2. Die Wendezeit der *Conquista*	45
2.2.1. *Conquista* und *Reducciones*	46
2.2.2. Die *Encomienda* und das Objekt	49
2.2.3. *Ladinos* und *Indígenas*	51
2.3. Die Unabhängigkeit als liberale *Reconquista*	55
2.4. Die indianischen Dörfer als Deformation	60
2.5. Räumliche Muster und innere Verfassung	62
3. Die *Comunidad* und ihr Diskurs	67
3.1. Die zivil-religiöse Hierarchie als historischer Orientierungsrahmen munizipaler Ordnung	67
3.2. Die Gemeinde als Bruchlinie der Moderne	78
3.3. Annäherungen an die Untersuchungsregionen im Spiegel allgemeiner Charakteristika	83
3.3.1. Sta. Maria Chiquimula	84
3.3.2. Concepción Chiquirichapa	87
3.3.3. Cabricán	91
3.4. Munizip, *Aldea*, *Caserio* - zu den Formen gemeindlicher Subsidiarität und Kommunikation	95

3.4.1. Gemeinde und *comunidad indígena*   97

3.4.2. Die Gemeinde zwischen *aldea* und staatlichem Einfluss   100

3.5. Elemente der Bedeutung des *centro* als Ausdruck
distanzieller Beziehungen   107

4. Die Familie als Beziehungszentrum   115

4.1. Das Konzept der Sozialen Netzwerke als Grundlage   117

4.1.1. Die formale Seite des Netzwerkkonzeptes   119

4.1.2. Netzwerke und Kommunikation im familiären Umfeld   127

4.1.3. Siedlungsweise und familiäre Integration   130

4.1.4. Eltern und Kinder - Kontinuität und Moderne   135

4.1.5. Die wirtschaftlich-materielle Existenzsicherung im Rahmen der
Familienwirtschaft   138

4.2. Strategien der Existenzsicherung in den Dörfern   145

4.2.1. Das Gewerbe im Abseits kleinbäuerlichen Denkens   145

4.2.2. Der Handel als Grund sozioökonomischer Differenzierung   150

4.3. Netzwerke als Ausdruck distanzieller Differenzierung   157

4.3.1. Restrukturierung lokaler Machtartikulation als Hintergrund
der Differenzierung sozialer Distanz   158

4.3.2. Distanzielle Differenzierungen und Interaktion   163

4.4. Vernetzung von Problemfeldern   172

**5. Das Land, die Arbeit und die anderen - Familienzyklus und Haushalts-
ökonomie in Cabricán**   177

5.1. Familienzyklus und kleinbäuerliche Familienwirtschaft   179

5.1.1. "*Moral Economy*" oder "Neoliberale Wiederentdeckung"   187

5.1.2. "*Nos cuesta mucho a nosotros*" - Die Familienwirtschaft in Cabricán   194

5.2. Die moralische Ökonomie im Gegenwind   205

5.3. Landwirtschaft und Kooperationsformen   209

5.4. Zur Frage der Bedarfsdeckung oder Wie Not unsichtbar wird   214

5.5. Vom Land in den Kopf - neue Konzepte der Ressourcennutzung   220

5.5.1. Vier Konzepte der sozial-wirtschaftlichen Orientierung   222

5.5.2. Familienwirtschaft und neue Organisationsweisen oder -
der lange Weg der Mutter Courage   228

6. Die Alltagswelt der *comunidad* zwischen interner Organisation und Moderne   231

6.1. Die alltagsweltliche Perspektive   233

6.1.1. Die Struktur der Alltagswelt im Aufriss   235

6.1.2. Das Wirklichkeitsmodell der alltagsweltlichen Annäherung   246

6.1.3. Das Handlungsmoment in der alltagsweltlich geprägten Wirklichkeit   248

6.2. Der Konflikt als zentraler Drehpunkt der Alltagsperspektive in der *comunidad*   253

6.3. Das Gerücht als zielgerichtete und sozial-manipulative Handlung   261

6.4. Die Kommunikation als Medium zur Bewältigung eines konfliktgeladenen Alltags   263

6.5. Distanz als kommunikativ vermittelte räumlich-soziale Verflechtung   271

7. Struktur und Diskurs - Organisationen im dörflichen Kontext von Cabricán und Sta.Maria Chiquimula   277

7.1. Bemerkungen zur Diskursaufschichtung in den Organisationen   282

7.1.1. Voraussetzungen der Diskursgestaltung aus der sozialen Alltagswelt   285

7.1.2. Die Oberfläche einiger dörflicher Organisationen   288

7.2. Das Spiel mit der Distanz in der Schneiderwerkstätte *"Ajticonel"* in Sta.Maria Chiquimula   296

7.3. Die räumlich-sozialen Komponenten der Kalkbrennergruppen in Cabricán   303

8. Kommunikation, Distanz und Organisation als umfassende Deutungsansätze alltagsrelevanten Handelns in indigenen kleinbäuerlichen *Gemeinden*   312

Zusammenfassung   319

Resumen   326

summary   333

Literaturverzeichnis   340

Anhang   361

Verzeichnis der Abbildungen

Abb. 1: Die ursprüngliche zivil-religiöse Hierarchie — 73

Abb. 2: Darstellung der fünf Konfliktfelder auf der Ebene der Hochlandgemeinde — 82

Abb. 3: Das soziale Netzwerk als vermittelndes Konstrukt — 122

Abb. 4: Maiszukauf von 81 Bauern in Cabricán — 141

Abb. 5: Restrukturierung lokaler Macht in Sta.Maria Chiquimula — 159

Abb. 6: Sozial-kulturelle Schichtung einer Hochlandgemeinde am Beispiel von Cabricán — 160

Abb. 7: Restrukturierung lokaler Macht in Cabricán — 162

Abb. 8: Die zyklische Entwicklung der Lebensphasen in einer kleinbäuerlichen Familienwirtschaft nach MEILLASSOUX — 182

Abb. 9: Defizit- und Surplusphasen in der kleinbäuerlichen Familienwirtschaft — 196

Abb. 10: Familienstruktur, Bedarfsdeckung und effektive Anbaufläche — 219

Abb. 11: Umkehrung des Anbauhabitus in Almolonga — 223

Abb. 12: Profilskizze eines Hanges mit umgekehrtem Anbauhabitus — 224

Abb. 13: Die proxemisch reduzierte Matrix der Alltagswelt nach THURN — 237

Abb. 14: Die proxemisch reduzierte Matrix der Alltagswelt der indianischen Bevölkerung von Cabricán — 242

Abb. 15: Gesellschaftliche Diskursebenen der indianischen Bevölkerung von Cabricán — 267

Abb. 16: Horizontale Ausdehnung unterschiedlicher Handlungsrahmen — 269

Abb. 17: Struktur und schleichende Partikularisierung einer Schneidervereinigung in Sta.Maria Chiquimula — 291

Abb. 18: An der Kalkbrennerei in Cabricán beteiligte Gruppen — 294

Abb. 19: Aufschlüsselung der Diskursebenen einer Schneidereiwerkstätte in Sta.Maria Chiquimula — 297

Abb. 20: Aufschlüsselung der Diskursebenen einer Kalkbrennergruppe in Cabricán — 305

Verzeichnis der Tabellen

Tab. 1: Beziehungsmuster zwischen Eltern und Kindern in Cabricán	132
Tab. 2: Beziehungsmuster zwischen der Kindergeneration in Cabricán	134
Tab. 3: Bedeutung des Landeigentums neben der Ausübung einer außerlandwirtschaftlichen Tätigkeit	144
Tab. 4: Sonntagsmarkt in Cabricán - Herkunft der Händler und Verkaufsgebahren	152
Tab. 5: Warenangebot von Händlern aus Cabricán	153
Tab. 6: Herkunft der dorfinternen Unterstützung nach Altersstufen	168
Tab. 7: Bereitschaft einem Dorfmitbewohner einen Kredit zu geben	190
Tab. 8: Altersmäßige Differenzierung im Municipio von Cabricán	194
Tab. 9: Arbeitsbelastung während der Familienentwicklung nach Altersgruppen	197
Tab. 10: Wohin wenden Sie sich in für Sie schwierigen Situationen?	200
Tab. 11: Das Verhältnis von Altersgruppen zum Grundbesitz in Cabricán	203
Tab. 12: Verbindung von Maisernte und sozialer Verflechtung in Cabricán	210
Tab. 13: Verbraucher und absolute Verbrauchsmengen	216
Tab. 14: Bereinigte Konsumtion-Produktion und effektive Anbaufläche für Mais	217
Tab. 15: Die soziale Einbindung von Statuspersonen in Cabricán	255

Verzeichnis der Karten

Karte 1:	Westliches Hochland Guatemala	39
Karte 2:	Der Einfall der *Quichés* in das *Mam*-, *Pocomam*-Gebiet	41
Karte 3:	Übersichtskarte Sta.Maria Chiquimula	86
Karte 4:	Übersichtskarte Concepción Chiquirichapa	89
Karte 5:	Übersichtskarte Cabricán	92

Anhang

Im Anhang wurden die verwendeten Fragebögen und die wichtigsten Vollstatistiken zusammengestellt.

...que es el hombre el que se hace a sí mismo,
o no puede hacérsele de ninguna manera.[1]

1. Antworten, Fragen, Menschen - ein Zugang

1.1. Antworten

Viele Arbeiten innerhalb der geographischen Entwicklungsländerforschung tragen, aus dem Blickwinkel explizit sozialwissenschaftlicher Forschungsliteratur betrachtet, deterministisch verengte Züge. Dies wird vor allem deutlich hinsichtlich deren Themenbehandlung und wissenschaftstheoretischer Grundlegung. Diese Arbeit will mit der Aufbereitung und Verwendung von Theorien aus der Soziologie, der Sozialanthropologie und der Agrarsoziologie der anthropogeographischen Verengung des Blickfeldes entgegenwirken. Dabei soll es nicht nur um die rein theoriegewandte Aufarbeitung gehen. Dahinter steht das Bemühen, im Rahmen einer empirischen Untersuchung im indianischen Westlichen Hochland Guatemalas, unter Verwendung des erwähnten Theorieinventars, eine neue Interpretation dörflicher Vereins- und Organisationsbildung vorzulegen.

Geographische Theorieansätze sind im Rahmen der Entwicklungsländerforschung an ihren eigenen Ansprüchen immer wieder gescheitert. Das geschah vielfach aus ihrem zwanghaften Bemühen heraus, eine Raumwissenschaft sein zu sollen (und zu wollen) und sich als solche auch profilieren zu müssen. Das Beharren auf einem *irgendwie gearteten* "Raumparadigma", das der Autor dieser Arbeit noch niemals in

---

[1] Vgl. NASH (1970: 234); "... entweder der Mensch erschafft sich selber, oder er bleibt für immer unerkannt." (Übers. F.B.)

theoriegeleiteten Zusammenhang von geographischer Seite befriedigend geklärt gefunden hat, dessen Hypostasierungskritik er aber um so häufiger begegnet ist[2], verstellt(e) den Weg zu tiefgreifenden Analysen sozialen Handelns.

Damit ist auch der Begriff genannt, der hinter den vielfältigen Ansätzen dieser Arbeit steht und dem unklaren Raumbegriff entgegengestellt werden soll. Menschliches Handeln als individuelles, sinnorientiertes und auf die soziale Mitwelt gerichtetes Handeln schafft einen überzeugenderen Hintergrund, auf dem das spezifische Tun von Akteuren im chorischen Raum *als ein Aspekt* des grösseren Handlungszusammenhanges erklärt werden kann (WERLEN, 1987: 23). Diesem Ansatz folgt eine Forschungsweise, die den individuellen Charakter sozialen Handelns nicht nur beschwört und immer wieder einfordert,[3] sondern ihn auch im Forschungshandeln innerhalb der Geographie methodisch und theoriegeleitet umsetzt.

Der oben erwähnte *Determinismus* rührt, auch bei unterschiedlichen Problemstellungen, die von wirtschaftsräumlichen Untersuchungen über soziokulturelle Analysen bis zu demographischen Prognosen reichen können, von einer Perspektivenverengung her. Diese Verengung geht zurück auf eine, provokativ formuliert, geographische *Bescheidenheit und Selbstbeschränkung,* die den untersuchungsrelevanten Rahmen auf naturräumliche Fixierungen (BLENCK/ TRÖGER/ WINGWIRI, 1985; LÜHRING, 1985; SCHOLZ, 1988: 12), sozialdeterministische Mensch-Umwelt-Beziehungen[4] oder kommunikationslose, chorologische Raumverortungen (KLÜTER, 1986: 1 ff.) begrenzt. Dadurch lassen die vorgestellten Ergebnisse alle jene Aspekte vermissen, die seit dem Beginn der handlungsorientierten Soziologie Max WEBERs in die Sozialwissenschaften eingegangen sind.

Die *wissenschaftstheoretische Grundlegung* der traditionellen Fachtradition beruft

---

[2] Zu diesem Thema sollen nur einige wenige Literaturhinweise aus einer Vielzahl genügen, die das Spektrum der Kritikrichtungen aufzeigen: DUNCAN/ SAVAGE (1989: 179); SOJA (1985: 92); URRY (1985: 25); KLÜTER (1986: 135); BULMER (1985: 432); HARD (1986a, 1986b); SCHÜTZ/ LUCKMANN (1979: 137).

[3] Als Beispiele seien nur genannt WÖHLCKE (1991: 55); THOMI (1988: 146); LÜHRING (1985: 148, Fussn.11); MEYER (1985); WOLF (1977: 66); SCHMIDT-WULFFEN (1987: 131).

[4] SCHOLZ (1988: 9) bezeichnet aber gerade das "Mensch-Umwelt-Theorem" als die "sozioökonomisch-ökologische Grundperspektive geographischen Erkenntnisinteresses", der dem Fach dazu verhelfen könne, aus seiner Legitimationskrise im Kreise der an der Diskussion zur Entwicklungstheorie beteiligten Fachbereiche herauszukommen. Man muss sich über die Universalität des geographischen Anspruches nur wundern, angesichts dessen tatsächlicher "Raum"-Bescheidenheit.

EINLEITUNG

sich immanent fast ausnahmslos auf ein ungebrochen positivistisches Wissenschaftsverständnis, das in der deskriptiv angelegten "Räumlichkeit" in vielen Veröffentlichungen als Anhängsel erscheint.[5] Dieses dergestalt theoretisch untermauerte Untersuchungsinteresse erschöpft sich, trotz gegenteiliger Beteuerungen (siehe oben), letztlich in der Erstellung von Statistikreihen oder der "Bewertung räumlicher Nutzungsstrukturen" (LÜHRING, 1985:150) und zeichnet dadurch ein vordergründiges Bild, das es nicht erlaubt, lebensweltliche und sinnorientierte Zusammenhänge sozialen Handelns methodisch und theoriegeleitet zu integrieren.

Der lebensweltliche Boden einer höchst vielgestaltigen Wirklichkeit, die nur mit einer *Geographie des Menschen* (BARTELS, 1968) beschrieben werden kann, verschwindet tatsächlich hinter ins Opakgrau verschwimmenden Kolumnen oder einer "einseitig der Harmonie, Partnerschaft und Intaktheit verpflichteten Ausrichtung" (LÜHRING, 1985: 142). Alltägliche Daseinsbewältigung im Rahmen gewachsener und sich ständig verändernder sozial-kultureller Ordnungen wird aus diesem Blickwinkel entweder zu einem partikularisierten oder zu einem volkswirtschaftlich kumulierten Kosten-/ Nutzenkalkül.

Die Wirtschafts- und Sozialgeographie reklamiert für sich als geographischen Forschungszweig die Auseinandersetzung mit Fragen des Nord-Süd-Verhältnisses, wobei dieser komplexe Fragen- und Problemzusammenhang ebenfalls in der beschriebenen Tradition der Reduzierung und unzureichenden wissenschaftstheoretischen Fundierung steckenbleibt.[6] Dies rührt im wesentlichen her aus den bis heute fortbestehenden Defiziten bei der Klärung des fachinternen Selbstverständnisses. Dabei hätte die Geographie gute Gründe und gleichzeitig gute Möglichkeiten, sich mit den Fragen der Entwicklungsforschung auseinanderzusetzen und profunde Kritik zu üben. Denn neben der Anthropologie und Ethnologie ist die Geographie, wie kaum ein anderes heute an Hochschulen gelehrtes Fach, aus seiner Tradition heraus eng mit der "Erforschung" der naturbestimmten Bedingungen und sozial-

---

[5] Als eine profunde Kritik an dieser "Tradition" soll hier nur auf die Kritik an der Regionalbewusstseinsforschung durch HARD (1987 b) verwiesen werden.

[6] Aus der breiten Literatur, die dieses Defizit ausdrücklich benennt und häufig nur unzulängliche Alternativentwürfe bietet, nenne ich nur einige Beispiele: SCHOLZ (1985); SCHMIDT-WULFFEN (1987); LENG/ TAUBMANN (1988); SCHAMP (1989). Man kann durchaus die Mehrzahl der Beiträge aus den drei erwähnten Sammelbänden als Belege heranziehen.

kulturellen Voraussetzungen in aussereuropäischen Kontinenten verbunden (BOBEK, 1985: 66), weshalb die Geographie, wie andere Sozialwissenschaften, ein unhinterfragtes Erbe hinter sich herschleppt.[7] Dieses Erbe wird jedoch im allgemeinen geflissentlich harmonisiert und erst in jüngerer Zeit aufgearbeitet.

In der Geographie spiegelte sich die Art der Betrachtung der menschlichen Sozialordnung nach der Systematik der möglichst reibungslosen Verfügbarmachung der erfassten und kategorisierten Natur bzw. Gesellschaft (BLENCK/ TRÖGER/ WINGWIRI, 1985:71) und die Propagierung einer selbstevidenten 'Distanzlogik´ der Gegenstände.[8] Dahinter stand eine unbefragte Hierarchie der politischen Verfügungsgewalt, deren Hintergrund und ideologische Basis kritiklos hingenommen wurde (KOLB, 1961; TROLL, 1985; zur Kritik: LÜHRING, 1985). Geographen als Laien-Politiker kamen zu Wort und Volkssoziologien wurden gebastelt. Der einzelne kam dabei als Handelnder niemals in den Blick. Er wurde, in Anwendung einer aus der bürgerlichen Denktradition entnommenen Sichtweise, einem niemals näher hinterfragten, aber aus der Geschichte äusserst belasteten Ordnungsgedanken unterworfen. Dieser Ordnungsgedanke beruhte auf der Annahme einer harmonisierten organischen Entwicklung des gesellschaftlichen Ganzen. Konflikte und Auseinandersetzungen über angemessene Lösungen für anstehende Entscheidungen wurden von geographischer Seite überwiegend im schon erwähnten, unhinterfragt bestehenden ordnungspolitischen Rahmen thematisiert (SCHMIDT-WULFFEN, 1987:132). Andere Sozialwissenschaften unterlagen allerdings weitgehend denselben Prozessen.

Es wurde nicht thematisiert, wer die Vorgaben für die prästabilierte Ordnung entwirft und wem diese dienen. Trotz der "Regionalisierungsarbeit" vieler Geographen wurde die Eigenständigkeit und Ernsthaftigkeit einer Artikulation berechtigter Interessen der Bewohner einer Region nicht zugestanden und folglich

---

[7] Hierzu einige zeitkritische Arbeiten: HAUG (1967); SCHULTE-ALTHOFF (1971); SCHULTZ (1978); EISEL (1980); KONAU (1977: 77 ff.). Konau zeigt anhand der Entwicklung der Politischen Geographie zur Geopolitik, wie schwer sich die geographische Fachtradition mit der Bestimmung ihres Selbstverständnisses tat. Als Belege können auch die diversen bei LÜHRING (1985) erwähnten Literaturbeispiele gelten, die durchaus die unreflektierte Haltung der Geographie-Vertreter kennzeichnen.

[8] Diese Distanzlogik kommt anschaulich zum Ausdruck im Begriff der "photographischen Platte" im Aufsatz von HARTKE (1959:428) oder in der inhaltlichen Füllung der "Grunddaseinsfunktionen" der Münchner Schule.

EINLEITUNG

nicht aufgearbeitet. Jede Äusserung musste sich der herrschenden Gesellschaftsverfassung unterordnen (HARD, 1987 b). Folglich blieben auch die Arbeiten, die sich mit aussereuropäischen Gebieten beschäftigten, fraglos den offiziell verordneten ordnungspolitischen Konzepten verhaftet.

Als schliesslich gegen Ende der 50er Jahre (BMZ, 1992: 63 ff.) *Entwicklungspolitik* Einzug in den jeweiligen gesellschaftlich-politischen Kanon der Staaten der nördlichen Hemisphäre hielt, hiess das für die Länder der südlichen Hemisphäre eine weitreichende Entmündigung, um den eindimensional wirtschaftlich verstandenen Entwicklungsrückstand unter dem Banner der Modernisierung aufzuholen. Die Geographen fuhren, getreu diesen Vorgaben, im aussereuropäischen Ausland fort, nach landschaftskundlichem Muster zu schematisieren und zu kategorisieren (SCHOLZ, 1988; LÜHRING, 1985).

In der parallel ablaufenden Weiterentwicklung des fachlichen Selbstverständnisses wurde erst zu Beginn der 60er Jahre für die deutschsprachige Geographie von HARTKE (1959 und 1963) in Zusammenarbeit mit BOBEK[9] (1962) eine beginnende Wende im geographischen Denken artikuliert. Unzufrieden mit den Methoden und der Klärungsabsicht des länderkundlichen Schemas, inmitten einer in Zentraleuropa rasch komplexer werdenden Gesellschaft (BOESCH, 1989: 60), eines sich neu strukturierenden Verhältnisses der Staaten untereinander und einer neuen Sichtweise soziokultureller und gesellschaftlicher Charakteristika anderer Nationen, rückten in der geographischen Forschung erstmals die immer unübersichtlicher werdenden *funktionalen Beziehungen*[10] etwas aus dem Zentrum der Diskussion, dagegen trat die Tätigkeit des Menschen und deren sozial-kultureller Hintergrund und Gestaltungsabsicht in den Kreis des Interesses (WERLEN, 1987: 166; KLÜTER, 1986: 1). Diese neuen Gehversuche blieben jedoch bis in die 70er Jahre hinein halbherzig, denn sie werteten nicht sinnorientiertes Handeln der Individuen auf, sondern fassten in deterministischer Weise "das Hineingeborenwerden an eine bestimmte Stelle der

---

[9] In diesem Zusammenhang ist auch empfehlenswert, die überraschend kritische Stellungnahme BOBEKs von 1962 (SCHOLZ, 1985) zur eindimensionalen Interpretation des Entwicklungsgedankens von seiten der westlichen Industrieländer zu lesen. BOBEK beweist hier eine durchgängig sozialwissenschaftliche Haltung entsprechend seinen Forschungsergebnissen und lässt den sonst so häufig angetroffenen ordnungspolitischen Opportunismus nicht erkennen.

[10] Verfolgbar in der langen Diskussion der Regionalen Geographie (BOESCH, 1989: 57 ff.).

1. KAPITEL

Erde mit bestimmten physisch geographischen Eigenschaften, aber auch in eine bestimmte Sozialgruppe" (HARTKE, 1959: 426; RUPPERT/SCHAFFER, 1969: 210; OTREMBA, 1969: 14) zu einer *Sozialmechanik*[11] zusammen.

Obwohl bis zu diesem Zeitpunkt wesentliche Arbeiten bekannter moderner Soziologen wie MEAD (1973), HALBWACHS (1985), PARSONS (1976, 1968) oder SCHÜTZ (1974, versch. Aufsätze) schon vorlagen, wurden sie damals nicht wahrgenommen. Entsprechend einseitig blieb auch die Perspektive der "Hartkeschen Wende" (WERLEN, 1987: 226). Anstatt den Menschen als gestaltendes und sinnorientiertes Wesen zu sehen, das sich in formender Wechselseitigkeit den ihn umgebenden Raumausschnitt aneignet, bleibt der einzelne weiterhin als Teilchen eines *sozialgeographischen Verhaltensmusters* von eigenständigem sozialen Handeln ausgeschlossen. Parallel dazu bleibt der ihn umgebende Raum "photographische Platte" (HARTKE, 1959:428), auf der sich die "Raumwirksamkeit menschlicher Gruppen" (dass.) abbildet. Das heisst, dass rückwirkend wiederum "physische Indikatoren Auskunft über soziale Prozesse liefern" (KLÜTER, 1986:1) sollten.

Der Ausgangspunkt zu HARTKEs Überlegungen, die trotz aller Kritikwürdigkeit ein erstes Anzeichen eines Umdenkens signalisieren, kann u.a. in der französischen Geographie-Tradition gefunden werden. Die Debatte zwischen der DURKHEIM-Schule und der Gruppe um VIDAL DE LA BLACHE[12] zeigt als Negativabdruck die sozialdeterministische Grundüberzeugung dieser frühen Vertreter der Fachtradition. Kernpunkt war die Ansicht, auf der Basis von Regionalstudien die *genres de vie* der Bevölkerung zu erkunden und deren Einfluss auf die Gestaltung ihrer Umwelt zu beschreiben. DURKHEIM stellte sein Programm einer strukturellen Analyse der Gesellschaft den holistischen Gedanken einer *Sozialökologie* der Geographen gegenüber, zu deren Vertretern auch FEBVRE gehörte. "Febvre stated clearly that the perspective taken by the human geographers was not the one attributed to them by the Durkheimians (the social morphology, F.B.). What was relevant was man's action on the environment, not the reverse." (BERDOULAY, 1978: 79) Entgegen einer

---

[11] Siehe dazu die Ausführungen KLÜTERS (1986: 7) zur *Time Geography*, der er einen "Fahrplancharakter" beimisst, der letztlich in eine "Choreographie der Existenz" mündet. (PRED, 1977; in: KLÜTER, 1986: 7)

[12] Dazu RUPPERT/ SCHAFFER (1969); BERDOULAY (1978); BUTTIMER (1984: 65 ff.).

EINLEITUNG

nomothetischen Tätigkeit der jungen Soziologie, waren "the objectives of Vidalian human geographers (...) relatively similar (to social morphology, F.B.), but their written work was more regional, more oriented toward case studies, more historical, and more landscape oriented" (BERDOULAY, 1978: 77).

Genau diese Überzeugung wurde zu Beginn der 60er Jahre, während des Abklingens einer Renaissance des Landschaftsbegriffes in den Jahren nach 1945 (SCHRAMKE, 1975: 186 ff.), als Neuigkeit gehandelt und von HARTKE als erstem wieder aufgenommen (WERLEN, 1987: 226-231). Allerdings geriet angesichts dieser Besinnung das Methodeninventar der geographischen Arbeit zunehmend zum Problem (BARTELS, 1968).

Die während der 60er Jahre rasant fortschreitende positivistisch-szientistische Durchdringung aller Gesellschafts- und Wissenschaftsbereiche, wirkte in der Geographie dieser soeben geschilderten Neuorientierung entgegen. BARTELS´ "Geographie des Menschen" (1968) und der Geographentag von Kiel 1969 suchten in der *quantitativen Revolution* der deutschen Geographie den Anschluss an aktuelle Wissenschaftsentwicklungen zu ermöglichen, ohne die gerade sich formende sozialwissenschaftliche Grundorientierung aufgeben zu müssen. Mathematisch-statistische Methoden aus der positivistischen und naturwissenschaftlichen Forschung traten gegen eine überlebte, aber dennoch sehr resistente Länderkunde an, die in ihrer fachlichen Ausrichtung über einfache Lokalisierungsbemühungen den gesellschaftlich-politischen Rahmenbedingungen nicht mehr gerecht wurde. Jedoch wurden über die Systematisierung der Daten hinaus nur wenige wirklich neue konzeptionelle sozialwissenschaftliche Vorschläge laut.

Grundlage der BARTELSschen Beiträge war die Rezeption der englischsprachigen Geographieliteratur (WOLF, 1977: 65). Dadurch machte er auf einen bedeutenden, aber bis dato in Deutschland weitgehend übersehenen Ausschnitt der weltweiten Geographietradition aufmerksam. Dort hatte sich, neben der positivistischen Linie, eine zweite sozialwissenschaftliche Richtung geformt. Während der 70er und 80er Jahre kamen demzufolge auch völlig neue Überlegungen v.a. aus amerikanischen Fachkreisen ins Gespräch. Diese waren gespeist von einem intensiven Austausch mit benachbarten Sozialwissenschaften neben der Soziologie die Sozialanthropologie, die Politikwissenschaften oder die Sprachwissenschaften. Die Einflüsse dieser zweiten

Rezeptionsschiene zeigen bis heute die nachhaltigsten Folgen. Eine Tradition "Engagierter Geographie" (BOESCH, 1989) begleitet seither die Forschung und zeigt deutliche Tendenzen in Richtung auf eine interdisziplinäre sozialwissenschaftliche Arbeit in der Geographie.[13]

Auch in die Debatte zu Entwicklungsfragen kam, parallel zu den sozialwissenschaftlichen Veränderungen in den 70er Jahren, Bewegung (BOECKH, 1992: 110). Die Geographie beteiligte sich ausgehend von den 30er Jahren bis zum Anfang der 70er Jahre vorwiegend mit länderkundlichen Arbeiten und einem häufig politisch unreflektierten ideologischen Hintergrund als Anhängsel an die Arbeiten an der Diskussion (SCHOLZ, 1985) und begab sich dadurch, nach SENGHAAS´ Worten, selber ins Abseits. Einem 1976 gegründeten "Arbeitskreis Entwicklungsforschung" innerhalb der deutschsprachigen Geographie, der sich zum Ziel gesetzt hatte, das Theoriedefizit in der geographischen Diskussion aufzuarbeiten, ist dies nur insofern gelungen, als die am Arbeitskreis Beteiligten die Diskussionen nachvollzogen, die von anderen Disziplinen geliefert wurden. Darüber hinaus kann von einem eigenen geographischen Entwurf keine Rede sein. SCHOLZ (1988:16) beschwört zwar einen Paradigmenwechsel, der die Bedeutung der Geographie gesteigert habe, da nach dem Abschied von den grossen Theorien (RAUCH, 1988:87 f.) zunehmend auf *Konzepte und Strategien mittlerer Reichweite* (SCHOLZ, 1988:16; THOMI, 1988:151) zurückgegriffen werde. In den Vordergrund treten dabei aber lediglich die schon bestens bekannten gruppenorientierten Ansätze in gestalt einer "Konzeption auf der Basis armuts-, zielgruppen- und/oder grundbedürfnisorientierter Entwicklungsvorstellungen" (SCHOLZ, 1988: 17).

Es wird jedoch bei einer Revision der einschlägigen Lektüre deutlich, dass der krampfhaft emanzipatorische Versuch, *irgendwie* den RAUM in den sozialwissenschaftlich-politischen Theorien unterzubringen, zu erheblichen argumentativen Widersprüchen führt. Blieb, wie aus der geographischen Tradition bekannt, der sozialgruppen-zentrierte Ansatz in einem Mensch-Umwelt-Determinismus stecken und degradierte das Individuum zur *quantité negligable*, ist gerade darin die

---

[13] Als Beispiele seien dazu die Sammelbände von LEY/ SAMUELS (1978) oder PEET (1977) im englischen Sprachraum und SEDLACEK (1979, 1982) oder der vielzitierte aber selten gelesene Band von EISEL (1980) genannt.

EINLEITUNG

theoriegeleitete Hilflosigkeit sichtbar. Dies äussert sich in solch unklaren und hilflos wirkenden deskriptiven Formeln wie die MAENNLINGschen "Überlebensökonomischen Teilterritorien" (KREIBICH/ MAENNLING, 1985:120 f.) oder auch in entlarvenden Widersprüchen bei SCHAMP (1989: 8 f.). Dort wird behauptet, dass "unbestreitbar das Leben *im* (Kurs. F.B.) Informellen Sektor eine räumliche Dimension" (Substantialisierung) hat, die sich bsw. in Segregation oder Standortwahl ausdrückt. Gleichzeitig ist jedoch "unbestritten, dass bei allen Standortfragen nur etwas *beschrieben* (Kurs. F.B.) werden kann (geographische Deskription), was durch ökonomische, politische und soziale Bedingungen zu *erklären* (Kurs. F.B.) wäre" (aussergeographische Analyse - Entsubstantialisierung). Hier wird der geographischen Analysefähigkeit in Bausch und Bogen die wissenschaftliche Lizenz entzogen.

MEYER (1985) hingegen entwirft als eine der wenigen Ausnahmen am empirischen Beispiel eine konsistente Analyse des jemenitischen Bausektors und interpretiert überzeugend die gegenläufigen Wirkungen unterschiedlicher individueller Handlungsstrategien. Erst daraus leitet er eine bestehende Ordnung ab, deren "Bedeutungen [aber] letztlich subjektiven Risiken unterworfen" sind. Er stützt sich dabei im wesentlichen auf zwei Pfeiler: 1. die verwandtschaftlichen und herkunftsbedingten Beziehungen, welche die ökonomische Rationalität der handelnden Individuen durchdringen (S.114) und das Netz sozioökonomischer Beziehungen (S.116), das die Kleinhandwerker auch noch jenseits einer positiven Kosten-/Nutzenrechnung eine subjektiv rentable Arbeit verrichten lässt. Daraus entsteht ein Entwurf, der so konsistent ist, wie eben strategische Handlungsweisen innerhalb eines subjektiv interpretierten Kontextes konsistent sein können.

Wo der *Bielefelder Verflechtungsansatz* (EVERS, 1987) trotz einer Zurückweisung des Dualismus von Tradition und Moderne und einer Absage an eine dependenztheoretisch begründete strukturelle Heterogenität im Grunde in einer sektoralen Fixierung stehen bleibt, öffnen handlungstheoretisch und -strategisch angelegte Analysen einen neuen Hintergrund als Erklärungshilfe für spezifisches Verhalten.

Diese theoriegeleitete Analyse wird in der vorliegenden Arbeit konsequent fortgeführt. Dabei wird als wichtig erachtet, die Begriffe *Soziale Netzwerke, Symbol, Distanz* und zuletzt *Diskurs* miteinander zu verbinden. Aus dieser Konzeption ergibt sich auf dem Fundament einer historischen Analyse die Notwendigkeit, vor allem den **Distanzbegriff** teilweise neu zu bestimmen. Er wird verändert zu einem Begriff, der die metrische Konotation hinter die subjektive handlungsgeleitete Interpretations- und folglich auch Integrationsleistung sozialer, kultureller oder politischer Umstände stellt. Doch gerade dadurch wird deutlich, dass Distanz und Distanzüberwindung immer in Funktion zu einem individuellen Interpretationsakt stehen und sich erst daraus die distanziellen Hindernisse ergeben.

Rückblickend wurde zunehmend deutlich, dass Strategien nachholender Entwicklung durch massiven Technikinput und Importsubstitution nicht die Lösung für die Defizite sein konnten, die in der Entwicklungszusammenarbeit sichtbar wurden. Anzeichen einer eurozentrieren gesellschaftspolitischen Fehlinterpretation der spezifischen Umstände und einer Überforderung sowohl der politischen Klassen als auch weiter Bevölkerungsschichten auf technischer, infrastruktureller und vor allem sozial-kultureller Ebene wurden unübersehbar.

Es kam im Zuge der dependenztheoretischen Diskussion, des ersten eigenständigen Erklärungsansatzes aus der südlichen Hemisphäre für die damals noch bedenkenlos so titulierte *Unterentwicklung*, zu einer vielfältigen Diversifizierung der Überlegungen. Doch parallel zu den Tendenzen in der Geographie blieben die angebotenen Alternativen im Grunde auf der Ebene des Masstabes stehen.

Auf der politischen Seite differenzierte die Dependenztheorie die Homogenisierungsgedanken der "Modernisierer" im Einklang mit der marxistischen Denktradition zu einem Zweiklassenmodell, das letztlich Ausbeutung ursächlich erklären sollte. Erklärungsgrundlage der Dualismusthese bildeten wirtschaftliche Parameter wie der Produktionsmittelbesitz oder die Kontrolle der Handelsströme. In sozialwissenschaftlicher Hinsicht blieben Handlung und Motiv des einzelnen jedoch ausgespart.

Die Konzentration auf den wirtschaftlichen Bereich führte häufig auf direktem Weg in den politischen Opportunismus, da sich die originär marxistischen Elemente der Theorie im Sinne eines zwangsläufigen dialektischen Prozesses hin zum Klassenkonflikt im breiten Diskurs schnell verloren und zu einer soziologischen und entpolitisierten Schichtenanalyse mutierten (ARNOLD, 1988: 332 ff.). Nachhaltigster Effekt dieser Überlegungen in der Entwicklungsforschung war, sich anstelle von Grossprojekten auf die kleine und "angepasste" Lösung für die wirtschaftliche Sicherung der Bevölkerung auf regionaler und lokaler Ebene zu konzentrieren.

EINLEITUNG

"Integrierte Rurale Entwicklung" (MANIG, 1985) oder "Armutsorientierte Ländliche Entwicklungshilfe" (BUNTZEL, 1985) neben anderen, sind Entwicklungsplanungen, die am Ende dieser Tendenz stehen. Sie liefern anstelle einer Neukonzeption praxisbezogener Instrumente für die Situations- und Strukturanalyse ein über weite Strecken zusammenhangloses Bündel von normativen Bestimmungen und Voraussetzungen für Planungs- und Evaluierungsentwürfe (z.B. SCHWEFEL, 1987; BRANDT, 1982). Diese Planungen verwenden an keiner Stelle ein geschlossenes Konzept sozialen Handelns (LUCKMANN, 1992) mit den oben erwähnten Grundcharakteristika.

Dadurch wird deutlich, dass trotz aller gegenteiligen Beteuerungen der einzelne Akteur als *Objekt* von Massnahmen begriffen wird und nicht als strategiefähiges, sinnorientiertes und eigenverantwortliches Subjekt des Handelns. "Das Problem des Anderen" aus TODOROVs Analyse (TODOROV, 1985) wird auch durch die Kleinmasstäbigkeit nicht behoben.

Die aussenbürtigen Strategieplanungen stehen, neben einigen wenigen abweichenden Ansätzen wie bsw. der von CHAMBERS (1985), in der Tradition einer Modernisierung auf kleinem Masstab. In diese Grundüberzeugung aus Mangel an verwaltbaren Alternativen fügte sich kein profunder sozialwissenschaftlicher Gegenentwurf.

So musste im BMZ noch 1981 über den Sinn des Einsatzes von Sozialwissenschaftlern in der Entwicklungszusammenarbeit diskutiert werden, denn, so die Einwände, "im Gegensatz zu ökonomischen Theorien werden (durch sozialwissenschaftliche Erkenntnisse, F.B.) keine direkt verwertbaren Entwicklungsmodelle und Indikatoren an die Hand gegeben, an denen sich die Planung orientieren könne" (VON DER OHE ET AL., 1982: 189).

In der geographischen Fachtradition schuf in den 60er Jahren die quantitativszientistische Richtung im Gefolge strukturalistischer und positivistischer Gedanken in den USA als bedeutende Gegenbewegungen[14] die *humanistic geography*[15] und die

---

[14] Vgl. dazu den Kommentar in LEY (1978: 43): "Two major candidates for this status are a structural marxism with a materialist epistemology that emphasizes functional economic relations, and a so-called humanist posture derived variously from existential, phenomenological, and pragmatist philosophers offering a more anthropocentric view incorporating the creativity of human values and perception."

radical geography (PEET, 1977). Der hinter den beiden Termini stehende Begriffsapparat umschliesst eine ganze Reihe von sozialwissenschaftlichen Theorien (FLIEDNER, 1993: 210 ff.). Die Hauptvertreter, wie z.B. BUTTIMER (1972, 1984), ENTRIKIN (1975), HAGGETT (1967), PEET(1977), LEY/ SAMUELS (1978) oder TUAN (1977) suchten in einer Fülle von Forschungsrichtungen Alternativen zum dominierenden, doch zunehmend Schwächen zeigenden, quantitativen Paradigma.

Marxistische Gedanken (HARVEY, 1977: 263-292) bilden einen Schwerpunkt innerhalb der neuen Linie der *radical geography* und machen eine übergreifende Tendenz deutlich, die sich jedoch relativ rasch als gesellschaftskritisch-ökonomistischer Determinismus verfestigt. Das marxistische Denken verfängt sich in einer nomothetischen Verfahrensweise und in einer strukturellen Analyse auf der Grundlage einer vereinheitlichenden Theorie der Gesellschaft. Sie bleibt immer ökonomistische Sozialtheorie und schafft es nicht, Elemente für eine das Subjekt emanzipierende Betrachtungsweise des individuellen Handelns verfügbar zu machen.

In ähnliche Schwierigkeiten gerieten Theorien im Zusammenhang der *humanistic geography*. TUANs Ansatz endet in einem theorielos-holistischen *place*-Gefühl, mit dem er in durchaus richtiger Absicht die individuelle Aneignung einer Umgebung nachzeichnen wollte. Arbeiten, die behavioristische oder aktionsräumliche Modelle aufnahmen, wurden von BECK (1982) kritisch geprüft. Sie weisen Schwächen in ihrer Hypothesenbildung dahingehend auf, dass sie axiomatisch menschliches Verhalten in einen angenommenen Gesamtrahmen sozialpsychologischer Handlungsfähigkeit einpassen. Dies zeigt neben Mängel in der inneren Kohärenz dieser Theorien auch deren konzeptuelle Statik und Kontextlosigkeit, die das *Individuum im gesellschaftsleeren Umfeld* stehen lässt und eine *Prozesshaftigkeit und Veränderungswilligkeit* der wirkenden Umstände schlicht vergisst. Das kann leicht von ordnungspolitischer Seite zu einem normativ-politischen Gesamtrahmen umgemünzt werden, gegen den der einzelne dann vollkommen hilflos erscheint. Von diesen gesellschaftlich-politischen

---

[15] Vgl. LEY/ SAMUELS (1978: 8): "The results of the twentieth-century humanist campaign have been mixed, nowhere more clearly than in the realm of social science and social theory. For the most part, the campaign has been waged by means of existentialist and phenomenological epistemologies as well as a marxian humanism...." Anhand dieser Stellungnahme ist erkennbar, dass der *humanistic approach* dieser aufgeklärten Geographietradition keinen Anspruch auf einen eigenen Theoriehintergrund erhebt, sondern vielmehr den Blick auf einen *anthropozentrierten Interpretationsrahmen* sozialwissenschaftlicher Tätigkeit lenkt.

EINLEITUNG

Vorgaben werden danach deduktiv räumliche Verhaltensmuster abgeleitet (FLIEDNER, 1993:151 ff.). Der entmündigte Bürger steht am Ende dieser Folge.

Als überdauernder und weiterführender Aspekt der *marxistischen Theorie* stellen die *historischen Bedingungen* entscheidende Parameter bei der Bestimmung der gesellschaftlichen Entwicklung und damit der Vorgabe für menschliches Handeln dar. Darin besteht auch deren unverzichtbarer Beitrag zu einer handlungsorientierten Sozialwissenschaft. Die historische Dimension gerät dagegen in den zuletzt genannten sozialpsychologischen Ansätzen aus dem Blick und wird als Rahmenbedingung (BECK, 1982: 67) abgeheftet. *Behaviorismus* oder *Aktionsforschung* zeigen ihre Stärken in der analytischen Sequenzierung und Inventarisierung von Elementen der Verhaltenssteuerung. Jede dieser Richtungen hat jedoch ihr entscheidendes Defizit in der Verneinung eines sinnrationalen Subjektes als Handlungsträger. Dadurch bleiben deren Konzeptionen grundsätzlich defizitär und als handlungsorientierte Theoriegrundlage ungeeignet.

Auch der bekannteste Kanon deutschsprachiger Sozialgeographie der Nachkriegszeit, die sog. Münchner Schule mit ihren Grunddaseinsfunktionen, die ich als ein Beispiel der sozial-deterministischen Tradition anführe, besitzt als bestimmenden Hintergrund der Überlegungen eine spezifische Form eines Optimierungsverhaltens, "welches auf die ('befriedigende') Verarbeitung von Alternativen im Rahmen der die Aktivitäten einschränkenden oder fördernden Umweltstrukturen und der zur Verfügung stehenden Mittel zielt" (BECK, 1982: 71).

Am Ende dieser Sichtweise steht der Mensch als Rollenträger. Er erscheint als sozial-manipulative Lenkungsquantität, der gegenüber die staatlichen Lenkungsmechanismen ihre Aufgabe dann erfüllen, wenn sie die Umweltbedingungen so einrichten, "dass sich die Menschen in der vorgestellten Weise verhalten".[16] Eine ähnliche Kritik trifft den Bereich der *time-geography* schwedischer Provenienz, der Individuen kommunikationslos nach Mustern durch die 'Zeiträume' gehen lässt.[17]

Hinter diesen Konzeptionen kann eine spezifisch geographische Verlustangst

---

[16] Vgl. BECK (1982: 72); STRASSEL (1982: 46): "...ordnet das Konzept 'sozialgeographische Verhaltensgruppen' Menschen direkt der geographischen Raumbildungskonzeption unter, verkürzt die gesellschaftliche Komponente der Untersuchung auf das zur raumwissenschaftlichen Analyse scheinbar Notwendige und entwirft zugleich in dessen Verallgemeinerung ein Gesellschaftsbild."

[17] Siehe dazu auch KLÜTER (1986); auch die Kritik von HARD (1987 c: 25).

ausgemacht werden. Der Raum droht hinter der Übermacht sozialer Strukturen, nun seinerseits als Randphänomen betrachtet (wie beispielsweise von BULMER (1985: 43) oder PARSONS (1975) betont), zu verschwinden.[18] Er wurde immer wieder dadurch "gerettet", dass gesellschaftliches Handeln linear als Fahrplan (KLÜTER, 1986: 8) raum-zeitlicher Ordnung dargestellt wurde. Entsprechend wurde in Projekten zum Regionalbewusstsein[19] oder zur Humanökologie (WEICHHART, 1975) der Versuch unternommen, Begriffe des physisch-materiellen und des sozial-immateriellen Raumes zur Deckung zu bringen.

Als einer der jüngsten und nicht überzeugenden Versuche, in dieser synthetisierenden Richtung aktiv zu werden, kann WEICHHARTs Arbeit (1990) gelten. Es misslingt ihm klarzumachen, worin sich das "spezifisch Räumliche" im Regionalbewusstsein äussert. Es hilft nicht, Distanzrelationen als vermeintlich selbstevidente Parameter menschlichen Daseins in einigen Varianten zu beschreiben und anzunehmen, damit den Sachverhalt identitätstragender Elemente ausreichend geklärt zu haben. HARDs Einwurf, "dass die Distanzvariable weder etwas erklärt noch auch nur etwas sagt, wenn sie nicht als (meist sehr komplexer und diffuser) Indikator für Soziales, Ökonomisches, Politisches gelesen wird" (HARD, 1979: 31), ergänzt seine Bemerkungen auf WEICHHARTs Arbeit, "dass wenn hier von physisch-materiellen Dingen oder Raumbezügen die Rede sei, in Wirklichkeit 'semantical settings' und nicht 'physical settings' gemeint wären." (WEICHHART, 1990:82).

An dieser Stelle setzt der in der Folge dargestellte Gegenentwurf an. Natürlich kann, wie WEICHHART das angesichts der HARDschen Kritik auch tut, grundsätzlich nach der Letztbegründung von Handlungen und damit nach der Beschreibbarkeit von Wirklichkeit gefragt werden. Doch dies führt zu einer Enttheoretisierung der Forschungsarbeit und folglich zu einer sich zunehmend beschleunigenden, nur chorologischen und damit aporetischen Verkleinerung der Untersuchungseinheiten, der es zu entkommen gilt. Das kann nur gelingen, wenn als Grundvoraussetzung

---

[18] Dazu als Beispiel KONAU (1977: 98): "Für dieses Handeln (der Einzelmenschen, F.B.) gehört der Raum zu den sinnfremden Daten der Aussenwelt, die von der Ebene sozialen Handelns abgehoben werden müssen und allenfalls als Bedingung oder Gegenstand subjektiver Sinnbezogenheit, als nicht-soziale Tatbestände, in den Blick kommen." Siehe dazu auch LOPEZ DE SOUZA (1988: 38).

[19] BLOTEVOGEL/ HEINRITZ/ POPP (1986); die Kritik von HARD (1987 a).

EINLEITUNG

hinter dem Forschungshandeln ein *Ethos* steht, das BECK (1982: 84) damit beschreibt, dass eine Wissenschaft vorzustellen ist, "welche die Menschen dazu befähigt, mehrheitlich selbst-bewusst zu entscheiden und selbst-tätig zu handeln."

Dadurch gerät nicht mehr, wie beim Behaviorismus nachgewiesen, das Handeln des einzelnen unter das Diktat des funktional zu erwartenden allgemeinen Verhaltens. Vielmehr wird, als weiterführender Schritt, dem einzelnen *Handlungskompetenz* im Rahmen der ihn betreffenden sozialen und physischen Umwelt zugesprochen. Er entscheidet in der Folge über die *Relevanz und selektive Inanspruchnahme* des vielfältigen Angebotes aus der sozialen und physischen Umwelt. Diese drei Grundelemente sozialen Handelns als Gestaltungseinheit der sozialen und materiellen Welt und als dessen Interpretationsbasis, schaffen eine von deterministischen, ahistorischen oder funktionalen Mustern abweichende Sichtweise.

Dadurch wird neben der Methodologie auch für die Erklärungstiefe und -breite einer Theorie ein neues Mass gefordert. Dieses Mass ist stark abhängig von den historischen und gesellschaftspolitischen Rahmenbedingungen des einzelnen Handelnden.[20] Diese liegen in vielfältigen Symbolisierungen (TREINEN, 1974) vor und spiegeln sich wider in der Umsetzung und Nutzbarmachung der zur Verfügung stehenden Ressourcen durch den einzelnen oder durch, in einem gemeinsamen sozialen Handeln, zusammengeführte Gruppen. Letztlich werden also Kriterien zur Beurteilung gesellschaftlich-sozialer Eingebundenheit nicht mehr in vermeintlich objektiven Substanzbegriffen gesucht, sondern werden als individuelle Kompetenz des Umgangs z.B. mit der technischen, semantischen oder sozialen Symbolwelt begriffen (SCHÜTZ, 1971:389 ff.). Die Decodierung und Verfügbarmachung der jeweiligen angebotenen Symbole ist der Bewertungsrahmen für einen nach individuellem Mass festgelegten Handlungserfolg. *Die Rekonstruktion dieser Aktivitäten umfasst das Forschungshandeln der Sozialwissenschaft.*

Der *Symbolbegriff* ermöglicht auch auf theoretischer Ebene einen entscheidenden Schritt vorwärts zu machen. Handelt es sich bei der Untersuchung der semantischen

---

[20] SAHLINS (1992) entwirft in der Einleitung eine gelungene Szenerie der Wechselspiele von Bedeutung, die in den beiden Zitaten deutlich werden: "Alle erdenklichen semantischen (und nicht nur diese, F.B.) Improvisationen sind mit der tagtäglichen Realisierung der Kultur verbunden, ..." (10) und dagegen "Die Bedeutungen sind letztlich subjektiven Risiken unterworfen." (10)

und sozial-immateriellen Ebenen der Kommunikation um die Schwierigkeit, diese beiden handlungsrelevanten Bereiche für die sozialwissenschaftliche Analyse in einem Raumbegriff für die soziale Welt verfügbar zu machen,[21] so stellt das Symbol genau diese Brücke her. Im Symbol treffen sich semantisches Zeichen und soziale Konnotation unter der Bedingung individueller Kontingenz der Bedeutungszuschreibung auch für bestimmte chorische Verortungen. Dieses Hilfsmittel der alltagsweltlichen Verständigung gewinnt besonders in der Sozialwissenschaft seine Bedeutung, denn in der Folge wird ein spezieller Raumbegriff für die mentale Welt nicht mehr benötigt, da er im Raumbegriff der sozial-immateriellen Welt schon vorweggenommen wurde.[22]

Aus dieser Perspektive bekommen die Lokalisierung materieller Ressourcen und der Aufwand ihrer Bereitstellung, die bisher im traditionellen Raumparadigma festgelegt erscheinen, eine neue Grundlage. Nach KLÜTERs Ansicht ist "Raum (...) immer eine Schematisierung über die soziale Umwelt eines Akteurs" (KLÜTER, 1986: 22), wobei diese Schematisierung letztlich eine Verfügbarmachung und ein Verfügbarhalten von eigenen und fremden Interpretationen der sozialen und physischen Umgebung in Form von Symbolen bedeutet. Symbole können dabei Namen, Zeichen oder auch Gegenstände sein, mit denen ein für den einzelnen relativ fest umrissener Bedeutungszusammenhang verknüpft ist.[23] "Ein Symbol 'betrifft' jedoch nicht den Ort, sondern das zugrunde liegende Sozialsystem. Eine Identifizierung von Menschen mit dem Symbol ist ein Zeichen ihrer Zugehörigkeit zu dem zugrundeliegenden Gebilde" (TREINEN, 1974: 254). Distanzüberwindendes Handeln muss sich deshalb von räumlichen Vorstellungen zunehmend lösen, da sich räumliche Verortungen quasi wie ein Planet unter dem Horizont sozialer Kommunikation[24] wegbewegen, wobei auch der Horizont nur als Referenzeinheit begriffen

---

[21] Dieses Problem steht im Mittelpunkt der Arbeit von WERLEN (1987).

[22] Diese Diskussion ruht auf dem Fundament der Popperschen Drei-Welten-Theorie auf und will die Probleme vermeiden, auf die WERLEN (1987: 168 ff.) bei der Diskussion der epistemologischen Qualitäten sozialwissenschaftlicher Forschungsgegenstände in Anbetracht dieser Theorie gestossen ist und auf die auch Sorokins Strukturierungsvorschlag (S. 173) keine befriedigende Lösung darstellt.

[23] Siehe dazu SOPHER; in: LEY/ SAMUELS (1978: 251 ff.).

[24] Zum begrifflichen Umfeld der sozialen Kommunikation kann bei HARD (1987 c: 25) näheres nachgelesen werden.

EINLEITUNG

werden soll, der seinerseits wieder vielfachen Umgestaltungen ausgesetzt bleibt.

Innerhalb dieses neuen Verständnisses behalten zentrale *Topoi* traditioneller geographischer Forschung durchaus ihre Bedeutung. Es kann nicht davon abgesehen werden, dass Handlungskonzepte im Sinne individueller Strategien, wie im Falle der hier untersuchten Gemeinden und deren lokaler Organisationen, von den allgemeinen nationalen und internationalen Rahmenbedingungen mit beeinflusst werden.

Dadurch eröffnet sich ein zweiter Horizont von Aspekten der Umwelt, die ausserhalb der Wahrnehmung und begrifflichen Verfügbarkeit des einzelnen stehen, die aber nicht als selbstevident in einen diffusen räumlichen Strukturrahmen eingepasst werden, sondern die ebenfalls im Rahmen sinnorientierten Handelns selektiv an Aktualität gewinnen. Die arbiträre Trennung der zwei Bereiche, die sich im sinnorientierten und strategischen Handeln des einzelnen nur gemäss der individuellen Interessenlage treffen, werden in der Opposition Staat - Individuum besonders deutlich. Sie verlangt letztlich nach einem zweigeteilten Raumbegriff der physisch-materiellen und der sozialen Welt. Dazu hat WERLEN mit seiner Arbeit (WERLEN, 1987) zu einer handlungsorientierten Sozialgeographie entscheidend beigetragen.

Er geht in seinen Überlegungen davon aus, dass "die 'Handlung' (...) somit als das 'Atom' des sozialen Universums zu betrachten (ist), über die sich die Gesellschaft als primär sinnhafte Wirklichkeit konstituiert und derart in ihrer kleinsten Untersuchungseinheit erforscht werden kann" (WERLEN, 1987:23). Als das Spezifische an der Handlungsbetrachtung bezeichnet WERLEN die *Intentionalität allen Handelns*, über die Intentionalität die *Bezugnahme auf andere Mitglieder der Gesellschaft* und *die Zielorientiertheit des Handelns*. Diese drei Elemente bilden die konzeptionelle Voraussetzung für die Erforschung der sozialen Bedeutung erdräumlicher Anordnungsmuster für die in der Folge umsetzbare Dimensionierungen des Untersuchungsfeldes entworfen werden müssen, um eine empirische Umsetzung zu ermöglichen.

Die hier vertretene Position geht davon aus, dass soziale Kommunikation, Distanz und organisationsgewandte Handlungskonzertierung über das sinnorientierte und strategische Handeln des einzelnen verknüpft sind. Über die Kommunikation erschliesst sich dem Individuum die Welt, indem deutlich wird, in welchem Verhältnis sich der einzelne als auch die anderen zu den aussenstehenden Dingen und Strukturen sehen und welche zu erwartenden Veränderungen sich in diesem Verhältnis ergeben könnten. Hinter diesem *Verhältnis* verbirgt sich der das Handeln in erster Linie bestimmende Distanzbegriff.

Distanz wird gesehen oder empfunden, wenn keine oder nach dem subjektiven Empfinden nur mangelhafte Einflussnahme auf die Aussenwelt genommen werden kann. Aus diesem Mangelempfinden heraus, so wird bei der Untersuchung der Organisationsformen in den indianischen Dörfern deutlich, erwächst strategisches Denken, das die fehlende Nähe und Manipulierbarkeit von relevanten Objekten der Aussenwelt über andere Mechanismen auszugleichen versucht.

Dörfliche Organisationen stellen das Ergebnis dieser Bemühungen dar, wobei deren Fortbestand durch die Aktivierung einer ganzen Reihe von Ressourcen, die den einzelnen zur Verfügung stehen, gewährleistet wird. Mit dieser solipsistisch anmutenden und nutzenorientierten Perspektive wird einerseits dem Handlungsgedanken als grundsätzlich individualistischem Entwurf Rechnung getragen, aber gleichzeitig auch der erkenntnistheoretischen Voraussetzung, die sich aus der distanziell motivierten und kommunikativ vermittelten Perspektive ergibt.

Unsere handlungstheoretischen Voraussetzungen ergeben verschiedenartige Bezugnahmen auf die uns umgebende Welt. So sind uns die einzelnen Elemente dieser Welt entweder als natürliche Umgebung oder als gestaltete Artefakte gegeben. Damit wird deutlich, dass sowohl von der Aktorseite als auch von der Objektseite vorgängige Vermittlungsinstanzen unterschiedlicher Prägung, sei es wissenschaftlicher oder gefühlsbetonter Natur, zwischengeschaltet sind. Das Wissen um diese Vermittlung verbietet uns den "naiven Blick" des landschaftskundlichen Beobachters. Der Bereich intersubjektiven, symbolgestützten und strategiegeleiteten Austausches wird hier als **Alltagswelt**[25] gefasst und rückt nachfolgend als strukturiertes und sinnvermitteltes Handeln näher ins Blickfeld.

---

[25] Da zum Begriff des Alltags im Anschlussabschnitt und in einem eigenen Kapitel (6) ausführlich Stellung genommen wird, soll an dieser Stelle auf weitere Ausführungen oder Literaturhinweise verzichtet werden.

EINLEITUNG

1.2. Fragen

Der kursorische Gang durch die geographische und entwicklungstheoretische Fachtradition hat einige für die vorliegende Arbeit wichtige Gelenkstellen aufgezeigt. Dies hat letztlich zum *Alltagsbegriff* geführt, der in der Arbeit im Mittelpunkt der Betrachtungen steht. Folgendes sollte deutlich geworden sein: Menschliches Agieren wird nicht als selbstevidente Mensch-Umwelt-Beziehung, d.h. sinn-neutrales Verhalten, sondern als Handeln mit den schon erwähnten Implikationen betrachtet. Dieses Handeln macht sich die soziale und physische Umwelt nach individuellen Relevanzkorrespondenzen verfügbar, die interpretationsbedürftig sind. Dieser Komplex korrespondierender Aktion wird vom einzelnen als individuelle Alltagswelt erfahren.

In die Alltagswelt eingebettet, wird nun gefragt, welche Motive intersubjektiven Handelns in indianischen Hochlanddörfern Guatemalas zu den spezifischen **dörflichen Organisationsformen** führen. Dörfliche Organisation wird verstanden als jedwede Gruppierung in einem Dorf, die auf informelle oder institutionelle Übereinkünfte unter den Dorfbewohnern zurückgeht. Eine lokale Gesellschaft bildet auf der Grundlage eines Ensembles von Sozial- und Umweltelementen eine bestimmte Konstellation dieser Elemente aus. Ausgangspunkt ist nun nicht die naive Frage nach strukturellen Anordnungsmustern dieser Elemente, die sich durch die Einwirkung sozialer, psychischer und physischer "Kräfte" ergeben. Von Interesse ist vielmehr zu erkunden, welche Hintergründe, Motive, Strategien und alltagsweltlichen Prägungen[26] im sozialen und physisch-weltlichen Umfeld des einzelnen Akteurs die kohäsiven Neigungen so verstärken und konstant halten, dass daraus dauerhafte lokale Organisationen entstehen können.

Es wird im folgenden eine Modifikation der von WERLEN (1987:172 f.) entwickelten Lokalisierungsdimensionen im Rahmen des Entwurfes eines "Raumbegriffes für die soziale Welt" vorgeschlagen. Durch diesen Raumbegriff will WERLEN der

---

[26] Siehe dazu SEAMON (1979), der allerdings ebenfalls zu sehr einem strukturalistischen *Raumordnungskonzept* verhaftet bleibt und es nicht schafft, das Lebensweltkonzept in dessen spezifischen Stärken fruchtbar zu machen, nämlich darin, einen analytischen Rahmen für ein Alltagshandeln zu entwerfen, der strategisches und situationsgebundenes Handeln pointiert.

Ontologisierungsfalle erdräumlicher Verortung für Objekte aus der sozial-immateriellen Welt entgehen. Erreicht wird dieses Ziel, indem Sinngehalte von Handlungen oder Handlungsfolgen in einem kommunikablen Schema lokalisiert werden. Für die hier verfolgten Absichten ist der WERLEN-Vorschlag jedoch strukturell und inhaltlich nicht ausreichend differenziert. Deshalb kam es zu einer Orientierung an Dimensionen, die aus der unmittelbaren Umgebung des Forschungsgebietes entnommen wurden. Der Begriff der Dimension umschreibt dabei typisierende Symbolkonstellationen zur Handlungsbeschreibung und -interpretation. Es konnten fünf solcher Dimensionen ausgegliedert werden, die mithin für das soziale Handeln in den indianischen Dörfern als sinnkonstituierend angesehen werden:

1. Der **historische Horizont** der zivil-religiösen Hierarchie und deren Nachfolgeorganisationen, deren Sinnstiftung über praktische Tätigkeiten wie den Landbau bis zu religiösen und kulturell-kosmologischen Zusammenhängen reicht.
2. Die Dimension der *comunidad*, die über normative Vorgaben eine Normalisierung des Alltags erreicht.
3. Die Dimension der **Familie** als der enge Kern der sinnstiftenden Intersubjektivität. Auf die Familie gehen Sicherungsstrategien zurück, die neben Landeigentum auch verwandtschaftliche und freundschaftliche Reziprozitätsbeziehungen einschliessen.
4. Der Horizont der **familienzyklischen Periodisierung** von Lebensphasen, in denen familiäre und kommunitäre Linien und Anforderungen ineinander laufen.
5. Der **Einbruch der Moderne** mit den neuen Institutionen, die auf eine Neugestaltung des sozialen, technischen und materiellen Inventars unter individueller Verfügungsgewalt drängen.

Die Klärung des aktuellen Handelns in dörflichen Organisationen geschah über diese Dimensionen. Durch sie gelang es auch, für die Dorfbewohner relevante Bewegungsmuster und Distanzerfahrungen zugänglich und im Rahmen des Alltagshandelns im Dorf verständlich zu machen. Erst durch diese begriffliche Bestimmung wird die immanente Logik von lokalen Organisationen in ihrem jeweiligen Umfeld und in ihrer Komplexität beschreibbar gemacht.

EINLEITUNG

Folgende Fragen sind wegleitend für die Arbeit und spiegeln sich in der Kapiteleinteilung wider:

* Welche historisch-gesellschaftlichen Entwicklungen innerhalb und ausserhalb der indianischen Dörfer führten in der Region des Westlichen Hochlandes zu der spezifischen Ausgangslage für die Bildung von lokalen Organisationen?
* Welche Konstitutionsbedingungen waren in der jüngeren Vergangenheit dieses Jahrhunderts prägend für die dorfinterne sozial-gesellschaftliche Gestaltung?
* Diese Gestaltung hatte eine spezifische interdependente Vernetzung der Familie als soziale Basiseinheit und der indianischen *comunidad* (Gemeinschaft) zur Folge. Welche Charakteristika trug diese Vernetzung und wie hat sie sich bis heute verändert und an die einbrechende Moderne angepasst?
* Wenn die Familie die soziale Basiseinheit bildet, ist anzunehmen, dass aus ihr heraus und in sie hinein ein ständiger Ab- oder Rückfluss von Kapital und Ressourcen in verschiedenster Form stattfindet. Hier ist ein Zentrum für die Motive des einzelnen zu vermuten, sich an konzertiertem Handeln zu beteiligen und damit individuelle Verfügungsrechte abzugeben, was unter prekären Lebensumständen einen erheblichen Risikozuwachs bedeutet. Deshalb muss nach den besonderen sozial-wirtschaftlichen Bedingungen in der Familie gefragt werden, um diese Motive freizulegen.
* Sind diese bisherigen Fragen zur Zufriedenheit beantwortet, so bleibt zu wünschen, diese verstreuten Elemente unter einem Oberbegriff zusammenzufassen. Dieser Oberbegriff ist im vorliegenden Fall die lokale Alltagswelt. Dabei stellt sich die Frage, wie weit sich dieser Begriff in eine Perspektive fügt, die den Einbruch der Moderne, der nationalen und internationalen Einflüsse, nicht ausklammern will?

Die vorgeschlagenen Wegmarkierungen gehen unter Annahme eines sinnorientierten Handlungsbegriffes davon aus, dass gewisse Hintergrundprägungen einen massgeblichen Einfluss auf das Handeln des einzelnen haben. Eine dieser Prägungen ist die Historie als dörfliche Geschichte, die im kollektiven Gedächtnis (HALBWACHS, 1985) aufbewahrt erscheint. Daneben tritt die Vergangenheit als individuelles Schicksal in den Vordergrund. Beide Dimensionen der Geschichtlichkeit verbinden sich zu einer Erinnerung, die in vielen Situationen als handlungsleitend angesehen werden kann und im **zweiten Kapitel** besprochen wird. In den indianischen Dörfern des Hochlandes von Guatemala wird die Geschichte vor allem geprägt durch die katastrophenartig über die Menschen hereinbrechende *Conquista*. Bis ins 17. Jahrhundert hinein ohne wirksame Mittel zur Abwehr oder Immunisierung der Folgen, schrumpft die indianische Bevölkerung auf ca.10% der Zahl vor 1520.

Erst mit dem 17.Jahrhundert verbinden sich indianische und katholisch-spanische Kulturelemente zu einem sozial-religiös gefügten, lokal geprägten Synkretismus, der bis weit ins 19.Jahrhundert hinein die Folgen der Eroberung dorfintern bewältigbar macht. Mit der liberalen Ära am Ende des 19.Jahrhunderts erfährt diese kulturell geformte Kosmologie des indianischen Denkens unter dem Druck neuerlicher wirtschaftlicher Ausbeutung eine weitere Umgestaltung. Als besonders folgenreich erweist sich die Enteignung kommunalen Landes der Indianergemeinden durch den Staat und das damit verbundene Vordringen der *Ladinos* (indianisch-spanische Mischlinge) in die peripheren, indianisch besiedelten Regionen und Dörfer. Dadurch werden kommunikative, dörfliche Zusammenhänge tiefgreifend gestört und die Notwendigkeit einer stärkeren Korporierung der dorfinternen zivil-religiösen Organisation geschaffen.

Im **dritten Kapitel** konzentriert sich der Blick auf die als Reaktion auf die verstärkte Ausbeutung entstandenen und bis in die 50er Jahre dieses Jahrhunderts wirksamen lokalen sozial-gesellschaftlichen Strukturen. Dabei zeigt sich, dass die in der zivil-religiösen Hierarchie miteinander verknüpfte *cofradia*-Struktur (lokale laizistische Bruderschaft) und die bürgerliche Verwaltungshierarchie der Gemeinde besonders resistente Mechanismen gegen eine Einflussnahme von aussen ausgebildet haben. Sie konnten nur aufgebrochen werden durch Einwirkungen auf derselben kulturell-religiösen Ebene. Diese Einwirkungen wurden getragen von einer in den 50er Jahren im Hochland propagierten orthodox katholischen Bewegung, der *Acción Católica*. Sie brachte in ihrem Gefolge eine vollkommen neue Machtverteilung in die Dörfer und damit eine einseitige Gewichtung der von aussen gelegten dorfrelevanten Symbolisierungen. Eine wachsende Zahl von Personen war nicht mehr auf die Bemessung von Einfluss aus dem dörflichen Umfeld angewiesen, sondern konnte aussengestützt arbeiten und sich dadurch einen persönlichen Prestigezuwachs verschaffen, der vorher nur innerhalb der dörflichen Hierarchie zu gewinnen war. Diese Entwicklung veränderte die innere Verfassung der Dörfer in erheblichem Masse.

Die Vernetzungen zwischen Einzelperson, Familie bzw. Verwandtschaft und *comunidad*, die das Thema des **vierten Kapitels** bestimmen, haben sich durch die beschriebenen Umwälzungen ebenfalls stark verändert. Waren in den traditionellen Sozialstrukturen, netzwerktheoretisch betrachtet, die starken Bindungen zwischen Personen die Grundlage des sozial-gesellschaftlichen Lebens in der Gemeinde, so veränderte sich dies durch die Umgestaltung der individuellen Interessenstruktur. Zunehmend wird der wirtschaftliche Erfolg Masstab der individuellen Reputation und löst die prestigegebundene, innerdörfliche Hierarchie ab. Vernetzungen überschreiten den dörflichen Kreis, und die Verbindungen zu Personen des öffentlichen regionalen oder nationalen Lebens gewinnen an Gewicht. Einen Kongressabgeordneten oder einen Anwalt in der Stadt zu kennen bedeutet inzwischen weit mehr als in der *cofradía* einen hohen Rang einzunehmen, da über diese Schiene, unter Umgehung der traditionellen Ordnung, weit einfacher Ansehen im Dorf erworben werden kann. Vernetzungen dienen zunehmend dem wirtschaftlichen Erwerb und hierbei ist essentiell, einen möglichst grossen Personenkreis zu kennen, die der einzelne über schwache Bindungen als Kontaktpersonen oder mögliche Geschäftspartner aufsuchen kann.

Der einzelne, vor allem wenn er einer Familie vorsteht und diese versorgen muss, wird versuchen, die Risikofaktoren seines Lebens- und Arbeitsumfeldes möglichst zu reduzieren. Dies ist dann gewährleistet, wenn sich dieser möglichst unabhängig von seinem sozialen Umfeld versorgen kann. Dies bringt ein ausgereiftes, auf die Familie gestütztes Konzept distantieller Wahrnehmung des einzelnen zum Vorschein. Die Leitlinie des Handelns wird sich also an der unabdingbaren Notwendigkeit einer Zusammenarbeit auf Gemeindeebene zur Sicherung der familiären Versorgung ausrichten.

Die grundsätzliche Frage lautet also, wie weit die subsistenzsichernde Landwirtschaft den familiären Bedarf decken hilft? Aus dem aus der Familienwirtschaft resultierenden Fehlbetrag zur Familienversorgung ergibt sich dann die Notwendigkeit für den einzelnen Bauern, auch auf andere Ressourcen im gewerblichen Bereich zurückzugreifen. Lokale Organisationen richten sich zumeist auf den wirtschaftlichen Bereich der Vermarktung oder der gewerblichen Arbeit.

Das **fünfte Kapitel** zeigt, dass die Eigenversorgung aus der Landwirtschaft entsprechend der familienzyklischen Entwicklung des Einzelhaushaltes variiert, jedoch im Schnitt kaum über 50-60% hinausreicht. Von daher wird deutlich, dass dörfliche Organisationen schwerlich Raum lassen für idealistische Vergesellschaftungsgedanken, sondern geprägt sind von einer existentiellen Notwendigkeit der einzelnen Familien, auf ausserfamiläre Ressourcen zurückzugreifen. Sie sind das Ergebnis weitreichender individueller Strategieentwürfe. Die reziproken Strukturen der Zusammenarbeit ruhen auf einer exakt festgelegten und sozial abgesicherten dörflichen Binnenstruktur. Dort, wo diese Binnenstruktur nicht mehr besteht, sind dörfliche Organisationen in ihrer Existenz äusserst gefährdet. Die fehlende Absicherung von aussen durch rechtsstaatliche Mittel kann und muss nicht die rasch und tiefgreifend veränderte innerdörfliche soziale Kohäsion kompensieren, wie dies in westeuropäischen Gesellschaften der Fall ist. In den Analysen deuten sich eigene Lösungsvarianten in den dörflichen Organisationen an.

Diese Aspekte einer bestehenden, jedoch von Brüchen durchzogenen dörflichen Sozialverfassung lenken den Blick auf die übergreifenden kohäsiven Tendenzen des alltagsweltlichen Handelns. **Kapitel sechs** spannt einen Bogen von der Wahrnehmung der ausserdörflichen Bereiche durch Dorfbewohner anhand eines Modells. Hier wird deutlich, dass Distanzwahrnehmungen nach aussen für den Dorfbewohner in erster Linie über sprachliche und symbolische Chiffren vermittelt werden. Der Bogen reicht bis zur innerdörflichen Handlungsebene. Hier erweist sich, wie über vielfältige Modifizierungen individueller Strategien und bisheriger sozialer Ordnungsmodelle, dem Druck der äusseren Umstände der Versorgungssicherung nachgegeben wird und wie die Akteure zu einem konzertierten Handeln gelangen oder aus dem Zusammenhang des dörflichen Agierens völlig ausbrechen und Wege gehen, die im Spiegel interkonfessioneller Auseinandersetzungen eine Partikularisierung von Handlungsstrategien zeigen.

Letztlich wird, durch eine Aufspaltung von Diskursebenen im **siebten Kapitel**, gezeigt, dass die bis dahin in einem ausführlichen Verfahren ausgegliederten Details sozialer dörflicher Ordnung über Erfolg oder Misserfolg von konzertiertem Handeln

EINLEITUNG

entscheiden. Der notwendige Ausgleich der einzelnen Interessen unter Anwendung individueller Strategien muss über soziale Kompensationsmechanismen laufen. Das legen die empirischen Untersuchungsergebnisse unter den bestehenden Voraussetzungen in den dörflichen Organisationen indianisch geprägter Gemeinden im Hochland Guatemalas nahe. Andere normative Regelungen finden in den Gemeinden bis heute eine zu schwache Basis, um einen gerechten und geregelten Ausgleich der Interessen bei konzertiertem Handeln zu garantieren. Die Konsequenz dieser Analysen weist auf eine Stärkung der inneren sozialen Kohäsion in den Gemeinden.

1.3. Zur Methodenfrage

Das dokumentierte Erkenntnisinteresse der Untersuchung erfordert hinsichtlich der Untersuchungsmethoden eine ganze Palette von Formen der Informationsbeschaffung. In vielen Publikationen wurde schon die Mangelhaftigkeit statistischer Datenerhebungstechniken bekundet. Nach Meinung des Verfassers ist entscheidend, wie, unter welchen Voraussetzungen und zu welchem Zweck die empirischen Daten verwendet werden. Deshalb wurde auf dieses Instrument nicht verzichtet.

Die Arbeit mit **Fragebögen** war so angelegt, dass die Fragen vorwiegend nicht quantifizierend gestellt, sondern den Probanden Bewertungsfragen vorgelegt wurden. Quantifizierende Fragen brachten häufig schon bei scheinbar einfachsten Inhalten grosse Probleme. So ist die Frage nach der Zahl der Kinder im Denken der indianischen *campesinos* eine äusserst schwierige Angelegenheit. Zählt man nur die Lebenden oder auch die Toten mit hinzu, die noch nicht Verheirateten oder auch die ausser Haus Verheirateten, nur die Söhne oder auch die Töchter. Gehören die beiden in der Hauptstadt Lebenden dazu, vielleicht auch die Enkelkinder oder die Kinder der im Haus lebenden Schwägerin?

So viele Fragen, so viele verschiedene Antworten.

Erfahrungen des Autors mit Bewertungsfragen jedenfalls sind gut und ausbaufähig und wurden deshalb in dieser Arbeit häufiger gestellt. Bewertungen schaffen keine scheinbare Selbstevidenz der Zahlen, denn was man schwarz-auf-weiss besitzt, kann man noch lange nicht getrost nach Hause tragen.

Interviews als Mittel der Erkenntnisgewinnung sind wohl unverzichtbar, aber dennoch diskussionswürdig. Die Arbeit mit dem Tonband ist schon technisch nicht leicht handhabbar. Die Vorbereitung hinsichtlich der Moderation ist schwierig und überfordert schnell bei der Arbeit im Feld. Die Ergiebigkeit der Antworten war häufig enttäuschend. Dennoch wurde im vorliegenden Fall viel mit Interviews gearbeitet, dabei wurde aber berücksichtigt, dass manchmal die Vorgaben, entsprechend dem Interviewpartner zu eng waren, und manchesmal die Erzählungen zu weit gingen und drohten, ins Belanglose abzugleiten. So dienten die meisten Interviews dem Verfasser bei der Ausarbeitung der Dissertation als Erinnerungsstütze und halfen dabei, wichtige Situationen wieder lebendig werden zu lassen.

Teilnehmende Beobachtung ist ein sehr vieldeutiger Begriff und war nur in Bezug auf bestimmte Bereiche wichtig. Solche Bereiche waren Verhandlungen über Personalfragen, Landfragen oder dorfinterne Konflikte wie z.B. Wasserrechte. Diese Themenbereiche waren auch in Dorf- und Gemeindekreisen so unwägbar, dass hier auf Interventionen verzichtet und die Anwesenheit sich auf die Beobachtung beschränkte.

Ansonsten hat es der Autor vorgezogen, bei seiner Erkundung der Innenansicht von dorfgebundenen Organisationen, die eigene Position den Menschen offenzulegen. Den Menschen wurde eine Abmachung angeboten: sie bekommen vom Untersuchenden Know-how-Leistungen, während sie Informationen zurückgeben. Es wurde also die **direkte und unmittelbare Einflussnahme** und bisweilen auch die Provokation von Handlungen nicht gescheut. Dieses Vorgehen hat häufig einen grossen Zeitaufwand bedeutet, doch glich die Qualität der Informationen die teilweise grosse Mühe wieder aus. Bei Bedarf und Interesse, flossen den Mitgliedern der verschiedenen Gruppen Informationen, Kontakte, Kursangebote, technische Beratung und manchmal auch offene Einschätzungen einer Situation zu. Durch diese Vorgehensweise gewann der Verfasser das besondere Vertrauen einer ganzen Reihe von Personen. Dies verpflichtet und kann leicht zu 'Betriebsblindheit' führen, indem Normalisierungstendenzen des alltäglichen Handelns ähnlich wie bei den Partnern eintreten. Insgesamt kann diese Vorgehensweise so eingeschätzt werden, dass sie,

EINLEITUNG

über eine häufige Korrektur der Blickrichtung beim Untersuchenden selber, es ermöglicht, intime Kenntnis über das Leben in den Familien, den Nachbarschaften oder in der *comunidad* zu erlangen und Kommunikationszusammenhänge zu dechiffrieren, die für einen 'teilnehmend Beobachtenden' belanglos gewesen wären. Diese Einblicke verlangten eine verantwortliche Haltung. Sie eröffneten aber den Blick in einen unverstellten, bisweilen eigenartig geformten, aber in seiner inneren Logik stimmigen Alltag der indianischen *comunidad* und ihrer internen Organisationen auf den keine ernstgenommene Entwicklungszusammenarbeit verzichten kann.

1.4. Menschen

Don Felipe hätte niemals Philosoph werden können, denn Staunen ist ihm fremd, er hat es nie gelernt oder er hat es nie gebraucht. Sein Leben im Dorf gab ihm auch zeit seines Lebens wenig Anlass dazu. So bewegend waren die Ereignisse nicht. Der Mais, die *siembra*, gab den jährlichen, die hungrigen Münder der Familie den täglichen Rhytmus der Arbeit vor. Die Zeit arbeitet im Tiefdruckverfahren, die 64 Lebensjahre von Don Felipe haben eine tiefe Zeichnung in seinem Gesicht hinterlassen. Er ist nicht sehr gross gewachsen, misst kaum 1,65 Meter. Doch wohl weniger seiner Grösse wegen geht Don Felipe immer sehr aufrecht. Das hat eher damit zu tun, dass er seine Pflicht als Familienvorstand und Vater von neun Kindern immer sehr ernst genommen hat. Er ist überzeugt, dass ein Vater seinen Kindern aufrecht begegnen muss.

Don Felipe trägt schon seit drei Jahren, seit ich ihn kennenlernte, täglich abwechselnd seine beiden bläulichen Anzüge, immer sauber gewaschen und so tadellos, wie es die Umstände des Dorflebens eben erlauben. Weder der Staub während der langen Trockenzeit im Hochland Guatemalas noch der Schlamm in allen Gassen während der Regenzeit können ihn dazu bringen, von seiner honorablen Erscheinung Abstand zu nehmen. Den Hut aus Filz und nicht aus Stroh oder Plastik ist Don Felipe seinem Ansehen im Dorf schuldig.

Don Felipes Erinnerungen reichen weit zurück, bis in die Zeit unter Arévalo in den 40er Jahren. Die damals beginnenden Veränderungen im Dorf kann er heute noch nicht eindeutig einordnen. Es kamen die Parteien, mit denen die Streitigkeiten im Dorf stark zunahmen. Doch es kam auch der rechte katholische Glauben mit der *Acción Católica* ins Dorf. Deshalb wurde es nicht friedlicher, aber die Fronten waren geklärt. Damals war er noch nicht Vorsitzender vom Wasserversorgungsverein seines *aldea*. Die Zeit, als die Kalkgenossenschaft noch nicht bestand und als die Kalkbrennerei noch nicht mit den Lastwagen arbeitete, war mit viel Plackerei verbunden, um sich ein wenig Geld zu verdienen.

Damals zogen sie, junge Kerle von sechzehn bis achtzehn Jahren, zu fünft oder sechst, mit eineinhalb Zentnern gebranntem Kalk auf dem Rücken, hinunter an die Küste. "A puro mecabal"[27] wie Don Felipe immer wieder betont. Das war eine Hundearbeit, denn auf dem Rückweg brachten sie Mais von der Küste mit, um sich über die Zeitspanne der schmaler werdenden eigenen Maisvorräte zu bringen. Sie schliefen draussen unter Bäumen, immer in Sorge wegen des Regens. Der hätte den Kalk unbrauchbar machen können. Diese Schinderei hat viele seiner *vecinos* (Dorfmitbewohner) stumpf gemacht und gebeugt. Er jedoch hat immer versucht, so gut es ging, aufrecht zu gehen.

Don Felipe hat seine Kontakte über die Dorfgrenzen hinaus. Als er in der *Acción Católica* Katechist wurde und die *brujos*, die Heiler, von seinem Haus wegschickte, wurde er hin und wieder zu Kursen in die Stadt geschickt. Dort war er zuvor nur wenige Male hingekommen. Damals lernte er auch die spanische Sprache, die ansonsten im Dorf nicht gesprochen wurde. Über die Jahre schloss er in der Stadt die Bekanntschaft mit einigen Leuten. Das machte ihn vertraut mit den bisweilen sehr rauhen Sitten, die dort herrschen. Er weiss, wo er einkaufen kann und kennt die Schliche der Händler. Die sind nur darauf aus, wie die *Ladinos* im Dorf, den *indígenas*, "*nuestra gente*", wie Don Felipe zu sagen pflegt, die sauer verdienten *centavos* aus der Tasche zu ziehen.

Doch Don Felipe hat gelernt vorsichtig zu sein. Er hat dem Treiben in der Stadt nie allzuviel Bedeutung beigemessen. Er wusste immer, wo sein Zuhause ist. Der

---

[27] *mecabal* = um die Stirn gelegtes Trageband für Rückenlasten.

EINLEITUNG

rechte katholische Glauben hat ihm klar gemacht, dass die *cofradía* (religiöse Bruderschaft) und die *principales* (Dorfältesten) im Dorf nicht dazu beitrugen, den *vecinos* (Dorfbewohnern) zu besseren Lebensumständen zu verhelfen. Die vielen Feste und die häufigen Saufereien drückten sie nur weiter nach unten.

Don Felipe redet sehr nüchtern über das Leben und die Umstände im Dorf. *"Pensandolo bien"*, recht darüber nachgedacht, wurde ihm immer klarer, dass die ganze Kraft des einzelnen vielmehr darauf gerichtet sein muss, seinem Dorf und seinen *vecinos* wirklich zu dienen. Zuerst kam die Schule und dann die Kooperative. Er war immer einer der ersten, der die jeweils dreissig *adobes* (Lehmziegel), die jeder zum Bau der Gebäude beitragen musste, ablieferte. Er stellte sich auch für die Vorstandschaft der Genossenschaft zur Verfügung.

Er hat viel Zeit geopfert für diese Arbeiten, die hauptsächlich vom ersten Pfarrer, einem *gringo*, der damals ins Dorf kam, begonnen wurden. Er hat den Leuten gezeigt, wo es lang geht und hat ebenfalls schwer gearbeitet. Don Felipe stand dabei nie zurück. Später hat er die Leitung beim Ausbau der Wasserversorgung in seiner *aldea* übernommen, bis heute ist er damit beschäftigt. Die Leute im Dorf achten ihn und sie wissen weshalb. Don Felipe hat zwei Visionen: die des *Dorfes* mit der *milpa* und die der *Zukunft*, die in seinen Kindern sich zeigt und er versucht beide ineins zu bringen, aufrichtig und mit Würde.

Vor dreieinhalb Jahren stand Don Felipe eines nachmittags im Garten vor dem Haus, das der Autor in Cabricán bewohnt hatte. Er war die Tage vorher schon vom *Cienaga*, dem *aldea*, in dem er wohnte, die eineinhalb Stunden einfachen Fusswegs zum *centro* von Cabricán gekommen, um mit mir zu sprechen, hatte mich aber nicht angetroffen. Als ich beim dritten Anlauf zuhause war, kam er nicht bis zur Tür, sondern pfiff vom Eingang des Gartens mehrere Male, bis ich herauskam, um nachzuschauen, wer sich bemerkbar machte. Ein kleiner, schon betagter Mann mit zerfurchtem Gesicht, hager, über der Schulter die Umhängetasche, eine, wie sie an die Touristen in der Stadt verkauft wird, so stand er da und begann von dem deutschen Pfarrer zu sprechen, der drei Jahre vorher Cabricán verlassen hatte. Er erzählte von den Leuten, die in der Pfarrei gearbeitet haben und von seiner Arbeit in den Projekten der Wasserversorgung, von den Kirchen, die sie gebaut hatten und von all dem, was an Arbeit liegengeblieben war. Der Verfasser der vorliegenden Arbeit wusste nicht so recht, was er mit ihm anfangen sollte und hatte auch keine rechte Idee, was er ihm denn nun sagen sollte. Nach einer Stunde des Erzählens wurde der Autor etwas ungeduldig, doch Felipe ging nicht ohne die Zusage, mit ihm am nächsten Tag sein *aldea* und die Arbeiten dort anzusehen.

Am darauffolgenden Tag, ohne dass wir eine genaue Uhrzeit vereinbart hätten, erwartete er mich schon bei den Kalköfen. Wir haben uns in den folgenden zwei Jahren, trotzdem wir meist weder Ort noch Zeit vereinbart hatten, nur bei einer einzigen der vielen Verabredungen verfehlt. Don Felipe war stets einfach da, ich begriff nie, wie er mich fand. Die Leute bei den Kalkmeilern, die ihre Brände entweder vorbereiteten oder die Öfen leerten, schauten von oben, wenn ich vorbeifuhr, einige winkten und plötzlich kam aus irgendeiner Ecke Felipe hervor.

An jenem Tag musste ich zuerst mit zu seiner Familie kommen, um die Frau und die Kinder zu begrüssen. Dann das Mittagessen. Das Haus gegen den Hang gebaut, von drei Seiten geschlossen, in der Mitte ein sauber gefegter Innenhof, die *pila* (Waschstein) an einer Seite, zwei Hunde träge in der Sonne. Das Essen wurde in dem Haus serviert, das als Schlaf- und Vorratskammer genutzt wurde. Der kleine Tisch mit einer Decke und Blumen. Die Szenerie war, nach einer respektvollen Begrüssung, von grosser Zurückhaltung gezeichnet. Nach und nach kamen einige *vecinos*, die Felipe anscheinend benachrichtigt hatte. Alles ohne grosse Unterhaltung. Verhaltenheit war stets das Kennzeichen bei Begegnungen mit den Menschen.

Anschliessend der Gang über die Felder. Er führte mich die Wasserleitung entlang, die sie gebaut hatten und wir erreichten nach einem halbstündigen Gang aufwärts durch den Wald eine grosse Mauer, die halbfertig ein kleines Tal abschloss. Dort standen wir, eine Gruppe von einem Dutzend Männern und einigen Kindern, und sie begannen zu erzählen, welche Dinge sie am meisten beunruhigen. Es wurde eine weite Exkursion der Einschätzungen, der Erinnerungen und Gefühle. Der Grundton war nüchtern, ohne Pathos, aber in Sorge und Unruhe um die Zukunft. Sie begannen zu erzählen von früher, von der Zeit, die wie ein Tuch aus Mühsal, Mais und den Mitmenschen im Dorf gewoben war, als es in Cabricán noch keinen Mangel an Brennholz, Schwarzen Bohnen und Land gab...

Una geografía
non una genealogía
paesaggi inquinati
ma dove può nascere
movimento e libertá.[1]

2. Dorf und Geschichte

Zweifellos liegen die Dörfer Cabricán, Santa Maria Chiquimula und Concepción Chiquirichapa, in denen die Feldforschungen für die vorliegende Arbeit durchgeführt wurden, nach den Vorgaben geographischer Verortung weit ab jedweden Kreuzungspunktes geschichtlicher Bedeutsamkeit, versteckt im Westlichen Hochland Guatemalas. Ein unmittelbares Untersuchungsinteresse kann für die fraglichen Dörfer nur schwer begründet werden. In der vorliegenden Untersuchung rücken sie jedoch gerade dadurch in den Mittelpunkt, dass sie ihre "Bedeutungslosigkeit", ihre Einförmigkeit und Abgeschlossenheit als hervorstechendstes Merkmal aufweisen. Die Offenlegung der hinter einer weitgehenden Ereignislosigkeit versteckten tiefgreifenden Vorgänge in den Dörfern, deren 'abgelebter Landschaft´, muss deshalb sehr gründlich vorgenommen werden.

An erster Stelle steht in dieser Arbeit, einen Zugang zum Verständnis der handlungsleitenden Motive der Personen in ihrem jeweiligen lebensweltlichen Umfeld zu schaffen. Die Hinführung zu einer Lebenswirklichkeit, die hier beschrieben und interpretiert wird, braucht jedoch einen festen Boden, um nicht in den Bereich des in historischer Hinsicht Zufälligen oder in sozial-kultureller Blickrichtung Nivellierenden zu geraten. Die vorliegende Untersuchung beginnt mit

---

[1] "Nur aus einer Geographie/ und nicht aus einer Genealogie/ mitten aus einer abgelebten Landschaft/ können einzig/ Bewegung und Freiheit entstehen." (Übers. F.B.) Motto einer Mailänder Frauenzeitschrift.

einer Klarstellung und Verdeutlichung eines umfassenden Handlungs- und Interpretationsrahmens der indianischen Hochlandbewohner anhand der historischen Entwicklung der Region, in der die berührten Dörfer liegen. Dieser Weg eignet sich, um zu einem grundlegenden Verständnis der Lebenssituationen und der Sinnhaftigkeit der Handlungsweisen der Dorfbewohner im Untersuchungsgebiet zu kommen, die wir in den folgenden Kapiteln genauer analysieren. Der Faktor Zeit, einerseits als *setting* und andererseits als *sequence*[2], wird gerade im zeitgeschichtlichen Schnitt durch die Ereignisse in und um die indianisch bewohnten Dörfer des guatemaltekischen Hochlandes bedeutsam. Das zeitliche *setting* erscheint aufgehoben im Symbolbegriff als Schnittpunkt zwischen individueller Lebenserfahrung und kulturhistorischer Zeitgeschichte. Dagegen spiegelt der Begriff der *sequence* Lebensabschnitte quasi als Biografien wider, wie sie z.B. in den familiären Lebenszyklen (s. Kapitel 5) durchscheinen. Dies erfordert als Konsequenz einen zeitlichen Längsschnitt durch die unterschiedlichen *Dimensionen* lebensweltlicher Erfahrung der regionalen und lokalen Bevölkerung des Untersuchungsgebietes, ergänzt durch sozialwissenschaftliche und ökonomische Analysen. Dadurch wird aufgewiesen, mit welchen Lebensumständen die Individuen sich in der heutigen Zeit, auf der Grundlage ihrer individuellen und kollektiven Überlieferung, auseinanderzusetzen haben.

Zwei Wege scheinen also dafür geeignet, eine Pforte zu öffnen: erstens die geschichtliche Erfahrung der Veränderung der immateriellen sozialen Mitwelt als eine der wesentlichsten Kategorien menschlicher Daseinserfahrung und zweitens die zunächst rein metrisch erfassbare, aber sich in die Lebens- und Alltagswelt weitende Erfahrung der materiellen Umwelt der Artefakte. Beide Bereiche lassen sich auch in anderer Weise ausdrücken: Geschichte und Dorf.

In der Geographie zeigen sich zwei grundlegende Strömungen im Blick auf die Aussagekraft und Anwendungsmöglichkeit der historischen Geographie[3] als Mittel zur Erschliessung und Bewältigung von Realitäten, in denen sich Menschen beweg(t)en. Diese Diskussion wurde bis zur Mitte dieses Jahrhunderts stark von der

---

[2] Siehe dazu BAKER, A.R.H.(1972: 15).

[3] HARVEY (1969); SMITH,C.A.(1965: 118).

vorwiegend klassifikatorischen geographischen Tradition[4] als einer der beiden Grundströmungen bestimmt.[5] Diese Seite wurde z.B. durch HARTSHORNE (1939: 183) charakterisiert, der der Ansicht ist, dass

> "die Interpretation von einzelnen geographischen Erscheinungen einer Region häufig erfordert, dass der Untersuchende die Geographie früherer Zeiträume mit in seine Überlegungen einbezieht, es jedoch nicht notwendig erscheint, dass die Geographie einer Region in Hinblick auf deren geschichtliche Entwicklung untersucht wird". (Übers. F.B.)

In diesem Zitat kommt deutlich zum Ausdruck, was innerhalb der neueren Diskussion um eine "wissenschaftstheoretische Grundlegung" (BARTELS, 1968) der Geographie als Fachwissenschaft zum Thema wurde. Landschaftstypisierung und Raumdeterminismus prägen als Kennzeichen eine in strukturfunktionalen Zuordnungen verfestigte Geographie, die sich als vollkommen unzureichend erweist, selbst für eine morphologische Fragestellung, und den "Natur- und Kulturraum" schaffenden Menschen als blossen Funktionsträger behandelt, ohne auf dessen permanente Neustrukturierungsleistungen des Vorgefundenen einzugehen. Es geht folglich darum, Abschied zu nehmen von einer Auffassung quasi statischer Landschaftstypen und über die Integration der historischen Dimension in die Geographie in der Folge den Raumdeterminismus zu überwinden. Die *Machbarkeit von Geschichte* als Grundüberzeugung kritischer Theoriebildung seit den 50er Jahren zielt auf eine Anerkennung der Prozesshaftigkeit des sozialen Lebens. Damit rückt die Anerkennung der Lebensverhältnisse von Menschen im Einklang mit deren veränderlichen und veränderbaren Handlungsvoraussetzungen in den Vordergrund. Aus diesen Vorüberlegungen folgt zwingend, die geschichtliche Dimension als

---

[4] Zu dieser Kritik BAKER, A.R.H.(1972). Die Kritik BAKERs verarbeitet zum ersten Mal in der Forschungstradition der Historischen Geographie soziologische Theorieansätze. BAKER sagt:"The complexity of behavioural interaction seen by modern social theorists disallows both the single narrative viewpoint and the haphazard explanation that have constituted traditional narrative history." (nach: BERKHOFER, R.F.A.(1969).

[5] Als Beispiel kann hier GÖTZ, W.(1904) angeführt werden.

Grundvoraussetzung der Untersuchung anzusehen.[6] Daneben wird der menschlichen Existenz nur gebührende Eigenständigkeit gezollt, wenn den vielfachen schöpferischen Leistungen in Gestalt der alltagstragenden Symbolisierungen entsprechende Aufmerksamkeit zukommt. Ausgehend von diesen Überlegungen muss sich die Aufmerksamkeit der Geographen den kulturbildenden Prozessen sinnhaften Handelns und deren normativer Prägekraft zuwenden (SEDLACEK, 1982: 187). Sie nähert sich zunehmend einem Diskussionszusammenhang, der von C.O. SAUER als einem der ersten Geographen in dieser Klarheit ausgesprochen wurde.

SAUER (LEIGHLY, 1963) markiert die andere Seite der geographischen Forschungstradition und grenzt in aller Deutlichkeit die Untersuchungsinstrumente voneinander ab, die notwendig sind, um den materialisierten Ausdruck menschlichen sinnhaften Handelns und dessen Resultate sowie die entstehenden Konflikte und Einflussnahmen zu verstehen und zu interpretieren. Im Grunde hat er damit bereits wichtige Argumente der Debatte der 70er (EISEL, 1980) und 80er (KLÜTER, 1986) Jahre in der deutschsprachigen Geographie vorweggenommen. Er stellt fest, dass

> "der Geograph nicht Gebäude und Dörfer, ländliche und industrielle Umgebungen untersuchen kann ausschliesslich unter der Voraussetzung zu wissen, wo sie sich befinden und weshalb sie dort sind, ohne nach deren Entstehungszusammenhängen zu fragen. Er kann nicht die Verortung von Aktivitäten ohne deren kulturellen Hintergrund untersuchen und den damit verbundenen Prozess der Gruppenbildung; das ist ausschliesslich durch die geschichtliche Rekonstruktion zu leisten. Wenn das Ziel der Arbeiten die Bestimmung und das Verständnis der menschlichen gesellschaftlichen Formationen und deren regionale Differenzierungen sind, dann müssen wir auch erklären, wie sie dorthin kamen, wo wir sie heute vorfinden. Das wesentliche Kriterium unseres Verständnisses, das wir suchen, ist die Analyse der Voraussetzungen und Bildungsprozesse. Das allgemeinere Ziel unserer Arbeit ist die räumliche Differenzierung der Kulturen. Gehen wir davon aus, dass es uns um den Menschen geht und er nur aus seiner Entwicklung

---

[6] Die Bedeutung der geschichtlichen Betrachtung hat in seinem vollen Umfang erst der Marxismus mit seiner Herleitung der wirtschaftlich-sozialen Gesellschaftsbedingungen gezeigt. Revolutionäre Bewegungen werden in erster Linie aus ihren historischen Bedingungen und im Hinblick auf eine historische Zwangsläufigkeit der Entwicklung der Gesellschaft begründet und erklärt. Als ein im vorliegenden Kontext umsetzbares Programm sieht der Verfasser eine Stellungnahme von LEY (1978: 42) an:" What is lacking is a sense of history, or at least biography, and a sense also of the tiers of social context ranging from the innermost and immediate linkages of family and peer group to the outermost but no less pervasive realms of ideology and *Weltanschuung* (Kurs.im Orig.), the global outlook and dominant ideas of the period."

DORF UND GESCHICHTE

heraus erklärt werden kann, dann kann unser Thema nur aus der zeitlichen Folge seiner Entstehung heraus erläutert werden." (Übers. F.B.)

Da es uns, wie SAUER andeutet, um Formationsprozesse von Lebenszusammenhängen gehen muss, die entsprechend ihrem Verlauf und ihrer komplexen Perspektivenverknüpfung zu den momentan erfahrbaren Konstellationen und Zuständen führen, wird das entscheidend, was uns die historische Geographie als Archäologie menschlichen Gestaltens und Widerstehens verständlich macht. LOVELL (1990), auf dessen Untersuchung soziokultureller und herrschaftsgebundener Veränderungen zwischen *Conquista* und guatemaltekischer Unabhängigkeit im peripheren Westlichen Hochland Guatemalas ich mich im folgenden häufiger berufen werde, erweitert die Perspektive SAUERs hin auf die noch stärkere Betonung der eigenständigen kulturell-sozialen Rekonstruktionsleistungen der indianischen Bevölkerung im Verlaufe der *Conquista*, die sich durch eine historisch-geographische Forschungsperspektive verdeutlichen lässt.

"La geografía histórica, considerada aquí como la reconstrucción de la manera en que los procesos de cambio cultural han dado forma a la geografía del pasado, ha ocupado una posición más bien periférica dentro de la disciplina." (LOVELL, 1990: 3)

Diese Rekonstruktionsleistung kann sich, wie bei LOVELL deutlich wird, auf eine ganze Region beziehen und dadurch Aspekte beleuchten, die auf regionaler Ebene, zwischen Dörfern und für deren Bevölkerungen von Bedeutung sind. Sie kann sich aber auch auf die lokale Ebene konzentrieren und ihren Blick dadurch in die Dörfer hineinlenken. Dadurch wird offenbar, was uns so häufig als *das unaussprechlich Deutliche*, das Unverständliche oder das Unlogische im Handeln und Denken dieser Menschen erscheint. Auch für diesen Blickwinkel gilt nach Lovells Worten, dass

"el paisaje cultural, en el que la actividad del hombre adquiere expresión formal e informal, es de naturaleza dinámica y por consiguiente debe ser considerado en la dimensión del tiempo." (LOVELL, 1990: 5)

Die Bemühungen um ein vertieftes Verständnis für die Vorgänge auf der Ebene dörflicher Kommunikation und des Zusammenlebens in der *comunidad* werden vor allem in den letzten Jahren durch die Forschungen im Bereich der Politischen Geographie (OSSENBRÜGGE, 1983), der Lokalpolitik und zur *patria chica* (SANDNER, 1984) anschaulich. Seit den 60er und noch stärker in den 70er Jahren hat die Geographie regionaler Lebenswelten (BUTTIMER, 1984: 65) an Profil gewonnen. Eine Auseinandersetzung mit den grundlegenden Instrumentarien geographischer Forschung hat auf der Basis einer Ablösung vom länderkundlichen Schema im Sinne einer chorologisch reduzierten Beschreibung (WERLEN, 1987: 168 ff.) gebietsmässig abgegrenzter Territorien hin zu einer verflechtungs- und funktionsanalytischen Methode (EISEL, 1980: 517) der *regional science* neue Impulse erhalten.

Doch erst allmählich wurde deutlich, dass damit noch keinesfalls das Problem der grundlegenden Forschungsperspektive gelöst war. Insider- oder Outsidersicht und deren fachinterne und forschungsleitende Folgen zeigten sich erst durch die Annäherung an die Grenzbereiche altehrwürdiger wissenschaftstheoretischer Duldsamkeit, nachdem bei einer stärkeren Betonung der Insiderperspektive im oben angedeuteten Sinne, regelmässig der Verwurf des Subjektivismus im Raum stand. BUTTIMER (1984) macht ihre Position innerhalb dieser Grundsatzdiskussion unmissverständlich deutlich, wenn sie dafür plädiert,

> dass es Aufgabe des Geographen sei, weder Insider- noch Oursiderperspektive ausschliesslich zu vertreten, sondern sich der Herausforderung zu stellen, die aus der Dialektik zwischen diesen beiden Sichtweisen bei ganz konkreten Lebenssituationen folgt." (BUTTIMER, 1984: 65)

Rationale und von relational-objektivierbaren Datenkränzen[7] belegbare konventionelle Methoden der Beschreibung einer Region stehen der *Alltagserfahrung*, die in den unterschiedlichen Milieus[8] dieser Region gründet, gegenüber[9]. Eine Zugangsweise zu dieser Art von Alltagserfahrung, die mit in die Forscherperspektive

---

[7] Vgl. BARTELS (1969: 27 f.).

[8] Siehe zur Genese und Verwendung des Begriffes: BUTTIMER (1978: 58 ff.) und GRATHOFF (1989).

[9] RELPH (1976); TUAN (1977); ROWLES (1978); zum Milieubegriff in der von SCHÜTZ geprägten Lebensweltdebatte siehe GRATHOFF (1989).

DORF UND GESCHICHTE

hineingenommen wird, schildert BUTTIMER (1984: 69) von J.G.GRANÖ, der über ein Milieu schreibt, in dem er arbeitete und lebte, schmeckte und fühlte und dadurch seine unmittelbare Umwelt als Einsicht in die örtliche Verbundenheit von physischen, organischen und menschlichen Erscheinungsformen experimentell begründete. Er schrieb in einer Weise,

> "die sowohl Insider- wie Outsider-Sichtweisen zu kombinieren suchte. Er gab damit ein Beispiel für die Herausforderung zu wirklicher 'Objektivität', d.h. damit zu beginnen, der Wesensart eines 'Objektes' nach seinen eigenen Spielregeln nachzuspüren, anstatt es einem a priori-Modell zu unterwerfen, wie es von der Fachwissenschaft oder der Kulturtradition geliefert wird." (BUTTIMER, 1984: 69)

Im Grunde ist schon in der Tradition der Arbeiten zur *geographie humaine* von VIDAL DE LA BLACHE (1951) ein solches *holistisches* Element zu erkennen. Das

> "lenkte die Aufmerksamkeit auf Ideen, Werte, Gewohnheiten und Symbole, die mit den Lebensformen, aber auch mit den leichter erkennbaren Interaktionsmustern, dem Lebensraum und der Landnutzung assoziiert waren." (BUTTIMER, 1984: 72)[10]

In den Kreis dieser alltagsweltlich-deskriptiven Sichtweise gehört als bestimmendes Element das regelhafte und gewohnheitsmässige *Handeln*. Doch gerade dieses Handeln,

> "von dem man höchste Wirksamkeit auf die Umwelt erwarten darf, gerät durch den rationalistischen Mensch- Umwelt- Basisentwurf aus dem Blick. Vermutlich liegt es auch hier begründet, dass viel öfter "auffälliges Verhalten" (wie z.B. Umzüge) als "Phänomen" analysiert werden, als etwa das Verhalten von Sesshaften: denn Umzüge sind so bedeutende, seltene oder einmalige Ereignisse für einen Menschen, dass man von entscheidungsgeleitetem Handeln ausgehen kann." (BUTZIN, 1982: 104 f.)[11]

Auf dieses regelhafte und gewohnheitsmässige Handeln richtet sich der Blick,

---

[10] Vgl. dazu auch BUTZIN (1982); in: SEDLACEK (1982: 99).

[11] Vgl. dazu auch BUTTIMER (1984: 80 f.).

wenn das Dorf zum Gegenstand der Untersuchung wird. Es geht sowohl um die Analyse von entscheidungsgeleitetem als auch von 'unlogischem' und emotionalem Handeln. In einem Wort, es geht um die *Rationalität des Alltagslebens*.

In diese Richtung des Denkens verändert sich allmählich der Horizont der Institutionen, die bis heute beharrlich angemessenere Formen der Zusammenarbeit mit anderen Kulturen suchen. Der Blick richtet sich auf das, was mit dem Schlagwort *local ressources* umrissen werden kann und damit auf den Bestand eines eigenen Handlungsspielraumes, der den jeweiligen Umständen entsprechend enger oder weiter sein kann.

Diese Ressourcen zeigen ihre Eigenart gerade in der Angemessenheit auf die Umstände und Bedürfnisse einer 'kleinen' Welt, die sich natürlich in der Perspektive der dort lebenden Menschen zur einzig möglichen Welt verengen (oder weiten?). In der neueren Literatur[12] wurde einige Male der Versuch gemacht, diese Welt in ihrer Geschlossenheit auch als Angelpunkt von Konflikten darzustellen.

Um diese innere Geschlossenheit und deren Artikulationsfähigkeit gegenüber anderen gesellschaftlichen Einheiten herauszustreichen, wurde der Begriff der *patria chica*, der vertrauten Welt, gewählt. Eine andere Diktion, die einen noch wesentlich weitergehenden Horizont absteckt, ist der Ausdruck *Guatemala Profunda*[13], der in der neuesten Literatur die Denkrichtung vorgibt.

Das Dorf als *patria chica* wird der Beschränktheit enthoben und zu einer Einheit gebracht, deren Artikulation(-sfähigkeit) gleichberechtigt neben der staatlich-politisch übergeordneten Ebene steht. Aus den genannten Gründen wird deutlich, weshalb dem Dorf im Kontext seiner Geschichte als *patria chica* grosse Aufmerksamkeit zukommen muss: nur so lassen sich innere und nach aussen gerichtete Konflikte, kulturelle und wirtschaftliche Konstellationen und Restriktionen, Möglichkeiten der Entfaltung und Erneuerung und die Vernetzungen verschiedenster Einflüsse verstehen und im jeweiligen Kontext interpretieren. Nur so lässt sich auch eine radikal andere Sicht der Peripherie gewinnen.

---

[12] Vgl. SANDNER (1983); in: EURE, 1983: 47 ff.

[13] Siehe dazu die Veröffentlichung von BRUNNER/ DIETRICH/ KALLER (1993), in der ein überzeugender Gesamtentwurf einer profunden Gegenwelt gegen die vom kapitalistischen System beherrschten politischen Machtdiskurs auf nationaler Ebene.

DORF UND GESCHICHTE

Karte 1:

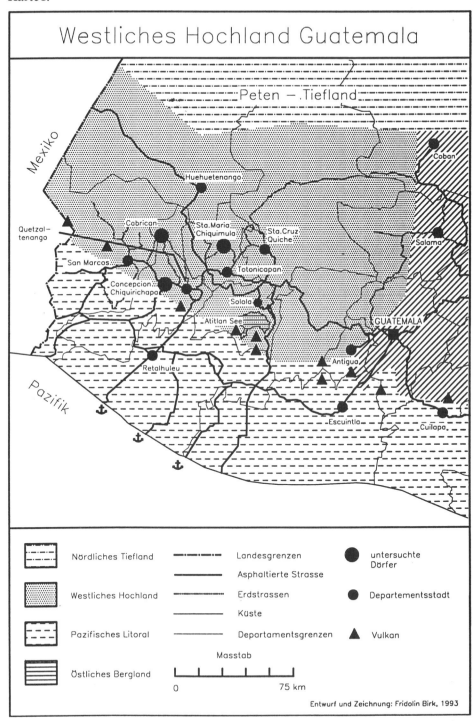

2. KAPITEL

Sie ist als Randsaum, häufig dem "Abkippen" nahe, unverstandener Kontaktbereich, marginale und informelle Undurchdringlichkeit. Diese Konstellation als Chance für neue und ganz andersartige Vernetzungen und menschliche Entfaltungsmöglichkeiten zu begreifen und einige Chancen und Probleme auf dem Weg dorthin zu zeigen, habe ich mir auf den folgenden Seiten zur Aufgabe gemacht.

2.1. Prähispanische Strukturen und gesellschaftliche Formungen

Die Hochlandregion (Karte 1), in der die drei untersuchten Dörfer liegen und auf die sich unsere Analysen und Beobachtungen beziehen, wurde in vorspanischer Zeit kulturhistorisch von sehr unterschiedlichen Einflüssen geprägt. Nachfolgend werden diese Einflüsse dargestellt als Basis für die folgenden Kapitel und vor allem in Hinblick auf die Bedeutung der kulturellen Prägungen als wichtige Träger ethnischer identitätsbildender Elemente, worauf heute vor allem das wiedererstarkende indigene Selbstbewusstsein[14] aufbaut.

Die heute von der *Quiché*-Sprachgruppe besiedelten Gebiete, die sich von aussen besehen durch die Verwendung der *Quiché*-Sprache von den Besiedlungsräumen der Bevölkerungsgruppe der *Mam* abgrenzen lassen, waren vor dem 10. Jahrhundert vorwiegend von den Maya-Volksgruppen der *Mam* und *Pocomam* besiedelt. Deren Ausbreitungsgebiet zog sich im wesentlichen über das gesamte Westliche Hochland hin, geographisch abgegrenzt durch die *Sierra de los Cuchumatanes* im Norden, das pazifische Litoral im Süden und die Kalktafel von San Cristobal de las Casas im heutigen mexikanischen Chiapas (Karte 2).

In verschiedenen kolonialen Quellen wird auf die dünne Besiedelung dieser Region vor dem 10. Jahrhundert hingewiesen.[15]

---

[14] Siehe dazu die Erklärungen von Barbados; in: INDIANER IN LATEINAMERIKA (1982) und die Erklärungen anlässlich des II. Kontinentalen Treffens der Ethnien in Guatemala 1991; in: II. CONTINENTAL ENCOUNTER (1991).

[15] Siehe dazu GIRARD(1969: 563); ZAMORA ACOSTA (1983).

Karte 2: Der Einfall der Quichés in das Mam-, Pocomam- Gebiet (nach GIRARD, 1969: 550)

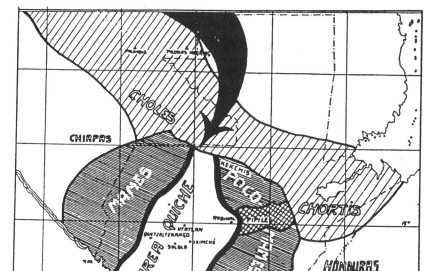

Aus archäologischer Sicht ist auffällig, dass im ganzen Westlichen Hochland Guatemalas nur wenige vorklassische Funde gemacht wurden, was im Grunde die genannten Quellen bestätigen. Mit der von Norden sich keilförmig zwischen die *Mam*- und *Pocomam*-Siedlungsgebiete schiebenden Expansion toltekischer Stämme ändert sich das Bild vollkommen. Die als Postklassik (1000 bis 1424 n.Chr.) bezeichnete Periodisierung der präkolumbischen Mayazivilisation wird im Westlichen Hochland Guatemalas weitgehend vom toltekischen *Quiché*-Vorstoss und dessen Assimilationskräften bzw. dessen Expansion beherrscht.

In dieser Zeit, die über weite Strecken von Kriegen der das Hochland bevölkernden Volksstämme untereinander beherrscht wird[16], formen sich bereits Strukturen, die auch nach der spanischen *Conquista* den sozialen, wirtschaftlichen und gesellschaftspolitischen Handlungsrahmen der jeweiligen Volksgruppen prägen.

---

[16] LOVELL (1990) führt dafür archäologische Funde an, die auf einen kriegerischen Hintergrund schliessen lassen und vervollständigt das Bild, das durch die verschiedenen indianischen Quellen geformt wurde.

2. KAPITEL

Die Anlage der Siedlungen veränderte in diesen postklassischen Jahrhunderten vollkommen ihren Charakter. Festungsähnliche Anlagen der *Quiché*[17] werden zum Herrschafts- und Kultzentrum für die tributpflichtige Bevölkerung des Umlandes und der unterworfenen Volksgruppen. Diese Struktur des *tinamit-amag*[18] sollte zum Grundstein einer Siedlungsauffassung werden, die erst während der spanischen Herrschaft ihren eigentlich diskriminierenden und herrschaftssichernden Charakter voll entfalten wird.

Die demographische Entwicklung zeigte in der zentralen Hochlandregion ab dem 10.Jahrhundert steil nach oben. ALVARADO fand bei seinem Einmarsch eine dichte Bevölkerung vor, die er in einem Brief an die spanische Krone so beschrieb: *"Esta tierra está más poblada y tiene más gente que todas las tierras que hasta la fecha su majestad ha gobernado."* (VEBLEN, 1982:37) Die *Quiché*, die gegen Mitte des 15. Jahrhunderts in die beiden rivalisierenden Fraktionen der *Quiché* und der *Cakchiqueles* zerfielen, überflügelten während der Zeit ihrer Herrschaftsausbreitung die benachbarten Volksgruppen wirtschaftlich durch starke Handwerker- und Handelskasten.[19] Meine Untersuchungsergebnisse aus Santa Maria Chiqimula, einem *Quiché*dorf, und die Dorfstudie FALLAs (1980) über den Nachbarort San Antonio Ilotenango bestätigen diese Grundlinien bis heute. Der zu dieser Zeit gebräuchliche, vorwiegend lokale Austausch von Waren wurde vom Quiché-Fernhandel, der bis nach Yucatán und Teotihuacán im heutigen *Distrito Federal* Mexikos reichte, weit übertroffen. Neue Techniken vor allem in der Keramikherstellung der vordringenden *Quiché* waren die Voraussetzung dafür. Die Landwirtschaft, die bei den *Mam* ausschliesslich Regenfeldbau bedeutete, bekam durch den Terrassen- und Bewässerungsfeldbau der *Quiché* einen entscheidenden neuen Impuls und zementierte die Vorherrschaft der *Quiché*-Monarchie gegenüber den in die höchsten Lagen der *tierra fria* abgedrängten *Mam*. Zu dieser Region gehört Cabricán, eine Gemeinde, auf die sich die vorliegende Arbeit besonders konzentriert.

---

[17] Siehe dazu THOMPSON (1977: 133).

[18] LOVELL (1990: 52) bezeichnet die *tinamit* als "halbstädtische" und nicht vollkommen geschlossene Gebilde; siehe auch CARMACK (1979: 25).

[19] Siehe dazu GIRARD (1969: 556).

DORF UND GESCHICHTE

Die starke Gliederung im sozialen Gefüge der *Quiché* durch die *chinamit*[20] brachte auch für die eroberten Gruppen eine horizontale Aufspaltung in die *lineages*[21] und eine äusserst rigide vertikal geordnete Hierarchie, die patrilineal vererbt wurde. Auch dies ist ein Merkmal der internen gesellschaftlichen Organisation, auf das wir im Laufe der Arbeit immer wieder stossen werden. Erst durch diese soziale Strukturierung konnte es zu einem ausgeprägten *Caciquen*wesen kommen[22], um die unterschiedlichen Machtansprüche gegeneinander auszugleichen. Gleichzeitig stellte diese vertikal und horizontal verwobene indianische Herrschaftsstruktur eine Grundvoraussetzung einer während der Kolonialzeit gut funktionierenden spanischen Beherrschung dar, parallel dazu aber die Möglichkeit einer sich selbst erhaltenden, internen Kontrolle der Dörfer unter dem Einfluss einer kapitalistisch geprägten Agrarbourgoisie im 20. Jahrhundert. Zusammenfassend lassen sich in den spezifischen Siedlungs- und Herrschaftsstrukturen der vorspanischen Zeit gewisse Voraussetzungen für die spätere spanische Vorherrschaft erkennen.

Die soziale Formung der *chinamit* hat sich in vorspanischer Zeit in der *tinamit-amag*, der siedlungsmässigen Differenzierung von Dorfzentrum und Streusiedlung, niedergeschlagen, die dann während der Kolonialzeit zu der Unterscheidung von *pueblos nucleados* und *pueblos vacíos* führte, nach der die Funktionen der Abgaben- und Ausbeutungsmechanismen in vorspanischer Zeit wie auch während der *Conquista* entsprechend angeordnet wurden. LOVELL (1990: 53 f.) schreibt dazu folgendes:

> "Estas divisiones sociales existían dentro de un marco más amplio y más sutil que suponía un sistema de linajes ordenados según su rango. En términos generales, se puede hacer una distinción entre linages nobles y plebeyos. Los linages nobles de alto rango estaban asociados con ciertos cargos políticos o militares, mientras que a los linages plebeyos de bajo rango les estaba negado el acceso a cualquiera de dichos cargos. Su obligación era pagar tributo en tiempos de paz y prestar servicio militar en tiempos de guerra".

---

[20] *Chinamit*, die *casa grande*, bezeichnet das geographische und genealogische Zentrum einer Verwandtschaftsgruppe, die sich letztlich als Herrschaftsgeschlechter herauskristallisierten.

[21] Lineage wird hier in einer ersten Annäherung als Sippe oder Familienverband aufgefasst.

[22] Siehe dazu CARRASCO (1982: 57).

Die *chinamit* stellte somit eine kleine, aber eng gefasste Siedlungseinheit dar und war zusammengefasst im *calpul*, quasi einem Verband von *lineages*, "el cual parece haber sido una entidad social y territorial tradicional de considerable antiguedad" (LOVELL, 1990: 54). Dieses durch die Darstellung von LOVELL gezeichnete Siedlungsbild entspricht auch heute noch dem, was wir auf dem Land, in den marginalen Zonen des Westlichen Hochlandes und mithin auch in und um die von uns untersuchten Gemeinden antreffen.

Die demographischen Angaben zur Bevölkerung der vorspanischen Zeit im Untersuchungsgebiet sind nur sehr schwer zu verifizieren[23], doch lassen sich anhand von übereinstimmenden Statistiken einzelner Orte Zahlen errechnen, die vermuten lassen, dass erst ca. 1955 die Bewohnerzahl, wie sie vor der *Conquista* bestanden hatte, wieder erreicht wurde. Damit bekommen wir eine ungefähre Vergleichsgrösse, die es ermöglicht einzuschätzen, welch traumatische Folgen der Einbruch der Spanier für die damalige indianische Bevölkerung hatte.

Es wird mehrfach in Quellen erwähnt[24], dass schon 1520, also noch vor der Ankunft der Spanier im Bereich des heutigen Guatemala im Jahre 1524, die erste von den Europäern über Mexiko eingeschleppte Typhusepidemie nahezu die Hälfte der indigenen Bevölkerung ausgelöscht hatte.

2.2. Die Wendezeit der *Conquista*

Durch das Vor- und Eindringen der *Quiché*-Gruppen in altbesiedeltes Mayaland wurden bestehende Verbindungen zwischen den dort lebenden Bevölkerungen abgebrochen. Interne soziale Organisationsformen wurden zerstört und umgeformt. Es

---

[23] VEBLEN (1982) gibt sich viel Mühe, über Angaben der Heerstärken von seiten Alvarados eine zuverlässige Schätzung der damaligen inianischen Bevölkerung zu geben, doch widerspricht dies offensichtlich dem, was FUENTES Y GUZMAN (1932) in seiner *Recordación Florida* angibt, wo er von Heerstärken jenseits der 100,000 Mann spricht, während ALVARADO bei 30,000 Kriegern in der Schlacht um Xelajú liegt.

[24] In RECINOS (1980: 95 f.) wird in einer längeren Passage auf die verheerenden Folgen der sog. *viruela* oder *peste*, d.h. Typhus hingewiesen. Dazu auch VEBLEN (19832 51); FUENTES Y GUZMAN (1969/72: 338-39); LOVELL (1990: 73).

DORF UND GESCHICHTE

setzte eine regionale Wanderungsbewegung ein, die zur Folge hatte, dass die Volksgruppen der *Mam*, von denen Cabricán und Concepción Chiquirichapa geprägt sind, nach Westen und Nordwesten in die Hochlagen der Sierra Madre verdrängt und dadurch gezwungen wurden, sich in ihrer Landwirtschaft an veränderte ökologische Bedingungen anzupassen. Die Gunstlagen der Hochtäler um Quetzaltenango, Totonicapán oder Chimaltenango wurden von den Quiché besetzt, was abgewanderte Bevölkerungsgruppen zu einer Neuorganisation der Gebietsaufteilungen des Hinterlandes gezwungen hatte. Veränderte Anbaubedingungen und die erschwerte Versorgung mit Nahrungsmitteln verlangten auf der Dorfebene der verdrängten Volksstämme eine Neuverteilung der Aufgaben im Reproduktionsbereich. Die Tributpflicht[25] gegenüber den vordringenden Quiché tat ihr übriges, um die innere soziale Organisation durch das *divide et impera*-Prinzip zu destabilisieren. Dieser Aspekt fand während der spanischen Herrschaft in vielseitig diversifizierten Facetten seine Fortsetzung.

2.2.1. *Conquista* und *Reducciones*

Die indianischen Dörfer im Hochland Guatemalas scheinen noch heute auf den ersten Blick eine lose Ansammlung von Häusern und kleinen Gruppensiedlungen zu sein. Immer darauf bedacht, sich möglichst den Zwangsabgaben und Arbeitsleistungen für die Spanier zu entziehen[26] und in Stammesfraktionen gespalten, verzichteten sie während der Kolonialzeit weitgehend auf die Herstellung eines übergreifenden politisch-sozialen Konsens und eines inter- und intraethnischen

---

[25] Die Tributpflicht in Form von Naturalabgaben der übrigen Volksgruppen gegenüber den Quiché wird im POPOL VUH (CORDAN, 1987) verschiedene Male erwähnt. Siehe dazu auch LOVELL (1990: 49) oder CARMACK (1970 :30).

[26] MARTINEZ PELAEZ (1990: 478) schreibt: "Refiere que los indios influyentes no solo forzaban a los más humildes a ir en su lugar, con violencias y engaños, sino que también solían pagarles para que los reemplazarán. Pero agrega -¡dato muy importante!- que aun si los maseguales recibieran por el soborno otro tanto igual a la paga de repartimiento, doblándola, aun así saldrían perjudicados." MONTENEGRO (1992: 10) schreibt:"Al mismo tiempo, por cooperar con los colonizadores españoles, a la clase noble indígena se le eximió del tributo y el trabajo que se imponía a las masas indias, lo que facilitó el sistema español de 'gobierno indirect'."

Diskurses. Dies war verständlich, weil die Spanier die traditionellen indianischen *lineage*-Strukturen nutzten, um durch diese ein Kontrollsystem zu installieren, das einerseits in den Gemeinden selbst durch die selektive Behandlung gewisser Personen oder Persönlichkeiten aus den indianischen Gemeinden abgestützt war und von aussen nur korrigierender Eingriffe bedurfte und andererseits sich selbst reproduzierende Arbeitskräftepotentiale zur Verfügung stellte. Den dörflichen *caciquen*[27] wurden Vergünstigungen gewährt, wie z.B. die Befreiung von Tributen oder Arbeitsleistungen, wofür sie Verpflichtungen bei der Tributerhebung oder der Bereitstellung der Arbeiterkontingente aus dem jeweiligen Dorf übernehmen mussten. Montenegro (MONTENEGRO, 1992) bezeichnete dieses System von Herrschaftskontrolle als *gobierno indirecto*.

Zunächst wurden von den spanischen Eroberern die traditionellen sozialen Ordnungsmuster der *comunidades* hingenommen. Doch schon bald nach Abklingen der ersten "Räuberphase", der Suche nach Gold "wie die Schweine" (POPOL VUH), wurden Strategien der dörflichen Neuordnung, die *congregaciones* oder *reducciones* - entworfen.[28] Diese *reducciones*[29] bedeuteten in der Tat die völlige Entwurzelung der indianischen Bevölkerung, die zumeist weit verstreut über das Hochland, nach *lineages* organisiert, siedelten.

Der Bruch war deshalb so radikal, weil die Neuansiedlung in zu gründenden Dörfern eine vollkommene Veränderung der bisherigen indianischen Lebensweise und einen Abschied von ihrem bisher bestellten Land bedeutete. MARTINEZ PELAEZ (1990: 451) analysiert dies folgendermassen:

"El verdadero problema de la creacion de pueblos radicaba en que, al juntar a los indios de varios poblados de tipo prehispánico, necesariamente había que abandonar las amplias áreas de tierras

---

[27] LOVELL (1990: 79) schreibt:" Conseguir la cooperación de los lideres locales era factor clave para persuadir a la mayoría a que dejarán sus hogares de las montañas y emigrarán al sitio de la congregación."

[28] Zu diesem Themenkomplex existiert eine weite Literatur, die bei LOVELL (1990) oder bei MARTINEZ PELAEZ (1990) eingesehen werden kann.

[29] Vom spanisch-kolonialen und verwaltungstechnischen Begriff der *reducciones* aus dem 16.Jhd. unterscheidet sich erheblich vom jesuitisch-religiös unterbauten Begriff der Jesuiten in Paraguay während des 17.Jah.

> cultivadas en que se extendían. Y aunque el pueblo nuevo le correspondían unas tierras comunales, el traslado significaba para los indios arrancarse de sus siembras de maíz y otros cultivos, de sus milpas, en las que se hallaban enclavadas sus antiguas chozas, y también, entendámoslo, sus antiguas vidas. Para impedir que decepcionados se regresarán a aquellos lugares, fue preciso destruir los sembrados y las viviendas."

Die Massnahmen zur Bevölkerungskonzentration der verstreut lebenden indianischen Bauern war ein erster Schritt hin zum Problem der ungerechten Landverteilung, wie es heute noch besteht. Denn durch die Massnahme waren viele indianische Hochlandbewohner gezwungen, ihre bisherigen Felder wegen zu grosser Entfernungen aufzugeben. Die *cédula real* vom 21. März 1551 (LOVELL, 1990: 78) legte den Grundstein

> "que los indios fuesen reducidos a pueblos y no viviesen divididos y separados por las sierras y montes, privandose de todo beneficio espiritual y temporal, sin socorro de nuestros ministros, y del que obligan las necessidades humanas que deben dar unos hombres a otros."[30]

Der Schritt, die *reducciones* zur offiziellen spanischen Kolonie-Politik zu machen, war eine Konsequenz aus der Einsicht, dass im Generalkapitanat Guatemala keine schnellen Gewinne durch die Extraktion von Edelmetallen zu machen waren. Ausserdem war er die Folge der Neukonzeption einer Ressourcenpolitik, die ihren zukünftigen Schwerpunkt hauptsächlich im landwirtschaftlichen Bereich sah. Dieser war aber mit einem grossen Arbeitskräftebedarf verbunden und deshalb an die indianische Bevölkerung geknüpft. Durch den demographischen Zusammenbruch, der schon in den *leyes nuevas*, 1542, zum Verbot der Versklavung der indigenen Bevölkerung führte, wurde deren Konzentration in neu gegründeten Dörfern um so dringlicher. Auch dieses Vorgehen zeigt heute seine schrecklichen Parallelen in den während des Bürgerkrieges 1981-85 eingerichteten sog. "Wehrdörfern". In diesen geplanten Siedlungen wurden die verstreut lebenden Familien zusammengezogen,

---

[30] In der cédula real vom 9.10.1549 wird ausdrücklich auf die eigenständige Verwaltung der neugegründeten indianischen Gemeinden hingewiesen, mit niederer Gerichtsbarkeit und eigener Finanzverwaltung. Wie in der cédula real vom 24.03.1550, vom 02.05.1550 oder vom 04.08.1550 wird explizit gefordert, dass den *indígenas* Land zur Viehhaltung gegeben werden solle "porque los caminantes, españoles o indios, pudiesen comprar por sus dineros lo que hubiesen menester para pasar su camino." (Cédula real vom 09.08.1549).

um sie so der Kontrolle im Rahmen der modernen *counter-insurgency*, der Aufstandsbekämpfung, zu unterstellen. Wie heute durch die *patrullas de autodefensa civil*, die sog. Zivilpatroullien, konnte auch zu spanischen Besatzungszeiten die in Dörfern konzentrierte Bevölkerung relativ leicht kontrolliert und rekrutiert werden.

Den an strategischen Punkten gegründeten indianischen Gemeinden, in denen es keiner anderen Ethnie erlaubt war zu wohnen[31], wurde Land zugesprochen, dessen Ertrag zu einem Teil gleichzeitig der Versorgung von mobilen militärischen Kommandos und Reisenden diente. Zu damaliger Zeit bedeutete diese Logistik ein entscheidendes Element der Herrschaftsausübung.

Ein weiteres prägendes Moment war der Versuch der spanischen Krone, die indianischen *comunidades* mit in die Sicherungsstrategien des Erhalts ihrer absolutistischen Herrschaft gegen die Interessen des lokalen Adels einzubauen. Deshalb drängte sie in mehreren Gesetzen auf eine interne Stärkung der indianischen Gemeinden. Während einerseits die neu gegründeten Gemeinden Land zugesprochen bekamen, wurde den spanischen *Conquistadores* die Erbpacht auf ihre Ländereien aufgezwungen, um dadurch der Krone Mittel der Einflussnahme in deren Kolonien zu sichern (LOVELL, 1990: 101). Dadurch wuchs jedoch der Druck auf die Gemeinden durch erhöhte Arbeitsleistungen in den *encomiendas*, da der Kolonieadel gezwungen war, in kurzer Zeit einen möglichst grossen Gewinn aus den nur in zeitlich begrenztem Besitz befindlichen Ländereien zu ziehen. Damit war eine Konstellation geschaffen, die die indianischen Gemeinden über die Zeit der spanischen Herrschaft hinweg allmählich zwischen Tributen, Arbeitsdiensten und landsuchenden *Ladinos* (= Mestizen) und mithin zwischen rassistisch-sozialer und wirtschaftlicher Diskriminierung aufrieb.

---

[31] Cédula real vom 1.5.1563: "Prohibimos y defendemos que en las reducciones y pueblos vivir, o viven, españoles, negros, mulatos o mestizos, porque se han experimentado que algunos españoles que tratan, traginan, viven y andan entre los indios son hombres inquietos, de malvivir, ladrones, jugadores viciosos y gente perdida, y por huir los indios de ser agraviados, dejan sus pueblos y provincias, y los negros, mestizos y mulatos, demás de tratarlos mal(...)." nach LOVELL (1990: 95).

2.2.2. Die *Encomienda* und das Objekt

Bereits in den ersten Verordnungen der spanischen Krone und in den Landnahmen der spanisch-stämmigen *Conquistadores* der ersten Generation wurden schon grundlegende Probleme des 19. und 20. Jahrhunderts vorgezeichnet und angelegt. Die Einrichtung der *encomienda*, auch *repartimiento* genannt, war eine Form der Ausbeutung der Arbeitskraft, die zu dem Zeitpunkt bedeutend wurde, als es zwischen 1535 und 1545 zur "landwirtschaftlichen Wende" kam. HANDY (1990) schreibt, "it soon became apparent to colonial officials that the *reducciones* had simplified the arrangement of *repartimiento*." Daraus wird auch verständlich, dass sich die beiden Institutionen parallel entwickelt haben und sowohl der königlichen Tributentrichtung als auch der Aushebung von Arbeitskraft auf den herrschaftlichen Landgütern der Küstenzone des pazifischen Litorals wie des Hochlandes dienten.

Da mit dem demographischen Zusammenbruch der indigenen Bevölkerung auf ca. 5-8% der Gesamtzahl vor der *Conquista*[32] die Zahl der verfügbaren Arbeitskräfte äusserst begrenzt war, kam es schon in den 50er Jahren des 16. Jahrhunderts zu einer starken Landkonzentration, um dadurch möglichst viele Arbeitskräfte zu gewinnen, die den einzelnen Gütern zugeteilt waren.

Zwar wird immer wieder darauf hingewiesen, dass die indianischen Arbeitskräfte für ihre Arbeit entlohnt wurden, doch wurde auch diese Entlohnung durch neu hinzukommende Mechanismen der Mittelabschöpfung im reproduktiven Bereich durch dörflichen Zwischenhandel mit Wucherpreisen (*repartimiento de mercanías*) - abgezogen. Diese Entlohnung hätte darüber hinaus niemals eine Teilnahme der *indígenas* an der schwachen nationalen Wirtschaft erlaubt. Neben der geringen Nachfrage nach Produkten oder Leistungen jenseits der ländlichen Zwangsarbeit ist auch bekannt, dass im Generalkapitanat aufgrund der schwachen Wirtschaft Geld als Zahlungsmittel im 17. und 18. Jahrhundert so knapp war, dass selbst unter Spaniern der Naturalienaustausch zeitweise wieder Platz griff.

---

[32] Zur Demographie vor und während der kolonialen Epoche in Lateinamerika ist eine lange Reihe von Untersuchungen erschienen. Als Beispiele seien genannt ROSENBLAT (1967); SANCHEZ-ALBORNOZ (1973); WILHELMY (1981).

2. KAPITEL

Thomas GAGE, der irisch-stämmige Franziskanermönch, der Mitte des 17. Jahrhunderts acht Jahre lang in indianischen Gemeinden lebte, schildert die Realität der *encomienda* so:

> "Por este se mandó que se distribuyese un cierto número de trabajadores indios todos los lunes o los domingos por la tarde, y que serían repartidos entre los españoles según la calidad de sus haciendas o empleos; tanto para la cultura de sus tierras como para conducir sus mulas y ayudarles en lo que cada uno pudiese tener necesidad en sus ocupaciones." (GAGE, 1979: 71)

Dem *repartimiento de indios de caracter feudal* (=mandamiento) standen noch das *repartimiento de tierras*, das *repartimiento de mercancías* und das *repartimiento de hilazos* zur Seite. Dabei ging es um Zwangsverkäufe in den Dörfern (repartimiento de mercancías) oder um Heimarbeit der indianischen Frauen, die Rohbaumwolle zuhause spinnen und anschliessend zu Tuch weben mussten und dafür eine geringe Entlohnung erhielten (repartimiento de hilazos). Diese Arbeiten nahmen aber gleichzeitig die Zeit in Anspruch, die notwendig gewesen wäre, um die aufwendigen Haushaltsarbeiten zu erledigen. Dadurch kam es zu einer dreifachen Ausbeutung der Frau: erstens durch die Verlagsarbeit, zweitens durch die reproduktive Haushaltsarbeit und drittens durch die Feldarbeit als Ersatz für den durch das *mandamiento* abwesenden Mann.[33]

MARTINEZ PELAEZ schreibt diese ruinösen Praktiken in erster Linie den Missbräuchen der unteren Exekutive zu, also den *jueces repartidores* und den *alcaldes indios* (MARTINEZ PELAEZ, 1990: 475). Allerdings wird in der Literatur immer wieder darauf hingewiesen, dass dieses Handeln durch Vorschriften abgesichert war und damit zu einer immanenten Struktur in den Dörfern avancierte, deren Auswirkungen wir im sozialen und gesellschaftlichen Kontext noch versuchen werden nachzuweisen.

Zusammenfassend kann auf der Basis dieser Ausführungen für die historische Entwicklung der Dörfer, auf die sich diese Untersuchung erstreckt, folgendes gesagt werden: Es kam durch den ungeheuren wirtschaftlichen Druck von seiten der Spanier

---

[33] CAMBRANES (1985: 193, 211) beschreibt die zunehmende Heterogenisierung im Dorf, die durch massenhafte Flucht aus den Dörfern dazu führte, dass die eigenen Parzellen nicht mehr bebaut werden konnten.

und später auch der *Ladinos* einerseits zu einer beginnenden Auflösung vorspanischer gemeindlich-sozialer Kohäsion. Damit setzte gleichzeitig eine Entfremdung vom gemeinsamen Erbe symbolischer Bezüge ein. Andererseits führten diese gravierenden Eingriffe in die lokalen gesellschaftlichen Systeme als Gegenbewegung zu der teilweise noch heute beobachtbaren synkretistischen Praxis in den *comunidades* und zu bescheidenen Möglichkeiten einer gemeindlichen Selbstverwaltung in den neu geschaffenen Dörfern. Diese veränderte Bedeutung des Dorfes mündete in einer neu entstehenden Symbolik dörflicher Identität. Neue kulturell-religiöse oder politisch-religiöse Institutionen wie die *cofradías* oder die zivil-religiöse Hierarchie schufen die Möglichkeit, umgestaltete Freiräume für eigene Ausdrucksformen kultureller Entfaltung zu schaffen, seien sie auch vielfach umgeformt und überprägt.

2.2.3. *Ladinos* und *Indígenas*

Das Zusammenleben von *Ladinos*[34] und *Indígenas* heute berührt ein weiteres Konfliktfeld in den zu untersuchenden Dörfern. Die Hauptlinien der Konfrontation können entsprechend der geschichtlichen Erfahrungen der beiden Ethnien durch die spanische Herrschaft hindurch verfolgt werden. Dort liegen auch die Wurzeln für die latente rassistische Diskriminierung, welche die indianischen Einwohner Guatemalas noch heute erfahren. Das Dorf ist der Kreuzungspunkt für solche indirekten und *sanften* Formen der Unterdrückung. Die indianische "innere Emigration" ist die konsequente Antwort auf diese geschichtliche Erfahrung.

In geschichtlicher Perspektive kann die indianische Diskriminierung durch die *Ladinos* (Mestizen) besser im Sinne eines wirtschaftlichen Phänomens begriffen

---

[34] *Ladino* ist der Begriff für den guatemaltekischen mestizo, der seine Wurzeln nicht mehr rassisch im spanischen Erbe sieht, sondern sich sozial-kulturell gegen die indígenas absetzt. Diesem Begriff stehen mestizo und indígena zur Seite. Aus dieser Bestimmung ergibt sich auch, dass indígenas innerhalb einer Generation zu Ladinos konvertieren können, wenn sie ihre sozial-kulturelle Zuordnung und ihr Lebensumfeld verändern.

werden[35] und weniger als ein politisches. Der aufklärerisch-normative Hintergrund zur Thematisierung politischer Polarisierungen innerhalb eines Staates war dazu, bis auf wenige Ausnahmeerscheinungen, im kolonialen und neokolonialen Ambiente der herrschenden Wirtschaftsoligarchie noch nicht vorhanden. Diese Zurückgebliebenheit spiegelt sich noch heute in der völlig undifferenzierten Difamierung als "kommunistisch" für alles und jeden, das oder der/die in gesellschaftlich-politischer Weise denkt und abstrahiert. Die heute übliche Sicht der begrifflichen Differenzierung zwischen *Ladino* und *Indígena* mit rassisch-sozialer Blickrichtung entstand erst zu Ende der Kolonialzeit vor allem in den Städten. Dort kam es zu einem raschen Anwachsen von indianischen Elendsvierteln, während parallel dazu die Unabhängigkeitsbewegung zu einer mestizischen Emanzipation im öffentlichen Leben führte. Da die wenigen kleinen Städte die aufstrebende Ladino (Mestizen-)bevölkerung nicht aufnehmen konnten, drängte diese - beginnend im 18. und verstärkt im 19. Jahrhundert - unaufhaltsam in die indianischen *comunidades* ein und legitimierte ihren Anspruch auf die indianischen Ländereien mit ihrer spanischen Abstammung. Erst zu diesem Zeitpunkt wurde die ethnische Abstammung ausdrücklich zu Rechtfertigungszwecken herangezogen, um sich im Zuge einer landwirtschaftsgerichteten Neuorientierung in Guatemala über bestehende Regelungen hinwegzusetzen. Vorher waren ethnische Attribute vorwiegend Abgrenzungsmerkmal. MARTINEZ PELAEZ erklärt diese Prozesse so:

> "El mestizaje, tanto el inicial como el secundario, venero de trabajadores en busca de ocupación, fue resultado de la opresión de españoles y criollos sobre los indios, desencadenante, a su vez, de nuevas situaciones opresivas. La circunstancia de que haya habido poca oportunidad de vender bienes y servicios, y aun pura fuerza de trabajo no calificada en las ciudades y en el campo, obedecía a que la estructura básica de la colonia suponía grandes masas de siervos con bajisima o nula capacidad de compra, y una élite urbana, criolla y española, adinerada pero sumamente reducida." (MARTINEZ PELAEZ, 1990: 362)

Das städtische Problem der fehlenden Beschäftigungsmöglichkeiten für eine freie mestizische Arbeiterschaft aufgrund der restriktiven Vorgaben der Krone gegenüber

---

[35] MONTENEGRO (1992: 3) schreibt: "El regimen colonial se estructuró socialmente sobre los vencidos; se produjo una confusión entre lo étnico y lo social."

dem kolonialen Adel, die fehlende Anbindung dieser schnell wachsenden ethnischen Gruppe an eine sozial oder kulturell homogene Gemeinschaft und die von Staats wegen versagten Möglichkeiten des Landerwerbs für die Mestizen, verlagerte durch die allmählich in Gang kommende, landwärts gerichtete Wanderung der *Ladinos* die Spannungen allmählich von den Städten in das ländliche und vorwiegend indianisch besiedelte Hinterland. Damit wurde eine koloniale Strategie weiterverfolgt, die in den vorausgehenden Jahrhunderten schon eine Methode der Spannungsverlagerung war. Dies bedeutete, dass

> "la aparición de las capas medias pobres en la ciudad y en el campo - la plebe y los ladinos rurales - motivó la gran calamidad de la desocupación forzosa en las dos esferas citadas, y presionó el establecimiento de ladinos en pueblos de indios." (MARTINEZ PELAEZ, 1990: 360)

Die Konflikte hinsichtlich des verfügbaren Bodens zwischen *Ladinos* und *Indígenas* verschärften sich gegen Ende der Kolonialzeit und später während der konjunkturellen Krisen der wichtigsten Anbauprodukte wie Indigo, Kakao oder Baumwolle auf den grossen Gütern der Spanier. Eng mit diesen Gütern ist auch das frühe Lebensumfeld der *Ladinos* verknüpft.

> "Los ladinos rurales aparecen principalmente en las haciendas como 'familias de asiento'- así llama el informe a las que habitaban permanentemente en el lugar - o como *escoteros* (Kurs. im Orig. F.B.) es decir grupos de trabajadores que no permanecían en un lugar fijo, que iban de una hacienda a otra y no reconocían ningún poblado como lugar de su residencia. Estos grupos transhumantes estaban compuestos por personas de ambos sexos y de todas las edades."
> (MARTINEZ PELAEZ, 1990: 283)

Auch HANDY (1990: 32) bestätigt die spannungsgeladene Situation zwischen *Indígenas* und *Ladinos* auf dem Land, wenn er sagt: "Ladinos had also been spreading to rural areas, obtaining Indian land through a variety of measures." Hinter diesem offensichtlichen Gesetzesbruch - denn nach wie vor galt das Ansiedlungsverbot für Nicht-*Indígenas* in indianischen *comunidades* - stand das Desinteresse der spanischen Kolonialverwaltung an den *Ladinos* als einer inferioren Bevölkerungsschicht und damit auch die Untätigkeit, schliesslich offizielle Dorfgründungen für *Ladinos* vorzunehmen, um damit den sich zuspitzenden Landkonflikten zwischen indianischer und mestizischer Bevölkerung den Boden zu entziehen. Doch es geschah nichts. Lediglich etwa dreissig Dörfer wurden auf dem Boden des heutigen Guatemala auf private Initiativen hin während des 18. und 19. Jahrhunderts für die Ladinoansiedlung gegründet (MARTINEZ PELAEZ, 1990: 370). Ein immer stärkeres Vordringen der *Ladinos* in die indianischen Gemeinden im ländlichen Hinterland konnte nicht mehr gestoppt werden.

Eine neue Qualität der Unterdrückung und Übervorteilung war erreicht: dieses Mal setzten die Hebel der Gewaltanwendung sowohl in struktureller als auch in unmittelbarer Weise direkt in den indianischen Dörfern an. Die *Landfrage* wurde zu einem entscheidenden Hinderungsgrund einer sozialen und gesellschaftlichen Entwicklung.[36] Im Vordergrund der Landokkupationen durch die *Ladinos* stand nicht so sehr die Inwertsetzung von Landressourcen, sondern das Ausnützen der 'Gunst der Stunde', um möglichst viel Fläche quasi als Spekulationsobjekt oder Rente an sich zu bringen.

Dadurch wurden weite Gebiete einer intensiven Bewirtschaftung für die Zukunft entzogen. Das uns heute bekannte äussere Erscheinungsbild der Hochlandgemeinden, unter ihnen auch die von uns untersuchten, sind das Ergebnis. Die *Indígenas* bewirtschaften Flächen mit durchschnittlich 0,5 ha, während *Ladinos* und einige wenige *Indígenas* Flächen bis zu 25 ha und mehr in Eigentum haben.

Diese selektive Behandlung von Interessen führte im Laufe des 19. Jahrhunderts zu einer disparaten Rechtsauffassung innerhalb und ausserhalb der Gemeinden. Sie war ein weiteres Glied in der langen Kette von Ausbeutung und Übervorteilung. Da von staatlicher Seite die offensichtlichen Gesetzesbrüche und der Landraub nicht sanktioniert wurde, war die Festigung eines inneren Macht- und Kulturdiskurses in den Dörfern dringend erforderlich.

Nur durch das direkte Eindringen der *Ladinos* in die *comunidades* konnte

---

[36] MARTINEZ PELAEZ (1990: 401) gibt Hinweise, wie das Eindringen der *Ladinos* in die indianischen Gemeinden konkret ausgesehen hatte:"...los tres procedimientos ilegales que adoptaban los ladinos para disponer de algunas tierras en esos poblados: desmontar y usar realengas cercanas a los pueblos o colindantes con ellos; usurpar y alquilar tierras comunales no cultivadas por los indios; comprar tierras de pueblos, en contravención de la ley que prohibía venderlas."

WARREN (1989) in ihrer Studie über San Andrés Semetabaj, im Westlichen Hochland Guatemalas, zu der Einschätzung kommen, dass

> "the subtle interplay of domination and separatism is successfully maintained in the legal and political organization of the bi-ethnic community. In the municipal government, Indians have maintained a separate legal system, based on costumbre, that governs Indian affairs so long as they do not impinge on the codified national law administered by Ladinos." (WARREN, 1989: 50)

Letztlich bedeutet die Interpretation WARRENs, dass sich das desinteressierte Verhältnis der *Indígenas* zur offiziellen Regierung und Verwaltung nach der Unabhängigkeit und bis in die heutige Zeit hinein nicht wesentlich veränderte[37]. Dagegen hat die innere sozial-kulturelle und wirtschaftliche Formung der indianischen Gemeinden durch die Verarbeitung dieser Einflüsse einen ganz entscheidenden Wandel erfahren.

2.3. Die Unabhängigkeit als liberale *Reconquista*

Gegen Ende des 18. Jahrhunderts kam es in den indianischen Gemeinden des guatemaltekischen Hochlandes zu einer relativen Stärkung der Selbständigkeit.[38] Die Ursachen dafür lagen zum einen in einem allmählichen Anstieg der Bevölkerungszahl, zum anderen in einer gewissen Vernachlässigung der peripheren Regionen wie dem Westlichen Hochland und der Sierra Madre während der bourbonischen Reformen. Die beginnenden Unabhängigkeitsbestrebungen begannen ihre Schatten vorauszuwerfen. Allerdings deuteten sich hier schon die Probleme an, die sich während der ersten Hälfte des 19. Jahrhunderts verschärften.

---

[37] MARTINEZ PELAEZ (1990: 511) sagt: "Pero al estudiar este otro período, se comprueba que no occurió tal cosa: las relaciones de producción entre haciendas y pueblos - entre criollos e indios - continuaron sobre las mismas bases que se encontraban antes de la Independencia; y durante los treinta años de la dictadura criolla no se alteraron esas relaciones en lo fundamental."

[38] Die steigende Zahl von lokalen indianischen Aufständen ist ein Zeichen für diese Entwicklung. Siehe dazu MARTINEZ PELAEZ (1991).

Die Konflikte zwischen den indigenen Gemeinden durch die Anhebung der Tributleistungen seitens der spanischen Krone spitzten sich zu, da keine Gemeinde bereit war, noch zusätzliche Leistungen zu übernehmen. Ausserdem verstärkte sich der Druck der schnell wachsenden Zahl von *Ladinos* auf die *tierras comunales* der indianischen Gemeinden. Die Mehrzahl der *Ladinos*, die "keinen Platz in der kolonialen Gesellschaft hatten" (HANDY, 1984: 42), gehörten wie die *Indígenas* zu den Verlierern des Verteilungsspiels, denn ihnen wurde zugemutet, dass sie sich auf beliebige Weise einen Unterhalt verschafften, der sie von den Städten, dem Aufenthaltsort der kleinen Oberschicht, fernhielt:

> "Generally feared by Indians and reviled as the most obvious local opressor, they were equally shunned by Spanish society. Prevented by law from settling in Indian villages and unable to obtain land, they were pushed into the most loathsome, dangerous and ill-paying jobs. While colonial laws at least theoretically provided Indians with some measure of protection from abuse, none existed to protect ladinos. Forbidden from holding public office, shunned on all sides, they formed a disgrunteled, often desperate and large segment of colonial society." (HANDY, 1984: 42)[39]

Das Ergebnis dieser konsequenten Politik der Nichtbeachtung drängender gesellschaftspolitischer Fragen durch die spanische Verwaltung war, dass sich die *Ladinos* unter dem wachsenden Druck dort Land sicherten, wo dies gegen den geringsten zu erwartenden Widerstand zu bekommen war, in den *comunidades indígenas*:

> "Despite oficial proscription, by the coming of independence many ladinos had insinuated themselves into native villages. Settling on abandoned land, becoming petty merchants working on the sides of colonial roads or buying and selling at a variety of Indian markets, they provided the primary link between Indian and Spanish society, fitting completely into neither." (HANDY, 1984: 43)[40]

Diese ethnische, gesellschaftliche und vor allem soziale Konstellation ist eine

---

[39] Dazu auch MACLEOD (1973: 69 ff.); MARTINEZ PELAEZ (1990: 397 f.).

[40] HANDY (1984) unterschätzt dabei allerdings stark den häufig gewaltsamen Charakter dieser Landnahmen und sieht auch nicht deutlich genug die Übernahme von Verwaltungsfunktionen in den *comunidades*.

entscheidende historische Voraussetzung für die Interpretation der heutigen Lebens- und Alltagswelt der Menschen in den indianischen Gemeinden. Mit der Abschaffung der *encomienda* im Zuge der Unabhängigkeit Guatemalas von Spanien 1821 und dem gleichzeitigen Niedergang der arbeitsintensiven *Indigo*-Wirtschaft ist ein weiteres Element genannt, das zur Verstärkung des Drucks von aussen und gleichzeitig zur inneren Formierung der Gemeinden im Hochland beigetragen hatte.

Eine nicht zu überschätzende Wende im Verlauf der Ereignisse bringt erst die Machtübernahme des liberalen *Caudillos* JUSTO RUFINO BARRIOS, 1873. Dessen erklärtes Programm einer Kapitalisierung der Landwirtschaft durch die Weltmarktanbindung auf der Basis einer Intensivierung der Kaffeeproduktion hatte nachhaltige Wirkungen bis in die peripheren Regionen des *Altiplano*. Die entscheidenden Massnahmen zum Aufbau einer nationalen Kaffeebourgoisie waren neue und verschärfte Zwangsarbeitsgesetze, auch *mandamiento* genannt, die wir schon aus der Kolonialzeit kennen. Dazu kamen neue Eigentumsgesetze und Gesetze der Landnutzung, die von der Regierung geduldete Politik der Schuldknechtschaft durch die *fincas* (Kaffeeplantagen) und die Gesetze zur Rekrutierung von Arbeitskräften für das nationale Wegebauprogramm.[41]

Welche Voraussetzungen schufen diese unter dem Banner der nationalen Wohlstandsentwicklung durchgeführten Zwangsmassnahmen in den indianischen Dörfern? Wie fliessen diese Wirkungen bis heute in das Denken und Handeln der Dorfbewohner ein?

Die schon erwähnte innere Stärkung der indianischen Gemeinden seit Beginn des 19. Jahrhunderts führte zu einer differenzierten Hierarchisierung der inneren sozialen und politischen Strukturen. Die Entstehung der nach Wolf benannten *Closed Corporate Community*[42] mit der entsprechenden zivil-religiösen Hierarchie war erst ein Ergebnis dieser im Zuge der liberalen Zwangsmassnahmen erfolgten Einflüsse

---

[41] Bei CARMACK (1979: 17) heisst es: "'El gobierno despótico de Tecpanaco, en los regímenes de Estrada Cabrera y Ubíco' es el último ensayo de la parte neocolonial. Es parecido al que corresponde a la época colonial y trata del mismo pueblo. Como en el caso colonial, se intenta reconstruir la estructura social y política del pueblo y revelar el sistema de explotación mantenido por una élite local."

[42] Siehe dazu den Artikel von WOLF (1957), in dem er auch auf die Entstehungsmechanismen dieser auch als 'Bunkermentalität' bezeichneten Verhaltensweise der indianischen Dörfer eingeht.

in den Dörfern. Die radikalen staatlichen Enteignungsmassnahmen des Gemeindelandes und der Zwang der Privatpersonen, das von ihnen bebaute aber nicht in Eigentum befindliche Gemeindeland käuflich zu erwerben, führte zu einer verzweifelten Situation in den Dörfern, da meist die notwendigen Mittel fehlten, das beanspruchte und benötigte Land zur Versorgung der Familien zu kaufen.

Der staatliche Zwang zum Kauf und zur Registrierung von Landeigentum übte einen grossen Druck auf das innere Ordnungsgefüge des Dorfes aus. Bis dato konnten die entstehenden Land- und Versorgungskonflikte in den indianischen Dörfern durch den grossen Vorrat von verfügbarem und bebaubarem Land für die Gemeindemitglieder relativ erfolgreich beigelegt werden.

Durch die einsetzende Hierarchisierung nach dem Umfang des Landeigentums und den Methoden zu dessen Aneigung wurden die Dorfbewohner zur Einrichtung bzw. Festigung neuer Ordnungs- und Konfliktregelungsmechanismen, den zivilreligiösen Hierarchien, gezwungen. Die daraus folgende grundlegende Umschichtung der politischen Struktur des Dorfes, weg von einer mythisch-religiösen Enklave und hin zu einem politisch-religiösen Gefüge im Dorf, führte gleichzeitig zu einer grösseren Geschlossenheit nach aussen.

Die Neuregelung der indianischen Arbeitsverpflichtungen im Rahmen des *mandamiento* wurde durch die liberale Gesetzgebung nach 1873 durch das Vorweisen eines Arbeitsbuches kontrolliert. Demzufolge war jeder männliche *indígena* gezwungen, eine beträchtliche Zahl von Arbeitstagen (zwischen 100-150 T/a) auf einer Plantage oder einem Strassenbauprojekt nachzuweisen. Konnte er das nicht, so wurde er inhaftiert und zum Arbeitsdienst zwangsverschickt. Gegen diese Massnahmen, die für ein Dorf oft jahrelange unentgeltliche Arbeitsleistungen bedeuteten, wurde auch von den Bewohnern Cabricáns Einspruch erhoben. Sie reklamierten, dass sie schon früher zu Arbeitsleistungen gezwungen wurden, die so niedrig entlohnt waren, dass sie nicht einmal ihnen selber das tägliche Überleben sicherten, geschweige denn ihren Familien *"and now we are making yet another road, the one from Concepción Ciquirichapa to the Costa Cuca ordered by a foreigner who has established himself on the coast, and the other trapicheros*."*[43] (CAMBRANES, 1985: 215)

---

[43] * trapichero = Besitzer einer Zuckermühle.

DORF UND GESCHICHTE

Viele indianische Bauern wurden durch Schuldverpflichtungen, die durch Vorauszahlungen entstanden, zur Arbeit auf den *fincas* gezwungen. Diese Schuldknechtschaften, die die Bauern von den *corporales* (= Vorarbeiter auf der *finca*) abhängig machten, zwangen diese, früher oder später vom Dorf weg auf die *finca* umzuziehen. Die ganzjährige Arbeit war eine Voraussetzung zur Abtragung der aufgelaufenen Geldschulden. Dies war das Ziel der Plantagenbesitzer, da der Arbeitskräftemangel um die Jahrhundertwende derart gross war, dass oftmals ein Drittel der Kaffee-Ernte am Strauch verdorrte, weil sie nicht eingebracht werden konnte. Für die im Hochland ansässigen Indianern bedeutete die regelmässige saisonale Wanderung einerseits eine ständige gesundheitliche Bedrohung und andererseits eine Vernachlässigung der heimischen Ernte von Grundnahrungsmitteln zur familiären Ernährungssicherung, die zu einer ständigen Bedrohung der Familien führte. Daneben konnten viele nicht mehr ihren verwandtschaftlichen reziproken Arbeitsleistungen nachkommen, was deren soziale Stellung im Dorf und die Kohäsion auf dörflicher Ebene störte.

Die konfliktbeladene Situation innerhalb der Dörfer war nur ein Abbild dessen, was an Spannungsverhältnissen zwischen den Dörfern herrschte. Durch eine oftmals willkürliche Umverteilung von Gemeindeland an andere Gemeinden, die wiederum ihrerseits für diese Enteignung entschädigt bzw. ruhiggestellt wurden, kam es häufig zu Auseinandersetzungen zwischen Dörfern, die nicht selten mit Waffengewalt ausgetragen wurden.[44] Die für uns entscheidenden Folgen waren eine Destabilisierung des inneren Zusammenhanges der indianischen Territorialität im Sinne eines dorfgebundenen *sense of place* und - weiter gefasst - das Konzept der indianischen Identität.

Hier deutet sich schon an, was ab der Mitte des 20. Jahrhunderts als *indigenismo* zu einem nationalen Programm der ethnischen Homogenisierung in Mexiko und Guatemala erweitert wurde. Der Begriff des *Ladino*, der nicht mehr rassisch, sondern sozial-kulturell verstanden wird, umreisst diese bis heute wirkende Tendenz.

Überblicken wir also die Situation der Dörfer des Hochlandes, wobei die von mir untersuchten keine Ausnahme machen, zu Beginn dieses Jahrhunderts, so lässt sich eine äusserst instabile innere Verfassung feststellen, obwohl sie nach aussen hin als

---

[44] Siehe dazu CAMBRANES (1985: 290 ff.); oder auch FALLA (1980: 267 ff.).

sehr geschlossen und sozial vermittelt erscheint. Die Ereignisse zur Mitte des 20. Jahrhunderts, wie der Einbruch neuer religiöser Bewegungen und der technischen und gesellschaftspolitischen *Moderne* durch reformorientierte politische Bewegungen, zeigen uns durch den relativ raschen Zusammenbruch der bisherigen Strukturen, wie labil das innere Gleichgewicht einer sozialen und wirtschaftlichen Ordnung war, das von aussen besehen wie eine 'Jahrhundertordnung' gewirkt hatte. Genau dieser Widerspruch ist Ansatzpunkt und Hintergrund für die vorliegende Untersuchung mit dem Ziel, durch die Analyse von Grundlinien des Denkens und Handelns der indianischen Bauern Perspektiven und Handlungsalternativen abstecken zu können.

2.4. Die indianischen Dörfer als Deformation

Im folgenden Kapitel werden, auf der Basis sozialwissenschaftlicher Überlegungen, die bisher gezeichneten historischen Linien von Veränderungen in den oben kurz beschriebenen Dörfern mit den komplexen Netzen des alltäglichen konzertierten Handelns verbunden. Dieser Versuch wird von der Alltagserfahrung der Menschen in ihrem nächsten Lebensumfeld ausgehen und versuchen anhand einiger Beispiele der innerdörflichen Zusammenarbeit und Organisation wesentliche Handlungs- und Strukturierungselemente zu bestimmen.

Wir gehen hier von einem engen Zusammenhang zwischen der historischen, oftmals nicht mehr erinnerbaren, und heutigen Formung der Dörfer von innen und von aussen aus. Weiterhin nehmen wir an, dass die dörfliche Einheit im Sinne der WOLFschen *closed corporate community* (WOLF, 1957) nur eine Hilfskonstruktion ist/war auf dem Weg zu einer Neubestimmung veränderter gesellschaftlicher Gestaltung indianischer Wirklichkeit. Weiterhin werden bisher im ungleichen Zusammenwirken von lokaler Familienwirtschaft, regionalem Handel und nationalem und internationalem Einfluss Deformationen mehr institutionalisiert als ausgeglichen.

Als Grundgedanke begleitet uns, dass in den formierten indianischen Gemeinschaften das Wissen um diese soziale Labilität untergründig vorhanden ist, weshalb interne Institutionen zur Stabilisierung geschaffen wurden. Der Begriff der Moderne,

DORF UND GESCHICHTE

mit Blick auf die Gegenwart der indianischen Dörfer, umgreift den unausgewogenen Diskurs zwischen Dorf und Aussenwelt. Er wird greifbar in den Institutionen, die zwar ihre gesellschaftsformerischen Kräfte an die Peripherie tragen, sich dabei jedoch auf aussenbürtige Machtstrukturen stützen. Heute wird dieser ungleiche Tausch bzw. diese Ausbeutung als Konflikt im Handeln wahrgenommen. Jedoch lassen der Umstand der gewaltgestützten Ausgrenzung und der Assimilation (*indígenismo*) oder kulturellen Nivellierung wenig Raum, eigene indigene Antworten auf die aktuellen Herausforderungen zu entwickeln. Bisher war der Umgang für die indianischen Gemeinden jedenfalls durch eine klare Autoritätszuordnung von seiten des 'aussen' charakterisiert.

> "La estructura de la autoridad (...) era parte integrante de una estratificación de casta: los ladinos y los indígenas estaban fuertemente estratificados en términos de su acceso a los puestos políticos y la autoridad asociada a éstos, y en términos de ingreso, prestígio y beneficio de poder. Solo en cuanto a los puestos militares se salvaba parcialmente la división, pero aún aquí, como se verá, los ladinos retenían el control." (CARMACK, 1979: 274)

Das 'Innen´ der Gemeinden war dagegen durch die zivil-religiöse Hierarchie und die damit verbundenen Egalisierungsmechanismen geordnet. Die Situation heute und deren Konsequenzen für das innere soziale Gefüge, als auch für die Bindungen nach aussen, charakterisiert ein guatemaltekischer Oppositioneller in HANDY (1984: 244) so:

> "It is apparent that the army and secret paramilitary organizations are systematically killing not only the Indian leadership, but the potential Indian leadership as well. People who fall into the second category are any Indians with secondary school education, catechists, cooperative leaders, etc. Increased guerrilla activity and Indian membership in the guerrilla movement are almost entirely a direct result of severe government repression that people see no other alternative."

Hier soll nicht das Fundament für ein politisches Manifest gelegt, sondern deutlich gemacht werden, dass eine Untersuchung zu verschiedenen Formen der dörflichen Kooperation die Wurzeln und Legitimationen im sozialen Ganzen hat. Gleichzeitig soll deutlich werden, dass Rechtfertigungen für eigenes Handeln allein aus diesem sozialen Umfeld zu beziehen sind. So bedeuten Formen der Familienwirtschaft oder Reziprozitätsbeziehungen nicht nur hochspezialisierte lokale Wirtschaftsstrategien, sondern auch eine im sozialen Kontext verankerte, spezifische Antwort auf nationale historische Prozesse, wie sie weiter oben kurz dargestellt wurden, und die daraus resultierenden historischen und aktuellen Prozesse der Peripherisierung.

Ebenso sind die vielen Konflikte aufzufassen, die im Laufe der Arbeit beschrieben werden oder schon zur Sprache kamen. Die individuellen Lebenssituationen und damit der letzte Handlungsgrund sind in ständiger Bewegung begriffen ebenso wie die Reaktionsweisen auf die vorgefundenen vieldimensionalen Lebensumstände. Dennoch stehen sie als einmalige Handlungen in einer bestimmten Tradition von Interpretationsweisen der Gegenwart, auf die ich hier letztlich abhebe. Daraus nimmt der Verfasser auch die Berechtigung, von einer 'Deformation der indianischen Dörfer' zu reden, nicht um deren noch heute fortdauernde Existenz zu leugnen und sie in eine kapitalistische Modernisierungslogik hineinzudefinieren, sondern um nach deren authentischem Interpretationshintergrund zu fragen.

2.5. Räumliche Muster und innere Verfassung

In der Diskussion der vergangenen dreissig Jahre zur Frage der konstitutiven Bedingungen des Fortbestehens einer bäuerlichen indianischen Gesellschaft wurden sehr unterschiedliche Standpunkte deutlich, die als Konsequenz einen direkten Einfluss auf das soziale und wirtschaftliche Gefüge von peripheren ländlichen Regionen haben.

TAX (1941) wies in seinem Essay "World view and social relations in Guatemala" darauf hin, dass die guatemaltekische Bevölkerung des Westlichen Hochlandes in zwei Gruppen, die *Ladinos* und *Indígenas*, aufgeteilt werden könne. Das Unterscheidungsmerkmal ist dabei kein biologisches, sondern in erster Linie ein kulturelles und linguistisches. Diese Feststellung wirft für ihn die Frage auf, was zu einer solch deutlichen Trennung zweier Bevölkerungsteile geführt haben könnte, wie sie zwischen *Ladinos* und *Indígenas* feststellbar ist. Die Antwort findet Tax in der

Gleichgültigkeit (indifference) der indianischen Bevölkerung, die wiederum aus der kulturellen Geschlossenheit der dörflichen Gesellschaften herrühre. Die *"combination of commercialism and certain features of primitive life appears to be a relatively stable one"*, wie Tax meint. Er verweist, in Anlehnung an REDFIELD[45], auf das Fortbestehen einer spezifisch indianischen Tradition im bäuerlichen Umfeld Guatemalas. Bei TAX, der in den 30er und 40er Jahren schrieb, mischte sich ein folkloristischer Einschlag in Richtung einer Vulgärsozialanthropologie mit den Tendenzen eines homogenisierenden *indígenismo*.

In jüngster Zeit wurde von FRIEDLANDER (1975) allen Thesen einer fortdauernden indianischen Tradition heftig widersprochen. Sie zeigt in ihrer Studie über das 'indianische' Hueyapán im südlichen Mexiko, dass die vielbeschworenen Traditionen präkolumbischer Herkunft, ja dass sogar der gesamte Lebensalltag der Menschen so sehr vom spanischen und mestizischen Einfluss durchdrungen ist, dass im Ernst von keiner endemischen indianischen Tradition mehr gesprochen werden kann. Diese, so hält sie dagegen, sei nur eine Erfindung von Personen, die sie in den Dörfern und den Leuten finden wollten. Ihre Quintessenz lautet:

> "And although Foster and Gibson have written extensively on the subject of how the Spaniards imposed Iberian culture on the Indians during colonial times, we still talk about indigenous traditions when we really mean colonial Spanish introductions and/or transformations.(...) Although I agree that there are visible differences between traditions found in so-called indigenous communities like Hueyapán and those encountered in Mexiko City, I maintain that the distinctions reflect the same social and cultural systems." (FRIEDLANDER, 1975: 192)

Diese Haltung wird weitgehend gestützt von religionssoziologischen Untersuchungen wie der von SIEGEL (1941: 62), der ebenfalls davon ausgeht, dass "field research studies of natives inhabiting the greater part of Latin America are properly studies in acculturation. This is particularly true of countries like Guatemala..." MARTINEZ PELAEZ[46] geht soweit zu behaupten, dass es seit dem Eindringen der Spanier

---

[45] Siehe REDFIELD (1959: 55).

[46] Siehe MARTINEZ PELAEZ (1971). Er kann seine These der Klassenformung nur unter Zuhilfenahme der Akkulturation entwickeln, weil dadurch eine bäuerliche und weitgehend homogene Schicht unter ähnlichen Ausbeutungsbedingungen lebend sichtbar wird.

keine Mayas mehr gibt; die Indianer sind aus der kulturellen Deformation entstanden, sie sind das Ergebnis der spanischen Unterdrückung.

Auch im Konzept der *closed corporate community*, das in den 50er Jahren unter der Federführung von WOLF (1955, 1957) entwickelt wurde, kommt schon in der Verwendung und Erweiterung des Ausdrucks in den 70er und 80er Jahre durch den Begriff der '*closed corporate peasant community*' die Unsicherheit der Bestimmung der Bedeutung des indianischen Elementes in der Diskussion der ländlichen Strukturen zum Ausdruck. Jedoch wird in der Art und Weise, wie WOLF den bäuerlichen Sektor als ein Produkt historischer Prozesse behandelt deutlich, dass indianische Gemeinden durchaus eine ganz und gar eigene Auseinandersetzung mit dem Einfluss der spanischen Besetzer zu führen hatten. Dabei kann nicht ausser Acht gelassen werden, dass diese Entwicklung einer spezifisch indianischen dörflichen Verfassung im Innern der *comunidades* ganz unterschiedlichen Zwecken gedient hatte.

STERN meint, dass:

> "the historical origins, functions, and resilience of closed corporate communities has as much to do with internal struggles among natives ("intra-native struggles linkes to new class forces unleashed by colonial rule") as they did with the survival of tradition, the desires of exploiters, or the defenses of impoverished indians against non-indigenous outsiders."[47]

Zwar bedeutet die enge Verknüpfung des Indianischen mit dem Bäuerlichen eine Blickverengung, die den historischen Entwicklungen vor allem im 20. Jahrhundert nicht gerecht wird. Die 'Indianisierung' der Bauernfrage hatte zur Folge, dass die spezifischen Umstände der kulturell-sozialen Deformation durch die spanische Besetzung genauer untersucht wurden und sich daraus allmählich eine indianische Geschichte der Unterdrückung, Ausbeutung und Marginalisierung formte. Diese kritische Blickweise schliesst aber eine Kritik an der 'inneren Kolonisierung' in den *comunidades* und damit die notwendige Anerkennung einer spezifisch indianischen Version und Interpretation der Ereignisse während der Kolonialzeit nicht aus. Konsequenterweise muss deshalb auch nach Interpretationen des heutigen Hand-

---

[47] Nach WOLF (1986 b: 327); in: American Anthropologist, 13, 1986.

DORF UND GESCHICHTE

lungszusammenhanges im Sinne indianischer Vergangenheit gesucht werden.

Uns zwingen jedoch verschiedene Alltagsbereiche, die eng verbunden sind mit der landwirtschaftlichen Arbeit, der Subsistenzwirtschaft und der Informalität des Wirtschaftens als wichtige Ressource, den bäuerlichen Aspekt mit dem indianischen zu verbinden. Darüber hinaus muss aber, aufgrund der Bedeutung ausserdörflicher Einflüsse in der jüngeren Vergangenheit und der längst nicht mehr ausreichenden familiären Versorgungssicherung allein durch die Landwirtschaft, gerade die komplexe Verwobenheit verschiedener Arbeits- und Lebensbereiche herausgearbeitet werden. Territoriale Einheiten müssen mit Verwandtschaftsbeziehungen verknüpft werden als Vermittlung zwischen Haushalt und *comunidad*, um dadurch zu einem Verständnis für die komplexen Netzstrukturen unter den Menschen in den *comunidades* und über diese hinaus zu gelangen. Indianische Lebensweise muss als ein während der vergangenen 500 Jahre vielfach umgeformter Traditionszusammenhang gesehen werden. Wie diese traditionsgebundenen Einflüsse auf das alltägliche konzertierte Handeln beim Zusammentreffen mit 'Moderne' wirken und welche Handlungsfolgen sich daraus ergeben, ist die hier interessierende Frage.

Historische Prozesse in den Gemeinden des Westlichen Hochlandes von Guatemala führen zu ständig sich verändernden räumlichen Konstellationen und Segregationen,[48] die einen intrakommunitären sozialen und politischen Diskurs und Handlungsgang bestimmen, der sich z.B. in der gemeindeinternen Meinung untergründig verfestigt hat, dass die fortschrittlichen und mächtigen Gemeindemitglieder im *centro* (Gemeindezentrum) wohnen, während die rückständigen und konservativen *Indígenas* in den *aldeas* zu finden sind. Diese Annahme kann durchaus generalisierend als handlungsleitend in der Gemeinde angesehen werden.

Diskurse dieser Art haben eine sozialräumliche Strukturierung zur Folge, die wiederum Ursache für Beschränkungen auf wirtschaftlicher und sozialer Ebene ist und Zugangsrechte zu strategischen und materiellen Ressourcen separiert und ungleich aufteilt. In diesem Lichte müssen im Anschluss auch die individuellen

---

[48] SMITH (1990: 2) bezieht in ihre Sichtweise die Wechselwirkung von *comunidad* und guatemaltekischem Staat und vice versa mit ein. Entscheidend ist jedoch die Betonung des Wandels vor allem hinsichtlich der Entwicklung innerer Mechanismen in den *comunidades* als Reaktionsweisen gegenüber der institutionalisierten Unterdrückung.

Kontakte aus der Gemeinde hinaus gesehen werden. Die Stadt und der Markt wandeln dadurch in den Augen der indianischen Bauern ihren kommunikativen Charakter von einer Dienstleistungszentrale oder einem Zentrum des Austausches in unserer modernen Perspektive zu einer undurchsichtigen Deprivations- und Diskriminierungsmaschinerie oder einer zentripetalen[49] Spirale der wirtschaftlichen Ausbeutung.

Indianisches Selbstverständnis tritt uns also in einer Doppelgestalt entgegen als bäuerlich-ländliche Schicht und unter ähnlichen strukturellen und institutionalisierten Benachteiligungen wie *Nicht-Indígenas* leidend. Andererseits wurde ein Negativabdruck eines Selbstbewusstseins gestaltet, das sich zwar im historischen Prozess seine eigenen sozialen, wirtschaftlichen, politischen und kulturellen Strukturen geschaffen hat, heute jedoch ständig darauf gestossen wird, dass diese Strukturen nicht mehr dem von aussen vorgegebenen Rahmen und den Bedingungen und Vorstellungen nationaler Integration entsprechen (ADAMS, 1990).

---

[49] CAMARA (1952) hat mit dem Begriff des 'zentripetalen' Dorfes versucht, die Kräfte zu charakterisieren, die im Inneren der inianischen *comunidades* die Veränderungen vorantrieben. Ich denke, dass es an dieser Stelle angebracht ist, die aus dem geschlossenen Dorf hinaus- und die Menschen in die Städte hineintreibenden Kräfte mit dem Begriff der 'zentripetalen' Stadt zu beschreiben.

*Das Vergessen ist der einzige Tod,
der wirklich tötet. (E.Galeano)*

3. Die *Comunidad* und ihr Diskurs

Im zweiten Kapitel wurden die historischen Fäden bis zum Beginn unseres Jahrhunderts gezogen, die im Westlichen Guatemaltekischen Hochland zur Bildung und Formung des Dorfes im Sinne der indianischen *comunidad* führten. Im folgenden wird thematisiert, welche Diskurse, d.h. welche unmittelbaren und welche symbolischen oder formerischen Austauschbeziehungen, die von uns untersuchten Dörfer in jüngster Vergangenheit nach innen hin prägen und welche Kräfte nach aussen hin gestalterisch bedeutsam werden. Damit soll das häufig vorherrschende Schwarz-Weissbild der *comunidad* als geschlossenes Sozialgebilde zugunsten einer facettenreichen und bisweilen widersprüchlichen und überlagernden Zeichnung des aktuellen Handlungsspielraumes im dörflichen Rahmen umgestaltet werden.

3.1. Die zivil-religiöse Hierarchie als historischer Orientierungsrahmen munizipaler Ordnung

Als zentrales Element der munizipalen Hierarchie und Ordnung in den untersuchten Dörfern galt und gilt in Ausschnitten bis heute die *cofradía*. Der Begriff bezeichnet eine Laienbruderschaft innerhalb einer indianischen *comunidad* und ist eingebunden in eine kultisch-religiöse Hierarchisierung der dörflichen Gesellschaft. Die *cofradía* verweist mit ihren Wurzeln in den arabischen Raum und die spanische

Halbinsel während der Zeit der maurischen Besiedlung.[1] Sie wird als eine Form der gesellschaftlichen Formierung unter den spanischen Besetzern im Generalkapitanat Guatemala schon 1527, also kaum drei Jahre nach Beginn der Eroberung, zum ersten Mal erwähnt (ROJAS LIMA, 1988: 53).

Die *cofradía* beginnt sich schon im Laufe des 17. Jahrhunderts zu einer indianischen Institution zu verändern und bildet noch heute die Basis von Strukturierungsweisen der dörflichen Ordnung. Darüber hinaus kann sie auch als meist unreflektierte Grundlage sozialer und politischer Alltagsinterpretation im Dorf angesehen werden. Deshalb liegt die Vermutung nahe, dass in der sozialen und wirtschaftlichen Ordnung der *cofradía* Tiefenschichten (KALLER, 1992) eines innerdörflichen Diskursrahmens und dessen Regelzusammenhang aufgedeckt werden können.

Mit dem Vordringen der *Ladinos* in die indianisch besiedelten Gemeinden des Hochlandes war eine wachsende Betonung rassisch-ethnischer Trennungsmerkmale innerhalb des Dorfes nach *Ladinos* und *Indígenas*[2] verbunden. Damit ging auf indianischer Seite eine stärkere Betonung der dörflichen Regulierungsmechanismen nach traditionellen und kultischen Bräuchen einher und führte zur weiteren Verfeinerung der *costumbres*.

Die *costumbres* bezeichnen einen dorfspezifischen rituell-religiösen Überlieferungszusammenhang, dessen hervorstechendstes Merkmal gerade der Charakter der Veränderung und der Anpassungsfähigkeit an die unterschiedlichsten gesellschaftlichen Vorgaben der spanischen und später mestizischen Besetzer war. Dieses Merkmal wird dadurch dokumentiert, dass es im historischen Gang den *Indígenas* gelungen ist, die ursprünglich orthodox-katholische und europäische Institution der *cofradía* oder *hermandad* mit den Elementen der Maya-Kosmologie zu verbinden und daraus einen weitgehend authentischen indigenen Traditionszusammenhang zu formen.

Dieser Traditionszusammenhang wird im Laufe des 19. Jahrhunderts durch die

---

[1] ROJAS LIMA (1988: 53). Der Autor verweist auf die vielfältigen Übereinstimmungen in der Struktur der Bruderschaften im europäischen und lateinamerikanischen Kontext, betont allerdings auch die vollkommen eigenständige Entwicklung, die diese während der zentralamerikanischen Conquista genommen hatten.

[2] Siehe dazu die Arbeit von COLBY/ v.d.BERGHE (1977: 105), wobei die Bezeichnung der Kaste in diesem Kontext sehr umstritten ist (WIMMER, 1989).

Verschmelzung von ziviler Dorfverwaltung und religiöser Hierarchie weiterentwickelt. Dies ermöglichte in Ansätzen eine Selbstverwaltung des Dorfes bis zum Anbruch der liberalen Ära. Die weitgehend freie Verfügung über das von der spanischen Krone zugesprochene Gemeindeland war ein wichtiger Bestandteil dieser Selbständigkeit. Die Betonung der endogenen dörflichen Charakteristika und Traditionszusammenhänge führte jedoch häufig zu einer binnenethnischen Separierung.[3]

Sie war aber nach drei Jahrhunderten fehlender indianischer Artikulation das erste deutliche Anzeichen wachsenden Selbstbewusstseins, das nicht in erster Linie die Befreiung von spanischer Herrschaft verfolgte. Die historischen Quellen[4] legen - eingedenk der Last der erfahrenen Ausbeutung - nahe, dass nicht der allgemeine Aufstand, sondern vielmehr die Gestaltung der verbleibenden Spielräume, die im Laufe der *Conquista* bis zum Ende des 18. Jahrhunderts etwas angewachsen waren, bis heute die eigentliche Aufgabe der Dorfbewohner darstellen. In diese Richtung bewegt sich die hier verfolgte Interpretation.

Die Vertreter von spanischer Krone und Kirche allerdings sahen in der Übernahme eines Teiles des hispanischen Traditionsrahmens vor allem eine Bestätigung der Funktionsfähigkeit der von ihnen eingerichteten Herrschaftsmechanismen. Diese materialisierten sich für Kirche und Staat sehr unmittelbar über Arbeitsdienste und Tribute und waren wirtschaftlich unverzichtbar. Sie machten auch offenbar, dass bei entsprechender Verwaltung und Inwertsetzung lokaler Ressourcen die Möglichkeiten der Wertabschöpfung in den Gemeinden beinahe unerschöpflich schienen. Die gegenläufige Interpretation der Bedingungen der indianischen Lebenswelt angesichts einer sich zuspitzenden und bewusst von der Kolonialverwaltung herbeigeführten Versorgungs- und Reproduktionskrise auf der Seite der indianischen Bevölkerung wird hier besonders offenkundig.

Hierbei arbeiteten die weltlichen und kirchlichen Institutionen Hand in Hand. Charakteristisch dabei ist, dass sich das kolonialzeitliche Handeln der spanischen

---

[3] siehe dazu ROJAS LIMA (1988: 32 ff.); Der Autor gibt in seiner kurzen Zusammenfassung einige Hinweise auf die Bedeutung der marxistischen Diskussion, die einerseits den Horizont des Verständnisses um die Bedingungen der jeweiligen Ausbeutungsstrukturen erweiterte, andererseits jedoch die internen symbolischen Beziehungen und deren Bedeutung überging.

[4] Siehe dazu CARMACK (1978); SMITH (1990).

Besatzer nicht in einem rassistischen Kontext interpretieren lässt, der erst mit der Unabhängigkeit Guatemalas 1821 sich zu formen beginnt. Erst zu diesem Zeitpunkt mussten die indianischen Hochlandbewohner als Staatsbürger wahrgenommen werden. Bis dato waren sie lediglich "Mehrwertproduzenten" und für die Kolonisatoren Nicht-Spanier, also exterritorial.[5]

> "En fin, el culto a los santos se introdujo y se mantuvo firmemente por la iglesia, en las comunidades indígenas, con el fin de aprovechar una casi inagotable fuente de ingresos, canalizados éstos por medio de las cofradías, los guachivales[6], las limosnas directas, las ofrendas, las derramas y otros medios similares." (ROJAS LIMA, 1988: 61)

Zunächst blieben jedoch die von den Spaniern mitgelieferten hierarchischen Strukturen in den Dörfern bestimmend, die dazu verhalfen, die ausgedehnten Arbeitsleistungen (*mandamientos*) und Abgaben (*tributos*) zu erheben und zu kontrollieren. Die Herrschaftsstruktur innerhalb der *comunidad indígena* war über die '*alcaldes indios*', d.h. die von den Vertretern der Krone ernannten und mit Privilegien versehenen lokalen Führerpersonen, nach aussen angebunden. Diese von spanischer Seite gestützte Führungselite brach die ansonsten vorherrschende Abschottung der indianischen *comunidades* über das Prinzip des *divide-et-impera* soweit auf, dass die immer wieder notwendig gewordenen Anweisungen und Korrekturen der Ausbeutungs- und Herrschaftsmechanismen in der ländlichen Peripherie durchdringen konnten.

Hier interessieren jedoch weniger die jeweiligen historischen Ausprägungen dieser Übernahmen und Inkulturationen als vielmehr die handlungsorientierten Normierungen, die auf der Basis des heutigen Zustandes dieser Traditionszusammenhänge den Alltag im Dorf prägen. Entgegen der allgemeinen Auffassung, dass die dörflichen Verfassungen der *comunidad* statischen Charakter gehabt hätten, kann davon ausgegangen werden, dass durch die historischen Umstände gerade die

---

[5] Diese Argumentation geht davon aus, dass sich das Phänomen des Rassismus nur in einem Kontext der Notwendigkeit einer Integration von Bevölkerungsgruppen in einen staatlichen Kontext zeigt. Die koloniale Betrachtungsweise, so die neue ethnologische Diskussion, geht von einer Bestimmung der indigenen Koloniebewohner als Nicht-Spanier aus. Damit stellt sich die Frage nach den Abgrenzungskriterien gar nicht, sondern ist schon vorausgesetzt.

[6] Entspricht dem Begriff 'hermandad'.

Anpassungsfähigkeit und Flexibilität dörflichen Lebens gefordert und gefördert wurde.[7]

Im 18. Jahrhundert wurde der Bedarf an Arbeitskräften für die im Aufschwung befindliche Indigo- und Zuckergewinnung im pazifischen Litoral zur Vorbedingung wirtschaftlicher Expansion. Die Arbeitskräfte stellten die indianischen Hochlanddörfer durch die von den lokalen *alcaldes indígenas* überwachten *faenas*[8] oder *mandamientos*. Darübergelagert stand ein vom Generalkapitanat bestellter *regidor* oder *fiscal*, später *jefe político* und während der liberalen Ära der *alcalde municipal*, die regional die Erfüllung der von den Spaniern und später der guatemaltekischen Zentralregierung geforderten Arbeitskraftkontingente überwachten.

In den Dörfern führte dieser zunehmende Druck von aussen und von innen einerseits zu einer Fluchtbewegung aus den Dörfern heraus in das unerschlossene Hinterland,[9] andererseits wurden die *comunidades* durch die Ausbeutungsmechanismen im Innern starken Spannungen ausgesetzt, die sich häufig genug in dörflichen Gewalttätigkeiten äusserten. Diese Situation, durch die Notwendigkeit einer effektiven Konfliktregulierung in den Gemeinden, die von aussen durch rechtsstaatliche Normen nicht gegeben war, geprägt, führte im Laufe des 18. Jahrhunderts zu einer Verschmelzung religiöser und ziviler Autorität in der *zivilreligiösen Hierarchie*.

Dieser Verschmelzungsvorgang auf lokaler Ebene lässt sich auch aus dem Blickwinkel der aufsteigenden nationalen Indigo- und später Kaffee- und Politikerbourgoisie durch die politische Entwicklung im 18. und 19.Jahrhundert und deren Auswirkungen auf die *comunidades*[10] erklären. Während in den Jahrzehnten ab den bourbonischen Reformen, über die Unabhängigkeit hinweg bis zu den liberalen Reformen die Geschlossenheit oder Korporierung in den *comunidades* trotz des Druckes der *Ladino*vorstösse ins periphere Hinterland nur allmählich nachliess,

---

[7] siehe dazu ROJAS LIMA (1988: 15); WATANABE (1990: 192 ff.).

[8] Die *faena* (innerdörflich geregelter Arbeitsdienst) ist den *mandamientos* strukturell gleichgestellt.

[9] Dazu COLBY/ v.d.BERGHE (1977: 81), wobei im folgenden auch auf die oftmals despotische Dominanz der *principales* eingegangen wird, die dem Druck der 'Gefälligkeiten' nachgaben und die Rekrutierung der Arbeitskräfte organisierten.

[10] Siehe dazu die hervorragende Darstellung von CAMBRANES (1985).

gewann diese Verdrängungstendenz unter der despotischen Macht der liberalen Regierungen ab 1871 (CARMACK, 1979: 260 f.) eine immer stärkere Dynamik.[11] Diese Dynamik war gekennzeichnet vom Durchsetzungswillen der neu sich formierenden Schicht der Kaffeeproduzenten und deren Integration in den Weltmarkt. Um dieses Ziel zu erreichen, war jedoch eine weitreichende Mobilisierung von Arbeitskräften notwendig, die vorwiegend in den indianischen Hochlanddörfern zu finden waren. Diese Entwicklung ist bis heute nicht zum Stillstand gekommen, hat aber unterschiedliche Phasen durchlaufen. Unter General UBICO in den 30er Jahren dieses Jahrhunderts wurde zwar die Schuldknechtschaft gebremst, aber die Arbeitsverpflichtungen erhöht. Mit der demokratischen Machtübernahme 1944 wurde eine Mobilisierung der dörflichen Hochlandbevölkerung auf andere Weise abrupt angestossen: In weniger als drei Jahrzehnten ab 1935 wurden die wichtigsten Fundamente der traditionellen Dorfverfassungen nahezu vollständig ausgehebelt.[12] Welches sind nun die für unser Verständnis relevanten Kernbereiche dieser innerdörflichen Strukturveränderung? Der Kern der zivil-religiösen Hierarchie ist die Stratifizierung[13] der dörflichen Bevölkerung in einem äusserst komplex verzahnten Geflecht von rituellen und politischen Aufgaben und Diensten innerhalb der Gemeinde, die jeweils für ein Jahr wahrgenommen werden. Die patrilineal angelegten *lineages* bzw. deren Älteste in den *aldeas* und die weitere Unterteilung in kleinere Segmente[14], die sich auch in der territorialen Gliederung wiederfinden lassen, stellten die soziale Basis dieser Autoritätsstruktur dar.

---

[11] Ein Spiegel dieses erwachenden Interesses für das periphere Hinterland fand sich in einer grösseren Anzahl von Berichten der nationalen Presse zum Leben der Indígenas. Der Tenor der Artikel umreisst jedoch das bestehende Bild vom "Indio". Hier ein Beispiel: "Der Indianer ist ein Parasit, der von chicha besoffen, seinem üblichen Getränk, sich in seiner Hängematte ausstreckt. Sein Haus ist ein grosser Saustall; seine zerlumpte Frau und sechs oder mehr nackte Kinder leben unter einer dreckigen Decke, die vom Feuer, das mitten im Raum am Boden brennt, russgeschwärzt ist. Trotzdem ist der Indio in diesem Zustand glücklich und wünscht sich nicht mehr." (Zitat aus: El Diario de Centro América, vom 19.04.1892, S.2, Guatemala Ciudad)

[12] Siehe dazu ROJAS LIMA (1988: 38); MURPHY (1971: 94 ff.). Entscheidend bei dieser Frage ist die Notwendigkeit, die *cofradia* als eine Institution zu begreifen, die im jeweiligen zeitlichen Zusammenhang ihre speziellen Aufgaben zugewiesen bekam. Damit entsprach sie in ihrer organisatorischen Ordnung einem bestimmten Diskurszusammenhang zwischen Teilen der *comunidad* einerseits und zwischen staatlicher Verwaltung und *comunidad* andererseits.

[13] CARMACK (1979: 318 und 329).

[14] Siehe dazu FALLA (1980: 112 ff.).

DORF UND DISKURS

Religiös-rituelle Seite	Zivil-administrative Seite
	ALCALDE PRIMERO Erster Bürgermeister
ALCALDE (Cofradía Grande) Bürgermeister (Gr. Cofradía)	
	ALCALDE SEGUNDO Zweiter Bürgermeister
ALCALDE (Cofradía Pequeña) Bürgermeister (Kl. Cofradía)	
MAYORDOMO (Cofradía Grande) Gastgeber (Gr. Cofradía)	
	SINDICO Gemeinderat
	REGIDOR AUXILIAR Stellvertr. Gemeinderat
COFRADE (Cofradía Gr.) Mitbruder (Gr. Cofradía)	
MAYORDOMO (Cofradía Pequ.) Gastgeber (Kl. Cofradía)	
FISCAL Kassenwart	
	MAYOR Büttel
COFRADE (Cofradía Pequ.) Mitbruder (Kl. Cofradía)	
	ALGUACILES Dienstburschen
CAXALES Anwärter	

Abb. 1: Die ursprüngliche zivil-religiöse Hierarchie (nach ROJAS LIMA, 1988:99)

Diese Autorität schlichtete, über eine altersgebundene Hierarchisierung der dörflichen Gesellschaft, Konflikte in der Gemeinde und verteilte die vielfältigen dörflichen Dienste, die anfielen, unter den Mitgliedern der *comunidad*, um dadurch materielle und einflussgebundene Übervorteilungen zu vermeiden.

War einerseits die Übernahme von Aufgaben in der *comunidad* verpflichtend (FALLA, 1980: 124), bedeutete der Aufstieg auf der hierarchischen Leiter, wie sie in Abb.1 dargestellt ist, einen Zugewinn an Prestige und Status bei gleichzeitig steigenden finanziellen Aufwendungen für die Bestellung von rituellen Essen und Einladungen für die Mitglieder der *cofradía*, dem kultisch-religiösen Standbein der zivil-religiösen Hierarchie. Diese Vorbedingungen eines Aufstiegs zu höchsten Ehren führte in den *comunidades* dennoch zu einer sozialen Segregation, entgegen anderslautenden Behauptungen, die von einer egalitären Gesellschaftsordnung in den indianischen Gemeinden ausgehen.

Durch die häufig extrem hohen Ausgaben kann die Institution der Feste als regelmässig stattfindende rituelle Neuordnung materiellen Wohlstandes, d.h. als Versuch einer egalitären Güterverteilung verstanden werden. Dies sollte einerseits verhindern, dass es innerhalb der *comunidad* zu *envidia*, d.h. Neid einem Schlüsselbegriff der Destabilisierung des alltäglichen Gemeindelebens kommt, andererseits, dass die Verteilung sozialen Prestiges als Substitut materiellen Wohlstandes möglichst breit zugänglich bleibt.

Im rituellen Tausch und der Umverteilung innerhalb der *cofradía* spiegelt sich, was FOSTER (1958) mit dem Begriff des *image of limited goods* bezeichnet, d.h. der Annahme der Menschen, dass die Güter des alltäglichen Lebens, seien sie immaterieller oder materieller Natur, nur in einem begrenzten Umfang zur Verfügung stehen. Nimmt sie nun jemand über Gebühr in Anspruch, so fehlen sie einer anderen Person, was im allgemeinen Interesse nicht zugelassen werden kann.

An die Institution der *cofradía* ist die säkulare gemeindliche Autorität gebunden, die im allgemeinen das Bindeglied zur staatlichen Verwaltung bzw. zur übergeordneten politischen Entscheidungsebene darstellt. Nur derjenige kann zur Erfüllung ziviler Ämter in der *comunidad* herangezogen werden, der mit in die kultischreligiöse Ämterhierarchie der *cofradía* eingebunden ist, an deren Spitze der *alcalde civil* auf politischer Seite steht. Auf ritueller Seite ist es der *principal* oder der *chimán*, der Opfer-Priester. Das Zusammentreten der weltlichen und religiösrituellen Instanzen in einer Organisation mit komplementären Stufenfolgen machte

DORF UND DISKURS

die zivil-religiöse Hierarchie zur zentralen Institution im internen sozialen Gefüge der Gemeinden des guatemaltekischen Hochlandes.

Im allgemeinen konnte durch die höchsten Ämter der zivil-religiösen Hierarchie, neben einer persönlichen Bereicherung, die durch die Übernahme von Verwaltungsaufgaben niemals auszuschliessen war, der Status bzw. das Prestige der Person bedeutend gehoben werden. Im sozialen Prestigegewinn erfüllte sich der Sinn der Ämterlaufbahn. Besonders deutlich wurde dies, als zunehmend *Ladinos* in den Gemeindeverwaltungen die bezahlten Stellen besetzten,[15] dies aber die indianische Seite bis in die 50er Jahre dieses Jahrhunderts hinein nicht sonderlich störte.

Nach dem Ende der Amtszeit des *alcalde*, der höchsten Position in der Ämterlaufbahn, wurde die jeweilige Person in den Kreis der *principales* aufgenommen und erhielt damit eine offizielle Anerkennung, die an eine durchgängige Erfüllung der zugewiesenen Aufgaben während des gesamten Erwachsenenlebens geknüpft war.[16] Die *principales*, eine Art Ältestenrat, waren traditionell die höchste Autorität in Fragen, die als *res publicae* in der Gemeinde angesehen wurden.

Die interne Ordnung der zivil-religiösen Hierarchie ging eigenartiger-, oder vielleicht auch konsequenterweise, aus der liberalen Neuordnung im Zuge des Kaffeebooms gestärkt hervor.[17] Der Grund mag u.a. darin liegen, dass der diktatorisch gelenkte liberale Staatsapparat ein feindliches Gegenbild zur dörflichen Geschlossenheit bot. Dadurch war der Zwang zur inneren Formierung unverzichtbar. Der entscheidende Schlag gegen dieses grundlegende dörfliche Ordnungsgefüge kam durch die Bemühungen der demokratischen Reformregierungen von 1944-54, welche die ländliche Bevölkerung stärker in den nationalen Rahmen einzubinden trachtete.

Schon während der ersten liberalen Phase ab 1871 wurden den indianischen Bürgermeistern *Ladinos* an die Seite gestellt, die zumeist in der Funktion eines

---

[15] BRINTNALL (1979: 157) schreibt: "In fact, locally, politics was little more than a competition between coalitions of Ladino families who were vying for the salaries and prestige of local offices, not to mention the monies in the local treasury."

[16] Siehe dazu KOECHERT (1988) oder ROJAS LIMA (1988: 96 ff.).

[17] Sowohl TAX (1937) als auch WAGLEY (1941) und später WOLF (1957) sind gerade durch die Beobachtung der Geschlossenheit des Lebensumfeldes der indigenen Hochlandgemeinden Guatemalas dazu gekommen, diese Situation mit dem Begriff der 'closed corporate community' zu beschreiben. Wenn auch WOLF diesen Begriff erst in WOLF (1955) entwickelt, so laufen doch die vorgenannten Autoren genau auf diesen selben Punkt zu.

secretario municipal die administrative Anbindung des Dorfes an das nationale System besorgen sollten. Doch waren häufiger Ämtermissbrauch, Landraub, finanzielle Übervorteilung, rassistische Diskriminierung und dadurch wachsende soziale Spannungen zwischen den beiden ethnischen Gruppen die Folge. Eine Kompromissregelung wurde auf die Art gefunden, dass die *Ladinos* die bezahlten Stellen in der Gemeindeverwaltung besetzten, während den *Indígenas* die ihnen wichtigen, aber unbezahlten status- und prestigeträchtigen Posten in der Ämterhierarchie verblieben.

Ab 1945 kam es zu einer Umgestaltung der politischen Mitsprachemöglichkeiten auf nationaler Ebene. Dies, nachdem die Auswirkungen der starken Zunahme der mestizischen Bevölkerung in den indianischen Gemeinden ab 1850, die sich zu einem ernsten Angriff auf das durch die BARRIOS-Regierung[18] freigegebene Gemeindeland auswuchsen, in den indianischen Gemeinden gerade überwunden waren. Dies bedeutete für die ländlichen Gemeinden eine janusköpfige Entwicklung. Zunächst war diese Aufmerksamkeit eine gutgemeinte und grundsätzlich als positiv zu bewertende Stärkung und Höherbewertung durch die nun an der Peripherie wirkenden Gewerkschaften und Parteien[19], die im Zuge des nationalen politischen Tauwetters neu gegründet wurden. Sie sollten als Transmissionsriemen und Artikulationsorgane zwischen nationaler und lokaler Politik dienen. Die neuen Verwaltungsstrukturen waren an formal-demokratischen Richtlinien orientiert. So wurde beispielsweise der *alcalde* nicht mehr durch die *principales* bestimmt, sondern formal gewählt, was jedoch nichts an der Vorherrschaft der *Ladinos* in der Gemeindeverwaltung änderte, jedoch die zivil-religiöse Hierarchie beiseite stellte.

Im Laufe der darauffolgenden Jahre jedoch wurde deutlich, dass die Parteien relativ schnell die traditionellen Strukturen in den meisten Dörfern unterliefen, wobei die Dynamik der Entwicklung erstaunlich scheint. Die Geschwindigkeit dieser Prozesse ist dadurch zu erklären, dass die Parteien auf lokaler Ebene erstmals eine Möglichkeit für die junge Generation bedeuteten, aus einem zunehmend als eng empfundenen dörflichen Rahmen auszuscheren. Dieser Rahmen der zivil-religiösen

---

[18] Der Begriff bezieht sich auf die Regierungszeit Justo Rufino Barrios als dem Begründer der Liberalen Ära von 1873-85.

[19] BRINTNALL (1979: 156 f.) zu den Parteien. BRINTNALL (1979: 162 f.) zu den Gewerkschaften.

Hierarchie wurde, einhergehend mit einer wirtschaftlichen Verbesserung, durch die egalisierenden und individualisierenden demokratischen Grundgedanken der persönlichen Entfaltung herausgefordert und oftmals zerbrochen.

Gegen diese in kirchlichen und konservativen Kreisen als 'kommunistische Unterwanderung' bezeichnete Demokratisierung des politischen Lebens durch Parteien und Gewerkschaften, wurde 1948 vom guatemaltekischen Erzbischof ROSSELL die *Acción Católica* gegründet. Sie ging auf den orthodoxen Katholizismus zurück und war verwoben mit einem eigenen partizipativen Programm der Laienunterweisung durch Katechisten, die aus den Dörfern kamen und dort, aus dem Innern ihres eigenen sozialen Milieus heraus, mit ihren Bekehrungsbemühungen begannen. Die *Acción Católica* erwies sich gerade im Bereich der Diözese Quetzaltenango, in deren Zuständigkeit Cabricán liegt, durch die Propagierung ihrer *pastoral rural*[20] als überaus dynamisch. In den Gemeinden des Quiché allerdings, zu denen Sta. Maria Chiquimula gehört, war der Einfluss der Katechisten nicht in gleichem Masse stark, wie die Untersuchung von FALLA (1980) gezeigt hat.

Es bietet sich ein ganzes Ensemble von Ausseneinflüssen wie die *Ladino*zuwanderung, die Gründung von Parteien auf lokaler Ebene als Artikulationsinstrument der modernistischen Kräfte, das Vordringen der *Acción Católica* als originäre Landbewegung und der gleichzeitig einhergehende Aufschwung der wirtschaftlichen Aktivitäten[21], vor allem des Handels durch die Motorisierung. Zusammen führten sie zu der tiefgreifendsten Deformierung der gemeindlichen Ordnung seit der spanischen Eroberung. Man kann davon ausgehen, dass die Spuren dieser Frakturen in der Lebenswelt und speziell im alltäglichen Handeln der Mitglieder der *comunidades* bis heute zu finden sind.

Da bei einer solch tiefgreifenden Veränderung Konflikte unvermeidbar bleiben, muss nun untersucht werden, in welchem Zusammenhang Tradition, Modernisierung,

---

[20] Der Begriff *pastoral rural* ist im guatemaltekischen Kontext der Acción Católica eng an orthodoxe Strömungen in der katholischen Kirche gebunden und richtet sich mit einem eigenen ländlichen Pastoralprogramm gegen emanzipative politische Strömungen. Im lateinamerikanischen Bereich dürfte es sich nach Kenntnis des Verfassers bei der Bewegung in Guatemala um die erste breite katholisch-orthodoxe Laienbewegung handeln.

[21] FALLA (1980) weist geradezu exemplarisch nach, wie die 'comerciantes', die Händler, die ihre Machtbasis von ausserhalb des Dorfes bezogen, zum bestimmendsten Teil der Reformbewegung wurden.

Alltagsrationalität und -handeln und die dadurch entstehenden unterliegenden Konflikte stehen. Wir können annehmen, dass diese Konfliktkonstellationen vermutlich in modifizierter Form in den allermeisten Fällen gemeinsamen Handelns in der Gegenwart noch durchscheinen und den Hintergrund der Handlungsmotive für den Einzelnen wie für die Gemeinschaft abgeben und dadurch zu einem entscheidenden Faktor im aktuellen Gestaltungsprozess in den Gemeinden werden.

3.2. Die Gemeinde als Bruchlinie der Moderne

Die Gemeindepolitik der 'vormodernen Zeit', bis zum Ende der 40er Jahre dieses Jahrhunderts, war stärker konzentriert auf die einzelnen *aldeas* mit ihren *lineages* und *cofradías*. In diesem Umfeld spielte sich vormals die Rekrutierung der Vertreter dörflicher Autorität ab. Durch den Wandel im religiösen Bekenntnis, deutlich gemacht in der Unterstützung der *Acción Católica* oder unterschiedlicher protestantischer Sekten und einer gleichzeitigen Absage an die Übernahme von Ämtern in der zivil-religiösen Hierarchie, orientierte sich die Aufmerksamkeit der *aldea*-Bewohner zunehmend auf das *centro* der Gemeinde. Dort befanden sich die Institutionen, d.h. vor allem das Bürgermeisteramt und der *comisionado militar*[22], die Parteienvertretungen oder die lokale Kirche, die jetzt zunehmend von Interesse waren.

Die Emanzipation von den traditionellen Strukturen, das zeigen Untersuchungen in Cabricán und in anderen Gemeinden des Westlichen Hochlandes übereinstimmend, war orientiert an einem modernistischen Bild der Verbesserung der Lebensumstände. So verwundert es auch nicht, dass zum einen das Alter, zum anderen der individuelle Wohlstand durch Handel oder begrenzte *cash-crop* Produktion, das religiöse Bekenntnis, die Parteizugehörigkeit und die Alphabetisierung als die wichtigsten Voraussetzungen für eine Abkehr vom Traditionalismus erscheinen. Gerade diese Attribute konzentrierten sich in den Katechisten der *Acción*

---

[22] Der *Comisionado Militar* ist für die Rekrutierung der Wehrpflichtigen im Dorf zuständig.

Católica, die von den örtlichen katholischen Priestern, die zu einem Grossteil aus dem westlichen Ausland, vor allem aus den USA, kamen, für den Glaubensdienst in den *aldeas* ausgebildet wurden.

Die Parteien, unter ihnen vor allem die DCG[23], die christdemokratische Partei, wurde zu einer Sammelbewegung der indigenen Interessen auf dem Land und stellte folglich auch die ersten indianischen Bürgermeister. Mehr und mehr Dienstleistungen, die ehemals im *centro* konzentrierte *Ladinos* monopolisiert hatten - von der Vermarktung indianischer landwirtschaftlicher Produkte, die Übersetzung von offiziellen Schreiben oder Urkunden bis zum Kredithandel - wurden entweder von neu gegründeten lokalen Organisationen oder von indianischen Einzelpersonen übernommen. Diese Entwicklungen verlagerten auch das wirtschaftliche Interesse, neben dem politischen, aus dem *aldea* heraus ins Zentrum der Gemeinde. Die sozialen Konflikte in den *aldeas* wurden immer häufiger unter Zuhilfenahme der offiziellen staatlichen Justiz ausgetragen. Die Verrechtlichung der Konflikte führte ebenfalls ins Gemeindezentrum hinein. Deshalb nimmt es nicht Wunder, dass alle drei Kooperativen, die in den 60er und frühen 70er Jahren in Cabricán gegründet wurden, im Zentrum ihren Sitz hatten, obwohl kein einziges Mitglied dort wohnte. In anderen Gemeinden lagen die Dinge ähnlich.

Der Konflikt konzentrierte sich, nach der raschen Sprengung der zivil-religiösen Hierarchien, d.h. nach der Umgestaltung der 'closed corporate community' in eine 'corporate community'[24] mit stark veränderten internen Charakteristika und Dynamiken, auf die Emanzipation von der Dominanz der *Ladinos*. In Cabricán ist dies besonders deutlich geworden. Wurden bis in die 60er Jahre hinein sämtliche lokal produzierten Äpfel und der gesamte vor Ort produzierte Branntkalk von *Ladinos* in Cabricán, oder von denen aus dem 20 km entfernten *Ladino*dorf San Carlos Sija vermarktet, wird heute nur noch ca. 25% der Apfelernte über diese Kanäle verkauft. Der Rest wird von *Indígenas* aus Cabricán oder dem Nachbardorf San Vicente Buenabaj oder über private Wege zu den lukrativen Märkten der Städte

---

[23] DCG = Democracia Cristiana Guatemalteca

[24] SAHLINS (1992:8) stimmt mit dieser Einschätzung überein, indem er im Blick auf den kulturellen Wandel sagt, dass "die sogenannten primitiven Gesellschaften niemals so isoliert waren, wie es eine frühere Anthropologie gerne glaubte".

gebracht. Der Branntkalkverkauf läuft inzwischen vollständig über indianische Zwischenhändler aus Cabricán selber.

Die räumlich-funktionale Separierung zwischen der Masse der *Indígena*-Bevölkerung in den *aldeas* und den bessergestellten und rassistisch geprägten *Ladinos* im Zentrum der Gemeinde entwickelte sich bei zunehmender Öffnung der Gemeinden zu einem zentralen Konfliktfeld. Denn mit der Anbindung der Peripherie an den nationalstaatlichen Rahmen verlagerte sich die koloniale und neokoloniale Stadt-Land-Trennung und die damit einhergegangene Ausbeutung in den lokalen Zusammenhang der Gemeinde. Damit repräsentiert das *centro* im politisch-administrativen und das *aldea* im produktiv-reproduktiven Bereich die Sphäre, in der die Bruchlinien der Moderne deutlich sichtbar werden.

Man kann davon ausgehen, dass in der lokalen dorfinternen Revolte und Umgestaltung der 50er und 60er Jahre Bewegungen von zwei Seiten von Bedeutung waren: die vielgestaltige und von einem Bündel von Interessen getragene Bewegung von der nationalen Ebene in die Dörfer hinein und die wirtschaftlich-sozial motivierten emanzipativen Bestrebungen aus den Familien heraus, die das Dorfleben veränderten. Ein Gutteil des Bestandes an tradiertem indianischem Brauchtum wurde sukzessive abgestossen. Die erwähnten Bewegungen drangen rasch ins Zentrum dörflicher Machtartikulation vor. Die indianischen Ansprüche richteten sich neben dem wirtschaftlichen Erfolgsstreben zunehmend auch auf die relativ gut dotierten zivilen Verwaltungsämter und forderten deren personelle Besetzung, was wiederum den wirtschaftlichen und politischen Einfluss der *Ladinos* zu beschneiden drohte. Diese belächelten zwar einerseits die indianischen Traditionen, befürworteten sie aber nichtsdestoweniger, weil sie ein Mittel waren, durch Separierung die gemeinderelevanten Entscheidungsbefugnisse und die finanziellen Vorteile der staatlichen Besoldung auf ihrer Seite zu behalten.

Im Gemeindezentrum konzentrierten sich die Widersprüche auf engstem Raum. Auf religiöser Ebene durch die Anwesenheit der zentralen orthodox-katholischen Kirche. Auf sozialer und wirtschaftlicher Ebene durch die dort stattfindende Austragung der wichtigsten Gemeindeereignisse (Markt, Wahlen, Feste, etc.) und auf politischer Ebene durch den Sitz des Bürgermeisteramtes, der Parteibüros und des *juez de paz*, des Friedensrichters, in Gestalt des Bürgermeisters. Konnte

BRINTNALL (1979: 168) die Situation um die Mitte der 70er Jahre noch dadurch charakterisieren, dass er sagte, "the major and unifying theme in the institutional innovations, however, is the struggle against Ladino domination", hatten sich in den 80er Jahren durch den Bürgerkrieg und die weitergehende Ausdifferenzierung der innerdörflichen Machtbalance auch die intra-indianischen sozialen Konflikte Luft gemacht. Häufig genug geschah das durch die Denunzierung des ungeliebten Nachbar beim Militär, was in vielen Fällen mit der Entführung und dem Tod des Betreffenden endete.[25]

Die inneren Widersprüche der indianischen Emanzipationsbewegung wurden schon von Anfang an dadurch deutlich, dass sich in der *Acción Católica* verstärkt die Aufsteiger, Wohlhabenderen und nach aussen orientierten *Indígenas* sammelten, während die evangelikalen Sekten mehr das Sammelbecken für die *'underdogs'* wurden.[26] Es ist also eine schichtenspezifische Segregation feststellbar, die sich schon bald in Spaltungen von neugegründeten lokalen Organisationen oder Komitees zur Verbesserung der Infrastruktur äusserten.

Cabricán erlebte u.a. seine Auseinandersetzungen, als gegen den heftigen Widerstand, aber mit Unterstützung eines ausländischen Pfarrers, 1978 der erste indianische Bürgermeister gewählt wurde. Die Intrigen gegen diese Person im höchsten Amt auf lokaler Ebene hörten während seiner gesamten Amtszeit nicht auf. *Don Fernando* konnte die zwei Jahre seiner Tätigkeit als Bürgermeister mit Erfolg und gestiegenem Ansehen nur durchstehen, weil er die Unterstützung des Pfarrers genoss, der die Installation eines gemeindeweiten Trinkwassernetzes unterstützte.

Der 1991 neu gewählte *Ladino*-Bürgermeister kann sich dem Druck der unzufriedenen Bewohner der *aldeas* einerseits und den Ansprüchen seiner *Ladino*-Klientel im *centro* andererseits nur dadurch erwehren, dass er eine ziemlich willkürliche Aufteilung des zur Verfügung stehenden Gemeindebudgets vornimmt und damit latente gegenseitige Animositäten schürt, die von seinem Handeln

---

[25] Man rechnet damit, dass ca. 20% der Ermordeten aus den indianischen Dörfern während des Bürgerkrieges 1980-85 auf Denunziationen aus der Nachbarschaft zurückgehen, wobei die Motive für ein derartiges Handeln häufig in Landstreitereien oder anderen derartigen Konflikten zu finden sind.

[26] BRINTNALL (1979: 163, 168).

ablenken. Im einen Jahr sollen die Finanzmittel für Arbeiten in den *aldeas* verwendet werden, im folgenden Jahr fliessen sie dann in Massnahmen im *centro*, wobei diese Aufteilung weder der Wirtschaftskraft noch dem Bevölkerungsproporz und noch weniger der Bedürftigkeit entspricht.

Zusammenfassend werden in Abbildung 2 auf der Ebene des Munizips fünf Problemfelder dargestellt, die eine Vorstellung der Komplexität der Konflikte vermitteln, die quer durch die Ethnien und Religionen verlaufen und die sich selten an klaren Grenzziehungen orientieren. Drei dieser Problemfelder, Status, Kirche und Wirtschaft, sind, wie erläutert wurde, phänotypisch deutlicher wahrnehmbar, während die anderen zwei, Politik und Ethnie, eher im Hintergrund stehen und im wesentlichen eine indirekte Wirkung auf Denken und Handeln der Akteure ausüben.

Abb. 2:

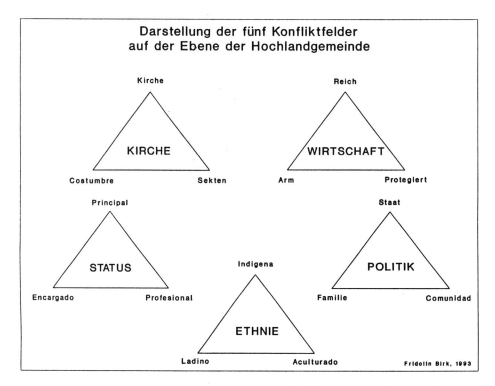

In Sta.Maria Chiquimula und Concepción Chiquirichapa war die Dominanz der *Ladinos* nur wenig zu spüren, was in der naturräumlichen Ausstattung der jeweiligen

Gemarkung begründet lag. Sie war zu Zeiten der Inbesitznahme um die Jahrhundertwende als so schlecht angesehen worden, dass erst der Einsatz von Mineraldünger in den 60er Jahren eine zufriedenstellende Ernte erhoffen liess. Cabricán mit seiner ehemals ausgedehnten Schafzucht, der Weizen- und Apfelproduktion, war vom 20 km entfernten San Carlos Sija aus, einer ehemaligen spanisch-mestizischen Sträflingskolonie (DE LA ROCA, 1966: 168), schon in kolonialer Zeit stärker dem Interesse, später dem Zuzug und schliesslich dem Zugriff der *Ladino*-Bevölkerung ausgesetzt.

Dadurch wurden auch die oben skizzierten Problemfelder in besonderer Weise aktuell und zu einem prägenden bzw. bestimmenden Einflussfaktor während der Zeit der jüngsten Umwälzungen und dem wachsenden Widerstand seitens der um ihren Einfluss bangenden *Ladinos*.

Es zeichnete sich ab, dass mit abnehmender sozialer Kohäsion in den *aldeas* und einer zunehmenden Bedeutung des Zentrums als Sitz der lokalen politischen Entscheidungsinstanzen das Gemeindezentrum auch die Umgebung sein wird, in der sich sowohl die neu entstehenden Koalitionen, als auch die Brüche im bestehenden sozialen und politischen Gefüge zuerst zeigen. Um eine Vorstellung von der Ausstattung und Lage der fraglichen Munizipien zu erhalten und die aus der historischen Ableitung dargestellten Konfliktbereiche im Rahmen der heute gültigen Strukturdaten einordnen zu können, werden nachfolgend die Rahmendaten geliefert.

3.3. Annäherungen an die Untersuchungsregionen im Spiegel allgemeiner Charakteristika

Nachdem der historische und problemorientierte Rahmen der jüngsten historisch-kulturellen Entwicklungen in den Munizipien entworfen wurde, werden im folgenden statistische Angaben zu den einzelnen Dörfern gemacht, die eine Vorstellung davon vermitteln, wie weit diese Hochlandgemeinden hinsichtlich der naturräumlichen Gegebenheiten und der infrastrukturellen Basisausstattung in den nationalen Kontext eingepasst sind.

3.3.1. Sta. Maria Chiquimula

Sta. Maria Chiquimula (2.100 m NN), im Departement Totonicapán im zentralen Westlichen Hochland Guatemalas gelegen, ist mit einem Termitenhügel zu vergleichen: nach aussen hin, für den flüchtigen Beobachter, ruhig und ereignislos, nach innen aber von Umtriebigkeit und Rührigkeit des Kleinhandwerks geprägt. Auf dem Gebiet der Gemeinde lebten 1990 nach der offiziellen[27] statistischen Hochrechnung 28.873 Menschen, wobei nach ethnischen Kriterien unterschieden ca. 99% indianischer Abstammung sind und nur einige Familien im Dorfzentrum zu den *Ladinos* gezählt werden. Um die in dieser Gemeinde, verglichen mit dem Gros der anderen, augenscheinlich ausgebliebene Zuwanderung von *Ladinos* zu erklären, muss auf die naturräumliche Ausstattung der sich auf ca. 60 km² ausdehnenden Gemeinde[28] zurückgegriffen werden. Sta. Maria Chiquimula liegt naturräumlich gesehen am Rand der Synklinale, die sich entlang des südlichen Randes der *Sierra de los Cuchumatanes* in Verlängerung der Motagua-Verwerfung gebildet hat. Sie gehört morphologisch zu den zentralamerikanischen Kordilleren und ist als Hauptabflussrinne einer starken Erosionstätigkeit ausgesetzt.

Das Ergebnis ist, mit Ausnahme einiger Hochtallagen, eine vollständige Zerfurchung der Oberfläche mit tiefen *Canyons* als typischem Merkmal. Die Folge war ein ausgedehnter flächiger Bodenabtrag bis auf das Muttergestein, was in der Folge eine lohnende landwirtschaftliche Produktion nur ganz beschränkt in einigen engen Talgründen möglich machte. Diese naturräumliche Benachteiligung wird auch durch die vielfältigen Landauseinandersetzungen zwischen Sta. Maria Chiquimula und San Antonio Ilotenango dokumentiert (FALLA, 1980).

Da das Hauptinteresse der Zuwanderung der *Ladinos* in die indianischen Gemeinden im 19. und 20. Jahrhundert die Übernahme von verwertbarem Land war, musste Sta.Maria Chiquimula in dieser Hinsicht uninteressant bleiben. Eine

---

[27] INSTITUTO NACIONAL DE ESTADISTICA (1989: 39).

[28] Da in Guatemala kein offizielles Kataster existiert, d.h. auch Landtitel nur mit den angrenzenden Grundstücken ausgewiesen sind, liegen auch keine offiziellen und verlässlichen Zahlen über die genaue flächenmässige Ausdehnung der Gemeinden vor (siehe auch WATANABE, 1990: 193); in: SMITH (1990).

DORF UND DISKURS

Konsequenz dieser Benachteiligung in der naturräumlichen Ausstattung war die frühzeitige Betätigung der ansässigen Bevölkerung im Handel. Eine grosse Zahl von Gemeindebewohnern sah sich bereits seit Beginn des 20. Jahrhunderts gezwungen, während der Rundreisen mit dem Maulesel ihr Dorf auch über längere Zeit zu verlassen. Eine Folge dieser Handelstätigkeit war die Entdeckung von Möglichkeiten im handwerklichen Gewerbe.

Eine zunehmende Spezialisierung auf die Konfektionsschneiderei, die heute in Form von Verlagsarbeit zu Hause oder in kleinen Werkstätten bis zu etwa 12 Personen den nationalen Markt bedient, ist das Ergebnis. Dieses Handwerk und der Handel stellen gegenwärtig die wichtigste Verdienstquelle in der Gemeinde dar, da die personalintensive Vermarktung der Textilien ebenfalls von Mitarbeitern der Werkstätten übernommen wird. Im Schneiderhandwerk ist deshalb auch die Interessengemeinschaft angesiedelt, die im weiteren Verlauf der Arbeit stellvertretend als ein Ausschnitt aus der Struktur dieser Gemeinde des öfteren Erwähnung finden wird.

Sta.Maria Chiquimula ist über eine 25 km lange Schotterstrasse mit der Panamerikanischen Hauptstrasse verbunden, die nach weiteren 18 km Quetzaltenango erreicht. Eine im Gemeindezentrum ansässige und von einer *Indígena*familie betriebene Buslinie bietet drei Mal pro Tag Fahrten nach Quetzaltenango an. Zur Departamentshauptstadt Totonicapán existiert zwar eine direkte, jedoch sehr schlechte Verkehrsverbindung, da ein Gebirgszug zwischen den beiden Gemeinden liegt und deshalb der Umweg über *Cuatro Caminos*, der Hauptkreuzung auf der *Panamericana* kurz vor Quetzaltenango, die günstigere Verbindung darstellt. Dies erklärt, neben der Grösse als Handelsumschlagsplatz und der besseren funktionalen Ausstattung als Totonicapán, die grössere Bedeutung Quetzaltenangos als Handels- und Versorgungszentrum für die Bewohner von Sta.Maria Chiquimula. Sollten die Busse nicht fahren oder jemand zu spät kommen, besteht die Möglichkeit, bei privaten Pick-up- Besitzern um einen *jalón*, eine Mitfahrgelegenheit, gegen Bezahlung zu bitten.

3. KAPITEL

Karte 3:

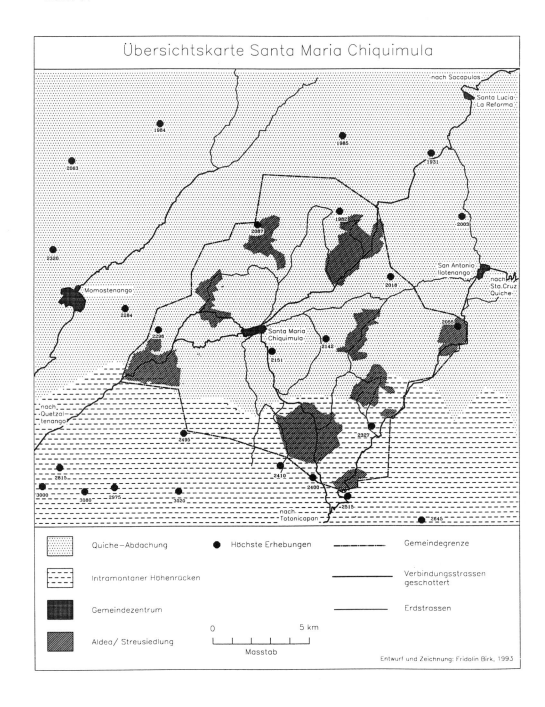

DORF UND DISKURS

Viele Autobesitzer haben diese privaten Fahrdienste fest eingerichtet, vor allem mittwochs, donnerstags, samstags und sonntags, wenn der lokale Wochenmarkt stattfindet und die Händler von ausserhalb sowie die Bewohner der *aldea* eine Beförderungsmöglichkeit ins Zentrum suchen.

Die Gemeinde besitzt ausschliesslich im Zentrum ein Postamt mit einer Telegrafenverbindung, jedoch keinen Telefonanschluss. Nur im Zentrum und den an der Hauptleitung gelegenen *aldeas* wird eine Versorgung mit Elektrizität von der staatlichen Versorgungsgesellschaft INDE[29] geboten. Die Wasserversorgung folgt ähnlichen Voraussetzungen: das Zentrum ist gut versorgt, die Bewohner der *aldeas* gehen in der Regel zum Fluss. Hier wird deutlich, dass sich auch in den rein indianisch bewohnten und verwalteten Munizipien eine ungleiche Gewichtung zwischen Zentrum und Peripherie der Gemeinde herausbildete.

Es hat sich, und das gilt für alle drei Gemeinden, die in dieser Arbeit zur Sprache kommen, gleichermassen, das *milpa*-System als Subsistenz- und Basisversorgungssystem grundsätzlich erhalten. Die Parzellengrössen der einzelnen Familien liegen in Sta.Maria Chiquimula aufgrund der geringeren Tragfähigkeit der Böden[30] bei ca.20 *cuerdas*[31] (0,9 ha). Es handelt sich also um eine ausgeprägte *minifundio*-Wirtschaft, wobei die Bodenbearbeitungstechnik wegen der vorherrschenden zerfurchten Topographie auf die Hacke (azadón) beschränkt bleibt. Als wesentliche Neuerung kann seit der Mitte der 60er Jahre nur der Mineraldünger und die partielle Pestizidanwendung genannt werden.

3.3.2. Concepción Chiquirichapa

Concepción Chiquirichapa, auf 2.400 m NN gelegen und in der bevölkerungs-

---

[29] INDE bedeutet Instituto Nacional de Electrificación.

[30] Nach UNIVERSIDAD RAFAEL LANDIVAR (1987: 42-44),deren Klassifikation sich an die FAO/UNESCO Bodenklassifikation anlehnt, weist in den Untersuchungsregionen vorwiegend **Arenosole** und **Acrisole** nach, also Bodentypen, die nur eingeschränkte Nutzungspotentiale zeigen.

[31] Als Referenz gilt: 1 ha = 21,4 cuerdas.

statistischen Hochrechnung von 1989 mit einer Einwohnerzahl von 12.813 für 1990 ausgewiesen, gehört verwaltungsmässig zum Departement Quetzaltenango und umfasst eine Gesamtfläche von 48 km² . Neben dem Gemeindezentrum wird nur ein *aldea*, jedoch 12 *caserios* ausgewiesen. Die Gemeinde liegt 15 km westlich der Departementshauptstadt und kann von dort aus über eine seit 1974 asphaltierte Strasse erreicht werden[32].

Auch diese Gemeinde, obwohl geographisch dem früheren Landhunger der *Ladinos* direkt ausgesetzt, weist nur einen ca. 3%igen Anteil an *Ladinos* an der Gesamtbevölkerung auf. Die restlichen Gemeindebewohner sind indianischer Herkunft, was in diesem Fall hauptsächlich durch die alltägliche Verwendung der Sprache der *Mam*-Volksgruppe zum Ausdruck kommt. Das offensichtliche Desinteresse der *Ladinos* an einem Zuzug in das Munizip in der Vergangenheit, trotz der geographischen Nähe zur Drehscheibe Quetzaltenango, verwundert auf den ersten Blick. Diese Tatsache wird jedoch verständlich, wenn die naturräumliche Ausstattung der Gemeindefläche gesehen wird.

Concepción liegt unmittelbar in der zentralamerikanischen Vulkankette unterhalb eines Sattels, der eine Öffnung hinunter zum Steilabfall der pazifischen Küstenregion darstellt. Durch den seit dem Tertiär anhaltenden tektonisch bedingten Vulkanismus wurden ca. 20-30 km breite Korridore entlang der pazifikseitigen Vulkankette Guatemalas mit silikatreichen, sauren Aschesanden bedeckt.[33] Diese Sandböden liessen nur eine rudimentäre Bodenbildung zwischen den Eruptionen und häufigen Ascheregen der naheliegenden Vulkane zu und schufen so eine labile Situation hinsichtlich der Bodenstruktur durch einen hohen Anteil von Sandfraktionen. Bei einer Nutzung dieser Bodengrundlage unter subtropischen, wechselfeuchten Klimabedingungen wirken sich die Nachteile besonders negativ aus. Die labilen Böden brachten nur minimale Erträge und waren deshalb für die an landwirtschaftlicher Nutzung interessierten *Ladinos* nicht von Interesse.

---

[32] Die Flächenangaben wurden dem DICCIONARIO GEOGRAFICO DE GUATEMALA (1974) entnommen.

[33] Siehe dazu UNIVERSIDAD RAFAEL LANDIVAR/ ICATA (1987).

DORF UND DISKURS

Karte 4:

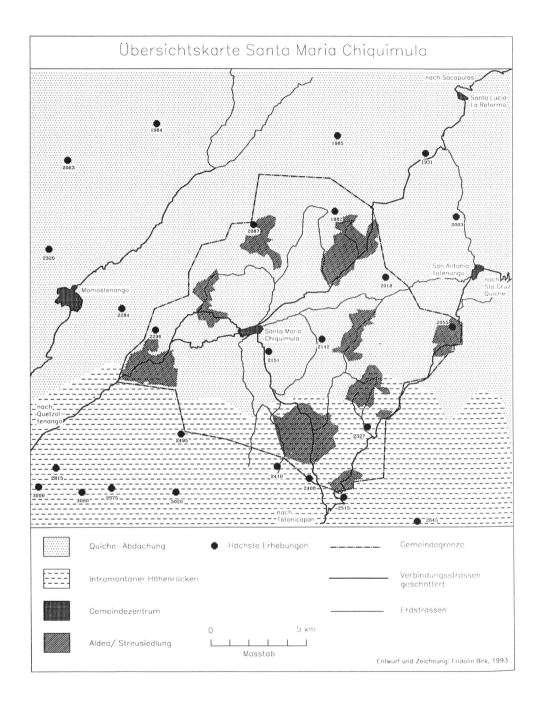

Concepción Chiquirichapa gilt schon seit jeher als ein wichtiges 'Tor zur Küste'. Viele Arbeitskolonnen aus dem Hinterland der angrenzenden *Sierra Madre* passierten auf ihrem Weg zu den Kaffee*fincas* des am meisten westlich gelegenen Bereiches der pazifischen Südküste das Munizip. Deshalb ist auch heute die Anbindung an Quetzaltenango als dem wichtigsten Zentrum des Westlichen Hochlandes problemlos. Zum einen pendeln Busse den Tag über zwischen Concepción und der Stadt, andererseits passieren Busse auf ihrem Weg zur pazifischen Südküste die Gemeinde und nehmen Passagiere auf.

Neben der guten Verkehrsanbindung besitzt das *centro* als auch die dem *centro* nächstgelegenen *caserios* durch die Nähe zu den infrastrukturellen Hauptverteilungsachsen eine Versorgung mit elektrischer Energie sowie haus- oder häusergruppeneigene Wasseranschlüsse. Ein Postamt mit einer Telegraphenverbindung im *centro* bietet Möglichkeiten einer Kommunikation mit anderen Landesteilen. Für Concepción bedeutete die exponierte geographische Lage schon seit langem einen intensiven Austausch zwischen den beiden Naturräumen Küste und Hochland bzw. *tierra caliente* und *tierra fria*.

Doch erst der Einbruch der Moderne brachte die entscheidenden Instrumente, um die lokalen Ressourcen, vor allem was den Boden betraf, zu nutzen. Auf der Basis der Verbreitung des Mineraldüngers schufen sich die Bauern mit der Speisekartoffel ein landesweit vermarktbares *cash-crop*-Produkt. Eine rasche Intensivierung des Anbaus führte binnen weniger Jahre dazu, dass die Region von Concepción mit einer geschätzten Jahresproduktion von 750.000 Zentnern[34] zum grössten Kartoffelanbaugebiet Guatemalas avancierte. So wurde auch der Kartoffelanbau in Richtung Küste nach unten vorgeschoben, wodurch es möglich war, zwei Ernten pro Jahr einzubringen. Die Kleinbauern von Concepción kauften oder pachteten Land in Nachbargemeinden wie San Martin Sacatepéquez oder El Rincón und praktizieren dadurch eine für *Indígenas* auf den ersten Blick erstaunliche Mobilität mit einem marktfähigen Produkt, das sie inputintensiv anbauen. Dabei wurde die Vermarktung weitgehend von den ortsansässigen Bauern übernommen, was zu einem ansehnlichen Wohlstand von einigen Familien im Dorfzentrum führte.

---

[34] Es existieren keine offiziellen Produktionszahlen, da die meisten Kleinbauern weder eine **Buchhaltung** noch eine **Verkaufsstatistik** führen.

Andererseits nahmen jedoch die Probleme mit der Kartoffel in reiner Monokultur aufgrund genetischer Degenerierung, fehlender Saatgutauslese und qualitätsmässiger Verschlechterung durch Überdüngung derart überhand, dass von vielen Kleinbauern heute nach kaum zwanzig Jahren Intensivanbau eine Alternative gesucht und gefunden werden muss, um den Klagen der Kunden, der sinkenden Produktivität und den höheren Anforderungen des nationalen Marktes gerecht werden zu können.

Eine Variante, die bei den indianischen Bauern Anwendung fand, wie eine solche Neuorientierung risikomindernd angegangen oder wie eine Vermarktung in gemeinsamer Eigenverantwortung durchgeführt werden könnte, ist die Bildung einer Kooperative. Eine solche Kooperative, die *Cooperativa de Productores de Papa* aus Concepción Chiquirichapa, hat mir als Studien- und Beobachtungsobjekt für die Beschreibungen und Analysen in den folgenden Kapiteln gedient. Dadurch wurde mir deutlich, wie Veränderungen auf staatlicher, regionaler und lokaler Ebene die lokalen Organisationsbemühungen der indigenen Bevölkerung beeinflussen.

3.3.3. Cabricán

Cabricán als Munizip, auf dem in den nachfolgenden Kapiteln der Schwerpunkt der Überlegungen liegen wird, nimmt in dieser Arbeit eine besondere Stellung ein. In dieser Gemeinde sind Entwicklungen beschleunigt abgelaufen, die sich in den anderen untersuchten Gemeinden erst mit Phasenverzögerung gezeigt haben. Nach der schon erwähnten Bevölkerungsstatistik wurde für das Munizip, in einer Höhe von 2.700 m NN gelegen, eine Gesamteinwohnerschaft von 17.446 errechnet, wovon nurr 1.455, also ca.8%, im Zentrum leben. Allerdings gehören von diesen 1.455 ca. 1.100 Bewohner oder ca. 6,5% zur ethnisch-kulturellen Gruppe der *Ladinos*. Die Gemeinde liegt mit ihren ca. 65 km² Fläche im nördlichsten Bereich des Departement Quetzaltenango und ist mit der Departementhauptstadt über eine 48 km lange Schotterstrasse verbunden.

3. KAPITEL

Karte 5:

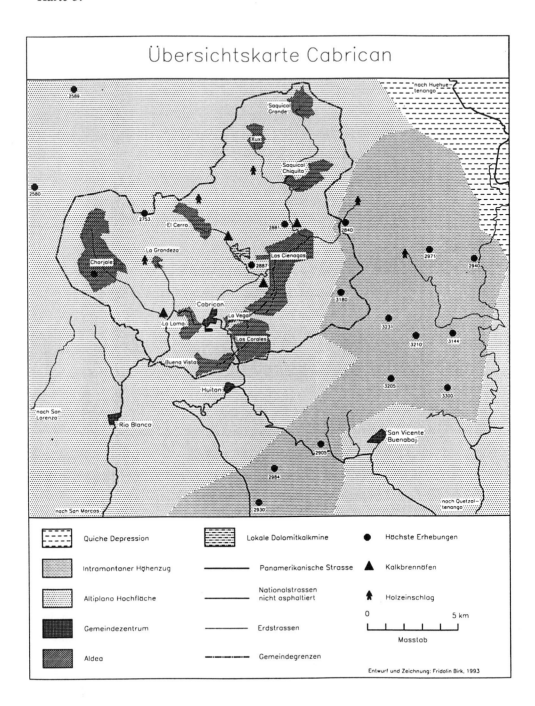

DORF UND DISKURS

Hinsichtlich der geographischen Lage ist die Abgelegenheit des Munizip auffallend. Doch besticht trotz dieses offensichtlichen Nachteils der hohe Anteil an *Ladino*-Bevölkerung. Der Grund dafür ist in der naturräumlichen Ausstattung Cabricáns zu finden. Die Gemeinde weist zwei ausgedehnte alluviale Talgründe auf, die einen guten landwirtschaftlichen Ertrag versprechen. Weiterhin war Cabricán früher wegen seiner Weidegründe für Schafe bekannt, während heute vorwiegend Weizen und Äpfel produziert werden, die durchaus regionale Bedeutung besitzen. Die schon zu Maya-Zeiten genutzte Kalkmine der Gemeinde tat ein übriges dazu, das Interesse der mestizischen Händler zu wecken.

Cabricán liegt im Hinterland von San Carlos Sija, einer ausschliesslich von *Ladinos* bewohnten kolonialzeitlichen Sträflingssiedlung und eines wichtigen Militärstützpunktes während der liberalen Phase zu Ende des 19. Jahrhunderts.[35] Die *Sijeños*, wie diese *Ladinos* genannt werden, waren bis in die 70er Jahre hinein die Zwischenhändler für den Branntkalk aus Cabricáns Minen. Sie kauften die Apfelproduktion und den Weizen dort auf und transportierten diese Produkte nach Quetzaltenango, wo sie von kartellartigen Organisationen weitervermarktet wurden. Den Handel mit Grossvieh, das in Cabricán ebenfalls in mässiger Zahl noch heute gehalten wird, übernahmen die *Sibileños* oder *Rubios*, wie die blondhaarigen Bewohner aus Sibilia mit einem Zwischenton von Anerkennung und Misstrauen von den indianischen *Cabricanecos* (Bewohner von Cabricán) tituliert werden. Sibilia ist ein in südwestlicher Richtung liegendes *Ladino*dorf, 20 km vor Cabricáns Toren.

Cabricán besitzt ein Postamt im Zentrum, das René, ein *Ladino*, schon seit 15 Jahren verwaltet. Er ist der grosse Kommunikator im Dorf, von ihm kann man gegen eine kleine Anerkennung auch mal Informationen erfahren, die ausser dem Adressaten eigentlich niemand erfahren sollte. Er bedient die Telegrafenverbindung und verteilt die ankommende Post. Jeden Morgen fahren vier von *Ladinos* aus Cabricán und Sibilia betriebene Busse nach Quetzaltenango und kehren abends zurück. Die Fahrtzeit beträgt ca. 4 Stunden einfach bei einer Entfernung con ca. 50 km, was Rückschlüsse auf den Zustand der Strasse zulässt.

Cabricán hat nur einen Wochenmarkt am Sonntag. Dieser Tag ist mithin das wich-

---

[35] Siehe dazu CARMACK (1979).

tigste Ereignis in der häufig zähen Einförmigkeit des Dorfes. An diesem Tag wird allerdings deutlich, dass Cabricán durchaus eine lohnende Nachfrage besitzt, die jede Woche bis zu 50 auswärtige Händler in die Gemeinde lockt.

Elektrizität wird auch in Cabricán nur dem Zentrum und weiteren drei *aldeas* geboten, die entlang der einkommenden Hauptleitung liegen. Zwar sind die sechs *aldeas* und zehn *caserios* Cabricáns an die Gemeindetrinkwasserversorgung angeschlossen, doch wurde die Versorgungslage in den vergangenen Jahren durch die rasch ansteigenden Haushaltszahlen ständig schlechter, so dass heute manche Ortschaften nur noch sporadisch Trinkwasser aus dem öffentlichen Netz beziehen können. Ausserdem sind die Konflikte um die Quellen bisweilen schon zu kleinen 'Wasserkriegen' in und zwischen den *aldeas* und dem Zentrum eskaliert. Die *Mam-Indígenas* aus der Umgegend von Cabricán werden von Aussenstehenden als zurückhaltender geschildert als die *Quichés* aus Santa Maria Chiquimula. Diese vereinheitlichenden Charakterisierungen von lokalen Bevölkerungsgruppen haben häufig geschichtliche Wurzeln, deren volle Gültigkeit heute aber durch die Ereignisse der vergangenen 40 Jahre stark in Frage gestellt werden. Es scheint dennoch wichtig, diesen charakterlichen Zuschreibungen auf den Grund zu gehen, sie als Anhaltspunkte für Fragen zum sozialen, kulturellen oder politischen Hintergrund der Bevölkerung herzunehmen.

Bezeichnend ist z.B. hinsichtlich der häufig geäusserten Passivität, dass die *Cabricanecos* erst vor wenigen Jahren begonnen haben, ihren gebrannten Kalk in sog. *'depósitos'* in den Hochlandstädten wie Quetzaltenango, Totonicapán oder Huehuetenango selber zu vermarkten. In der Gemeinde hat sich während der ersten Hälfte des 20. Jahrhunderts kein eigenständiges Handwerk entwickelt. Die saisonale Wanderung zu den *Fincas* an der Küste war die Hauptquelle für die Bargeldbeschaffung. Alte Menschen aus den *aldeas* erzählen, wie sie noch vor 35 Jahren mit einem Zentner Branntkalk, vom *mecabal*[36] auf dem Rücken gehalten, zu Fuss an die Küste gingen und von dort Mais zurückbrachten, um damit ihr tägliches Auskommen zu sichern. Der *mecabal* wurde für die indianische Bevölkerung zum Sinnbild des Umbruchs, da dieses Transporthilfsmittel für Generationen von

---

[36] Der *Mecabal* ist ein geflochtenes Band, das vor die Stirn gelegt und über den Rücken reichend von den *Indígenas* zum Lastentragen verwendet wurde (wird).

Dorfbewohnern Inbegriff harter Arbeit war, die heute von den Lastwagen übernommen wird. Wie weit die Konsequenzen dieses Einbruchs der Moderne von den Menschen verstanden werden konnte und bis wohin die Moderne in die traditionellen Konzepte des Handelns eindringen und sie durchdringen konnte, ohne dass sich grundlegend etwas an der ungesicherten Lebenssituation der Menschen verändert hätte, bleibt zu klären.

3.4. Munizip, *Aldea, Caserio* - zu den Formen gemeindlicher Subsidiarität und Kommunikation.

Um die Feinstrukturen von Organisationen auf der Ebene der *comunidades* zu verstehen, ist wichtig zu sehen, wie sich der Hintergrund des dörflichen Alltagshandelns auf den unterschiedlichen Ebenen des Gemeindelebens, die weiter oben schon als Konfliktkonstellationen gezeigt wurden, im Laufe der vergangenen dreissig Jahre verändert hat.

Schon mit der liberalen Ära am Ende des vergangenen Jahrhunderts wurde die Geschlossenheit der indianischen Gemeinden herausgefordert. *Ladinos* gelang es zunehmend, in die Verwaltung der selbständigen Gemeinden einzudringen und zunächst die bezahlten Posten zu besetzen. Dies führte, wie verschiedene Untersuchungen zeigen[37] und wie schon erwähnt wurde, zu Spannungen innerhalb und unter den Dörfern, die hauptsächlich auf offene Landfragen im Zuge der Freigabe der Gemeinde-Ländereien zurückzuführen waren. Cabricán war in diesem Zusammenhang gezwungen, etwa ein Drittel seiner Fläche an Huitán, ein Nachbarmunizip, abzugeben, das ursprünglich ein *aldea* Cabricáns war und schliesslich gegen Ende des letzten Jahrhunderts seine Unabhängigkeit durchsetzen konnte. Die häufig gewalttätigen Auseinandersetzungen zwischen Sta.Maria Chiquimula und dessen Nachbargemeinde San Antonio Ilotenango sind von FALLA (1980) beschrieben worden. Im Gegenzug fand eine stärkere Innenorientierung der

---

[37] CARMACK (1979); CARMACK (1988); SMITH (1988); EBEL (1969); COLBY/ v.d.BERGHE (1977).

comunidades statt, was zu einer Stärkung der zivil-religiösen Hierarchie und der *principales*, der Dorfältesten, führte, trotz der Grundtendenz einer zunehmenden Gefährdung der dörflichen Geschlossenheit. Im Grunde hielt diese Situation bis zum entscheidenden Einbruch von 1944/45 an.

Mit dem Beginn der Demokratiebewegung unter Präsident Arévalo (ab 1945) kam für die indianischen *comunidades* die Wende. Die Neuorientierungen aufgrund der sukzessiven Schwächung der traditionellen Machtbasis umfassten neben den politischen und wirtschaftlichen auch die religiösen, kulturellen und sozialen Handlungsbereiche. Sie gingen zunächst von einzelnen Personen aus und wurden zu Beginn der 60er Jahre zu einer breiten Bewegung.

Die *Indígenas* sahen sich plötzlich derselben Situation ausgesetzt wie ihre Ahnen achzig Jahre zuvor, mit dem Unterschied, dass nun die Veränderungen von Gemeindemitgliedern initiiert und von zunehmend mehr, zumeist jungen Menschen aus den *comunidades* getragen wurden. Wiederum wurde von den Traditionalisten versucht, auf die Herausforderung mit dörflichen Abgrenzungsstrategien zu reagieren. Der entscheidende Unterschied war jedoch, dass es sich im Transformationsprozess der 50er und 60er Jahre um keinen allein wirtschaftlich motivierten Prozess handelte, sondern auch um eine religiös-kulturelle und politisch-soziale Neuorientierung.

Neben die Betonung der Eigenständigkeit des individuellen wirtschaftlich-sozialen Handelns traten institutionelle Autoritäten wie die orthodox-katholische *Acción Católica* (COLBY/ VAN DEN BERGHE, 1977: 134), die über die Priester vor Ort weit in die Dörfer hinein Einfluss nehmen konnte. Diese wurde für die traditionelle Hierarchie der Gemeindeherrschaft zur grössten Gefahr, gerade weil die Hierarchie auf den Nexus von zivilen und religiösen Strukturen gestützt ist und auf rituell-religiöser Ebene bislang wenig Intervention erfahren hat.

Eine weitere beeinflussende Kraft waren die auf der Suche nach Wählern an die Peripherie vordringenden Parteien, die sich ihrerseits auf lokale Parteienvertreter stützten. Zunächst wurde *Ladinos* die Führung in den lokalen Ortsgruppen der Parteien übertragen, die wenig programmatisch und sich mehr auf das alte *Caudillo*-Bild stützend arbeiteten. Auf diese Weise stellten sie auch den Bürgermeister.

Die Bevormundung der indianischen Bevölkerungsmehrheit nahm entsprechend zu, zumal die Verbindungen nach aussen, zu den Machtzentren der Parteien für die

Indígenas nicht existierten und nur durch die *Ladinos* vermittelt wurden. Der Grund dafür war der allgemeine Analphabetismus unter der indianischen Bevölkerung.

Doch war diese Entwicklung bis zu diesem Punkt nichts wesentlich neues, da *Indígenas* bis auf wenige Ausnahmen durch die Kolonialgeschichte hindurch niemals Handlungsträger der von aussen initiierten Veränderungen im Dorf waren. Dadurch konnte sich stets von innen eine Gegenbewegung formieren, die letztlich eine noch weitergehende dörfliche Korporierung zur Folge hatte. Doch gerade dieser Zusammenhang schien jetzt Zug um Zug aufzubrechen. Als sich diese Umstände änderten, schwand auch der Einfluss der *Ladinos*[38].

Aus diesen Überlegungen lassen sich jetzt deutlicher zwei Oppositionen herauslösen, die für die Deutung der inneren Verfassung einer Gemeinde wichtig erscheinen: zum einen die in den vergangenen hundert Jahren entstandene Opposition zwischen Gemeinde und *comunidad indígena* bzw. *aldea* und auf der anderen Seite das Verhältnis zwischen bürgerlicher Gemeinde und Staat. Erst die Analyse dieser Oppositionsverhältnisse ergibt, jenseits offizieller administrativer Regelungen, ein authentisches Bild der heute den Gemeinden zugrundeliegenden Struktur, die mit bestimmend ist für den Rahmen dörflichen alltagsgebundenen Handelns.

3.4.1. Gemeinde und *comunidad indígena*

Das Konzept einer Gemeinde im Sinne einer verwaltungsmässigen Einteilung oder als unterste staatliche Entscheidungs- und Handlungsebene ist im indianischen Denken so nicht verankert. Dort ist ein Dorf als eigenständiger Handlungsraum und als Einflussbereich der lokalen zivil-religiösen Hierarchie im individuellen Denkhorizont abgegrenzt. Die indianische *comunidad* beschreibt über dieses stärker gebietsmässig und kulturhistorisch strukturierte Konzept des Dorfes hinaus die Einheit gewisser ritueller und sozialer Verfahrensweisen im Dorf. Diese beiden

---

[38] BRINTNALL, 1979: 154; WATANABE, 1990: 202; COLBY/ v.d.BERGHE, 1977: 177 f.;

Begriffe heben das eigene Dorf deutlich ab von den Nachbardörfern, die gleichberechtigt daneben bestehen.[39] Das Gemeindegesetz, vom Kongress verabschiedet als Dekret Nr. 1183, regelt seit 1945 die technisch-administrative Autonomie der Gemeinde (Artikel 4). Wo sich der Sitz der Gemeindeverwaltung und damit die *cabecera*, der Hauptort, befindet, wird nicht nur nach objektiven Kriterien festgelegt, sondern ist Spiegel der bestehenden Machtverhältnisse in der Gemeinde. Immer dort, wo sich die *Ladinos* konzentriert niedergelassen hatten, wurde auch die Gemeindeverwaltung angesiedelt, obwohl dieser Gemeindeteil nicht notwendigerweise die höchste Einwohnerzahl aufwies oder infrastrukturell am besten ausgestattet war.

Dadurch wurde eine geographisch-politische Situation geschaffen, welche die *comunidad indígena* immer als *draussen*, d.h. ausserhalb des *centros* oder des *pueblos* ansah. Letztlich entstanden dadurch zwei Konzepte von *place*, im Sinne eines vertrauten Bewegungs- und Handlungsraumes, ein *place* der *Ladinos* im *pueblo* und ein indianischer *place* draussen in den *aldeas*. Nur dadurch konnte sich die Fehlinterpretation einschleichen, dass es sich bei den *comunidades* um statische und geschlossene (*closed corporate* im Sinne Wolfs) *comunidades* handelte. Als diese im Zuge der neueren Entwicklungen stärker von innen als von aussen aufgebrochen wurden, konstatierte man sofort ihr Ende[40], ohne dabei zu sehen, dass die in Gang gekommenen Veränderungen Versuche darstellten, den neuen Umständen ausserhalb der eigenen *comunidad* Rechnung zu tragen. Die plötzlich wahrgenommene indianische Adaptationsfähigkeit überforderte offenbar den sozialanthropologischen standardisierten Interpretationsrahmen, wodurch spiegelbildlich die Vorgeformtheit wissenschaftlicher Theoriebildung deutlich wurde. Es war in der neueren Geschichte der indianischen Dörfer durchaus nicht einmalig, dass eine von innen heraus

---

[39] COLBY/ v.d.BERGHE (1977: 184) gehen am Ende ihrer Untersuchung davon aus, dass es in Guatemala in ethnisch-kultureller Hinsicht zwei Grundkonzepte bestehen: erstens die von *Ladinos* vertretene Oposition *Ladino - Indígena* und die von *Indígenas* vertretene Abgrenzung der eigenen *comunidad* gegenüber den anderen *comunidades*, die sich in vielerlei Hinsicht voneinander unterscheiden. Darin nehmen die *Ladinos* keine Sonderstellung ein: "Más bien, tienden a considerar a su propio municipio, o quizás a su grupo lingüístico, como una comunidad entre muchas otras."

[40] WATANABE (1990) kritisiert mit seinem Beitrag ganz ausdrücklich diese irrige Interpretation kulturanthropologischer Forschungen in Guatemala. Auch BRINTNALL (1979) stellt sich mit seiner Darstellung gegen dieses Verständnis und verweist ausdrücklich (168) auf solche neuen Selbstbestimmungen in dem von ihm dargestellten Dorf Aguacatán.

getragene Revision der dörflichen Lebensumstände stattfand. Die Ereignisse nach der Mitte dieses Jahrhunderts trugen jedoch besondere Merkmale, die tiefgreifende Irritationen im Inneren der Dörfer ganz selbstverständlich zur Folge hatten. Im Zuge der uns interessierenden Revision war das neue die Gefährdung eines bislang fraglosen rituellen Rahmens. Bezeichnend ist jedoch, wenn man die Dynamik der Abläufe sich betrachtet, dass dieser bisherige Rahmen den neuen Einflüssen gegenüber nicht zu halten war. Entscheidend bleibt in der Folge, nicht den Verlust zu bedauern, sondern zu untersuchen, wie die von diesem raschen Wandel Betroffenen mit den veränderten Handlungsbedingungen umgingen. Je nach den Folgen und Konsequenzen könnten diese auch von Dorfbewohnern mitgetragenen Einbrüche als ein Neustrukturierungswunsch verstanden werden und in Fortführung dieser Überlegungen, entsprechend den von innen geschaffenen gangbaren Alternativen, auch als ein Zeichen einer wiedergewonnenen Stärke der indianischen *comunidades*, was meines Wissens noch nie versucht wurde.

Die Anläufe der indianischen Bevölkerung, diesen ungleichen kulturell-administrativen Herrschaftsdiskurs zwischen *centro* und *aldea* zu durchbrechen, musste natürlich dort ansetzen, wo die dörfliche Macht konzentriert war: beim Posten des Bürgermeisters. Der 1976 unter der Mithilfe des ausländischen Gemeindepfarrers gewählte erste indianische Bürgermeister Cabricáns machte es sich denn auch zur Aufgabe, die übliche Mittelverteilung verstärkt vom *centro* weg in die *aldeas* zu lenken, obwohl er selber im *centro* wohnte.

Nach und nach konnte sich durchsetzen, was von vielen *indígenas* schon klar gesehen wurde: nur über eine eigene gemeindeinterne Souveränität, zu der auch die Stelle und die Entscheidungsgewalt des Bürgermeisters gehört, können gemeinsam vertretene Interessen, sofern sich solche bei den vielen internen Konflikten formulieren lassen, auch durchgesetzt werden. Dies trifft in ähnlicher Weise auch auf wirtschaftliche Aktivitäten zu: hintergründiges Ziel musste die Verschmelzung von bereits im dörflichen Umfeld vorhandenen Elementen auf der einen Seite und Ressourcen dieser zusammenfassend als Moderne zu bezeichnenden Einflüsse auf der anderen Seite sein, um dadurch einen neuen und eigenständigen Handlungsrahmen im dörflichen Kontext zu schaffen.

Diese Neugestaltung der Beziehungen innerhalb der Gemeinde und über deren

Grenzen hinaus, stiess auf vielfältige Widerstände. Die entscheidenden waren solche, die aus den Interessensgegensätzen der Menschen in den *comunidades* selber entstanden sind. Diese Gegensätze konnten sich in der Folge leichter artikulieren, da der Autoritätsrahmen der zivil-religiösen Hierarchie unter dem Eindruck der modernen Einflüsse auf keinen Fall weiterhin zu rechtfertigen war. Für das Verhältnis *centro - aldea* war entscheidend, ob sich die neuen Verfahrensweisen demokratisch-rechtlicher Beziehungen auf diesen Rahmen lokalpolitischer Machtartikulation ausdehen liessen. Darauf wird im weiteren Verlauf der Arbeit genau eingegangen.

3.4.2. Die Gemeinde zwischen *aldea* und staatlichem Einfluss

Durch die staatlicherseits geregelte Gemeindeverfassung kam in den Dörfern ein neuer Machtfaktor, der Staat und dessen administrative Institutionen, ins Spiel. Den Gemeinden wurde im Amt des Bürgermeisters die niedere Gerichtsbarkeit übertragen. Er hielt die Verbindungen zu den staatlichen Stellen und deren Repräsentanten aufrecht und konnte durch seinen Einfluss der traditionellen Dorfverfassung durch Verfügungen einen Gesetzesriegel vorschieben.

Der Einfluss der Traditionalisten, der sich in jüngerer Vergangenheit in Sta. Maria im wesentlichen auf die rituell-religiöse Ebene und ins Vorfeld politischer Entscheidungen verlagerte, wirkte dort vorwiegend auf die Gemeinderäte (*sindicos*). Die *comunidad*-internen Graben- und Fraktionskämpfe zwischen Traditionalisten und Modernisierern nahmen an Ausmass und Gewaltbereitschaft stark zu, wurden aber von der noch eigenständigeren jungen Generation von heute schon nicht mehr ernst genommen und umgangen. In Cabricán ist diese Opposition der Traditionalisten fast vollständig zum Erliegen gekommen.

In die Zuständigkeit des Bürgermeisters als höchstem lokalen Repräsentanten des Staates und in seine Funktion als Richter fielen vor allem die Schlichtungen von Familienstreitigkeiten oder Landdisputen, quasi die Folgeerscheinungen der Umbrüche, die intern nicht mehr geregelt werden konnten. Die offizielle Recht-

DORF UND DISKURS

sprechung gewann dadurch zunehmend an Bedeutung, dass sich *Indígenas* häufiger neben dem gemeindlichen Schlichter, der für parteiisch erkannt wurde, auch an die Departementverwaltung als nächst höherer Instanz bei Konfliktentscheidungen wandten. Dies erforderte aber einerseits die Fähigkeit, die entsprechenden Kanäle und Behördenwege zu kennen, sich eines Anwalts zu bedienen und die Kosten tragen zu können, die durch ein solches Verfahren entstehen konnten. Andererseits wurde die Beherrschung der spanischen Sprache unabdingbar, um seine Sache öffentlich erfolgreich vertreten zu können.

Für Cabricán wie für Chiquimula wurde der steigende staatliche Einfluss schon gegen Ende des letzten Jahrhunderts erstmals greifbar, als Fragen der Landverteilung geregelt werden mussten. Andere Streitfälle waren Fragen der Nutzung von Waldbeständen oder Anträge zum Ausbau der Infrastruktur. In Cabricán waren als entscheidendes Thema in den 60er Jahren vor allem strittige Ansprüche der Wassernutzung mit anderen Nachbargemeinden aktuell. Zur Lösung dieser Konflikte wurden verschiedentlich Anfragen an den *gobernador* in Quetzaltenango gerichtet, damit er eine Entscheidung über die Nutzung von Quellen fällen sollte, die auf Privatland oder an Gemarkungsgrenzen lagen.

Auf der anderen Seite wurde der von aussen einströmende Machtanspruch des Staates von den Bewohnern der *aldeas* vor allem hinsichtlich der internen Konfliktregelung zunehmend instrumentalisiert und zu einem wichtigen Faktor bzw. Handwerkszeug, um deren widerstreitende Interessen gegeneinander durchzusetzen. Die *comunidad indígena* bekam durch die neuen Formen der Konfliktregelung von aussen weitere Risse, die jedoch, wenn es bei anderen Gelegenheiten um übergreifende Interessen ging, bisher jedenfalls noch geschlossen werden konnten.

Gerade was die Wassernutzung anging, wurde deutlich, was im Gefolge der zunehmend konkreteren Artikulation der Interessen der indigenen *comunidad* gegenüber den an Einfluss verlierenden *Ladinos* zu erwarten war. Es kam zu Differenzen zwischen den *aldeas* und dem *centro* Cabricáns, d.h. innerhalb einer sich explizit über kulturelle und ethnische Charakteristika definierenden *comunidad*. Dabei ging es um die latente Übervorteilung des *centros* bei der Mittelverteilung für den Infrastrukturausbau. Deshalb blieb, auf mentaler Ebene, das *centro* für die Bewohner der *comunidades* bis heute nur eine Art Unterhaltungs- und Dienstleistungsstandort und kein Kristallisationpunkt der individuellen Identifikation. Fragt man einen *aldea*-Bewohner nach seiner Zugehörigkeit, so gibt er meistens den Namen seines *aldeas* an.

Gemäss der nationalen Gesetzgebung wurde für die innere Strukturierung der bürgerlichen Gemeinde eine Skala geschaffen, die das *centro* oder *pueblo cabecera* als funktional-administrativen Mittelpunkt der Gemeinde sieht. Dort steht das Rathaus, dort findet der Markt statt und dort werden die Geschäfte abgewickelt, dort sitzt der *alcalde* und in seiner Person die niedere Gerichtsbarkeit, und dort werden die offiziellen Akte wie Geburts- oder Sterberegistrierung oder Landtitelzuteilungen vorgenommen. Ausserhalb der *cabecera* liegen die *aldeas*[41] (Ortschaften), die den Hauptort hinsichtlich Einwohnerzahl und Fläche übertreffen und je nach Grösse von einem oder zwei *sindicos* (Ortsvorsteher) im Gemeinderat vertreten werden (siehe dazu Karten 3, 4, 5). Als Untereinheit der *aldeas* werden noch die *caseríos* angegeben, worunter deutlich und physiognomisch abgrenzbare Teile von *aldeas* zu verstehen sind. Häufig werden die auf Höhenrücken sich aneinanderreihenden Häusergruppen, die an einzelne *lineages* gebunden sind, zu *caseríos* zusammengefasst, so dass deren Lokalisierung und Abgrenzung eindeutig geschehen kann.

Im alltäglichen Sprachgebrauch werden allerdings entsprechend den sozialen und physiognomischen Umständen noch weitere Unterteilungen der Ortschaften vorgenommen. Da der Begriff der *bürgerlichen* Ortschaft mit der *comunidad indígena* zusammenfällt, wird verständlich, dass die dort lebenden Menschen die innere Strukturierung des *aldea* in erster Linie nach lokalgesellschaftlichen Gesichtspunkten vornehmen, die vermischt mit den offiziellen Verwaltungseinteilungen auftreten. Diese lebensweltliche Strukturierung macht für die folgenden Kapitel deutlicher, welche Wahrnehmungszusammenhänge den dorfinternen Organisationstypen unterliegen.

Die Bewohner der Gemeinde besitzen je nach Standort unterschiedliche Einteilungskriterien. Die im *centro* wohnenden *Ladinos* benützen im allgemeinen nur die Unterscheidung *centro - aldea*, womit für sie die Unterscheidung drinnen - draussen bzw. *Ladino - Indígena* getroffen ist. Diese Dichothomie lässt sich auf

---

[41] Siehe dazu AZURDIA ALFARO (1980: Artikel 15).

nationaler Ebene ebenfalls beobachten, wo vom Hauptstadtgebiet als *capital* gesprochen wird und den Gebieten ausserhalb der Hauptstadt als *interior del país*, ohne diesen Ausdruck noch genauer zu differenzieren. Im weiteren kann daraus eine doppelte Abstufung in der Wahrnehmung unter der guatemaltekischen Bevölkerung abgeleitet werden, die hierarchisch die spanischgeprägte *capital* über die mestizischen *municipios* mit den indianischen *aldeas* verbindet.

Der Blick von unten, also vom Wohnstandort der indianischen Bevölkerung aus, schafft einen vollkommen anderen Eindruck. Wie FALLA (1980: 112 ff.) in seiner Studie zeigte, wird die Wahrnehmung der *aldea*-Bewohner von einer relativ klar ausgeprägten Kleinkammerung geformt. Die Familien sind entsprechend dem Wachstum der eigenen Verwandtschaft in Häusergruppen geordnet, die ethnographisch als Segmente, volkstümlich als *parajes* bezeichnet werden. Die *parajes* sind eingebunden in das grössere Konzept der *vecindad*, der Nachbarschaft. Die *vecindad* umfasst wahrnehmungsgebunden einen jeweils spezifischen Bereich von Personen oder Familien und schliesst eine Vorstellung von Bezugnahme in bestimmten Lebenssituationen mit ein. Auf die abseits liegenden Teile des *aldea* wird als *cantón* Bezug genommen, wodurch im Denken der Menschen sowohl deren Erreichbarkeit im sozialen Kontext des Dorfes als auch deren geographische Distanz in Bezug auf die Kreuzungspunkte des öffentlichen Lebens zum Ausdruck kommen.

Die *caserios* als eine Unterteilung der *aldeas* unterscheiden sich physiognomisch nicht wesentlich von den *cantones*. Der Unterschied, soweit ich einen solchen feststellen konnte, bezog sich auf die relative Zentralität der ausgrenzbaren Einheit. War ein Weiler gut zugänglich an der Strasse zum *centro* gelegen oder in der Nähe der *aldea*-Mitte, so wurde er mit der Bezeichnung *caserio*, einem offiziell verwendeten Begriff, belegt. War jedoch die Abgeschiedenheit ein Merkmal, so handelte es sich um ein *cantón*. Der wesentliche Unterschied zum *caserio* ist jedoch die soziale Homogenität der im *cantón* lebenden Familien. Der *cantón* kann folglich als eine auf mehrere *lineages* erweiterte *paraje* bezeichnet werden.

Die Reichweite- oder Distanzwahrnehmung schloss zwar das *pueblo*, das *aldea* oder das *caserio* in den Zusammenhang der *vecindad* mit ein, kann aber daran nicht festgemacht werden. *Vecinos* waren ausschliesslich Personen, die in einiger Entfernung zum eigenen Wohnstandort lebend, in irgendeiner aktuellen Beziehung oder Vertrautheit mit der jeweiligen Person oder Personengruppe standen. Dabei ist mit Aktualität kein unmittelbarer Austausch gemeint, sondern eine Verbindung, die aus irgendeiner, zeitlich vielleicht weit zurückliegenden Situation der Bewährung hervorgegangen ist.

Entsprechend dieser nach pragmatischen und wahrnehmungsgeleiteten Gesichtspunkten geordneten Hierarchisierung lassen sich einige Merkmale der indianischen Sichtweise der Strukturierung des Dorfes herauslösen. Diese Strukturierung ruht auf dem ursprünglichen Fundament der sich nach innen und gegen aussen definierenden *comunidad*. Diese Definition ist jedoch keineswegs aufzufassen als ein manifester Akt der Abgrenzung, sondern vielmehr als eine Möglichkeit, ein flexibles und auch gegen Kontrahenten im Dorf verwendbares Instrument der eigenen Positionsbestimmung zur Hand zu haben.

Das Ergebnis dieses Prozesses könnte als das Auffinden des 'kürzesten Weges des intrakommunitären Diskurses' bezeichnet werden. Dabei waren die ethnischen Merkmale der Zugehörigkeit nur ein Glied aus einem Ensemble von Unterscheidungen hin zu einem Nachbardorf, zu einem *aldea* des eigenen Munizips oder einem *canton*. Entscheidend war auch der gesamte rituelle Komplex der Einbindung in einen Zusammenhang, der mit der Übertragung von Aufgaben geschaffen wurde. Diesen Zusammenhang weichte die Betonung der offiziellen administrativen Gliederung durch die konkrete Neugestaltung der Beziehung unter den Gemeindeteilen auf.

FALLA (1980: 112 ff.) weist ebenso wie BRINTNALL (1979: 6 ff.) darauf hin, dass die topographische Situation durchaus häufig mit von Bedeutung war, um sich zu einer bestimmten *comunidad* als zugehörig zu betrachten. Das bergige Gelände, durchzogen von tiefen Tälern und Schluchten, die bisweilen nur schwer zu überwinden waren, bildete eine natürliche Barriere, die einen intensiveren Austausch in eine bestimmte Richtung, zu einem vielleicht in Sichtweise auf der anderen Talseite liegenden Ortsteil verhinderte.

Trotz des Aufbrechens der traditionellen Strukturen der dörflichen Hierarchie war damit das Konzept der *comunidad indígena* noch nicht obsolet geworden. Es bekam erneut wie zu Zeiten der liberalen Ära die hintergründige Bedeutung einer Schicksalsgemeinschaft, als die gegen die Zivilbevölkerung gerichteten Brutalitäten

DORF UND DISKURS

des Militärs während des Bürgerkriegs zwischen 1980-84 ganze Regionen in ihrer Existenz gefährdeten.[42]

Heute dauert diese latente Bedrohung durch die Zivilpatroullien (*patrullas de autodefensa civil*) an, die ihrem ursprünglichen Zweck als Bürgerwehr bzw. paramilitärische Verbände zur Guerrillabekämpfung schon längst entwachsen sind. Sie stellen heute als eine Miliz aus dem Dorf eine Gefahr für die dörfliche Zivilbevölkerung dar, die den ganzen rechtsfreien Raum einer aus ihren ursprünglichen Zusammenhängen geworfenen dörflichen Gesellschaft widerspiegelt. Ein Massaker an elf Personen am 30. April 1993 in einem Nachbarmunizip von Sta.Maria zeigt das Ausmass der Divergenzen. Der Zeitungskommentator meinte dazu treffend:

> "Es konnte vielleicht gar nicht anders kommen. In einer Gesellschaft ohne Recht und Gesetz besitzen die Zivilpatroullien die Waffen und damit die Autorität. Ihr Wort ist das einzige das zählt." (PAIZ, 1993: 23, Übers. F.B.)

Neben dieser ganz unmittelbaren physischen Bedrohung kamen neue Probleme strukturell-funktionaler Art auf die Menschen zu, für die nach Abklingen der Anfangskonfrontationen in der jungen Generation heute auf lokaler Ebene, d.h. auf der Ebene der *comunidad*, eine Lösung gesucht wird. Deshalb kommt auch dem lebensweltlichen Umfeld des *centro* des Munizips zunächst in den Lösungskonzepten der ortsständigen *aldea*-Bewohner für die Herausforderungen der Moderne nur eine marginale Rolle zu. Dies bedeutet, dass letztlich das von staatlicher Seite in Form der Verwaltungsvorschriften angeregte Subsidiaritätsprinzip in einer nicht-offiziellen Spielart seine Anwendung findet.

Dabei kommt aus dem Traditionszusammenhang der Person und Position des *alcalde* durchaus besondere Bedeutung zu, jedoch weniger im Sinne einer Vermittlung staatlicher demokratischer Strukturen, sondern mehr als Entscheidungsinstanz bei Fragen der Mittelvergabe und als Kommunikator zwischen den oft in grosser räumlicher Entfernung liegenden Ortschaften. Entscheidender bleibt dessen

---

[42] Dazu der Bericht einer Teilnehmerin der Forschungsgruppe von CARMACK, die in CARMACK (1988: 66) von einem Zerfall der traditionellen Institutionen spricht.

Gewicht durch die historisch bedingte Bedeutung einer Statuspersönlichkeit im traditionellen Zusammenhang.

Als im Laufe der 60er und 70er Jahre zum ersten Male *Indígenas* zu Bürgermeistern von Gemeinden und Städten gewählt wurden, was nur durch eine massive Beteiligung und Bewusstseinsbildung der indigenen Bevölkerung möglich wurde, kam das zentralistische Bild des 'innen' und 'aussen' ins Wanken.[43] Die Position des Bürgermeisters blieb, trotz der schwirigen Stellung als Vermittler zwischen Staat und Gemeinde, ein Symbol der indianischen Emanzipation. Ein *Indígena* als *alcalde* galt als Symbol einer Umkehrung der bisher geltenden herrschaftssichernden Diskursregeln in der Gemeinde. Die Wahl des ersten indianischen Bürgermeisters 1976 in Cabricán kann als paradigmatisch angesehen werden. Trotz seiner relativ gefestigten Stellung gerieten einige Vorfälle, durch Verleumdungen ausgelöst, derart in den Vordergrund, dass auch ohne die Neuwahlen 1980 der Rücktritt nicht zu verhindern gewesen wäre. Ähnliche Vorkommnisse berichtet EBEL[44] aus der *Mam*-Gemeinde von San Juan Ostuncalco, dem kolonialzeitlichen Verwaltungssitz für die Region von Cabricán.

Zusammenfassend lässt sich sagen, dass die Kommunikationssituation vom *centro* des Munizips zu den *aldeas* hin grundsätzlich eine herrschaftsgelenkte war und sich schon in der Tradition nationaler kolonialer Verwaltungspraxis finden lässt. Viele dieser Mechanismen wirken heute weiter. Dieses unausgewogene Verhältnis hat sich als Hindernis auf dem Weg einer gemeindeinternen Homogenisierung erwiesen, vor allem auch weil ethnische Gründe und wirtschaftliche Interessen im Hintergrund standen. An der Auflösung dieser Widersprüche besteht bis heute von staatlicher Seite kein manifestes Interesse.

Die innerdörflichen Strukturen und persönlichen Beziehungen zeigen sich gegen äussere Einflüsse nicht sehr beständig und geraten zusätzlich durch die innerdörflichen Konflikte ins Wanken, zumal finanzielle oder rechtliche Mittel zur Konfliktlösung über die Gemeindeebene von staatlicher Seite nicht angeboten werden. Lediglich bildungspolitische Massnahmen und eine Stärkung kultureller

---

[43] CARMACK (1988: 45 f.) schildert das Schicksal und die Person des ersten indianischen Bürgermeisters von Santa Cruz de Quiché, der 1980 unter Mithilfe von lokalen Ladinogrössen ermordet wurde.

[44] Siehe dazu: EBEL (1988: 174- 194).

Bestände dörflichen Handelns während der 70er und 80er Jahre wurden von nationaler bzw. internationaler Seite initiiert und führten zu einer relativen Stärkung der *comunidades*. Dadurch kam es zu einer teilweisen Neuformulierung eines indianischen dörflichen Selbstbewusstseins. Diese emanzipatorischen Tendenzen wurden einerseits durch den Bürgerkrieg 1980-84 geschwächt, andererseits kam es zu einer Stärkung der Bedeutung von indianischen Organisationen[45], die angesichts der Unterdrückungswelle auf die Schicksalsgemeinschaft der gesamten indianischen Bevölkerung Guatemalas hinwiesen. Auf der Dorfebene erfuhren indianische Vorstellungen eine Aufwertung durch die Wahl indianischer Bürgermeister, die stärker als bisher Mittel in die *aldeas* umlenken konnten. In diesen emanzipativen Bestrebungen kommt der indianisch-bäuerliche Anspruch auf eine volle Integration im lokalen, regionalen und nationalen Rahmen zum Ausdruck.

3.5. Elemente der Bedeutung des *centro* als Ausdruck distanzieller Beziehungen

Oben wurde gesagt, dass im Zuge der Neuformulierung des indianischen Emanzipationsanspruches auf Munizipebene dem Machtdiskurs zwischen *centro* und *aldea* die entscheidende Bedeutung zukommt. Gerade diese spannungsreichen Beziehungen zwischen den antagonistischen Gemeindeteilen einer detaillierteren Betrachtung zu unterwerfen, scheint uns lohnend. Eine zentrale Frage ist dabei, wie sich die unterschiedlichen Distanzwahrnehmungen, die in den administrativen und kulturell-historischen Strukturierungen der Gemeinde greifbar wurden, auf die Handlungsmöglichkeiten von Individuen auswirken, die der indianischen dörflichen Gesellschaft angehören.

Zur Beantwortung dieser Frage will ich ein weitergefasstes theoretisches Instrumentarium heranziehen. Einen ersten Ansatz kann dem Diskussionszusammen-

---

[45] Erst Anfang der 80er Jahre kam es in Guatemala zu einer Stärkung der indianischen Emanzipationsbewegungen, die im panamerikanischen Indianerkongress in Quetzaltenango im Oktober 1991 ihren vorläufigen Höhepunkt fanden (II. Continental Campaign, 1991, Guatemala).

hang der *humanistic geography*⁴⁶ entnommen werden. Sie thematisierte in Abhängigkeit von der alltäglichen Erfahrungswelt die psychosoziale Perspektive des *place*. Dies zieht in erster Linie die Thematisierung einer Perspektive des Subjektes nach sich, das im Hinblick auf die Handlungsvoraussetzungen in seiner Umgebung, seine Chancen für ein erfolgreiches, interessengeleitetes Handeln unter den bestehenden Restriktionen und Freiräumen abschätzt.

Dabei wird der Distanzbegriff besonders aktuell. Er kann jedoch im hiesigen Kontext über das Metrische hinausgehend nur sinnvoll verwendet werden, wenn wir ihm eine umfassendere Dimension verleihen. TUAN (1977: 34) stellt zur Beschreibung dieses Erfahrungshintergrundes den Begriff des *space* als einer lebensweltlichen Grundkategorie der Wahrnehmung neben die alltagsweltliche mentale Verortungsleistung des *place*.⁴⁷ Dieser Unterscheidung liegt unausgesprochen eine Distanzvorstellung zugrunde, die sich von sozialwissenschaftlicher Seite dem Begriff nähert. Das relational-mentale Grundelement des Distanzbegriffes tritt gegenüber dem chorisch-metrischen deutlich in den Vordergrund, denn die Beziehungen im Dorf werden nicht durch die physische Entfernung bestimmt, sondern durch die Beziehungen im mentalen und sozialen Bereich. Richtete sich vormals das Hauptinteresse auf die durch die geographische Distanz getrennten Referenzpunkte A und B im chorischen Raum, so wird in diesem alternativen Ansatz der prozessuale und handlungsleitende Aspekt der unmittelbaren sozialen Verbindung zwischen A und B und deren Gestaltungsspielraum entscheidend.

Übertragen auf die Klärung des Verhältnisses vom *centro* des Munizips zu den *aldea*, wird die Veränderung der Haltung von Akteuren bedeutsam, die eintritt, wenn sich ein indianischer *aldea*-Bewohner aus seinem Alltagsrahmen des *innen* zum *belastenden* Rahmen des *draussen* begibt. Durch die direkte alltägliche Erfahrung von Übervorteilung und Ausbeutung besteht für ihn ein identifizierbares Konzept dessen, was ihn dort erwartet (TUAN, 1977: 170). Dieses Konzept ist für ihn schon in der erinnerbaren und mythologisierten Überlieferung eingeschlossen und damit

---

⁴⁶ TUAN (1977); BUTTIMER (1984); JOHNSTON (1983); HASSE (1989).

⁴⁷ Siehe dazu LEY (1978: 50): "This integration between fact and value, between object and subject, between outsied and inside is what recent phenomenologists, among others, see in action; this may seem a self-evident truth, but is one insisted upon only by a humanist paradigm that gives consciousness, the intent of a subject, a significant position in its theorizing."

handlungsleitend. Die physisch-räumliche Distanz zwischen Munizipzentrum und *aldea* bedeutet für die aktuelle Situation eines indianischen Dorfbewohners eine strukturell-funktionale Verhinderung eigener Handlungsspielräume, d.h. ausserhalb des Dorfes wird ihm Handlungskompetenz abgesprochen.

Die indianische Welterfahrung wird durch diese Koppelung von Ortswechsel und radikaler Beschränkung individueller Gestaltungsmöglichkeiten in scharf voneinander getrennte Distanz-/Nähe-Relationen unterteilt, die bei SCHÜTZ (1979)[48] in den nach SIMMEL (1983: 221 ff.) benannten Begriff der *Reichweite* münden. Diese Betrachtungsweise macht sich die Konstitution eines subjektiven Bezugspunktes zur Thematisierung von Distanzrelationen zunutze, der für die *indígenas* bis in die jüngste Vergangenheit ausschliesslich in der *comunidad* lag. Es spannte sich also ein Netz von Beziehungen über das Dorf, aber nicht wesentlich darüber hinaus. Die schon beschriebenen jüngsten sozialgeschichtlichen Entwicklungen zwingen die Dorfbewohner jedoch, sich mit neuen Distanzkonzepten vertraut zu machen und sich Handlungskompetenz über den Dorfrahmen hinaus zu erwerben. Die Betrachtung und Analyse von dörflichen Organisationsweisen im indianischen Lebenskontext unter den schon beschriebenen restriktiven Bedingungen und die Herausarbeitung der jeweils verwendeten Strategie zur Problembewältigung spielen sich in diesem gespaltenen Wahrnehmungsrahmen von mental-sozialen Distanzverhältnissen ab.

Wenn im Falle von Cabricán oder wie EBEL (1988: 176) aus San Juan Ostuncalco berichtet starke Zentralisierungstendenzen unter *Ladino*-Einfluss auf der *centro*-Ebene des Munizips zu verzeichnen sind, da sämtliche Infrastrukturprogramme über das *centro* laufen und dort stecken bleiben oder Grundbucheintragungen nicht ausgeführt werden etc., dann stellt sich für jeden einzelnen Bewohner der benachteiligten *aldeas* die Frage, welche Möglichkeiten des Widerstandes ihm angesichts der unaufhebbaren Distanzverhältnisse seiner schon beschriebenen Situation inmitten eines Umbruchs und der daraus erwachsenden institutionellen Abhängigkeit und mithin Wehrlosigkeit übrig bleiben. Struktur-funktionale Distanz und nicht metrischer Abstand zwischen zwei Punkten erscheint uns dabei, im

---

[48] Siehe dazu die detaillierte Perspektivenschilderung bei SCHÜTZ/ LUCKMANN (1979: 62- 72) und die Reinterpretation bei WERLEN (1987: 209-19).

Gewand institutioneller Entmündigung, als Grundhindernis zielgerichteten und sinnorientierten Handelns.

Aus den Beispielen, die angeführt wurden, lässt sich die Notwendigkeit einer Neuformulierung einer kohärenten Theorie zur Distanz erkennen. Diese Neuformulierung muss auf der Grundlage des bisher Gesagten **a.)** über das metrische Mass hinausweisen, **b.)** die Perspektive des Subjektiven verallgemeinern, **c.)** das soziale Handeln als Grundlage relationaler Schichtung gewinnen, **d.)** den intentionalen und normativen Rahmen des Subjekts miteinbeziehen. Dies muss auf der Grundlage **e.)** des jeweiligen physisch-materiellen Weltausschnittes geschehen, der Handlungsvoraussetzungen schafft, die so **f.)** im individuellen Handlungsablauf die **g.)** gesellschaftlichen Handlungsfolgen mit in den Bestimmungshorizont aufnehmen.

Dies bedeutet eine Individualisierung der Erfahrungswelt als Basis der Weltbeschreibung, die letztlich in eine handlungstheoretische Denkweise der Sozialwissenschaften mündet. Doch bleibt der Entwurf nicht bei der Vereinzelung stehen, sondern findet eine soziale und gesellschaftliche Perspektive in gemeinsamen Formen der dörflichen gemeinsamen Praxis wieder, die sowohl im wirtschaftlichen als auch im politischen Handeln oder über Symbole vermittelt ihren Ausdruck finden und darüber beschreib- und analysierbar werden.

Für den Rahmen eines indianischen Hochlanddorfes im Hinblick auf die von *Ladinos* beherrschte Szenerie hat WATANABE (1990: 194) die Grundsituation der indianischen Artikulation und damit der gemeinsamen dörflichen Praxis in einem Municipio des Zentralen Hochlandes so beschrieben:

> "Delivering the vote in a small 'Indian' municipio means relatively little on the national level, giving local party coordinators and their candidates scant leverage with ladino politicans and officials. Add to this the barriers of language, culture, and ethnic discrimination, and Chimalteco politicans suffer even more the frustrations of an opaque, intractable bureaucracy. Such futility in turn reinforces the skepticism, if not outright mistrust, of their Chimalteco constituents, whose own frustrated expectations leave them all the more politically impassive."

Durch diese systeminterne Entmündigung ausserhalb des Dorfes wird zwangsläufig der letzte Bezugspunkt bzw. Rückzugspunkt im Alltagshandeln der indianischen

Bevölkerung die Familie. Sie scheint nach dem 'Öffnungsschock' die letzte Rückzugsbastion, allerdings mit nur geringen Bestandsaussichten für die Zukunft, denn das *aldea* sieht sich zunehmend in die Auseinandersetzungen um die politische und wirtschaftliche Machtverteilung hineingezogen. Sämtliche Lebensbereiche und Alltagserfahrungen sind davon betroffen. Einige hervorstechende will ich auf dem Hintergrund der strukturellen Veränderungen in der Gemeinde hier erwähnen.

In **kultureller Hinsicht** ist das *centro* des Munizips von den *Ladinos* oder akkulturierten *Indígenas* geprägt. Sie führten neben dem im Jahresverlauf wichtigsten indianischen Fest, dem Tag des Dorfheiligen, ihre eigene *fiesta* ein, zumeist am Tag der Unabhängigkeit Guatemalas, dem 15. September. Damit wurde der traditionellen *fiesta* des Dorfes ein vollkommen anderer Charakter verliehen. Die verfügbaren Aufwendungen und Zuschüsse der bürgerlichen Gemeinde für die beiden *fiestas* wurden ungleich verteilt. Die *Ladinos*, ihre Hand auf der Gemeindekasse, genehmigten sich das Vielfache dessen, was die *Indígenas* zugesprochen bekamen, um ihr Fest auszurichten.

Eng an das Kulturelle ist **das Religiöse** gebunden. Während die indianische Bevölkerung sich dem Katholizismus, ihren traditionellen *costumbres* oder evangelikalen Sekten zugesellen, geben sich die *Ladinos* konfessionell ungebunden. Sie begeben sich absichtlich aus dem religiösen Traditionszusammenhang heraus, um sich dadurch vom indianisch-geprägten dörflichen Rahmen abzuheben und Disparitäten zu den despektierlich '*inditos*' genannten *Indígenas* aufzubauen.

Die religiös-kultische Weltsicht[49] prägt bis heute in erheblichem Masse den Lebensalltag der indianischen Bevölkerung. Dies brachte sie tendenziell in eine benachteiligte Handlungsposition gegenüber den *Ladinos*, da für die neuen Ansprüche der einbrechenden Moderne vom bisherigen kultischen Kontext abweichende Erklärungs- und Handlungsweisen gefunden werden mussten, die jene schon in grösserem Umfang besassen. Damit rutschte die indianische Welt mit ihren Mythen, Erzählungen und Stigmatisierungen der feindlich gesinnten dörflichen Aussenwelt plötzlich aus der Reichweite der bislang tauglichen Sets von Handlungsmustern, die bislang als Antworten auf die Herausforderungen der ortsansässigen

---

[49] Zu diesem Thema siehe EARLY (1983: 199); ARIAS (1990: 234); RIEKENBERG (1990: 21) und NASH (1970: 146 ff.).

Ladinos und deren Verbindungen mit dem nationalen politischen *Establishment* galten.

Dies wurde vor allem **im wirtschaftlichen Bereich,** z.B. des Handels, deutlich. Beherrschten die *Chiquimultecos* bzw. die *Indígenas* aus dem mittleren *Quiché* bis in die 50er Jahre hinein den Fernhandel mit Salz und Textilien in Richtung *Verapaces*, d.h. den nördlichen Teil Zentralguatemalas, der durch den Kaffee-Export als relativ dynamisch galt, so wurden durch den Bau einer direkten Strassenverbindung und durch die neuen Transporttechniken die bislang gebräuchlichen Maultierkarawanen überflüssig, d.h. nicht mehr wettbewerbsfähig.

Dasselbe geschah in Cabricán in bezug auf den Kalk. War es bis in die 50er Jahre hinein üblich, und viele Alte erzählen heute noch davon einmal oder zweimal pro Monat mit einem Zentner Kalk, "*a puro mecabal*" (mit dem Stirnband getragen), an die 60 km entfernte Südküste hinunter zu gehen und im Austausch von dort einen Zentner Mais mit ins Dorf zurückzunehmen, so wurde dies mit dem Anbruch des Lkw-Zeitalters unmöglich. Die Gewinne flossen zunehmend den *Ladinos* zu, die als Lkw-Besitzer den Transport wesentlich billiger anbieten konnten.

Da diese Form des Kleinhandels verschwand, wurde die Abhängigkeit der indianischen Bevölkerung von der Arbeit auf den Plantagen der Küste noch verstärkt. Erst mit einer 10-15jährigen Verzögerung reagierten die Bewohner der Dörfer. Dabei wurde deutlich, dass sich mit der zunehmenden Kapitalisierung des Handels die Ausbeutungsstrukturen in den überwiegend indianisch geprägten Dörfern Sta.Maria und Concepción über die akkulturierten *Indígena*-Händler verlängerten. Was in Cabricán die *Ladinos* übernahmen, nämlich im wesentlichen eine kompromisslose Übervorteilung im Handel und in der informellen Kreditwirtschaft, wurde andernorts von den führenden *Indígena*-Schichten bereitwillig übernommen. Das hatte eine Radikalisierung der Frontenbildung innerhalb der *comunidades* zur Folge[50], was letztlich zur Heterogenisierung der bislang bestehenden *comunidad indígena* von innen heraus führte.

Die Physiognomie der Bauweisen in den Munizipien steht als Symbol für zwei Weltsichten. Die innermunizipale Heterogenisierung wird augenfällig durch die

---

[50] Siehe dazu FALLA (1980); EBEL (1969); RIEKENBERG (1990).

unterschiedlichen Baustile in den *aldeas* und im *centro*. In den *aldeas* wird die Hausform vom ein- oder zweiräumigen Satteldachtyp mit Ziegelbedeckung bestimmt. Früher mit Stroh (*pajón*) gedeckt und mit Lehmziegeln (*adobe*) gebaut, ist dieser fensterlose Haustyp als der indianische schlechthin zu bezeichnen. Ganz anders im *centro*: Dort verbreitete sich seit den frühen 50er Jahren der Flachdachbau. Beton und Zementsteine als Baumaterialien, Fenster mit Stahlrahmen und die zweigeschossige Bauweise sind charakteristisch. Dadurch entstand im *centro* ein Dorfbild, das nicht zuletzt in seiner farblichen Uneinheitlichkeit als *mestizisches* bezeichnet werden kann. Deshalb war die Freude bei den indianischen Mitgliedern einer Kooperative in Cabricán gross, als sie ihr neues Verwaltungsgebäude im *centro* bauten, das sowohl in der flächenmässigen Ausdehnung als auch mit den drei Stockwerken und den *persianas*, den Stahlrollos als Lagertüren, bei weitem jedes *Ladino*gebäude mitsamt dem Bürgermeisteramt übertraf. Don Fidel, der Kooperativenpräsident, meinte einmal schmunzelnd, dass die *Ladinos* jetzt wohl öfters in der Kooperative vorbeikommen würden, nachdem sie sehen, dass die Kooperative die Möglichkeiten hat, ein solches Gebäude zu bauen, das sogar grösser als die *alcaldía*, das Bürgermeisteramt, sei.

Das *symbolische Kapital*, das, über solche Bemerkungen deutlich gemacht, **im gesellschaftlich-sozialen Bereich** alltagsgebundenen Handelns mitbewegt wird,[51] gewinnt unter den restriktiven Chancen der indianisch-dörflichen Artikulation und distanzieller Entfaltung auf den verschiedenen dörflichen Diskursebenen eine grosse Bedeutung. Im weiten Feld symbolgeladener Bezüge und Handlungen, deren Verfügbarkeit oft quer zu den objektiven Chancen verläuft, erkennen die indigenen Gemeindebewohner einen Schritt, in der Auseinandersetzung mit den als erniedrigend empfundenen Umgangsformen der *Ladinos* und dem durch sie vermittelten Gefühl der Unterlegenheit in rassisch-kultureller und der Unfähigkeit in wirtschaftlicher Hinsicht, ihren Artikulationsrahmen zu erweitern. Daran anknüpfend kann der Distanzbegriff auch interpretiert werden als eine gelungene oder missratene Inwertsetzung dieses *symbolischen Kapitals*, je nach den sich öffnenden oder noch verschlossenen Möglichkeiten des Handelns. Insofern reinter-

---

[51] Siehe dazu BOURDIEU (1979).

pretieren wir die Beziehung *centro - aldea* im Sinne einer ständig sich ereignenden Rückgewinnung von Handlungs- und Artikulationsmöglichkeiten in einem sich rasch verändernden Zeitgeschehen.

Elemente der Bedeutung des *centro* können zwar von aussen herkommend gewonnen werden, unterliegen aber in ihren Tiefenstrukturen einer permanenten Neuinterpretation angesichts der umfassenden Umgestaltung des Kontinuums indianischer Weltsicht. Die hier zur Sprache gekommene scharfe sozial-kulturelle Kontrastierung im Verhältnis *Indígena - Ladino* bzw. akkulturierte *Indígena* umschreibt mit Sicherheit den entscheidenden Bereich dieser Tiefenstruktur. Auf der Grundlage dieser Interpretation wird der Distanzbegriff so umgedeutet, dass er die subjektive Sichtweise und Einschätzung der Umstände[52] der jeweiligen situativ gebundenen Handlungsalternativen widerspiegelt. Dahingehend können wir im Sinne SIMMELs sagen[53], dass erst die Formen der Vergesellschaftung, als Folgen des individuellen Handelns, eine bestimmte Ausprägung im Räumlichen schaffen. Folglich schaffen die hier vorgestellten strukturellen und sozial-kulturellen Vorgaben bestimmte Verhältnisse, die, als Distanzen interpretiert, Widerstände oder Vorzüge im subjektiv wahrgenommenen individuellen Handlungsumfeld widergeben. Sie erlauben im weiteren Verlauf der Untersuchung, dem individuellen Handeln eine inhärente Logik zuzuordnen und nicht bloss ein nach normativen Mustern angeordnetes Verhalten zu unterlegen.

---

[52] Man könnte auch bildlich vom "Umstehenden" sprechen.
[53] Siehe dazu bes. SIMMEL (1986: 231).

*Um ein Ding kennenzulernen,
muss man es verändern.*[1]

4. Die Familie als Beziehungszentrum

Hinter uns liegt die detaillierte Betrachtung der historischen Formung des sozialen und politischen Diskurses in der Gemeinde und zwischen dem indianischen Dorf und seiner gesellschaftlichen Umgebung. Von der geschichtlich-politischen Perspektive und den genetisch-strukturellen und alltagsweltlichen Elementen der Gemeinde und seiner Teile, den Dörfern oder *comunidades*, konzentriert sich nun der Blick auf die Familie als wichtigstem Formungs- und Rückzugsort individuellen sozialen Handelns. Die Grundfrage lautet, welchen prägenden Einflüssen die Familie unterliegt und wie diese eingepasst sind in das Handlungsfeld des Dorfes, der Gemeinde und der in ihnen wirkenden sozialen und politischen Strukturen. In diesem Kapitel wird die theoriegeleitete Diskussion dieser Elemente vorgelegt.

Die im Kapitel 3 zusammengetragenen Strukturdaten der untersuchten Dörfer im nationalen Rahmen und die daran angeschlossenen Überlegungen zur Interpretation des Distanzbegriffes als lebensweltlich geprägtem Ausdruck menschlichen Handelns verlangen eine weitergehende Betrachtung der Grundlagen des bisher nur bruchstückhaft angerissenen Handlungsrahmens im sozialen Umfeld des Dorfes. Es wurde deutlich, dass es einer theoretischen Erklärung bedarf, um die unterschiedlichen Linien der indianischen Gegenwartserfahrung auf dem Boden der geschichtlichen Einflüsse miteinander zu verbinden.

Die vorliegende Arbeit wendet sich, entsprechend dem ihr zugrundeliegenden

---

[1] Vgl. WERLHOFF (1985: 38); nach MAO-TSE-TUNG.

Konzept, der Analyse der inneren Anlagen und Prozesse in den Dörfern und *comunidades*, zu, um dadurch die Grundlagen für ein vertieftes Verständnis der Bedingungen des Wirkens von dörflichen Organisationen zu erarbeiten. Da aber eine künstliche eindimensionale Homogenisierung des sozialen Lebenszusammenhanges, wie sie in der struktur-funktionalen Rasterbildung zugrundeliegt, als sozialwissenschaftlich unbefriedigend und letztlich verkürzend angesehen wird, sollen im folgenden weiterführende Ansätze aus der neueren soziologischen Diskussion[2] verwendet werden. Es handelt sich dabei um das Konzept der "Sozialen Netzwerke" (Kap.4) und um die "Theorie des Alltagshandelns" (Kap.6). Diese beiden analytischen Zugangsweisen werden in der sozialwissenschaftlichen Debatte häufig mit einiger Unsicherheit behandelt, vor allem was deren terminologisches Inventar[3] innerhalb der Soziologie anbetrifft.

Ich halte das in diesen Erklärungsansätzen gebotene Instrumentarium für sehr hilfreich, da es erlaubt, auf verschiedenen Stufen sozialer Aggregierung und quer zu strukturellen und funktionalen Erklärungen auf Erscheinungen im Lebensalltag von Menschen einzugehen, sie zu beschreiben, zu verstehen und zu interpretieren.

Nach dem Dorf und der *comunidad* erscheint uns jetzt die Familie und deren Umkreis als die nächste und greifbarste Einheit der sozialen Organisation und Formierung. In der Familie spiegeln sich die unterschiedlichen aus der Vergangenheitserfahrung herrührenden Einflüsse auf das Dorf wider. Sie ist aber gleichzeitig das Umfeld einer zukunftsgerichteten, ständig ablaufenden sinnhaften Neuinterpretation der individuellen Handlungsmotive und der daraus resultierenden Gestaltung des sozialen Umfeldes. Sie ist Ressourcenpool und Artikulationshintergrund von einzelnen Personen innerhalb der *comunidad*, des Dorfes und der Gemeinde. Wollen wir das Handeln der jeweiligen Personen, für sich und in der Gruppe, und dessen Zusammenhang verstehen, dann müssen wir uns um einen Einblick in die Familie und deren Umfeld bemühen. Dadurch werden wir in die Lage versetzt, die grösseren lokalen und regionalen Prozesse angemessener zu deuten.

Die hier entwickelte Perspektive legt nahe, die Geographie als handlungs-

---

[2] Siehe dazu die Kapitel 5 und 6.

[3] Dazu SCHENK (1984: X); KEUPP/ RÖHRLE (1987: 8); LAUMANN/ PAPPI (1976: 1).

orientierte Sozialwissenschaft zu verstehen, die nicht vage *Raumstrukturen*[4] im Sinne eines *regional* oder *spatial view* (BOESCH, 1989: 34 f.) hypostasiert, sondern Methoden der Handlungsanalyse bereitstellt. Erst die Erschliessung von deren situationsgebundener Alltagslogik verschafft die Möglichkeit auf zentrale Fragen wie die nach der vielschichtigen Bedeutung des Distanzbegriffes eine befriedigendere Antwort zu geben. Die vordringliche Aufgabe ist es nicht, im Kontakt mit den Betroffenen diesen bunte, aber nicht einlösbare Szenarien zu suggerieren, sondern vielmehr ihnen einen der wichstigsten Hinweise zu geben, der helfen kann, Alltagskonflikte angemessener zu lösen: dass es zu der einen, vom Einzelnen aktualistisch und häufig verkürzt wahrgenommenen Möglichkeit des Handelns immer noch eine Alternative gibt. Damit hat die Geographie ein Programm zur Vervielfältigung der Wirklichkeit anzubieten.[5]

4.1. Das Konzept der Sozialen Netzwerke als Grundlage

Exkurs:

Don Fidel ist ein Bewohner eines *aldea* von Cabricán. Er ist *Campesino*, Kleinbauer, und bewirtschaftet etwa 20 *cuerdas* (0,9 ha) Land, die sich in seinem Eigentum befinden. Mit diesen 20 *cuerdas* rangiert er, verglichen mit dem Landeigentum der übrigen Bauern in seiner Umgebung, im oberen Mittelfeld. Don Fidel ist 54 Jahre alt, er ist verheiratet, hat sieben Kinder, wovon drei in der Hauptstadt leben. Sie arbeiten dort und, soweit die Zeit reicht, gehen sie auch zur Schule. Don Fidel ist eines der 25 Gründungsmitglieder der *Cooperativa Agrícola Integral Santiago Cabricán*, einer Genossenschaft, die in Cabricán ihren Sitz hat und dort seit ihrer Gründung 1961 Kalkstein verarbeitet. Don Fidel war 1991 Bürgermeisterkandidat für die christdemokratische Partei und ist auf der 28. Vollversammlung der Genossenschaft, 1990, von den 105 eingeschriebenen Genossenschaftsmitgliedern

---

[4] BOESCH (1989: 26 ff.) diskutiert das Landschaftskonzept ebenfalls ausführlich und kommt zu ähnlichen Schlüssen wie die vorliegende Analyse.

[5] HARD (1985) entwickelt von der ähnlichen Seite aus seine Stadtviertelinterpretation über Osnabrück. Er fordert als Aufgabe der Sozialgeographie eine Interpretation von 'objektiven Daten' *gegen den Strich*. Ihm geht es ebenfalls um eine Verteidigung der 'Alltagskomplexität'(55), denn "der ideale 'Spurenleser' und 'Relativierer' hingegen ist vor allem auch ein einfallsreicher Theoretisierer und Interpret, ein sensibler und flexibler Ausprobierer alternativer und einander widersprechender Denkmöglichkeiten."(54)

4. KAPITEL

für die reguläre Amtszeit von zwei Jahren zum Präsidenten der *Cooperativa* gewählt worden. 1992 wurde sein Mandat um weitere zwei Jahre verlängert, damit er, so die Stimmen aus der Vollversammlung 1992, die begonnenen Arbeiten während seiner zweiten Amtszeit abschliessen könne. Diese Wiederwahl bedeutete ein durchaus ungewöhnliches Ereignis in der Geschichte der *Cooperativa*. Das ist erst zwei Mal vorgekommen.

Der Autor der vorliegenden Arbeit kam mit der *Cooperativa* etwa Mitte Dezember 1989 in Kontakt, ganz zu Anfang des knapp zweijährigen Aufenthaltes im Westlichen Hochland Guatemalas. Damals baten der amtierende Präsident, Don Ismael, und der fünfköpfige Vorstand, um die Unterstützung einer Petition. Dabei handelte es sich darum, eine Finanzierungshilfe zum Neubau eines Verwaltungs- und Lagergebäudes an geeignete Organisationen zu lancieren.

Einige der Mitarbeiter der *Cooperativa* kannten den Verfasser schon von einem früheren Aufenthalt, 1986, in Cabricán und nahmen wahrscheinlich deshalb unmittelbar direkten Kontakt auf. Ausserdem wussten sie, dass der Autor mit dem deutschen Pfarrer bekannt war, der, nach 13 Jahren Arbeit in der Gemeinde, 1987 von dort wegging. Dieser Pfarrer hatte unter anderem der bürgerlichen Gemeinde dabei geholfen, auf der weitläufigen Gemarkung von Cabricán eine Drinkwasserversorgung zu installieren.

Nach kurzer Überlegung sagte der Verfasser ihnen die Unterstützung zu, gleichwohl keine Gewähr bestanden hatte, die entsprechenden Stellen zu finden, die zu einer solchen Finanzierung bereit gewesen wären. Während im Februar 1990 die Vollversammlung stattfand, auf der Don Fidel zum Präsidenten des Vorstandes gewählt wurde, liefen die Anträge unterschiedlichen Institutionen zu. Zur allgemeinen Überraschung fanden sich drei, die jeweils zu einer Teilfinanzierung der Hälfte der Gesamtkosten bereit waren. Diese erfolgreiche Vermittlung, zu der die 'femde Person' nicht mehr beitrug, als die Anschriften zu besorgen und die Briefe abzuschicken, war der Grundstein der Zusammenarbeit und Freundschaft zwischen Don Fidel, der Mehrzahl der Genossenschaftsmitglieder und dem Verfasser. Gleichzeitig wurde dadurch das Interesse des Autors für die *Cooperativa* geweckt und war somit das Eingangstor in die vielfältig verschlungenen Netze dieser Organisation, die ausschliesslich indianischen Mitgliedern den Beitritt erlaubt. Ausser dem Autor wurde keinem von aussen Kommenden Zugang in den inneren Kreis der Genossenschaft gewährt. In den folgenden zwanzig Monaten, beginnend mit dem Februar 1990, entdeckte er allmählich die Netze von Beziehungen, Interessen, Rivalitäten, Erwartungen, Konflikten und Machtkonstellationen und begann, sie selbst mitzuweben und ein Teil von ihnen zu werden.

Auf der Basis dieses bisher weitgehend metaphorisch und deskriptiv verwendeten Begriffs des Netzes soll im folgenden ein Analyseinstrument, das *Konzept der Sozialen Netzwerke,* dargestellt werden. Innerhalb dieses konzeptionellen Rahmens werden im weiteren Verlauf die Verflechtungen und Konsequenzen von Einflüssen und individuellen Strategien für das soziale Gefüge der unterschiedlichen von mir untersuchten indianischen Dörfer und der darin beheimateten dörflichen Organisationen interpretiert. Dieses Konzept erlaubt uns Momentaufnahmen in struktureller, räumlicher und zeitlicher Hinsicht zur inneren Verfassung der Lebenswelt von Menschen zu bekommen, die in meinem Untersuchungsgebiet im Sinne ihres individuellen Verständnisses von Nutzenmaximierung daran arbeiten, ihren jeweiligen Handlungsspielraum (s. Kap.3) im sozialen Umfeld des Dorfes und in den von ihnen mitgetragenen Organisationen auszuschöpfen und wenn möglich zu vergrössern.

Der theorieangepasste und sozialwissenschaftliche Analyserahmen, der jedoch nicht auf schichten- oder rollenspezifische Modelle zurückzugreifen gezwungen ist und welcher der hier unterlegten handlungstheoretischen Grundtendenz angemessen erscheint, ist die *Familie*. Sie spielt auch im soziokulturellen Zusammenhang der guatemaltekischen Hochland*indígenas* eine besondere Rolle. Diese Rolle wurde bei vielen Gelegenheiten durch Aussagen bestätigt und berechtigt mich deshalb, die Familie und deren innere Verfassung und äusseres Erscheinungsbild als Ausgangsbereich der verschiedenen Erkundungen zu nehmen. Meine vielfältigen Beobachtungen ergaben, dass die Familie in den indianischen *comunidades* ein besonders dicht geknüpftes Geflecht von Beziehungen darstellt, ohne deren Berücksichtigung die Präsidentschaft Don Fidels, die Rolle staatlicher Institutionen, die Reaktionen auf die Krise in der kleinbäuerlichen Familienwirtschaft oder auch meine Rolle in den Dörfern nicht verständlich wird.

4.1.1. Die formale Seite des Netzwerkkonzeptes

Die verschiedenen Anstrengungen der Dorfbewohner zu gemeinsamem Handeln finden ihren Ausdruck vor allem in informellen und institutionalisierten Verbandsformen. Sowohl diese Verbandsstrukturen als auch deren innere Differenzierungen werden als Netzwerke voneinander abhängiger und aufeinander verweisender Handlungen gesehen. Dies erfordert eine begriffliche und inhaltliche Systematisierung.

4. KAPITEL

Grundlegend gilt, dass der Netzwerkansatz deshalb realitätsnah ist, weil er jedwede Art sozialer Interaktion (*face-to-face* Interaktion, symbolische Interaktion, indirekte Interaktion) im Sinne zwischenmenschlichen Austausches zum Gegenstand der soziologischen Analyse macht.[6] Dabei bleibt die Möglichkeit der Strukturveränderung durch interagierende Personen erhalten, d.h. es besteht eine immanente handlungsorientierte Grundausrichtung. Da ausdrücklich die sozialen Beziehungen im Zentrum der Theorie stehen, grenzt sich der Ansatz von einer individualistisch-psychologisierenden Soziologie ab.[7]

Die Separierung verschiedener Analyseeinheiten erfolgt ausgehend von der Vollstruktur, d.h. der Gesamtheit aller Beziehungen innerhalb einer zu untersuchenden Gesellschaft. Daraus werden *partiale Netzwerke* ausgegliedert, wie sie z.B. die Genossenschaft, ein bestimmter Verwandtschaftsclan, eine Familie oder eine Religionsgemeinschaft darstellen (SCHENK, 1984: 39). Da aber partiale Netzwerke in Hinblick auf unterschiedliche Interessen bestehen können, bedeutet dies eine Überlagerung institutionalisierter Gruppen und sozialer Systeme spezifisch ausgeprägte Netzwerke von Beziehungen. So sind die Genossenschafter der *Cooperativa* ein Glied ihrer *comunidad*, sie sind Elemente der Kirchengemeinde, sind in eine Gruppe von Kalkbrennern integriert, gehören innerhalb der *Cooperativa* der Gruppe der Minenarbeiter an, usw.

Die Unterscheidung zwischen Gruppe und Netzwerk macht deutlich, dass der Netzwerkansatz[8], als eines seiner entscheidenden Merkmale, von der Offenheit der

---

[6] Dazu SCHENK (1984: 30); KEUPP/ RÖHRLE (1987: 12 ff.). In den Publikationen, die mir vorliegen, wird an dieser grundlegenden Aufgabe der Netzwerkanalyse kein Zweifel gelassen. Grundsätzlich unterschiedliche Vorstellungen bestehen bei unterschiedlichen Autoren bezüglich der Hilfsfunktion, die mathematische und graphentheoretische Darstellungen der Netzwerkstrukturen haben können. Um sich über diesen netzwerktheoretischen Zweig ein Bild zu machen, hilft die Lektüre der Zeitschrift *Social Networks* weiter.

[7] Als Beispiel kann LEWIN (1963) und ders.(1969) gelten.

[8] Um zu zeigen, dass das Konzept der sozialen Netzwerke nicht vollkommen neue Aspekte sozialer Interaktion aufweist sei auf SCHENK (1984: VIII) verwiesen, der sagt: "'Soziale Netzwerke´ sind weder in den Sozialwissenschaften, noch im alltäglichen Sprachgebrauch unbekannt. Journalisten, Politiker und Soziologen reden - obwohl sie damit häufig verschiedene Sachverhalte ansprechen - von sozialen Netzwerken, (...) sie besitzen aber eine Reihe von theoretischen Implikationen, die in der Literatur bisher nur rudimentär zum Tragen kommen."(IX)
Derselbe Autor verweist auf weitere Fachbereiche, in die das Konzept der Sozialen Netzwerke Einzug gehalten hat und das durch seine "rapide Ausdehnung in den verschiedenen Fachdisziplinen - in der politischen Wissenschaft, Anthropologie, Organisationslehre, Erziehungs- und Kommunikationswissen-

Beziehungssysteme lebt. Während bei der Gruppe charakteristischerweise die Rollenverteilung ihrer Mitglieder nach innen hin untersucht (Rollensets, Gruppengrenzen), interessieren beim Netzwerkkonzept die nach aussen gewandten Beziehungen. Nicht alle Teile eines sozialen Netzwerkes können deshalb unter die interne Organisation von Gruppen subsumiert werden (BARNES, 1972: 4). Die Fragestellung konzentriert sich also auf die Prioritäten, die Individuen, als Netzknoten gedacht, hinsichtlich bestimmter sozialer und interessegeleiteter Konstellationen setzen und folglich auf die Beziehungen, als Stege oder Pfade zwischen den Knoten, die sie aktivieren, um diese Prioritäten durchzusetzen.

An der Vorstellung von Knoten und Pfaden orientiert, entstehen Strukturen und Konstellationen von unterschiedlicher Dichte, dreidimensionaler Anordnung[9], unterschiedlicher zeitlicher und räumlicher Muster und prioritärer Zuordnungen der einzelnen Individuen. Abbildung 4 zeigt ein Strukturmodell mit den einzelnen Einflussfaktoren und Indikatoren, über die ein Netzwerk beeinflusst wird und interpretierbar ist. Im Zentrum steht das persönliche soziale Netzwerk; dem vorgelagert erscheinen soziale und ökologische Faktoren und an die Persönlichkeit gebundene Einflussfelder. Aus der sich teilweise überlagernden Bündelung dieser Bereiche formt sich das aktuelle Netzwerk des einzelnen in einem sozialen Umfeld.

Diese Muster sind nicht mehr allein nach quantitativen Massgaben zu bewerten,[10] sondern nach subjektiven und qualitativen Kriterien, wie sie den Individuen im Prozess der permanenten Neuinterpretation ihrer Gegenwart aufscheinen. Welche Bedingungen mussten vorherrschen, so lautet eine im Zusammenwirken von persönlichem und sozialen Netzwerk auftauchende Frage, damit Don Fidel, der sich hinsichtlich seiner wirtschaftlichen Situation und seines Bildungsstandes nicht von den anderen Genossenschaftern unterschied, zum Präsidenten der *Cooperativa* gewählt werden konnte? Auf welcher Ebene werden solche Entscheidungen getroffen? In welcher Weise gewinnen die ausserhalb der formalen *Cooperativa*-

---

schaft sowie auch im Bereich der allgemeinen Soziologie (...) von einem beträchtlichen Insitutionalisierungsgrad dieser Methode zeugen."(XI)

[9] Vgl. dazu die Stadtuntersuchung von LAUMANN/ PAPPI (1976: 225).

[10] Dazu MARSELLA/ SNYDER (1981: 157); CONNER/ POWERS/ BULTENA (1979: 62); KEUPP/ RÖHRLE (1987: 28 f.).

Struktur liegenden sozialen Einflüsse an Bedeutung? Um diese Fragen im Zusammenhang mit unserem Untersuchungsinteresse beantworten zu können, müssen die Grundlagen des Netzwerkkonzeptes weiter ausgeführt werden.

Abb. 3:

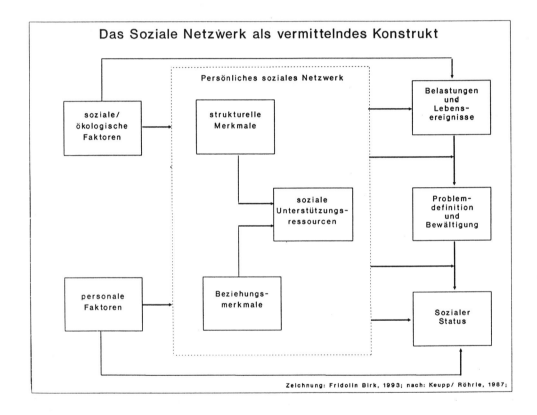

Wir gehen also zunächst von zwei Personen A und B aus einer grösseren sozialen Gesamtheit aus, deren Verbindung näher untersucht werden soll. Diese Personen können über eine direkte Verbindung, die sog. Adjazenzrelation, miteinander verflochten sein. Besteht kein direkter Pfad zwischen den beiden, so kann B von A aus etwa indirekt über eine Folge von Pfaden und Knoten erreicht werden. Typischerweise setzt sich ein personales Netzwerk unter modernen Voraussetzungen zu grossen Teilen aus indirekten Beziehungen zusammen. Es bleibt zu fragen, ob dieses Charakteristikum auch auf unser Untersuchungsfeld peripherer Regionen zutrifft?

Über die Pfaddistanzen hinaus muss zwischen starken und schwachen Verbindungen der Knoten unterschieden werden. Stark können Verbindungen dann genannt werden, wenn zwischen jedem Knoten des *sub-sets*, des partialen Netzwerkes, mindestens ein Pfad existiert und damit eine komplett geschlossene Folge oder *Sequenz* vorliegt. Schwach ist die Verbindung, wenn die Knoten A und B nur durch einen *Semipfad* verbunden sind, d.h. nur ein Informationsfluss im Einbahnsystem ablaufen kann. Die Besonderheit schwacher Verbindungen besteht nach GRANOVETTER[11] jedoch gerade darin, dass sie in bestimmten sozialen Schichten eine auffallend hohe Informationsdichte zur Folge haben. Sie gelten aus dieser Perspektive als das 'Einbruchstor für Neues'.

Mit Hilfe dieser Unterscheidungen lässt sich der *Koeffizient der Verbundenheit* bestimmen, d.h. nach SCHENK "das Verhältnis der Paare von Knoten, die durch einen Pfad verknüpft sind, zu der Gesamtzahl von Knotenpaaren" (SCHENK, 1984: 45 f.). Mit Hilfe dieses Grundinventars von Zuordnungsbegriffen kann eine tieferreichende Lokalisierung der unterschiedlichen Konstellationen und Muster in einer Netzwerkstruktur vorgenommen werden.

Einzelne Personen wie z.B. Don Fidel, der Präsident der *Cooperativa*, oder kleine Gruppen wie die Familie eines bestimmten Mitgliedes dieser Organisation gewinnen deshalb eine besondere Bedeutung bei der Interpretation lokaler Organisationen, weil durch sie Einheiten bzw. Netzknoten mit identifizierbaren und verfolgbaren Verbindungen definiert werden. Die Charakteristika der Netzknoten dienen dazu, die Rollen, Positionen und Strategien unterschiedlicher Personen zu definieren. Ausgangspunkt einer derartigen Analyse ist folglich eine einzelne Einheit und kein Kollektiv.[12]

Ein solcher erster Horizont adjazenter Personen, welche um diese Einheiten

---

[11] Dazu GRANOVETTER (1982); BULMER (1985).

[12] Dieses entscheidende Charakteristikum im methodischen und analytischen Verfahren macht das Konzepte der Sozialen Netzwerke kompatibel mit einem handlungstheoretischen Ansatz, der ebenfalls das Individuum als konzeptionellen Ausgangspunkt wählt.

angeordnet sind, werden nach BARNES[13] als *Star erster Ordnung* bezeichnet. Die 'Freunde der Freunde' wären dann konsequenterweise der *Star zweiter Ordnung* usw. Sind auf diese Weise Pfaddistanzen zwischen den Einheiten bestimmt, kann über das Mass der <u>Homophilität</u> bzw. <u>Heterophilität</u> eine Begründung für die jeweilige Anordnung der Beziehungsmuster gegeben werden. Heterophilität gibt an, bis zu welchem Masse die Beziehungen der Person sich auch auf Personen verschiedener sozialer Herkunft ausdehnen. Homophilität dagegen verweist umgekehrt auf eine Beschränkung der Kontakte auf Personen mit ähnlichem sozialen Status. An den Pfadbegriff anlehnend ist die <u>Erreichbarkeit</u> ein Index dafür, "inwieweit eine Einheit bzw. Person indirekte Kontakte mit anderen Mitgliedern des Netzwerkes etablieren kann und vice versa". Hierbei geht es darum, dass Personen einen Kontakt nicht herstellen können oder wollen und deshalb einen Umweg wählen.

Dieser Begriff bekommt vor allem in den indianischen Dörfern eine grosse Bedeutung, da sich der Prozess der Öffnung der Dörfer im Zuge der nationalen Integrationspolitik über Personen abspielte, die letztlich nur in indirektem Kontakt mit dem traditionellen Teil der Dorfgesellschaft treten konnten, aber offensichtlich gerade wegen der ihnen dadurch eigenen zentralen Position eine erhebliche Wirkung erreichten.

> "Die Erreichbarkeit einer Person hat erhebliche soziale Konsequenzen; es wird nämlich angenommen, dass Mitglieder des Netzwerkes, die von vielen anderen erreicht werden können und selbst dazu nur eine geringe Distanz überwinden müssen, ein hohes Mass an Information, Macht und Einfluss besitzen, eine strategische Position im Netzwerk innehaben" (SCHENK, 1984: 50 f.).

Die *Erreichbarkeit* wird dadurch zu einer Grundvoraussetzung, im Bereich sozialer Beziehungen Einfluss nehmen zu können. Die relative Position, die einer Person durch eine solche strategische Stellung zuwachsen kann, wird unter dem Begriff der <u>Zentralität</u> gefasst. Die Zentralität der Position einer Person in einem sozialen Gefüge wird dadurch zu einem Mass, das über den Grad der sozialen Integration

---

[13] Siehe dazu BARNES' hervorragende Studie über die norwegische Fischerinsel Bremnes, in der das Netzwerkkonzept explizit zum ersten Mal zur Anwendung kam. BARNES (1977); in: LEINHARDT (1977: 233-252).

DORF UND FAMILIE

bzw. Isolation der einzelnen Netzwerkeinheiten Auskunft gibt. Nach FREEMAN[14] "können drei verschiedene strukturelle Eigenschaften unterschieden werden, die gleichermassen den Inhabern zentraler Positionen zugerechnet werden können, a) maximale Adjazenz, b) strategische Lokalisierung als Verbindungsperson, die andere Paare verknüpft und c) maximale Distanz zu allen anderen Personen (Punkten)."

Zentralität kann aber in einem sozialen Umfeld schwerlich als neutrale Position aufgefasst werden, sondern gewinnt durch seine *Flaschenhalsfunktion* eine grosse strategische Bedeutung. Ob nun mit MARSDEN[15] die Zugangsfunktion zu bestimmten vorgelagerten Personen ausschlaggebend ist oder die nach ALDRICH[16] dem menschlichen Handeln innewohnende Idee der *Aufwandsreduzierung* wird der jeweilige Fall entscheiden. Wichtig scheint, dass die an Kreuzungspunkten des Austausches zwischen Personen positionierten *Broker* entsprechend ihrer Einflussmöglichkeiten eine aussergewöhnliche Macht- und Manipulationsfülle innehalten.

Dies lässt jedoch noch keineswegs auf eine hohe Dichte des Netzwerkes schliessen, womit ein weiterer wichtiger Begriff aus dem Inventar der Netzwerkanalyse vorgestellt ist. Die *Dichte* bemisst das Ausmass der jeweiligen Vernetzung von lokal begrenzten Netzwerkpartizipanten. Anders ausgedrückt gibt der Dichtewert das "Verhältnis der Anzahl der Linien in der Nachbarschaft eines Punktes zu der maximal möglichen Anzahl" (SCHENK, 1984: 57) wieder. Diese Grundvorgaben zur Analyse Sozialer Netzwerke geben Anlass zu fragen, welche Position Don Fidel im sozialen Umfeld der *Cooperativa* einnimmt und welche Einflussmöglichkeiten ihm dadurch zur Verfügung stehen, um seine zweifellos einflussreiche Position in diesem Betrieb zu erhalten, auszubauen oder anderweitig nutzbar zu machen.

Zeigen sich in einem Netzwerkganzen vom üblichen Dichtewert abweichende Agglomerationen, werden diese als Cliquen oder Cluster bezeichnet. Solche Beob-

---

[14] Dazu FREEMAN (1978/79: 219 ff.); nach SCHENK (1984: 52).

[15] MARSDEN (1982); in: MARSDEN/ LIN (1982: 201-218) verbindet die Diskussion der Zentralität mit der Position des Brokers und schreibt ihm eine strategische Position im Zusammenhang mit Machtbefugnissen zu, was mit einem dem Netzwerk innewohnenden restringierten Zugang zu potentiellen Austauschpartnern zu tun hat.

[16] ALDRICH (1982); in: MARSDEN/ LIN (1982: 281-293) kritisiert an MARSDEN die unbefriedigende Erklärung der grossen Bedeutung der Brokerrolle und schlägt seinerseits eine Antwort in Form der 'population ecology' vor, dem Weg des geringsten Aufwandes im menschlichen Handeln. Ob diese Antwort befriedigender ist, möchte ich an dieser Stelle dahingestellt sein lassen.

achtungen legen nahe, dass Personen über die blosse Tatsache hinaus, dass sie häufiger Kontakt miteinander pflegen, auch mit einem bestimmten Ausschnitt von Personen aus dem Netzwerk verstärkt in Austausch treten. Die sozialpsychologischen Konsequenzen von Clusterbildungen bedeuten, dass die in dichten und kohäsiven Gruppen stattfindenden Kommunikationsprozesse die *Herausbildung uniformer Meinungen, Einstellungen und Verhaltensweisen* stark begünstigen (SCHENK, 1984: 60).

Durch diese begriffliche Präzisierung wird andeutungsweise sichtbar, wie in ein soziales Netzwerk, das sich um eines seiner Mitglieder gruppiert, die verschiedensten Aktivitätenfelder, sozialen Positionen, Rollen, Strategien, Rechtsansprüche etc. einfliessen. Der "extensive Charakter sozialer Kontakte" streut "wie ein Kaleidoskop um die einzelnen Gesellschaftsmitglieder". Dadurch gelingt es diesen Kontaktpersonen -"selbst über geographische und soziale Grenzen hinweg (*cross-cutting*)"- die einzelnen Personen miteinander zu verbinden (SCHENK, 1984: 66).

Soziokulturelle, gesellschaftliche und schichtenspezifische Bedingungen bilden entscheidende Hindernisse für die Ausweitung sozialer Netzwerke, wie in Guatemala an der rassischen Diskriminierung deutlich beobachtet werden kann. Es wird angenommen, dass eine solche restringierte Verbindungsstruktur eine stärkere Korporierung des gesellschaftlichen Ausschnittes in Form von Familien- oder Freundesnetzwerken nach sich zieht, wie sie in traditional geprägten Gemeinschaften anzutreffen ist. Diese Annahme wird für die Entwicklung der indianischen Hochlanddörfer in Guatemala durch die unterschiedlichen Phasen historischer Prozesse hindurch weitgehend bestätigt.

Allein ausschlaggebend für die Komplexität eines Netzwerkes ist jedoch nicht ausschliesslich die Zentralität von Personen oder die Heterophilität der Verbindungen. Entscheidend für solche Beziehungen ist auch deren <u>Multiplexität</u>. Sie bedeutet einen Austausch von mehreren, voneinander verschiedenen Inhalten (soziale, wirtschaftliche, kulturelle, normative, symbolische etc.) innerhalb einer sozialen Beziehung. Ihr wird auch, im Gegensatz zu modernen uniplexen Verbindungen (Arbeitgeber - Arbeitnehmer), ein ausgedehntes Mass an gegenseitiger Erreichbarkeit und Verpflichtung der miteinander verbundenen Personen, also die Ausübung von 'sozialem Druck´ zugeschrieben.

In diesem ersten Schritt wurde das Inventar für einen Zugriff auf soziale

DORF UND FAMILIE

Netzwerke im Untersuchungsgebiet vorbereitet. Es wurden auch schon erste Hinweise auf Interpretationsmöglichkeiten gegeben. Im folgenden Abschnitt werden die kommunikativen Prozesse und Hintergründe im Sinne der Netzwerkanalyse näher betrachtet.

4.1.2. Netzwerke und Kommunikation im familiären Umfeld

Bisher haben uns die im vorangegangenen Abschnitt vorgestellten Personen lediglich als Statisten gedient, um an ihnen die formalen Begriffe in einer Netzwerkanalyse vorzustellen. Die eigentliche Aufgabe besteht aber darin, diese Personen zu Handelnden werden zu lassen, die in einem kontinuierlichen Prozess innerhalb ihres jeweiligen Aktionsfeldes für die optimale Allokation der ihnen zur Verfügung stehenden materiellen wie immateriellen Ressourcen sorgen. Um diese Verfügungsleistung immer wieder neu zu erwirken, müssen wir uns fragen, woher die einzelnen Personen ihren Einfluss nehmen, den sie je nach Bedarf zu mobilisieren wissen.

Dieser Einfluss, den wir in Anlehnung an BOURDIEU (1983) als *soziales Kapital*[17] bezeichnen wollen, verweist als Quelle der Ressourcenmobilisierung auf den ersten Kreis der Sozialisierung, die Familie. Der bisher gezeigte Weg bedeutet die konsequente Weiterführung der Grundlinien der vorliegenden Untersuchung. Don Fidel und mit ihm sämtliche Aktoren in der *Cooperativa* oder ein anderer indianischer *campesino*, Don Felix, als der Organisator eines Bauernprojektes, gemeinsam mit seinen neun Mitstreitern, handeln alle auf der Basis eines geordneten Rahmens von übertragenen und angeeigneten Rechten und Pflichten innerhalb des engeren und weiteren familiären Umkreises, der sie in der daran angeschlossenen

---

[17] BOURDIEU (1983) begründet den Kapitalbegriff in diesem Zusammenhang mit der Konvertierbarkeit der unterschiedlichen Realisierungsweisen des Kapitals. Der stark eingeschränkte ökonomische Kapitalbegriff verweist auf die grossen Lücken, die durch den damit geschaffenen Warencharakter der individuellen Leistungen entstehen. BOURDIEU geht dabei über den Begriff des 'Humankapitals' im Sinne einer rein buchhalterischen Rentabilitätsberechnung hinaus. Er erläutert die vielfältige Konvertierbarkeit von kulturellem, sozialem und ökonomischem Kapital, was letztlich auf eine Manipulation des Machtpotentials, je nach Bedarf, durch die Veränderung des individuellen Status hinausläuft.

sozialen Mitwelt zu Interventionen berechtigt. Die Familie und die in ihrem Umfeld ablaufende Institutionalisierung im Rahmen der dörflichen Sozialordnung schafft den Zugang zu den Befugnissen, die netzwerkgebunden relevant und im weiteren Zusammenhang als Ressourcen der individuellen oder sozialen Einflussnahme auf laufende innerdörfliche Entscheidungs- und Verteilungsprozesse behandelt werden. Allerdings wird das im fortgeschrittenen Lebensalter als *soziales Kapital* umgesetzte Ressourcenpotential zunächst mit der Überlieferung als *kulturelles Kapital* angeeignet. BOURDIEU (1983: 188) geht davon aus,

> "dass die Akkumulation kulturellen Kapitals von frühester Kindheit an - die Voraussetzung zur schnellen und mühelosen Aneignung jeglicher Art von nützlichen Fähigkeiten - ohne Verzögerung und Zeitverlust nur in Familien stattfindet, die über ein so starkes Kulturkapital verfügen, dass die gesamte Zeit der Sozialisation zugleich eine Zeit der Akkumulation ist."

Mir scheint die Zeitfrage für die Übermittlung der Inhalte des Kulturkapitals nicht die entscheidende Gelenkachse. Eine wesentlich grössere Rolle spielt die kommunikative Übermittlungsleistung im Sinne einer regelgeleiteten verbalen und nonverbalen Struktur auf der Basis symbolischer Bestände der Sozialordnung. Deren Erlernen und effiziente Anwendung sind die Grundlage für die Positionszuweisung in unterschiedlichen dörflichen Netzwerken. Damit rücken die empirischen anthropologischen Inhalte aus dem Untersuchungsgebiet wieder ins Zentrum des Interesses, weil sie die lebensweltlichen Vernetzungen und Vorgaben während des Heranwachsens in der Familie beschreiben.

In Abgrenzung zu BOURDIEU (1983: 188), der davon ausgeht,

> "dass ein Individuum die Zeit für die Akkumulation von kulturellem Kapital nur solange ausdehnen kann, wie ihm seine Familie freie, von ökonomischen Zwängen befreite Zeit garantieren kann",

geht der Verfasser davon aus, dass gerade im traditionell geprägten Umfeld Cabricáns oder Sta.Marias, das in den Gebräuchen, in der Feldbewirtschaftung und in der zivil-religiösen Hierarchie akkumulierte Kulturkapital nicht nach der ökonomischen Zwangbefreiung bemessen werden kann. Gerade die Einbindung in das Familiennetzwerk durch die praxisbezogene und dem Familienauskommen beitragende Arbeitsleistung gehört zur ersten Erfahrung der Kinder in einer Familie.

Sei es, dass dem dreijährigen Mädchen eine Puppe mit dem Kindertragetuch auf den Rücken gebunden wird, dass ihr mit sechs Jahren ein Platz am Waschstein eingeräumt wird oder dass sie mit neun Jahren die *Tortillas* auf der Herdplatte wendet. Die Jungen wiederum gehen den Weg über das Schafehüten, die Futterbeschaffung am Wegrain für die einzige Kuh auf dem Hof und schliesslich die Feldarbeit bei der Mais- oder Weizenaussaat oder -ernte.

Zu dieser Grunderfahrung der kulturbezogenen Praxis gehören auch die klaren und genau bestimmten Zuständigkeitsbereiche innerhalb der Familie. Der Vater kann sich einen über den Durst genehmigen, die Frau hat ihn anschliessend nach Hause zu bringen und zu versorgen. Die Frau bleibt im oder ums Haus, redet nicht über Gebühr mit anderen Männern oder in Versammlungen. Letzte Zuständigkeiten liegen beim Mann als Haushaltsvorstand. Er erwirtschaftet das, was der Familie übers Jahr die Versorgung sichert. Er verfügt über die finanziellen Ressourcen, die dem Haushalt zur Verfügung stehen. Er entscheidet über den Status, den die Familie innerhalb der Gemeinde besitzt, indem er die sozialen und wirtschaftlichen Aufstiegschancen aus seinem Blickwinkel für sich zu nutzen weiss.

Dadurch entsteht eine einseitig verengte kommunikative Situation, die für die nachwachsenden Kinder auf der einen Seite geprägt ist von der Erfahrung der fast bedingungslosen Unterordnung unter die vorherrschenden Leitlinien autoritärer patriarchaler Verfügungsgewalt. Auf der anderen Seite steht der Anspruch an die Kinder, angesichts eines grossen ökonomischen Druckes, Verantwortung für das Auskommen der gesamten Familie zu übernehmen[18] und bei Sanktionsandrohung auch zu erfüllen. Ein entscheidender Punkt im Heranwachsen der Kinder in der Familie ist in der Übernahme einer mit dem Alter wachsenden Verantwortlichkeit bei der (re-)produktiven Arbeit zu sehen. Gerade der Feldbau und die eigenständige

---

[18] Eine von mir durchgeführte Befragung unter Grundschullehrern hat ergeben, dass während der zweiten Hälfte der 80er Jahre von der Gesamtzahl der Kinder nur ca. 60- 70% eingeschult wurden. Nur ca. die Hälfte schloss das zweite Schuljahr erfolgreich ab. Die sechste und letzte schulpflichtige Grundschulklasse erreichten nur zwischen 10 und 20% der Anfänger. Dabei sind Mädchen besonders stark von der Abstinenz betroffen. Diese Informationen sind Schätzungen, da keine zuverlässigen Statistiken vor Ort geführt werden.

Bewirtschaftung einer *milpa* ist in erster Linie im expressiven[19] Bereich sozialer Werte angesiedelt. Die kommunikative Grunderfahrung der Kinder in der Familie ist von Anfang an auf ein sozial orientiertes und sanktioniertes Handeln hin ausgerichtet.

Diese Beobachtungen bilden die Grundlage des individuellen Handelns im sozialen Rahmen des Dorfes. Dabei soll jedoch 'sozial orientiertes Handeln' nicht normativ als 'Handeln zum Wohle der Allgemeinheit' verstanden werden. Das individuelle Handeln im sozialen Kontext ist zu verstehen als eine Entfaltung von sozial reglementierten Aktivitäten der einzelnen Familien im Gesamtzusammenhang der Sicherung des familiären Auskommens. Daneben können es sich die einzelnen Familien nur in Ausnahmefällen leisten, die Ressourcenlage der Nachbarn und anderer Gemeindemitglieder zu übergehen, da sie durch die eigene prekäre wirtschaftlich-soziale Ungesichertheit viel zu sehr auf ihre Mitbewohner im Dorf angewiesen sind.

Ressourcen umfassen in diesem Zusammenhang sämtliche zu mobilisierende materiellen, sozialen oder unterstützenden Leistungen sowohl aus dem Familienkreis als auch aus dem sozialen Umfeld. Diese bereitzustellen bestimmt im wesentlichen das alltägliche Handeln. Dabei sieht sich die einzelne Familie überfordert. Deshalb schliesst das familiäre Stützungsumfeld den weiteren Familienkreis mit ein.

4.1.3. Siedlungsweise und familiäre Integration

Die physiognomischen Siedlungsmerkmale verweisen auf den netzwerkgestützten Hintergrund (s. Kap.3). Häusergruppen innerhalb der Streusiedlungen prägen das Bild. Drei Generationen leben auf engem Raum zusammen und bilden eine *lineage* (Verwandtschaftsgruppe) oder eine erweiterte verwandtschaftliche Gruppierung, die als *Clan* bezeichnet wird. Die Form des verwandtschaftlichen Zusammenlebens muss sich aber nicht auf diese auch räumlich enge Anordnung beschränken.

---

[19] Vgl. dazu LIN (1982); in: MARSDEN/ LIN (1982: 145); BARNES (1977); in: LEINHARDT (1977: 243); LAUMANN/ PAPPI (1976: 72, 74).

DORF UND FAMILIE

Don Hector, der 35-jährige Sohn von Don Felix und Mitglied im Leitungskomitee eines Kleinbewässerungsprojektes in Cabricán, wohnt in unmittelbarar Nachbarschaft zu seinem Elternhaus und zu seinem Onkel, Don Antonio Méndez, dem ehemaligen Bürgermeister Cabricáns, und folgt damit einem traditionellen Muster (siehe Kap.2). Dadurch entstand eine fünfteilige Häusergruppe. Dagegen bauten Ernesto und Arturo, zwei Brüder, ihre Häuser in unmittelbarer Nachbarschaft zueinander, jedoch weit vom elterlichen Hof entfernt und folgen damit einem relativ neuen Trend der örtlichen Trennung vom Verwandtschaftsverband.

Der Siedlungshabitus, neben der erziehungsgebundenen Inkulturation und der Fertigkeit, Verantwortung für die eigene *milpa* zu übernehmen, der dritte wichtige Schritt ins soziale Dorfleben hinein, gibt in der Ablösung bzw. Befolgung von traditionellen Siedlungsweisen sehr deutliche Hinweise auf die unterliegenden Brüche bzw. die traditionsgebundene Kontinuität im Bewusstsein des einzelnen. Die Brüche dokumentieren sich als heterophile bzw. multiplexe Struktur sozialer Bindungen.

Die multiplexe, also aufgeschichtete und sich vom engen Kommunikationsrahmen einer familiär gebundenen Vollstruktur eines Netzwerkes absetzende Tendenz repräsentiert heute schon die Mehrzahl der Entscheidungen, wenn die Frage um die Ansiedlung und den Hausneubau einer jungen Familie kreist. Es bleibt fraglos richtig, dass Entscheidungen zum Ort der Neuansiedlung von jungen Familien heute vielfach von Landproblemen[20] abhängig sind, doch erscheinen gerade solche Probleme ein wichtiger Bestandteil eines übergeordneten Problemzusammenhanges zu sein, nämlich dem, dass in den Augen der Nachwachsenden das Dorf nicht mehr die notwendigen Grundlagen für eine Existenz nach den eigenen gewandelten Vorstellungen bietet.

Ein weiterer Grund für die Entstehung von verwandtschaftlicher Nachbarschaft ist der Versuch eines jeden Kleinbauern, wenn irgend möglich sein Landeigentum um sein Haus zu arrondieren. Dem wird mit Landkäufen oder Landtausch nachgeholfen, sofern dies die Verfügbarkeit von Land erlaubt. So entstehen Parzellen mit einem viertel bis halben Hektar Grösse, die den Söhnen bei der Erbübertragung

---

[20] Häufig sorgt auch der Familienvorstand für die Landprobleme, indem er seine Altersversorgung dadurch gewährleisten will, dass er dem Hofnachfolger die dem elterlichen Hof nächstgelegenen Grundstücke vermacht, um diesen damit auch vom Wegzug abzuhalten.

als Ausgangsfläche für deren eigene akkumulative 'Landpolitik' im Rahmen des *Familienzyklus* dienen. Töchter scheren häufig aus dem *patrilinearen Verwandtschaftsverband* aus. Sie ziehen nach der Heirat im allgemeinen weg und leben zuerst im Elternhaus des Ehemannes mit, bis sich die junge Familie in der Lage sieht, eine eigene Existenz zu gründen. Sie werden in einen anderen Familienkreis integriert. Deswegen werden ihnen meist die Flächen zugesprochen, die vom Elternhaus in einiger Entfernung liegen.

Netzwerkkonzeptionell kommt den weiblichen Nachfahren und den Personen, die eine vom traditionellen Muster abweichende Entscheidung hinsichtlich des Siedlungsortes gewählt haben, eine wichtige *Brückenfunktion* zu, die sich auch empirisch anhand der Analyse von Kontakthäufigkeiten in Verwandtschaftsbeziehungen nachweisen lässt. Während die geographisch-distanziell in unmittelbarer Nachbarschaft lebenden männlichen Erben durch starke Beziehungen (*strong ties*) miteinander verbunden sind, sind die Töchter und die wenigen 'Alternativen' untereinander und mit ihren Eltern häufiger über schwache Verbindungen (*weak ties*) verknüpft.

Tab.1: Beziehungsmuster zwischen Eltern und Kindern in Cabricán

Beziehungsqualität	stark	normal	schwach
Eltern - Sohn	7	6	0
Eltern - Tochter	1	3	4

Quelle: Eigene Befragungen, 1991

Bei den 42, mit Hilfe einer Befragung[21], untersuchten Beziehungen zwischen Eltern- und Kindergeneration und unter den Verwandten ersten Grades der jetzigen

---

[21] Die Probanden dieser Befragung wurden über eine Zufallsstichprobe ermittelt, wobei als Leitlinie die Einschätzung der aus Cabricán stammenden fünfköpfigen Mitarbeitergruppe des Verfassers diente. Sie wählten die Probanden, in drei Gruppen nach wirtschaftlichen Kriterien eingeteilt, aus. Diese Kriterien gelten auch für die folgenden Tabellen.

DORF UND FAMILIE

Elterngeneration in Tab. 1 zeigen sich deutliche Tendenzen. Auffallend ist, dass die Verbindungen zwischen Eltern und deren Söhnen deutlich häufiger als stark charakterisiert werden, als dies zwischen Eltern und deren Töchter der Fall ist. Daraus lässt sich die relativ starke Position, die grössere Bedeutung der männlichen Nachkommen im Familienzusammenhang und der stärkere Sozialisationsdruck auf die männlichen Nachfahren unschwer erkennen. Andererseits gibt dieses Ergebnis auch einen Hinweis auf die Beschaffenheit des Familiennetzwerkes. Die Eltern-Sohn Beziehung ist von einer starken Beziehungsqualität geprägt, was auf einen intensiveren Austausch und eine Einbindung ins Kommunikationsnetz schliessen lässt. Die Töchter werden der häuslichen Reproduktionssphäre zugerechnet, die im sozialen Ansehen weit unter den männlichen Nachkommen rangieren (NACHTIGALL, 1978: 207 ff.).

Dem Verfasser selber ist es widerfahren, dass er in der Familie von Don Felix und seiner Frau, Doña Maria, die beide schon ca. 60 Jahre alt waren und bei denen der Verfasser während seines Aufenthaltes in der *comunidad* gewohnt hatte, ganz ausdrücklich als ihr Sohn aufgenommen wurde, denn unter ihren elf lebenden Kindern waren 10 Mädchen und nur ein Sohn, der als Haupterbe sein Haus in unmittelbarer Nachbarschaft zum Elternhaus errichtete und einen sehr intensiven Austausch mit seinen Eltern pflegte. Neben der Gastfreundschaft bekam er also eine Art von sozialer Patenrolle zugewiesen, die er allein durch seine Anwesenheit und in seiner Eigenschaft als Mann erfüllte.

Ähnliche Ergebnisse zeigt Tab. 2. Die Beziehungsqualität zwischen den Brüdern einer Familie wurden häufiger als normal oder stark bezeichnet, als dies in Bruder und Schwester oder Schwester-Schwester Beziehungen der Fall ist. Diese Befragungen, die zum Grossteil von einheimischen Personen unter meiner Anleitung durchgeführt wurden, muss beachtet werden, dass die Erwähnungen von letztgenannten Verbindungen insgesamt seltener sind, da sie im alltäglichen Denken schlicht vernachlässigt werden. Dadurch können bei den Befragungen Schwestern bisweilen ganz vergessen oder die Beziehung zu ihnen vernachlässigt worden sein. Diese Beobachtung ist ein weiterer Hinweis darauf, dass sich die starken Verbindungen im Bereich männlicher Beziehungen innerhalb der Familien ausbilden.

Tab.2: Beziehungsmuster zwischen der Kindergeneration in Cabricán

Beziehungsqualität	stark	normal	schwach
Bruder-Schwester	1	2	8
Bruder-Bruder	3	4	1
Schwester-Schwester	0	1	1

Quelle: Eigene Befragungen, 1992

Die Frauen kommen oftmals überhaupt nicht in den Blick. Sie werden durch die aushäusige Heirat nur zu einer zunächst nicht klar definierten Erweiterung des Familiennetzwerkes. Sie pflegen zwar regelmässige, aber durchaus nicht zu enge Beziehungen mit den Brüdern. Dies würde als eine Einmischung in die inneren Angelegenheiten einer anderen sozialen Gruppe verstanden werden. Die in eine andere Familie einheiratenden Töchter wiederum sehen oft genug keiner allzu ruhigen Zukunft im Hause ihrer Schwiegereltern entgegen. Die Schwiegermutter übernimmt die Aufgabe, die neu Hinzugekommene in die Gebräuche in *ihrem* Haushalt einzuweisen (NACHTIGALL, 1978: 62). Netzwerkinterne Regeln wollen gelernt und eingeübt sein. Die persönlichen Kosten für die junge Frau sind dabei häufig sehr hoch.

Die Söhne verfolgen dagegen eine *Fortsetzungsstrategie* im Rahmen der von väterlicher Seite übernommenen familiären Netze. Dies bedeutet in keiner Weise Konfliktfreiheit innerhalb der Familie, sondern im Gegenteil oftmals harte Auseinandersetzungen z.B. um eine gleichmässige Verteilung der elterlichen Erbmasse. Auch die Brüder untereinander, selbst wenn sie enge Beziehungen pflegen, grenzen sich gegeneinander deutlich ab.[22] Dies mag auch auf die eigenständige Rolle zurückzuführen sein, die jeder einzelne im Ganzen der *comunidad* zu übernehmen

---

[22] NACHTIGALL (1978: 67) schreibt in seiner Untersuchung über die Ixíl "Die Einzäunung des Eigentums und damit die Abgrenzung zum Nachbarn, der meist ein naher Verwandter ist, scheint mir ein Charakteristikum in der Mentalität der Ixíl darzustellen."
ders.(1978: 100); "So wie der Ixíl sein Haus stets etwas entfernt vom Nachbarn baut, so arbeitet er überwiegend innerhalb der Familie."

hat. Die Tradition der zivil-religiösen Hierarchie besteht darauf, dass in deren Ämterlaufbahn jedem dieselben Ausgangs- und Startbedingungen geboten werden, um am Zugewinn sozialen Prestiges teilzuhaben.

Halten wir also zusammenfassend fest, dass sich entsprechend dem Konzept der Sozialen Netzwerke das indianische Familiennetzwerk als in sich klar strukturiertes, aber nach aussen hin anpassungsfähiges Lebensumfeld beschreiben lässt. Die starken Verbindungen charakterisieren trotz einer lokalgesellschaftlichen Minderbewertung der Stellung der Frau die dörflichen Familiennetzwerke. Die traditionelle Sozialordnung, vorgegeben durch die zivil-religiöse Hierarchie, die häufig personell zwar nicht mehr besetzt, aber mental als Erfahrungshintergrund immer noch prägend ist, repräsentiert den äusseren Rahmen der Lokalgesellschaft. Dadurch werden die engen familiären Bindungen teilweise relativiert, aber gleichzeitig wieder durch homophile Adjazenzrelationen und kurze Pfaddistanzen ersetzt. Die entscheidenden Veränderungen der äusseren und inneren *Rahmenbedingungen* einer kleinbäuerlichen Familie und damit neue Entscheidungspräferenzen und Handlungsstrategien schaffen im Verlaufe der Lebenszeit eines Bauern vor allem die *familienzyklischen Prozesse* s. Kap.5). Dagegen wird der äussere dörfliche Regelzusammenhang von den Bewohnern als sozial-gesellschaftliches Kontinuum gesehen und erlebt.

4.1.4. Eltern und Kinder - Kontinuität und Moderne

Das Zentrum der Familienstruktur bildet zweifellos die Dyade des Elternehepaares. Die Gründung eines eigenen Hausstandes kann als erste Gelenkachse in der Entwicklung eines Familiennetzwerkes angesehen werden. Nicht nur in emotionaler Hinsicht, sondern vor allem als eigenständige Wirtschaftseinheit. Dieser Rahmen wird mit der Alterung der ehelichen Gemeinschaft auf die Kinder erweitert. Hier herrscht eine Struktur mit starken Verbindungen und multiplexen Verknüpfungen vor. Die Familie ist der Rahmen, aus dem den einzelnen Mitgliedern die wichtigsten existenzsichernden Ressourcen, bis zur Gründung eines eigenen Hausstandes und darüber hinaus, zufliessen.

Im Blick auf die Kinder zeigt sich mit Eintritt in das arbeitsfähige Alter eine deutliche Hierarchisierung. Das bedeutet eine Auffächerung der starken Verbindungen entlang der Geschlechterrollen. Den Mädchen werden reproduktive Aufgaben mit untergeordnetem sozialen Prestige im und um das Haus aufgetragen, während die Jungen von Kindheit an im produktiven Bereich, d.h. in der Landwirtschaft mitarbeiten. Die voll arbeitsfähigen Söhne rücken mit dem Heranwachsen der Rolle ihres Vaters immer näher und nehmen sie mit der Gründung der eigenen Familie schliesslich ein.

Exkurs:
Die Geschlossenheit starker Verbindungen, die sich zwischen Vater- und Sohngeneration herausbildet, wurde mir an folgender Begebenheit klar. Ich fragte einen jungen Familienvater, wie er seine Maisaussaat vornehme. Er beschrieb mir, wie er auf die übliche traditionelle Art Naturdünger ausbringt. Er gibt fünf bis sechs Mais-Saatkörner in das Saatloch und bedeckt es anschliessend. Allerdings beklagte er den geringen Wuchs und die manchmal fehlenden und bisweilen sehr kleinen Maiskolben. Ich fragte ihn daraufhin, ob er schon von den Bauern in einem Nachbardorf gehört habe, die nur drei Saatkörner auslegen und damit wesentlich bessere Erträge hätten. Ja, antwortete er, davon habe er gehört. Weshalb er dann nicht schon einmal ein kleines Versuchsfeld angelegt habe. Seine Antwort war, dass er mit seinem Vater zusammen die Aussaat vornehme und sie sich dabei an das halten, was ihnen von früher her überliefert wurde. Im übrigen sei er auf diese Idee noch gar nie gekommen.

Mit der Reifung der Familie geht eine Aussenorientierung durch freiwerdende Arbeitskapazitäten Hand in Hand. Der enge Kreis der elterlichen Familie wird um die verwandtschaftlichen Netzwerke der Söhnefamilien erweitert. Darüber hinaus kommt es zur Einbindung der Familienoberhäupter in nachbarschaftliche Netzwerke. Diese münden mit struktureller Reifung häufig in *cluster*-artigen Beziehungsverdichtungen. Da aber *Cluster*bildungen im engen sozialen Rahmen des Dorfes und mit einer relativ geringen Palette von verschiedenen Leistungen sich schnell überlagern, müssen dörfliche *Cluster* grundsätzlich als substituierbar angesehen werden. Dies liegt sicherlich auch an der Multiplexität des Austausches von Leistungen in unterschiedlichen Handlungsbereichen, die nicht nur bei Inanspruchnahme, sondern auch schon bei blosser Teilnahme mit eigenem Aufwand verbunden sind.

Deshalb bleibt die Überlagerung von Netzwerken sehr eingeschränkt. Die einzelnen Personen können immer nur dasselbe von einem anderen Netzwerk bekommen, was ihnen von den vorhandenen schon geboten wird. Die Komplementarität der einzelnen Netzwerke ist weitgehend auf die emotionale und machtstrategische Ebene beschränkt, da diese Ressourcen an bestimmte Personen gebunden sind. Gerade dieser Zusammenhang veränderte sich rasch in der Öffnungsphase ab den 40er Jahren. Mit der Verflechtung und Spezialisierung von Leistungen wurde die Einbindung in komplementäre Netzwerke entscheidend.

Der Anspruch an Leistungen aus unterschiedlichen Netzwerken verändert sich aus der Sicht der Familie mit der familienzyklischen Entwicklung. Da die erste Phase der Konsolidierung, wie im folgenden Kapitel näher verfolgt wird, extreme Härten mit sich bringt, wird sich der Familienvorstand darum bemühen, möglichst viele Unterstützungsquellen zu finden, die ihm bei der Beschaffung und Sicherung wichtiger Ressourcen helfen. In dieser ersten Phase der Familiengründung sind dies vor allem Personen, die veräusserbares Land haben, die ein Gewerbe betreiben, die Arbeitskraft anbieten können oder gute Beziehungen zu dörflichen Autoritäten pflegen.

Während der konsolidierten und späteren regressiven Phase der Familie kann auf einige dieser Verbindungen verzichtet werden, da eine Stabilisierung der eigenen Zugriffsmöglichkeiten auf Ressourcen erreicht wurde. Damit wird auch der Aufwand, den der Unterhalt von Beziehungen in separaten Netzwerken bedeutet, reduziert. Im Alter nimmt der familieninterne wirtschaftliche Ertrag ab und ein Grossteil der landwirtschaftlichen Anbaufläche ist bereits an die Erben übergeben. Auf Grund geringerer physischer Belastbarkeit kann der Aufwand zum Unterhalt von mehreren Netzwerkbeziehungen nicht mehr erbracht werden. Dies zwingt die alternde Familie in den verwandtschaftlichen Umkreis der Kinder. Diese Umstände führen zu einer neuerlichen zyklischen Umorientierung in den Beziehungsnetzen. Die Altersversorgung obliegt zwar den Kindern, doch gleichzeitig wächst die Bedeutung des sozialen Umfeldes der *vecindad*. Die *vecindad* als selektives Beziehungsmuster zu Personen im Dorf ersetzt die Einbindung in *cluster*mässige partielle Strukturen durch stärker emotional gestützte Verbindungen zu einzelnen Personen.

Als eine weitere Variante der Bildung von netzwerkartigen Verbindungen kann die Einheirat von Töchtern in oftmals, was den kommunikativen Zusammenhang anbelangt, entfernte Familien gelten. Dies schafft Brücken zu nebengelagerten Familiennetzwerken, die z.B. beim Hausbau oder in bestimmten Notfällen Unterstützungsleistungen erbringen.

4.1.5. Die wirtschaftlich-materielle Existenzsicherung im Rahmen der Familienwirtschaft

Ressourcenmobilisierung durch soziale Netzwerke wird vor allem innerhalb der wirtschaftlich-materiellen Existenzsicherung aktuell. Die Familie beschränkt sich, wenn möglich, auf die in ihrem Umkreis verfügbaren Mittel zur Deckung des Bedarfs an Lebensmitteln und anderen Konsum- und Verbrauchsgütern. Deshalb steht die *Landwirtschaft*, trotz des gesunkenen realen Beitrages zur familiären Bedarfsdeckung, an erster Stelle der Skala, die einen Masstab der Bedeutung für die einzelnen Tätigkeitsbereiche im bäuerlichen Leben angibt. Deutlich wird dies darin, dass für Don Felipe, einen alten Mann mit 63 Jahren und einer meiner engsten Vertrauten und Mitarbeiter, vollkommen ausser Zweifel steht, dass die Erde, die Arbeit des Menschen und der Mais den Menschen zu essen geben und deswegen alles drei geachtet werden muss. Diese Haltung unterstreicht die Bedeutung des von der Landwirtschaft geprägten Lebensumfeldes.

Allerdings unterliegt heute gerade die Landwirtschaft einem starken Differenzierungsprozess, wodurch der gesamte damit verknüpfte lebensweltliche Rahmen in Frage gestellt wird. Daneben ist deutlich erkennbar, dass der Beitrag der Landwirtschaft zur familiären Bedarfsdeckung nachlässt. Durch die stark gestiegenen Kosten für Dünger und Pestizide wird der Aufwand für die Bereitstellung der familiären Basisversorgung mit Grundnahrungsmitteln ständig höher. Dadurch werden Familien gezwungen, ausserhalb ihrer eigenen Familienwirtschaft einen Zuverdienst zu finden, um die teuren Agrarinputs für die Sicherung des Eigenbedarfes auf den Familienparzellen zu gewährleisten. Als andere Möglichkeit bleibt der Intensivanbau von *cash-crops* auf eigenem Land, wodurch die Bauern ein grösseres

DORF UND FAMILIE

Risiko hinsichtlich Ernteverluste und Vermarktung einzugehen gezwungen sind, was ihrer bisherigen Strategie der Risikominimierung völlig zuwider läuft. Auf der anderen Seite bieten die Familienwirtschaft und das Land in Familieneigentum als einzig sichere und unmittelbar verfügbare Ressource die am meisten risikolose Möglichkeit, jenseits von marktgewandtem *cash-crop*-Anbau oder Abhängigkeit und Zurückdrängung der traditionellen *milpa*-Kultur, den Grundbedarf der Familie zu erwirtschaften.

Mit in diesen Gesamtrahmen gehören die reziproken Unterstützungsnetzwerke in der Verwandtschaft und im Dorf. Diese soziale Struktur, die bäuerliche Arbeit und die damit gesicherte Deckung des familiären Grundbedarfs sind, jenseits aller Rentabilitäts- und Kostenrechnungen, eine entscheidende Basis dörflichen Denkens. Soziohistorisch gesehen, lassen sich die interdependenten dörflichen Formen der Bedarfsdeckung über die Landwirtschaft weit in die Vergangenheit zurückverfolgen.

Der sich um die Landwirtschaft legende Kreis sozialer Lebensbereiche weist folglich über die Nutzenkalkulation hinaus. Die Landwirtschaft ist der Bereich, der die Kontinuität der Familie und damit das Überleben des einzelnen symbolisiert. Deshalb kann jedoch von keiner, aus der familiären Landwirtschaft rührenden, dichten und homogenen Vernetzung des gesamten Dorfes gesprochen werden. Die Landwirtschaft ist in erster Linie mit dem Fortbestehen der Familie verknüpft, wobei die Familie wiederum der Eingang zur Ebene des Dorfes darstellt. In der Wahrnehmung des einzelnen Dorfbewohners liegt in der Bewirtschaftung des eigenen Feldes nach der Heirat über den Weg der Familie als zentraler sozialer Rahmen der Schlüssel zur Türe der Lokalgesellschaft, in deren normativ gesteuerten Kommunikationsrahmen.

Nur deshalb lässt sich auch annehmen, dass dort, wo die Bedeutung der Landwirtschaft sinkt - und sei es auch hintergründig und von den Bauern nicht thematisiert - sich eine grundlegende Veränderung der dörflichen Gesellschaft andeutet. Mit diesen von der Landwirtschaft sich entfernenden Veränderungen fiele die Konzentration der reziproken Unterstützungsleistungen, gerichtet auf den engeren Familienbereich und die erweiterte Umgebung des *clans* oder der *lineage*, weg. An deren Stelle müssten andere Institutionen oder Netzwerke treten, die den neuen Ansprüchen gerecht werden.

4. KAPITEL

Es wird deutlich, dass Don Felipe mit seiner Haltung im Grunde mehr auf einen noch existierenden symbolischen Rahmen traditioneller dörflicher Ordnung anspricht, als einen der aktuellen Entwicklungen entsprechenden handlungsrelevanten Zusammenhang. Im Innern ist die indianisch-bäuerliche Wirklichkeit schon zu stark an den unumkehrbaren Veränderungen des weiteren nationalen Umfeldes zerbrochen, ohne dass diese Tatsachen phänotypisch den Menschen präsent oder nach aussen sichtbar wären.

Noch bestimmt die landwirtschaftliche Arbeit im Dorf den täglichen Rhytmus. Sie schafft neben einem kollektiven Selbstverständnis in Form eines für jeden geltenden, klar umrissenen Aufgabenfeldes auch ein individuelles Selbstbewusstsein, das die Männer auf die Frage nach ihrer täglichen Arbeit wie selbstverständlich und bisweilen nicht ohne zurückhaltenden Stolz sagen lässt, dass sie *campesinos* seien. Die prägenden landwirtschaftlichen Strukturen und Handlungszusammenhänge nähren sich aus dem Spannungsverhältnis von dörflicher Identifikation, wie sie noch bis vor kurzer Zeit in der Abgrenzung gegen die umliegenden Dörfer (RIEKENBERG, 1990: 21 f.) durch den eigenen täglichen Habitus zum Ausdruck kam (s. Kap. 2) und der familiengebundenen Organisation und der sie betreffenden Belange.

Das tiefgreifende bäuerliche Selbstbewusstsein lässt es auch als gerechtfertigt erscheinen, das heimische Umfeld, dazu gehört Haus, Hof, Wald und Felder, weitgehend im landwirtschaftlichen Sinne zu interpretieren.[23] Auch die häuslichen reproduktiven Tätigkeiten, die hauptsächlich in Händen der Frau und deren Töchter liegen, werden weitgehend vom Ertrag der Arbeit auf dem Feld geprägt, d.h. der Arbeit des Mannes.

Die Frau bereitet das Essen nach dem Bedarf derjenigen, die auf dem Feld arbeiten, bringt ihnen das Mittagessen auf den Acker, falls dieser zu weit vom Haus entfernt liegen sollte. Fällt die Ernte reichlich aus, so ist auch die reproduktive häusliche Arbeit der Frau entspannt. Misslingt die Aussaat, was in unregelmässigen Abständen vorkommt, so spüren alle Familienmitglieder die Folgen. Ein Spiegelbild dieser prekären Situation wird durch die Notwendigkeit des Zukaufs von Mais in der Zeit vor der neuen Ernte dokumentiert. Von 81 Befragten in Abb.4, dies zeigt

---

[23] Vgl. REINA (1973: 71 ff.). Darin wird eine Situationsbeschreibung aus einem Dorf im zentralen Hochland angeführt, allerdings mit ähnlichen Charakteristika.

die 1992 durchgeführte Befragung,[24] müssen jedes Jahr 40 Bauern Mais zur Ernährungssicherung zukaufen. Die überhöhten Preise entstehen durch die saisonal gesteigerte Nachfrage im Hochland.

Abb. 4:

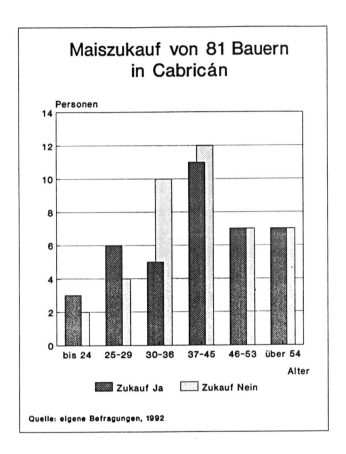

Die komlpexe interne Abhängigkeit der Familie, einmal als ganze abhängig vom Feldertrag und zum anderen die Frau in ihrer rein reproduktiven Tätigkeit im Haushalt wiederum abhängig vom Mann, prägt den innersten Kreis der Vernetzung. Der Familienvater und mit fortschreitender Alterung der Familie auch die Söhne, formen als nächsten Ring das dichte Geflecht des Familiennetzwerkes, das sich, bei Koinzidenz von alternder Stammfamilie und jungen Familien der Kindergeneration,

---

[24] Die Befragung beruht auf einem repräsentativen Querschnitt bäuerlicher Betriebe in Cabricán nach der Betriebsgrösse.

vorwiegend in gegenseitigen Arbeitsleistungen konkretisiert. Sowohl bei der Feldarbeit als auch beim Hausbau oder bei materiellen bzw. finanziellen Problemen sind für die Kindergeneration die bevorzugten Ansprechpartner die eigenen Angehörigen ersten Grades. NACHTIGALL (1978: 100) bestätigt diese Darstellungen:

> "Die Bodenbearbeitung und die Aussaat geschehen selten allein durch einen Mann, in der Regel zu zweit, zum Beispiel durch Vater und Sohn. Nur in wenigen Fällen sah ich grössere Gruppen von fünf bis acht gleichzeitig arbeitenden Männern; meist waren es Verwandte. So wie der Ixîl sein Haus stets etwas entfernt vom Nachbarn baut, so arbeitet er überwiegend innerhalb der Familie."

Der Feldbau kennt in den hier besprochenen Regionen im Jahreszyklus allgemein drei Arbeitsengpässe: einmal beim Umbruch des Ackers, denn während der Aussaat und schliesslich über die Erntezeit hinweg. In allen drei Phasen helfen sich die Angehörigen einer Familie gegenseitig aus. Diese Gelegenheiten der 'Hilfeleistungen auf Gegenseitigkeit' sind der häufigste und unmittelbarste Ausdruck eines intakten Netzes verwandtschaftlicher Beziehungen und deren Pflege. Die Frage nach der inneren Dynamik solcher familiengebundenen Beziehungsmuster ergibt trotz der augenscheinlichen Geschlossenheit nach aussen von innen besehen ein sehr widersprüchliches Bild.

Es zeigt sich eine deutliche zeitliche Sequenzierung der peinlich genau eingehaltenen Reziprozität der erbrachten Leistungen. Sind diese auch nicht sofort amortisierbar und in gleichen Leistungen zu erbringen, so müssen die Austauschkonten über mittlere Frist ausgeglichen und die Leistungskonvertierungen nach einer allgemein akzeptierten Skala, die besagt welche Arbeit durch welche andere substituierbar ist, vorgenommen werden. Die Auswahl des Personenkreises, bei dem Unterstützungsleistungen angesucht werden, das zeigen Befragungen, verändert sich innerhalb des Familiennetzwerkes mit der zunehmenden Reifung der Familienwirtschaft. Sind dies für die junge Familie zunächst die Geschwister und Eltern, richtet sich das Augenmerk mit den Jahren neben den Geschwistern auf die *vecinos* und den Freundeskreis.

Soziale Netzwerke dürfen nicht in erster Linie als ein emotionaler Austausch verstanden werden, sondern als eine sozial anerkannte Rekrutierungsbasis für knappe

Ressourcen. Die Annahme von BULMER[25], wonach *strong ties* im Sinne enger familiärer Unterstützungsnetzwerke einen Intensivierungsprozess der vorhandenen interpersonalen Beziehungen fördern, wird von meinen und GRANOVETTERs[26] Untersuchungen kontrastiert. Diese bestätigen vielmehr, dass intensiver Austausch in Gruppen zu einer schleichenden Segmentierung des sozialen Verbandes führen. Bei einer phasengebundenen Betrachtung der Familienwirtschaft kann folglich sowohl die Annahme der Intensivierung als auch die der Segmentierung aus dem vorliegenden empirischen Material bestätigt werden. Konflikte um Nutzungsrechte, Landtitel, Übernahme von Verpflichtungen der elterlichen Altersversorgung etc. sind täglicher Konfliktstoff im erweiterten Familienrahmen.

Nach den Informationen des Verfassers aus den Befragungen werden solche Konflikte unter Geschwistern virulent an familieninternen Gelenkpunkten, wie z.B. während der Phase der Erbübertragung. Diese Phasen stellen einen Kreuzungspunkt für den einzelnen dar. Es treffen sich dabei die individuellen Überlegungen zu zukünftigen Möglichkeiten des Handelns mit den zunehmend von Brüchen durchzogenen dorfinternen sozialen Institutionen. Die nachlassende Stabilität sozialer Institutionen im Dorf tragen dazu bei, dass psychologische Momente soziale Regelungen viel stärker als bisher überlagern.

Zusammenfassend kann die innerfamiliäre Situation unter den beschriebenen Bedingungen durchaus nicht als durchgehend harmonisch angesehen werden, sondern muss als eine zweckgerichtete und am gegenseitigen Nutzen orientierte Institution verstanden werden. Da die Landwirtschaft den Arbeitsbereich darstellt, der den Lebensunterhalt sichert, werden die Konflikte[27], die durch die starke gegenseitige Abhängigkeit entstehen, entsprechend unversöhnlich ausgetragen. Sta.Maria Chiquimula erlebte im Laufe des Jahres 1990 sechs Morde auf dem Gebiet des

---

[25] Zu den intensiven und engen Beziehungen (strong ties) ein Zitat von BULMER (1985: 435); "The strength of a tie, according to GRANOVETTER (1973: 1361), is a combination of the amount of time, the emotional intensity, the intimacy and the reciprocal services which characterize the tie." Alle diese Kriterien treffen in einer ausgeprägten Weise aufeinander, wo es um die innerfamiliäre Stützungsarbeit geht.

[26] Vgl. dazu GRANOVETTER (1982: 122).

[27] WATANABE (1990: 202) schreibt dazu: "By their very nature, these agegraded communities of rural cultivators have always been devided by tensions between old and young over household resources and political power..."

municipio, wovon fünf auf das Konto von familieninternen Auseinandersetzungen gingen.

Insgesamt kristallisiert sich der innere Kreis der sozialen Vernetzung in den familiären Unterstützungsleistungen immer noch in der Landwirtschaft aus, da mit ihr der Lebensunterhalt im Rahmen der Subsistenzlandwirtschaft und der Fortbestand der dörflichen Sozialordnung gesichert wird. Angesichts der bisherigen Kenntnisse über die wirtschaftlich-strukturellen Veränderungen in den Dörfern, muss diese Einschätzung heute als empirisch überholt angesehen werden. Das heisst konkret, dass der absolute Beitrag der Landwirtschaft zur familiären Reproduktion von Jahr zu Jahr sinkt. Eine Umfrage von 1992 (s. Tab.3) unter 81 Bauern ergab jedoch, dass nur zwei der Probanden Landeigentum für entbehrlich halten, wenn sie daneben einen Beruf ausüben. Die Restlichen wollten oder konnten auf Land zur Sicherung des Lebensunterhaltes nicht verzichten.

Tab.3: Bedeutung des Landeigentums neben der Ausübung einer ausserlandwirtschaftlichen Tätigkeit

Landeigentum unverzichtbar	Ja	Nein	Keine Antwort	GESAMT
	76	2	3	81

Quelle: Eigene Befragung, 1992

Die sich in Tab. 3 spiegelnde Situation birgt angesichts der schnell zunehmenden Landknappheit eine bedeutende und latente Konfliktträchtigkeit. Das Konfliktpotential steht dabei in Relation zu der dem Landeigentum verliehenen Bedeutung. Diese Bedeutung resultiert aus der sich verstärkenden Heterogenisierung des sozialen familiären Umfeldes, der knappen Landreserven und den steigenden Lebenshaltungskosten bei stagnierender Bodenproduktivität. Als Motiv hinter dieser sich öffnenden Schere von nachlassender Konsistenz des *Landwirtschaft/ Netzwerk- Komplexes* im Dorf und dem wachsenden Einfluss struktur-funktionaler Parameter erweist sich eine stetig wachsende Unsicherheit hinsichtlich der Grundversorgung der Familie und der jungen Familien der Kindergeneration durch die landwirtschaftliche Produktion.

DORF UND FAMILIE

4.2. Strategien der Existenzsicherung in den Dörfern

Durch die Selbsteinschätzung der Dorfbewohner als *campesinos* spielt auf psychosozialer Ebene die *gewerbliche Arbeit* neben der Landwirtschaft für die Mehrzahl der mir bekannten Bauern eine nachgeordnete Rolle. Selbst in Sta.Maria Chiquimula, im *Quiché*-Gebiet, wo die Morphologie und die Böden überwiegend schlechte Bedingungen für eine ausreichend ertragreiche landwirtschaftliche Arbeit bieten und wo seit langem die Textilschneiderei und der Handel auf dem nationalen guatemaltekischen Markt üblich ist, wurde die Landwirtschaft auf mentaler Ebene nicht ihrer übergeordneten identitätsstiftenden Stellung beraubt. Gerade an der Rolle des Gewerbes lässt sich zeigen, in welche Widersprüche tradierte familiäre und dörfliche Netzwerkstrukturen geraten, wenn sie sich mit tiefgreifenden Veränderungen auf dörflicher Ebene konfrontiert sehen.

4.2.1. Das Gewerbe im Abseits kleinbäuerlichen Denkens

Gewerbliche Arbeit, das gilt vor allem für die Weberei-, Schreinerei- und Schneidereiwerkstätten, existiert in Form von heimgestützter Verlagsarbeit. Das eigene Haus als Reproduktionssphäre, der eigene Boden als Subsistenzbasis und die Eigenständigkeit des individuellen Arbeitsplatzes bieten die Voraussetzungen, um die als Gelegenheitsarbeit und Zuverdienst angesehene gewerbliche Beschäftigung ausüben zu können und überhaupt rentabel werden zu lassen. Die von einer derartigen Verlagsarbeit abgedeckten Bereiche sind entsprechend der Bedeutung, die ihnen als Zuverdienst von den Bauern verliehen wird, technisch, logistisch und hinsichtlich der Vermarktung der Produkte nicht weit entwickelt. Wie schon erwähnt, herrscht in Sta.Maria die Schneiderei vor. Sie ist ebenfalls in Form von häuslicher Auftragsarbeit organisiert, was vollkommen dem Wunsch der Schneider entspricht, da sie sich auf diese Weise ihre Arbeitszeiten selbständig einteilen können. Die gesamte Produktion bleibt, sowohl was die Herstellung der Textilien, als auch was die Verwendung des damit erwirtschafteten Geldes anbetrifft, auf den inneren Kreis der Familie konzentriert und an dessen Bedarf ausgerichtet. Ich konnte allenfalls lose 'Vereinigungen der Händler von Sta.Maria' finden, die in ihren Zielsetzungen über die Arbeitsorganisation im häuslichen Familienrahmen hinausgehen. Sie treten als Gruppe in erster Linie als Sponsoren für die zwei jährlich stattfindenden *fiestas* in Erscheinung. Organisationsformen unter den schneidernden Bauern finden sich überhaupt nicht.

Netzwerkkonzeptionell gesprochen fehlen in dieser Konstellation Aussenanbindungen, die sich auf die gewerbliche Arbeit beziehen und innovative Kontakte im Dorf knüpfen. Schwache Bindungen zu anderen gewerblichen Produzenten als Einfallstor für neue Impulse, von ROGERS (1971: 272 ff.) als *Stimulation* bezeichnet, kommen unter diesen Bedingungen starker mentaler Rückbindung an das eigene Land nicht zustande. Diesen Impulsen wird nicht die Wichtigkeit zugeschrieben, die sie hinsichtlich ihres wirtschaftlichen Beitrages zur familiären Bedarfsdeckung haben müssten. Die mentale Bedeutungszuschreibung ist für die gewerbliche Arbeit innerhalb der familiären Organisation zu gering. So ist auch eine häufig extreme Unzuverlässigkeit zu beobachten, mit der die einzelnen Produzenten ihre Produkte an den Auftraggeber, z.B. einen lokalen Händler, abliefern. Die heimische gewerbliche Arbeit bleibt in dem Moment liegen, in dem die landwirtschaftliche Arbeit ansteht oder sich eine andere Gelegenheit mit der Aussicht auf finanziellen Gewinn dazwischenschiebt.

Diese eklektische Handlungsweise im Bereich des ländlichen Gewerbes hat bislang jegliche interne Organisationsstruktur für die Interessen und Belange der im Verlagssystem arbeitenden Handwerker verhindert. Den sozialen Vorgaben gemäss können solche Aktivitäten, die sich lediglich auf einen mental als Suplementbereich bewerteten Beitrag zur familiären Ressourcenbeschaffung stützen, nur am Rande mit der eigentlich notwendigen Aufmerksamkeit bedacht werden, obwohl diese Bewertung der Realität nicht mehr entspricht.

In Concepción zeigt sich ein ähnliches Bild. In diesem Dorf, dessen Bauern sich wegen der mageren Sandböden auf die Kartoffelproduktion verlegt haben, wird diese Arbeit im Stile kleinbäuerlicher Produktion bewältigt. Dabei ist der Kartoffelanbau in dieser Gemeinde entsprechend den Anbaumethoden längst in ein Stadium extremer Intensivproduktion übergegangen. Dadurch entsteht ein offensichtlicher Widerspruch zwischen der mentalen Grundlage des einzelnen Bauern, die den Anbau trägt und den Erfordernissen, die ein inputintensiver Anbau mit sich bringt. Es existiert weder in der Inputbeschaffung noch in der Vermarktung eine genossenschaftliche Organisation, um dadurch Kosten zu sparen. Dabei ist die Landwirtschaft im Zuge der ihr zugeschriebenen wirtschaftlichen Rolle noch am meisten für Innovationen im funktionalen Bereich offen. Der in Concepción etwa ab 1955 begonnene Kartoffelanbau in Monokultur trat sehr bald nach dessen Verbreitung an die erste Stelle bei der Erwirtschaftung eines marktgerichteten Zusatzeinkommens. Dennoch blieb der traditionelle sozioökonomische Hintergrund der subsistenzorientierten Feldarbeit erhalten. Aus diesem Widerspruch entwickelte sich ein Hintergrundproblem, das in Concepción zu einer ernsten Bedrohung der Kartoffelwirtschaft geführt hat, denn es wurde mit einer Vielzahl neuer Produktionsmittel, wie z.B. Pestiziden, gearbeitet, als seien dies lediglich 'Stielhacken in veränderter Form'.

Es wurde eine modernistische Produktionsweise mit entsprechendem Einsatz von Dünger und Pestiziden übernommen, ohne jedoch die dazu notwendigen Wissensgrundlagen auf technischer und buchhalterischer Ebene für den Umgang mit diesen Inputs geschaffen zu haben. Das heisst konkret, dass die Bauern ohne Kenntnis darüber sind, mit welchen Mitteln sie seit geraumer Zeit hantieren[28]. Entsprechend sorglos ist der Umgang damit. Die Bedrohung des gesamten Kartoffelanbaus in Concepción ist auf eine fehlende Sorten- und Nachzuchtauswahl sowie den exzessiven Einsatz von Mineraldüngern und Pestiziden zurückzuführen. Der Verdacht hat sich inzwischen erhärtet, dass sich durch dieses unsachgemässe Handeln latente Stämme von bisher unbekannten Viren in den Kartoffeln festsetzen konnten, deren Konsequenzen laut Meinung des staatlichen Landwirtschaftsforschungsinstitutes noch nicht abzusehen sind. Das andere Problem sind die galoppierenden Kosten für die Inputs, die von den Verkaufserlösen nicht mehr gedeckt werden.

Die bisherigen Rahmenbedingungen sozialer Organisation blieben auch in

---

[28] Anlässlich einer landwirtschaftlichen Befragung erfuhr ich, dass aus einer Gruppe von 25 Bauern, die allesamt schon vor ca. 25 Jahren begonnen hatten mit chemischem Dünger (quimico) zu arbeiten, kein einziger wusste, was ein NPK- Dünger ist bzw. welche Komponenten in welcher Dosierung er enthält. Dieser Dünger ist für viele neben dem 20-20-0 der gebräuchlichste Mineraldünger.

Concepción bestehen[29], was den Widerspruch zwischen Modernität und traditionsgelenktem Verhalten verschärfte. Bis auf weiteres bleibt die Familienwirtschaft mit dem Subsistenzanbau von Mais und die traditionellen Bindungen innerhalb der Kernfamilie die strukturelle Basis der dörflichen Sozialverfassung. Der Umgang mit modernen Ressourcen behält als Mittel zum Zweck seine marginale Stellung im Lebenskonzept der Bauern.

In Cabricán zeigen die Verhältnisse grundsätzlich ähnliche Tendenzen wie in den beiden anderen Dörfern. Die landwirtschaftliche Arbeit ist in den sozialen Organisationsrahmen integriert, wohingegen die gewerbliche Produktion wie die Weberei oder Kalkbrennerei der Subsistenzlandwirtschaft als Nebenverdienst untergeordnet bleibt. Bei den Webern sind die Webstühle im Schlafraum der Familie untergebracht, und gewebt wird nur, was an Aufträgen den einzelnen Webern zugetragen wird. Es existiert keine Auftragsaquisition und kein Marketing. Der gesamte Rahmen der Beschäftigung mit der Weberei beschränkt sich auf das häusliche Umfeld.

Auch der in Cabricán schon seit Jahrhunderten betriebene Kalkbrand hat bis in die 60er Jahre hinein zu keiner einheitlichen, über die Gemeinde hinausreichenden Struktur oder internen Organisation geführt. Doch zeigen sich im Kalkbranntbereich, der auf ein komplexes Gefüge von Leistungen und Beiträgen angewiesen ist, seit den 60er Jahren von der familiengebundenen Abgrenzung abweichende Erscheinungen.

Dieser Arbeitsbereich tritt durchaus nicht heraus aus der mentalen Eingebundenheit in die dichten Netzstrukturen des dörflichen Verbandes im Rahmen des landwirtschaftsgebundenen Denkens. Allerdings gelang es den vielen Beteiligten, aus der Notwendigkeit der Zusammenarbeit eine Struktur zu formen, die bei aller Kritikmöglichkeit eine Eigenständigkeit und Beständigkeit angesichts der aktuellen Veränderungen aufweist.

Da die Kalkmeiler nicht von einzelnen beschickt werden können, bildeten sich kleine Freundes- oder Verwandtschaftsgruppen von fünf bis zehn Personen, die regelmässig zweimal pro Monat einen Meiler beschicken und den gebrannten Kalk

---

[29] Vgl. NASH (1970); dort beschreibt NASH den Prozess der Etablierung einer grossen Textilfabrik im Jahre 1876 am Rand eines Indígenadorfes im westlichen Hochland Guatemalas. Zwar sind anfangs erhebliche Konflikte mit dem neuen Nachbarn aufgetreten, doch war nach ca. 80 Jahren erstaunlich zu beobachten, wie peripher dennoch der Einfluss der Fabrik auf das dörfliche Leben geblieben war.

DORF UND FAMILIE

anschliessend an Zwischenhändler verkaufen. Die gemeinsame Arbeit während der etwa zehn Tage dauernden Vorbereitungen sind stark reglementiert und über reziproke Leistungen abgesichert, um jedem dasselbe Arbeitspensum und denselben Aufwand zu überlassen und dadurch Übervorteilungen zu verhindern. Nach dem Verkauf des Kalks wird ein kleines, aber heftiges Trinkgelage veranstaltet, das aus dem gemeinsam erwirtschafteten Gewinn finanziert wird. Dies könnte als eine Art ritueller Auslösung der gemeinsam eingegangenen Verpflichtung verstanden werden, womit das individuelle Verfügungsrecht wieder hergestellt ist und von aussen kommende Ansprüche zurückgewiesen werden können.

Diese ca. 30 Kalkbrennergruppen konnten erst mit der Einführung des Lastwagens als Transportmittel in den 60er Jahren zu dem wirtschaftlichen und sozialen Faktor werden, der sie heute sind. Die Anlieferung der Rohmaterialien und der Abtransport des Branntkalkes in grösseren Mengen erfordern ein leistungsfähiges Transportmittel. Es formte sich, weitgehend unabhängig von äusseren Eingriffen, eine sozialfunktionale Struktur auf Dorfebene, die noch einer genaueren Untersuchung bedarf (s.Kap.7).

Sowohl die Weberei wie auch die Kalkbrennerei als die wichtigsten gewerblichen Bereiche Cabricáns werden von den Männern als Vervollständigung ihrer, den Familienunterhalt nicht mehr ausreichend sichernden Subsistenzlandwirtschaft gesehen. Da die Arbeit auf den Plantagen der Küstenregion bei den Hochlandbewohnern nicht beliebt ist, wird dieser saisonalen Migration die Beschäftigung in irgendeinem Gewerbe, für das nur in den seltensten Fällen eine Ausbildung absolviert wurde, vorgezogen.

Eine Arbeit in einem Nachbardorf scheint den Dörflern aufgrund des traditionell geschlossenen Dorfkonzeptes, der Entfernung und der dadurch entstehenden Konkurrenzsituation mit den dortigen Handwerkern nicht möglich. Deshalb beschränken sie sich auf die im Dorf angebotenen Arbeitsaufträge. Ein Handwerk in der nahen Umgebung des Hauses bringt zusätzlich den Vorteil, dass keine Notwendigkeit zusätzlicher Verpflegungskosten besteht, und den Handwerkern die Möglichkeit bleibt, selber der *milpa*-Bewirtschaftung nachzugehen und bei Bedarf Leistungen aus dem familiären oder *vecindad*-Netzwerk in Anspruch zu nehmen.

Es wird deutlich, dass die Arbeit in einem Gewerbe von Faktoren abhängt, die mit dem traditionellen Rahmen netzwerkgestützter Verknüpfungen zwischen Familien oder Familienverbänden in einem indianischen Dorf nur schwer vereinbar sind. Trotz der grundsätzlichen Skepsis gegenüber diesen neuen Beschäftigungen, gewinnt das Gewerbe, vor allem solches, das im eigenen Heim betrieben werden kann, zunehmend an Bedeutung. Davon ausgehend kann geschlossen werden, dass sich auch die dahinterstehenden sozialen Strukturen mitverändern.

4.2.2. Der Handel als Grund sozioökonomischer Differenzierung

Der Handel spielt im Rahmen der sozioökonomischen Differenzierung im Bereich des guatemaltekischen Hochlandes entgegen den landwirtschaftsgebundenen Denkweisen die entscheidende Rolle. Die Beschäftigung im überregionalen Handel unterscheidet auch die drei untersuchten Dörfer deutlich voneinander. FALLA (1980: 145 f.) begründet das Aufbrechen der traditionellen dörflichen Verfassungen in der Region um Sta.Maria mit der wachsenden Bedeutung des überregionalen landesweiten Handels, der in den 30er Jahren begonnen hatte.

Sta. Maria bildete aufbauend auf seiner lokalen Textilherstellung, der saisonalen Wanderung zu den Salinen von Puerto San José an der Pazifikküste und der strategischen Lage zum Verapaz[30] gute Voraussetzungen für Handelstätigkeiten im Westlichen Hochland. Zwei ortsansässige Händlervereinigungen wurden gegründet, die bis heute in Sta.Maria Einfluss auf das lokale Sozialgefüge ausüben. Das aufwendige Patronatsfest, dessen alljährliche Ausrichtung grossen Prestigegewinn bedeutet und zu dem landesweit bekannte Musik- und Maskengruppen eingeladen werden, kostet nach ortsüblichen Verhältnissen ein Vermögen, das die Vereinigungen jährlich zweimal bereit sind aufzubringen.

Nach Kalkulationen der örtlichen Pfarrei sind aus Sta.Marias Gesamtbevölkerung von ca. 25.000 Personen 1990 ca. 3.000 Personen im Handel beschäftigt. Dies

---

[30] FALLA (1980: 148) erwähnt den Fernhandel bis ins Verapaz für San Antonio Ilotenango, eine Nachbargemeinde von Sta. Maria Chiquimula. Eine ähnliche Entwicklung fand aber auch im letztgenannten, von uns untersuchten Municipio statt.

bedeutet für die einzelnen Familienväter oder Söhne Abwesenheiten vom Dorf von bis zu sechs Monaten und mehr während des Jahres. Die hauptberuflichen Händler geben allerdings ihren Landbesitz, der zur Sicherung der Lebensgrundlage für die zurückbleibende Familie dient, nicht auf. Was sie aufgeben ist die starke Einbindung in das enge und lokal begrenzte Familiennetzwerk und damit die Integration in die Netze dörflicher Beziehungsstrukturen.

Hier liegt ein entscheidender Unterschied zu den landwirtschaftlichen und gewerblichen Varianten dörflicher Arbeit. Während diese nur bedingt auf eine soziale und strukturelle Mobilität angewiesen sind und dadurch ihre eigenen Wege der Einarbeitung neuer Einflüsse in den netzwerkgestützten Bestand dörflichen Handelns aufweisen, kamen die Fernhändler von Anfang an mit aussengestützten Machtgruppen in Kontakt, was zu einer nachlassenden Rückbindung an die dörflichen Strukturen führte.

FALLAs Argumentation der aussengestützten Machtbasis für die neuen Sinnzuschreibungen und Situationsdefinitionen im Rahmen ausserdörflichen Handelns, greift im Grunde auf, was in GRANOVETTERs Erklärungsansatz der multiplexen schwachen Verbindungen als innovative Aussenkontakte für die netzwerkverbindenden Personen bzw. *stars* in einem geschlossenen netzwerktheoretischen Konzept vorliegt. Die aus dem Geflecht stark integrierender Strukturen heraustretenden Personen bekommen die Unterstützungsleistungen, die sie ursprünglich vom dörflichen und familiären Gesellschaftsverband erhielten, nun von Gruppen, die ausserhalb der dörflichen Gesellschaft intensiv vernetzte Strukturen darstellen.

Religiöse Gemeinschaften, Parteien oder andere gesellschaftlichen Verbände sind solche Gruppen, die in Guatemala seit den 1940er Jahren solche Rollen übernahmen und damit den geschlossenen dörflich-familiären Kreis aufbrachen. Die dadurch entstehenden Konflikte hat Falla im erwähnten Band ausführlich beschrieben. Auf der Grundlage dieser Erklärung haben Concepción und Cabricán, die durch deren auf die Landwirtschaft orientierte Sozialverfassung miteinander vergleichbare Verhältnisse aufweisen, eine von Sta.Maria unterschiedliche Entwicklung genommen.

4. KAPITEL

Tab. 4: Sonntagsmarkt in Cabricán - Herkunft der Händler und Verkaufsgebahren

Herkunftsgemeinde	Anzahl	Anzahl %	Andere Märkte
Cabricán	17	36,1	6
Comitancillo	8	17,0	5
San Francisco el Alto	7	14,8	6
Totonicapán	3	6,3	3
Momostenango	3	6,3	2
San Pedro Sacatepéquez	2	4,2	1
San Andrés Xecul	1	2,1	1
Chibareto	1	2,1	1
Salcajá	1	2,1	1
Olintepeque	1	2,1	1
Almolonga	1	2,1	0
Sipacapa	1	2,1	0
Rio Blanco	1	2,1	1
GESAMTZAHL	**47**	**100,00**	**28**

Quelle: Eigene Erhebungen, 1992

Die Ergebnisse einer im Jahre 1992 durchgeführten Gesamtbefragung auf dem Sonntagsmarkt in Cabricán vermitteln eine Vorstellung über das bescheidene Engagement der indianischen Bewohner Cabricáns im Handel sowohl innerhalb wie ausserhalb des *municipios* und machen die Zurückhaltung der Bewohner in dieser Branche deutlich. Die Gesamtzahl von 17 Händler aus Cabricán, die auf dem Wochenmarkt ihrer Gemeinde Waren anbieten, verzerrt die tatsächlichen Verhältnisse dadurch, dass nur sechs der 17 auch ausserhalb von Cabricán auf anderen Gemeindemärkten verkaufen und nur dadurch eigentlich als Händler zu bezeichnen sind. Die restlichen Verkäufer beschränken sich auf den Verkauf eines kleinen Sortiments auf dem Sonntagsmarkt in ihrem eigenen *Municipio*.

Eine andere Befragung unter 81 Bauern Cabricáns ergab, dass nur 17 jemals ausserhalb ihrer Gemeinde etwas verkauft hatten und nur die Kalkverkäufer regelmässig das Dorf verlassen, um ihre Ware in der Stadt anzubieten. Die anderen 64 Befragten bleiben im Dorf und haben auch nicht die Absicht, in den Handel mit ihren oder anderen Produkten einzusteigen.

Tab. 5: Warenangebot von Händlern aus Cabricán

Warengruppe	Anzahl	Warengruppe	Anzahl
Weizen	9	Branntkalk	5
Äpfel	4	Kartoffel	1
Mais	1	Reis	1
Brot	1		
Möbel	1	Webstoffe	1

Quelle: Eigene Erhebungen, 1992

Die Palette von Produkten, welche die 17 Verkäufer aus Cabricán auf dem Wochenmarkt anboten, umfassen die in Tab. 5 aufgeführten Waren. Die Warenpalette, die von indianischen Händlern aus Cabricán auf dem Wochenmarkt der Gemeinde angeboten wird, beschränkt sich weitgehend auf vor Ort produzierte unverarbeitete Produkte. Einen Versorgungszwischenhandel als Dienstleistung anzubieten, zeigen die Bauern aus Cabricán nur schwache Neigungen. Die indianischen Bewohner der Gemeinde verlassen diese im allgemeinen nur einmal im Monat. Der traditionelle Zusammenhang dörflichen Selbstverständnisses (s. Kap.2) hatte die Bewohner indianischer Gemeinden schon in der Vergangenheit stark auf ihren dörflichen sozialen Kontext verwiesen.

Darin unterschieden sich die Hochlandgemeinden insgesamt nur wenig voneinander. Die festgestellten sozial-strukturellen Unterschiede zwischen Cabricán und Sta.Maria, sichtbar an der unterschiedlichen Akzeptanz neuer Muster wirtschaftlichsozialen Handelns, wurden erst in der jüngeren Vergangenheit provoziert und beziehen sich vorwiegend auf ausserlandwirtschaftlichen Tätigkeiten. Sie führten in Sta.Maria wegen der Konzentration auf Handelstätigkeiten zu einer äusserst scharfen Polarisierung zwischen Traditionalisten und Modernisten. Mit dem Ergebnis, dass die Modernisten, wie in Kap.6 noch zu sehen sein wird, auch die innere soziale Kohäsion verloren haben.

Dagegen sind die innerdörflichen gewerblichen Alternativen in Cabricán zwar ebenfalls modernistisch geprägt, jedoch in ihren sozialen Konsequenzen relativ moderat geblieben. Die innovativen Impulse und die überprägenden Einflüsse von aussen haben in Cabricán nicht in weiterem Umfang zu eigenständigen Handlungsansätzen der einzelnen Personen geführt. Dagegen sind jedoch traditionelle Elemente der innerdörflichen sozialen Struktur auch in neuen dörflichen Organisationen immer noch wirksam.

Die Neuinterpretation der sozialen und ökonomischen Rolle in einem sich verändernden gesellschaftlichen Rahmen hängt neben den naturräumlichen Bedingungen und den Landressourcen für eine ausreichende Versorgung mit landwirtschaftlichen Produkten auch vom gesellschaftspolitischen Umfeld ab, in das die indianische Bevölkerung eingebunden war. Grosse Teile des *Quiché* und damit auch Sta.Marias blieben von einer ausgiebigen *Ladino*besiedlung im Laufe des 19. Jahrhunderts verschont. Die Veränderungen seit Mitte dieses Jahrhunderts wurden vorwiegend durch die eigene indianische Bevölkerung in die Dörfer getragen.

Anders dagegen in den Regionen der Sierra Madre nördlich von Quetzaltenango. Eine vielversprechende landwirtschaftliche Nutzung vor allem für Weizen und Äpfel zog eine relativ starke *Ladino*besiedlung nach sich. Sie war es, die vorwiegend die traditionellen Strukturen der indianischen Dorfverfassung gefährdete und zu einer starken Abschottung von indianischer Seite führte. Die *Ladinos* übernahmen die Handelsfunktionen[31], so dass der indianischen Bevölkerung nur der Rückzug auf die

---

[31] Vgl. REINA (1973: 49); "Los ladinos constituyen sólo el 3,2 por ciento de la población, pero son ellos los hombres de negocio y empresa de Chinautla, los choferes de camiones y buses, el secretario profesional y el tesorero del municipio. Ellos son los que sueñan con 'grandes cosas' y los

Landwirtschaft als Lösung ihrer wachsenden Versorgungs- und Bevölkerungsprobleme blieb.

Die *Indígenas* produzierten und die *Ladinos* aus Cabricán oder den umliegenden Dörfer, wie schon geschildert, übernahmen den übervorteilenden Zwischenhandel. Nach Angaben des Pfarrers[32], der 1960 nach Cabricán gekommen war, befand sich in dieser Zeit die zivil-religiöse Hierarchie und damit die rituelle Bindung an einer in sich geschlossenen dörflichen Gesellschaftsstruktur schon weitgehend in Auflösung. Der darauf folgende Schritt war jedoch nicht der einer Individualisierung des Handlungsrahmens, sondern der Versuch, Teile der traditionellen Sozialverfassung zu retten.

Als Ausweg diente ihnen entweder der Rückzug in den engeren Kreis des Familiennetzwerkes, die Integration in die orthodox-katholische *Acción Católica* oder eine Kombination von beidem. Dadurch wurden Teile der traditionellen Sozialverfassung in neue Organisationen hinübergerettet.

Der Rückzug auf die Familie bedeutete häufig den Weg in die gesellschaftliche Isolation, während das Engagement in den religiösen Gruppen verstärkt ein Schritt in die Öffentlichkeit bedeutete. Konzertiertes Handeln im Sinne einer vertikalen Schichtung funktional unterschiedlich gerichteter Netzwerke, im Sinne eines neuen lokal- oder regionalpolitischen Handelns, blieb bis heute jedoch weitgehend die Ausnahme.

Die Gegenbewegung zu diesem Mangel an neuen dorfinternen Identifikationsmöglichkeiten ist das 'Abtriften' der Jugendlichen, die vor allem über den Militärdienst die Möglichkeit hatten, das Dorf zu verlassen[33] und ausserhalb andere Formen der Lebensgestaltung kennenzulernen. Sie kommen entweder gar nicht mehr ins Dorf zurück oder gefährden mit ihrem Verhalten die bisherige, von den Älteren

---

que no admitirían usar sus manos para trabajar la milpa, hacer carbón, o producir objetos de arcilla."

[32] Diese Informationen stammen aus brieflichen Mitteilungen von Thomas Melville, der 1960 die bis dato verwaiste Pfarrstelle in Cabricán übernommen hatte.

[33] FALLA (1980: 48) spricht noch von einer weiteren Form des Verlustes indigenen kulturellen Selbstverständnisses in Form der *costumbres*. Er sagt: "No se trata de una conversión, porque en vez de que una creencia se sustituya dolorosamente por su opuesta, esa sencillamente se va perdiendo dentro del proceso de socialización al contacto informal del niño indígena con el ladino en los últimos años de la escuela. Así nace una nueva generación desprovista de ciertas creencias no ladinos, o quizás predispuesta a perderlas sin sustitución."

akzeptierte innere Ordnung durch bewussten Regelverstoss, wie z.B. Respektlosigkeit oder Arbeitsunwilligkeit.

Don Anastasio war beispielsweise schockiert, als er anlässlich der bestandenen Lehrerprüfung für seinen Sohn eine traditionelle *Marimba* für ein Fest bestellen wollte, ihn sein Sohn jedoch mit der Bemerkung abwies, dass er schon einen Kassettenrecorder mit *Merengue*-Musik organisiert habe. Es bestehe kein Wunsch nach langweiliger *Marimba*.

Der Handel übernahm, zusammenfassend, in den vergangenen fünfzig Jahren eine wichtige Funktion bei der Öffnung der traditionell geprägten indianischen Dörfer. Die unter grossem Druck stehende landwirtschaftliche Subsistenzproduktion führte flächendeckend zu alternativen Anstrengungen im Gewerbe und Handel, um dadurch die wirtschaftlich-materielle Existenzsicherung der Familien zu gewährleisten. Trotz neuer Modelle sozial-konzertierten Handelns auf lokaler Ebene, wurde den alternativen Tätigkeiten nicht die Wertschätzung zuteil, die sie bei ihrem Beitrag zur häuslichen Ökonomie verdienen müssten. Der Handel erwies sich dabei als das die dörflichen traditionellen Sozialstrukturen am meisten herausfordernde Element des Einbruchs der Moderne. Die kohäsiven Kräfte der früheren Ordnung gingen häufig, wie in Teilen der Einwohnerschaft von Sta.Maria, verloren.

Als weiteres differenzierendes Moment können die *Ladinos* und deren unterschiedlicher Einfluss in den *municipios* angesehen werden. Wo sie den Handel von und zu den Dörfern über-nahmen, konnten die indianischen Bauern keine Brücken, im netzwerkanalytischen Sinne, zu den ländlichen Zentren herstellen und schwache Verbindungen zu interessensmässig ähnlich gelagerten Personen oder Gruppen knüpfen.

Dies gelang verstärkt den Dörfern im *Quiché*-Gebiet, die in Regionen mit marginalen Bodenverhältnissen keinem grossen Druck durch die *Ladino*zuwanderung ausgesetzt waren. Die Dynamik innerer Veränderungen entwickelte sich deshalb anders als in den weiter westlich gelegenen Zonen des Hochlandes. Die Familiennetzwerke wurden zum äusseren Rahmen einer langsam beginnenden Auseinandersetzung mit einer sich rasch verändernden Aussenwelt.

4.3. Netzwerke als Ausdruck distanzieller Differenzierung

Die bisherigen Abschnitte dieses Kapitels beschrieben konzentrisch sich weitende Kreise kommunikativer Anbindung der indianischen Bauern. Ausgehend vom Familiennukleus als dem Basisnetzwerk sozialer sowie kultureller Orientierung und endend bei den staatlichen Institutionen 'moderner' Verwaltung oder Vergesellschaftungsformen wie Parteien, Kirchen oder Staat. Zwischen diesen Polen befindet sich das Feld komplexer Verknüpfungen horizontal und vertikal verlaufender Verbindungen innerhalb und zwischen Netzwerken verschiedener funktionaler Zuordnung, struktureller Ausformung und handlungsleitender Rationalität.

Die folgende Aufgabe wird sein, darzustellen, welche Prozesse der Differenzierung den einzelnen Personen das Umfeld und Instrumentarium an Macht verschaffen, um ausgehend von der jeweiligen Position in einem Netzwerk, sich in anderen sozialen Netzstrukturen Einflussbereiche zu sichern. Eine derartige Ausweitung des Einflussbereiches im Sinne einer Restrukturierung sozialer Macht, spielt sich auf dem Hintergrund der in den vorhergehenden Kapiteln beschriebenen soziokulturellen Veränderungen in den jeweiligen Dörfern ab.

Sie wird von FALLA[34] als *potencial cultural* beschrieben, BOURDIEU (1983: 183) umschreibt diesen Ausdruck individueller Artikulation sozialen Einflusses als kulturelles Kapital oder als symbolisches Kapital (BOURDIEU, 1976: 335). Dieser Begriff wurde in der Theorie des Symbolischen Interaktionismus von BLUMER[35] als operationaler Terminus innerhalb kommunikativer Prozesse verfügbar gemacht.

Für uns wird in diesem Zusammenhang interessant zu zeigen, wie sich die einzelnen Personen über ihre angestammten Kreise hinausbewegen, vor allem über den beschränkten der Familie, und sich auf der dörflichen Ebene und darüber hinaus mit entsprechender Durchsetzungskraft in die laufenden Verständigungen einbringen. Solche Bewegungen zwischen den unterschiedlich verdichteten Vernetzungen der dörflichen Gesellschaft und über diese hinaus werden hier als Überwindung sozialer

---

[34] Vgl. FALLA (1980: 52).
[35] Vgl. BLUMER (1969: 1-60); ders.(1969: 78-89).

Distanzen interpretiert, die als handlungsleitende Prozesse die permanente Neuordnung der dörflichen sozialen Verhältnisse zur Folge haben.

4.3.1. Restrukturierung lokaler Machtartikulation als Hintergrund der Differenzierung sozialer Distanz

Im vorhergehenden Abschnitt wurde schon auf die unterschiedlichen Entwicklungslinien in Sta.Maria Chiquimula einerseits und Concepción sowie Cabricán andererseits hingewiesen. Ausgangspunkt der Differenzierung war die unterschiedliche ausserlandwirtschaftliche Arbeit, die unterschiedliche *Ladino*-Besiedlung im letzten und in diesem Jahrhundert und eine voneinander abweichende naturräumliche Ausstattung.

Da es in Sta.Maria praktisch keinen *Ladino*-Einfluss gegeben hatte, kam es bei Einsetzen der katholischen Erneuerungsbewegung *Acción Católica* (AC) und durch die Auswirkungen des 'Politischen Frühlings' ab 1945 mit dem Vordringen der politischen Parteien zu einer direkten innerdörflichen Auseinandersetzung der neuentstehenden, aussenorientierten und der AC verbundenen Händlerschicht mit den Anhängern des traditionellen *costumbre*-Glaubens. Die ethnische Frage stand in dieser Gemeinde niemals im Vordergrund der gemeindebezogenen Konflikte. Sie wurden vorwiegend provoziert von einer *Indígena*-internen und die *comunidad* betreffenden Neuorganisation der Machtverhältnisse.

Die Diversifizierung der Ebenen individueller Artikulation führte einerseits zu einer Bewegung weg von der an der zivil-religiösen Hierarchie und deren, am religiös-kulturellem Hintergrund orientierter, Machtzuweisung. Andererseits wurde die traditionelle Linie in ihrer Oppositionshaltung bestärkt. Das Ergebnis heute zeigt eine Aufspaltung der Gemeinde in drei weltanschaulich-konfessionelle Lager: die traditionellen *costumbristas*, die Anhänger der AC und die evangelikalen Sektenanhänger bzw. katholischen Reformbewegungen.

Abb. 5: Restrukturierung lokaler Macht in Sta.Maria Chiquimula

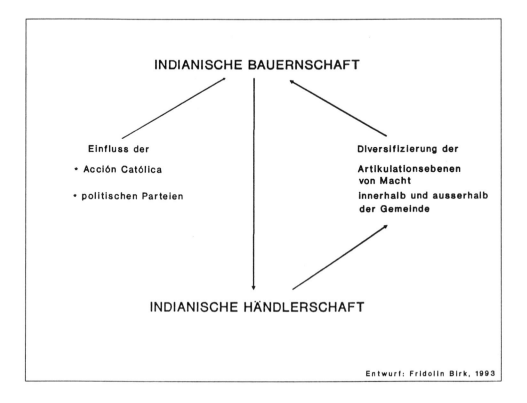

Im Gegenzug trachteten die wirtschaftlich stets einflussreicher werdenden Händler danach, die redistributiven Folgeerscheinungen der Geldwirtschaft im eigenen Familienverband zu verankern. Hier wird die Verknüpfung von modernen Einflüssen und vorgegebenen Familienstrukturen sichtbar. Eine neue Variante der *Clan*bildung und des *clan*internen Klientelismus wurde sichtbar. Dies führte in der Folge zu einer zunehmenden Zersplitterung der Gemeinde in Interessensgruppen, die anfangs noch durch die integrativen Kräfte der neuen religiösen Gemeinschaften wie AC oder Sekten zusammengehalten wurden. Doch letztlich führte diese Segmentierung zu einem ausgeprägten schichtenspezifischen Verhalten in der *comunidad*, wo die 'Reichen unter sich blieben'. Der durch den wirtschaftlichen Aufstieg gewonnene Status wurde gleichzeitig durch eine entsprechende Heiratspolitik unter den wohlhabenden Familien gesichert. Abbildung 6 zeigt das Gesagte schematisiert.

4. KAPITEL

Abb.6: Sozial-kulturelle Schichtung einer Hochlandgemeinde am Beispiel von Cabricán

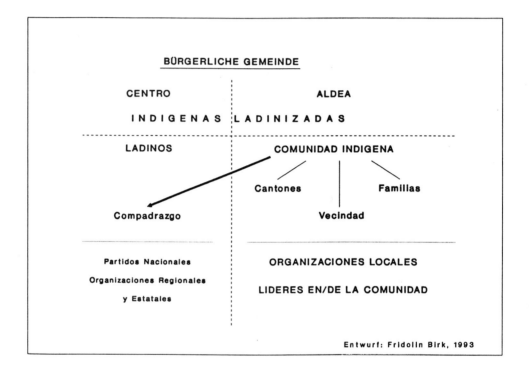

Von einer anderen Seite zeigen sich die Konstellationen in Concepción und Cabricán. Dort bedeutete die Reorganisation der dörflichen Gesellschaft im Zuge des wachsenden Einflusses der AC und der 'neuen Politik' in erster Linie eine Akkulturation an mestizische Lebensformen. Die Reorganisation war also vom ersten Moment an mit der ethnischen Frage verknüpft. Dabei war allerdings den sich emanzipierenden *Indígenas* der Weg zu einer aussen abgestützten neuen Machtbasis versperrt, da die *Ladinos* die Händlerfunktionen schon übernommen hatten. Es kam im weiteren Verlauf nur ganz zögerlich zu einer veränderten Bewusstseinsbasis, die mit der fortschreitenden Abkehr von den traditionellen Ordnungsmustern durch die Artikulation neuer Bedürfnisse zum Ausdruck kam. Die wirtschaftlichen Mittel zu deren Befriedigung blieben den Bauern jedoch vorenthalten.

Dies musste im Laufe der Zeit zu einer Neubestimmung der indianischen Rolle führen, die sich in der ethnischen Frage äusserte. Den *Indígenas* wurde während der 60er Jahre immer deutlicher bewusst, dass sie als Indígenas übervorteilt und diskriminiert wurden. Dies musste zu einer neuen Artikulation des Anspruches auf Zugangsmöglichkeiten zu einer erweiterten Ressourcenbasis führen, die sich auch im materiellen Reichtum äusserte.

So verknüpfte sich die ethnische Frage mit der nach wirtschaftlicher Besserstellung und wurde in den alternativen Bewirtschaftungsformen der Kooperativen, der Bauernprojekte und dörflichen Gruppen zur Infrastrukturverbesserung aufgefangen.

Die Misserfolge in diesen Wirtschaftsformen waren unter anderem deshalb so häufig, weil neben den finanziellen Mitteln die Infrastruktur, der kulturelle Hintergrund, die sachorientierte Motivation der einzelnen Mitglieder und Einflussmittel der sozioökonomischen Ressourcenmobilisierung im weiteren regionalen oder nationalen Rahmen fehlte. Diesen Rahmen hatten sich die Händler des *Quiché* durch ein eigenes Unterstützungsnetz auf den Märkten ausserhalb der eigenen Gemeinde geschaffen, weshalb sie wirtschaftlich erfolgreich arbeiten und ihre strukturellen Vorteile voll ausnützen konnten.

Das Verharren in einem stärker am bäuerlichen Lebenszusammenhang ausgerichteten Denken in Cabricán und Concepción, bedingt durch die soziale Zusammensetzung der dörflichen Gesellschaft, verhinderte zum einen die finanzielle Ressourcenbereitstellung für interne Investitionen. Zum anderen schuf diese Konstellation mit dem Auftreten der AC und der Parteien zugleich einen gewaltigen Konfliktherd mit den *Ladinos*, die um ihre Machtbasis in der Gemeinde fürchten mussten. Erst der wachsende Widerspruch zwischen den von aussen in die *comunidad* eindringenden Bedürfnissen in Form neuen Konsumverhaltens, neuer landwirtschaftlicher Betriebsmittel bei unzureichender finanzieller Mittelbasis und neuen Statusdenkens führten zu einer Reformulierung der ethnischen Frage durch die *Indígenas* selber. Die Lösungen, die als Ausgang, wiederum von aussen, der indianischen Bevölkerung angeboten wurden, bestanden in den genannten wirtschaftlichen Kooperationsformen, im Bildungsdenken oder in innerdörflicher produzierender Arbeit. Die Vertreter dieser Vorstellungen hofften untergründig, gerade auf das zurückgreifen zu können, was sie nicht verstanden und zu wenig kannten und was durch diesen 'Einbruch der Moderne' grösstenteils abgestreift wurde: die innerdörfliche Tradition sozialer Kohäsion und Kooperation.

Diese Gedanken werden vereinfachend in Abbildung 7 dargestellt.

Abb. 7: Restrukturierung lokaler Macht in Cabricán

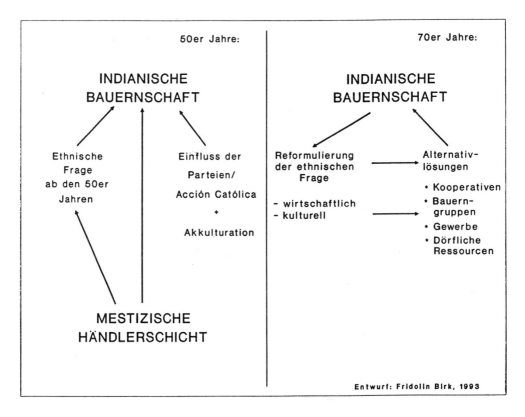

Durch das vielfache Scheitern wurde klar, dass die Dörfer in der jüngsten Geschichte stark differenzierenden Einflüssen ausgesetzt waren. Die angedeuteten Linien weiter zu verfolgen, würde den Rahmen dieser Arbeit überschreiten. Wegen der vorteilhaften Datenlage zu Cabricán soll sich die Untersuchung einer Reihe von Detailaspekten in den folgenden Abschnitten auf dieses Dorf und seine besondere Entwicklung beschränken.

4.3.2. Distanzielle Differenzierungen und Interaktion

Distanzielle Differenzierung bedeutet im Sinne der hier entwickelten Argumentation eine Neuordnung der Interaktionsmuster entsprechend einer Umstrukturierung der Dichtefelder in einem aktuellen sozialen Netzwerk. Neugestaltungen oder Reinterpretationen von Handlungsfeldern sind immer Ergebnis einer neu einsetzenden oder neu bewerteten Interaktion, die über symboltragende Verständigungsweisen, seien dies Sprache, physische Interventionen oder Unterlassungen, die Voraussetzungen und die Ergebnisse von Handlungen bestimmen. Diese Reinterpretationen zeigen als eine ihrer Folgen Veränderungen in chorisch verortbaren Raummustern, im Bewegungsplan der einzelnen Menschen, im Rückgriff auf soziale Leistungen oder in Umorientierungen wirtschaftlichen Handelns, um nur einige Handlungsbereiche zu nennen.

In diese Richtung zielten Beschreibungen und Analysen von strukturellen Voraussetzungen der dörflichen Verhältnisse im Sinne der historischen Entstehung und Veränderung von sozialen Netzwerken. Im folgenden kommt nun, wiederum ausgehend von der Familie, die distanzielle Differenzierung im Zuge der Ereignisse der vergangenen Jahrzehnte zur Sprache. Dieser Exkurs bringt eine weitere Annäherung an die Bedingungen des Handelns einzelner im Rahmen von Gruppen oder formalen Organisationen.

Die **Familie** hat eine Reihe von Umdeutungen im Rahmen ihres Wirkkreises über die letzten beiden Generationen hinweg erfahren, was wiederum bedeutende Veränderungen des lebensweltlichen Umfeldes zur Folge hatte, welche die heutige indianische Dorfjugend häufig völlig 'andere Wege' gehen lässt als deren Eltern.

Am augenfälligsten waren diese Veränderungen beim Schulbesuch und damit bei der internen familiären Einbindung der Kindergenerationen seit den späten 60er

Jahren. Nach Angaben der Direktoren der staatlichen und kirchlichen Grundschule in Cabricán beginnen ca. 70% aus der Gesamtzahl der sich im schulpflichtigen Alter befindenden Kinder das erste Grundschuljahr. Wurde vor ca. 20 Jahren der Schulbesuch von den Eltern noch häufig als *bavosada*, als Zeitverschwendung, betrachtet, so hat sich diese Haltung inzwischen vollkommen geändert. Sei die Qualität des Unterrichtes in den Grundschulen auch noch so fragwürdig, die grundsätzliche Einstellung zur Notwendigkeit einer schulischen Bildung hat die Beschränkungen des Wissens auf die traditionellen Bestände der soziokulturellen Orientierung im Gefüge der *comunidad* hinter sich gelassen. Der Prozentsatz der Schüler, die über die sechs Grundschuljahre hinaus zum Besuch der drei Jahre dauernden *secundaria* von der Arbeit auf dem Feld oder im Haushalt freigestellt werden und als ein nicht unwesentlicher Kostenfaktor auf das familiäre Budget fallen, wächst kontinuierlich. In vielen Familien richtet sich die Zeit des Mittagessens auch nach den von der Schule heimkehrenden Kindern ein völliges Novum in einer ehemals strikt patriarchalisch geordneten Gesellschaft.

Der erhöhte Kapitalbedarf der Eltern zur Finanzierung der relativ hohen Schulkosten für weiterführende Schulen führt zu einer wachsenden Nachfrage nach zusätzlichen Einkommensmöglichkeiten. Der Konflikt zwischen einer handwerklichen Erwerbsarbeit und der bäuerlichen Subsistenzgewinnung in den Zeiten hoher Arbeitsbelastung durch Maisaussaat, Pflege und Ernte wird zunehmend deutlich und spielt bei der Frage nach zusätzlichen Verdienstmöglichkeiten eine nicht unwesentliche Rolle.

Im Blick auf die heutige Kindergeneration hat der Schwund des innerfamiliären Einflusses der Vätergeneration seit den 60er Jahren durch zwei weitere Veränderungen eine Beschleunigung erfahren: durch die Landknappheit und durch die verstärkte saisonale Wanderung auf die Plantagen der südlichen Pazifikküste. Die Landknappheit verringerte das Erbe für die Kinder bis zur Bedeutungslosigkeit. Damit schwand auch der Einfluss des Vaters als Familienoberhaupt, dessen Vetorecht bei der Erbzumessung die Söhne vormals bis auf weiteres unter dessen Autorität gezwungen hatte. Diese Drohung und die damit verbundene Heiratspolitik unter den Familien wurde allmählich durch das schwindende Erbe bedeutungslos. Die Statistik zeigt, dass die ererbten Flächen in Cabricán im Schnitt fünf *cuerdas* (ca.0,25 ha) betragen, was den Ernährungsbedarf einer siebenköpfigen Durchschnittsfamilie lediglich für ca. drei Monate eines Jahres zu decken vermag. Den Nachwachsenden bleibt nichts anderes übrig, als sich nach eigenständigen Alternativen umzusehen.

Eine dieser Alternativen bot die saisonale Wanderung auf die Pflanzungen der Südküste. Viele der Wanderarbeiter blieben an der Küste, auch wenn sie dort keine qualitative Verbesserung ihrer Lebensumstände erreichen konnten. Dennoch brachen sie dadurch aus dem für sie engen und extrem reglementierten Rahmen der dörflichen Ordnung aus. Für einige bedeutete dieser Abschied eine Möglichkeit, z.B. als Kleinhändler einen Zuverdienst neben der Arbeit auf der Pflanzung zu erwerben und damit eine Diversifizierung der Unterhaltssicherung einzuleiten.

Der erweiterte Kommunikationsrahmen der Familienmitglieder wurde durch eine weitere Entwicklung der vergangenen 30 Jahre provoziert. Viele Töchter von Familien, in Cabricán schätze ich die Zahl auf ca.1.000, fanden als Haushaltshilfen in der Hauptstadt eine Beschäftigung, wo sie durch ihre Bezahlung häufig auch noch die Elternfamilie im Dorf unterstützten. Kamen diese Vermittlungen über andere Bekannte oder Verwandte zustande, die zuvor abgewandert waren, so dienen im weiteren Verlauf die direkten Angehörigen als eine Anlaufstelle in der Stadt, was Besuche und die Abwanderung in die *capital* (Hauptstadt) wahrscheinlicher werden lässt. Gerade diese Brückenfunktion, auf Unterkunft und Orientierungshilfe in der Hauptstadt zurückgreifen zu können, wird, im Gegensatz zur bisherigen Tradition, bei der Übernahme von Ämtern und Aufgaben im Umfeld der Gemeinde für die im Dorf Zurückgebliebenen zunehmend von Bedeutung.

Im Netzwerk der Familie sind also über die vergangenen zwei Generationen einige 'Schlupflöcher' entstanden, die das dichte und über starke Autoritätsträger, die Familienväter, zusammengehaltene soziale Feld des Familiennetzwerkes haben durchlässiger werden lassen. Die Alten beklagen den mangelnden Respekt der Jungen. Daneben ist ihnen die Unzufriedenheit der heutigen Eltern- und Kindergeneration ein Dorn im Auge, die heute bei ungleich leichterer Arbeit mehr verdienen als es früher möglich war und sich dennoch niemand damit zufrieden zeigt.

Gerade die Veränderungen auf der Ebene der Familie machen deutlich, dass den Bewegungen der Menschen im metrisch-distanziellen Sinne die Distanzierung im diskursiven Sinne vorausgeht. Erst wenn das Familiennetzwerk mit seinen aus dem traditionellen Zusammenhang entnommenen Reaktionsweisen keine akzeptable Lösung mehr bietet und der Diskurs mit einem individuell abgegrenzten Umfeld droht abzubrechen, kommt es zum Rückgriff auf das Unorthodoxe, zum Entweichen aus dem Vorgegebenen. Dieses Entweichen wird im Rahmen unserer Deutung als eine Veränderung des Inventars symbolischer Formen und Inhalte der Verständigung, also mithin als eine Entfernung oder Distanzierung vom bisher gewohnten Kontext der Bedeutungsherstellung und Interpretation der Handlungsalternativen in der Gegenwart verstanden. Das faktische Weggehen aus dem Dorf ist nur der Vollzug einer vorausgehenden Dissoziation vom Zusammenhang der symbolischen Elemente der familiären Lebenswelt.

Auf der Ebene des **Dorfes** werden andere Bereiche vom veränderten interpretativen Hintergrund der unterschiedlichen Akteure erfasst. Grundsätzlich lässt sich bei dieser Differenzierung mit dem Begriff des 'internen Systems' von HOMANS (1951: 273 ff.) arbeiten, dem ein 'externes System' entgegen gestellt wird. Das *interne System* verweist, in Anlehnung an die netzwerktheoretische Analyse, auf die Dichtebereiche sozialer Kommunikation mit geschlossenen, aber hoch adaptiven Zirkeln der Informationsverarbeitung, die jedoch nur eine geringe Transparenz nach aussen aufweisen.

Das *externe System* wird auf Gemeindeebene repräsentiert durch den Bürgermeister, der auf der Basis von anomymen staatlichen Gesetzen und Rechtsvorschriften handelt. Parteien oder andere Verbände reichen dagegen über die Gemeindegrenzen hinaus. Grundlage des externen Systems sind hierarchisch gegliederte Kompetenzen einzelner Instanzen. Sie werden uns in späteren Abschnitten noch weiter beschäftigen. Entscheidend sind im Moment die schwachen Bindungen zu diesen Instanzen. Im Denken der Bauern kristallisieren sich diese im wesentlichen als formale Strukturierungen, da sie lebensweltlich nicht verankert sind. Von seiten der Dorfbewohner wird Verbänden und der staatlichen Verwaltung das Bild einer überformalisierten, anonymen und unwägbaren Aussenwelt angehängt.

Ein weiterer Bereich der Vermittlung neuer Symbolbereiche liegt im wirtschaftlichen Handeln. Der wöchentliche Markt im Gemeindezentrum stellt eine willkommene Abwechslung in der ansonsten eher durch Ereignislosigkeit gezeichneten

DORF UND FAMILIE

Alltagswelt dar, denn der Markt entfaltet durch die vielen von auswärts kommenden Händler das, was gemeinhin als *hacer negocio*, Geschäftemacherei, bezeichnet wird. Das *negocio* erfordert *agilidad* und *chispa*, Rührigkeit und Pfiffigkeit, mit anderen Worten, eine Gewandtheit im Umgang mit den Kunden, um ihnen das Geld aus der Tasche zu locken. Diese Charakteristika, als Qualitäten angesehen, sind den meisten *Indígenas* fremd.

Der Wochenmarkt ist der Ort, an dem sich diese Qualitäten beweisen. Da der Wochenmarkt in Cabricán eine relativ neue Erscheinung aus diesem Jahrhundert ist, bedeutete er eine vehemente Intervention in die vorherige Geschlossenheit des Dorfes. Da die *Ladinos* als *negociantes* die ersten Profiteure waren, verwies der Markt zugleich auf die permanente Abhängigkeit von aussenbürtigen Faktoren. Die Distanz zu dieser Mentalität des Handels und Verhandelns überschneidet sich mit dem übervorteilenden Einfluss der ausserhalb der *comunidad* verankerten *Ladino*-Händler.

Die Händlermentalität verweist wiederum auf die **Stadt**. Die Begegnung mit der Stadt bedeutet ebenfalls ein Novum und findet nach einer Befragung von 61 indianischen Bauern für die Mehrzahl der Probanden ca. ein- bis zweimal pro Monat statt. Sie bringt in Grundzügen dieselben Momente zum Tragen, die wir soeben in Hinblick auf die Ebene des Dorfes interpretiert hatten. Nach derselben Befragung erledigen die meisten in der Stadt irgendwelche Angelegenheiten mit der staatlichen Bürokratie, seien es notarielle oder schulische Dinge. Andererseits werden Einkäufe getätigt, da bekannt ist, dass in der Stadt oftmals Rabatte oder Sonderposten zu haben sind. Ansonsten wird jedoch das Bild der Stadt geprägt von der Anwesenheit der Polizei, des Militärs, von Erzählungen über Diebe und einer unbarmherzigen Bürokratie, die einem bei ungenügender Vorsicht auch das Wenige noch nimmt, was man sich bewahrt und zusammengespart hat. In der Stadt wohnen die Reichen und dort gibt es Asphaltstrassen, es wird ständig ver- und gekauft, die Leute tragen saubere Kleider und alles ist sehr teuer, es gibt keinen Platz zum Schlafen bzw. man muss sehr viel dafür bezahlen, alles in allem eine Welt der Unwägbarkeiten und damit der Notwendigkeit grösstmöglicher Vorsicht. Nicht zuviel reden, aber genügend viele Leute kennen, heisst die Devise. Eine Verfahrensweise, die dem dörfliche Umfeld entfremdet erscheint. Die Stadt kennzeichnet folglich den alltagsweltlichen

Gegenpol zum Dorf (s. Kap.6). Der erweiterte Kommunikationsrahmen besteht für das Dorf, über die Verwandtschaft hinausgehend, in der *vecindad*, im Umfeld von Bekannten und Freunden. Die *vecindad* kennzeichnet den Bereich, der im metrischen Sinne nicht abgrenzbar, ein soziales Umfeld charakterisiert, das mit zunehmendem Alter für die Bewohner der *comunidad* immer wichtiger wird.[36] *Lineage* und *vecindad* sind daher zwei komplementäre soziale Bereiche im dörflichen Rahmen, von denen Unterstützungsleistungen erwartet werden können.

Tab. 6: Herkunft der dorfinternen Unterstützung nach Altersstufen

Gruppe bis 35 Jahre	Anzahl	Gruppe ab 36 Jahre	Anzahl
Nachbarn (vecinos)	5	Nachbarn (vecinos)	26
Geschwister	13	Geschwister	17
Eltern	12	Eltern	7
GESAMT:	30	**GESAMT:**	50

Quelle: Eigene Befragungen, 1992; Anm.: 81 Befragte; Keine Angaben: 5; Doppelnennungen: 4.

Mit Hilfe von Tabelle 6 lässt sich erkennen, dass bei zunehmendem Alter die *vecindad*, die Nachbarschaft, an Bedeutung für den einzelnen zunimmt. Die soziale Integration in das Umfeld des Dorfes hat stattgefunden, wodurch dem einzelnen ein gewisser Status zugewachsen ist, dessen Vorteile und Verbindungen er nun für sich in Anspruch nehmen kann. Diese Angaben erlauben uns den Schluss, dass im herkömmlichen Lebensumfeld der Bauern, über die Verwandtschaftsbeziehungen hinaus, die *vecindad* und die darin sich manifestierenden Beziehungen den äusseren Bereich der sozialen Infrastruktur bilden. Die Stadt allemal, aber auch die Gemeinde in ihrer

---

[36] Vgl. dazu BULMER (1985: 434), der seine Kritik am eindimensionalen chorischen Paradigma der geographischen Perspektive so formuliert: "Ways of life indeed do not coincide with settlement patterns, but in studying neighbours one is not studying settlement patterns but social networks and the ways in which people construct their primary group relationships."

DORF UND FAMILIE

territorialen Erstreckung, ihren Institutionen und Dienstleistungen bleiben dem externen System des einzelnen, der Lebenswelt, zugeordnet. Die Alltagswelt trägt nach wie vor den Stempel der kleinen aber dichten Netze, der kurzen Distanzen.

Die administrativen **Institutionen** stehen in Opposition zum Konzept der Nachbarschaft. Deren wachsender Einfluss kontrastiert mit der kurzen Distanz zum Lebensumfeld der Nachbarschaft innerhalb der indianischen *comunidad*. Eine dieser Institutionen, jenseits von Politik und Verbänden, die seit Beginn dieses Jahrhunderts in Cabricán und allen anderen Dörfern eine grosse Bedeutung hatte, ist das *Militär*. Seit der allgemeine Wehrdienst 1945 in der Verfassung festgeschrieben und damit für die indianische Bevölkerung verbindlich wurde, kam es durch Zwangsrekrutierungen dazu, ein wichtiges Tor zu einer tiefgreifenden Beeinflussung der dörflichen sozialen Verfassung aufzustossen. Wurde der Militärdienst noch vor kurzem allgemein als ein Übel angesehen, weil damit ein zeitweiliger Abschied von der *comunidad* erzwungen wurde, so wurde in der neueren Zeit der Eintritt in die Armee für viele Jugendliche zu einer Gelegenheit, der zunehmend stärker empfundenen Enge im familiären Umkreis zu entkommen.

Die häufigen Klagen der Väter über die fehlende Bereitschaft der Söhne, sich nach ihrer Dienstzeit wieder in den hergebrachten Rahmen der Familienwirtschaft einzugliedern, stellen ein Spiegelbild der Folgen dieser staatlichen Institution dar. *"En la zona se les mete las manias en la cabeza y ya no respetan a nadie, ni les gusta a trabajar con el azadón"*[37], meinte einmal ein *Cabricaneco* zum Verfasser.

Die zurückkehrenden Jugendlichen spüren nach einem abwechslungsreichen Zusammensein mit Altersgenossen aus anderen Landesteilen in der Kaserne die Einförmigkeit des Alltags zuhause. Die Feldarbeit, die ausserhalb des Dorfes als Ausdruck der Rückständigkeit desavouiert wurde, stösst zunehmend auf seiten der jungen Männer auf Ablehnung. Die Öffnung des Diskursfeldes, die Vermittlung eines Ideals von modernem Leben mit der Ablehnung von Feldarbeit und dem Kontakt mit neuen und den bisherigen eindeutig überlegenen Autoritätsstrkturen führten zu einem Bruch zwischen den kennengelernten und offensichtlich unvereinbaren Welten.

---

[37] Zitatübersetzung: "In der Kaserne werden ihnen (den Jungen) nur Flöhe ins Ohr gesetzt und nachher haben sie vor niemandem mehr Respekt und wollen nicht mehr mit der Hacke auf dem Feld arbeiten."

Auch im Falle des Militärs führte die Veränderung des symbolischen Inventars der sozialen Verständigung zu einer Umbewertung der Wahrnehmungselemente. Sie wird kenntlich in der Distanzierung und häufig genug in der örtlichen Entfernung von den bislang für bestimmend gehaltenen Elementen der dörflichen Gegenwart.

Die *Parteien* wirkten ähnlich tief hinein in die interne Ordnung des sozialen dörflichen Rahmens. Seit ihrer Einführung ab 1945 wurden sie auf nationaler Ebene zum politischen Parkett caudillistisch orientierter Personen. Dasselbe geschah auch auf Dorfebene. Zunächst dominierten die ortsansässigen *Ladinos* in Cabricán, doch gewannen die *Indígenas* mit der Reifung der interethnischen Auseinandersetzung an Boden, so dass zunächst noch die lokalen *principales* den Kandidaten für das Amt des Bürgermeisters bestimmten und sich anschliessend die angemessene Partei nach deren Versprechungen aussuchten.

Doch dieses Vorgehen verlor bis zum Ende der 60er Jahre an Bedeutung. Auch die indianischen Kandidaten profilierten sich ausserhalb der traditionellen Rollenzuteilungen und verliessen sich zunehmend auf die Autorität, die ihnen aufgrund der Wirkung des parteilenkenden *Caudillos* aus der Parteizentrale in der Hauptstadt zukam.[38] Der parteigebundene Einfluss der AC tat hierbei sein übriges.[39] In Cabricán konnte sich allerdings bis 1976 kein indianischer Kandidat einer Parteienliste gegen die Ladinofraktion durchsetzen[40], genausowenig in Concepción, wogegen Sta. Maria schon immer indianische Bürgermeister hatte.

Die zunehmende Verbürokratisierung der *Gemeindeverwaltung* band den Bürgermeister in ein ausserdörfliches Diskursnetz ein. Die Qualifizierung einer Person als möglicher Kandidat geschah auch im Wahljahr 1991 nicht über die Sachkenntnis der Person, sondern im wesentlichen über dessen innerdörfliche Reputation und

---

[38] Dazu lassen sich auch aus anderen Orten des Altiplano Hinweise finden, z.B. NASH (1970: 209); HANDY (1990: 163); WATANABE (1990: 193); NACHTIGALL (1978: 181); REINA (1973: 122).

[39] COLBY/ VAN DEN BERGHE (1977: 132 f.) geben ein Beispiel aus dem Ixil- Gebiet: "Durch das neue Verfahren der freien Wahlen bestimmten die Principales die Liste der Kandidaten für eine der politischen Parteien. Obwohl ihr Kandidat für das Bürgermeisteramt nicht gewann, wurden die übrigen den Indígenas zugewiesenen Posten, ausser einem mit den von ihnen bestimmten Personen besetzt. Die Ausnahme war ein Indígena der Siegerpartei, der wegen seiner Zugehörigkeit zur Acción Católica die Principales als tatsächliche Führer der comunidad indígena nicht anerkannte." (Übers. F.B.)

[40] Vgl. dazu auch COLBY/ VAN DEN BERGHE (1977: 133); "La desproporcionada influencia de los ladinos en Nebaj dependa, en gran parte, del control prolongado de la posición de alcalde."

Position als *persona fuerte* (starke Person). Don Fidel, der Präsident der Kooperativa Santiago, profitierte durch die zweifache Präsidenschaft in der Kooperativa, sein Engagement im 'Comité Pro-Luz' (Elektrifizierungskomitee) seines *aldea* und nicht zuletzt über seine Verbindungen zur Hauptstadt, wo mehrere seiner Kinder leben.

Seine Wahlhelfer und Parteigänger entwickelten sich zu einer klientelistischen Anhängerschaft, die mit ihren Erwartungen hinsichtlich der Vergabe von Gemeindeämtern zunehmend quer zu den Vorgaben der traditionellen Dorfhierarchie lagen. Durch die Parteien als Mittel politisch-staatlicher Durchdringung und Integration der nationalen Peripherie wurde es möglich, dem individuellen Profil des lokalen Kandidaten eine Liste von Wahlversprechungen an die Seite zu stellen. Damit konnten die Kandidaten dem sich verändernden Erwartungshorizont der Dorfbewohner mit Versprechungen, die dem Parteiprogramm entnommen waren, entgegenkommen.

Ergebnis dieser Entwicklung war eine Verschiebung der Diskurslinien und damit der übergreifenden sozialen Netzwerkstrukturen hin auf von aussen gestützte Autoritäten und Institutionen. Die dorfgebundene Ressource der autonomen Machtzuweisung an Personen mit entsprechendem Prestige wurde nach aussen gegeben. Es kam zu einer strukturellen Neubestimmung bzw. Differenzierung der Machtressourcen über eine gegenseitige Distanzierung der entstandenen parteigebundenen Fraktionen unter den *Indígenas* in der Gemeinde.[41] Die Wahl von 1991 brachte die ganze Zerrissenheit unter der indianischen Bevölkerung Cabricáns ans Tageslicht, als eine Mehrheit unter ihnen aus Opportunismus gegen die anderen indigenen Kandidaten den *Ladino*bewerber einer extremen Rechtspartei ins Amt brachten. Mit dieser Wahl ist verbunden, dass ein grosser Teil der für die Gemeinde zur Verfügung stehenden finanziellen Mittel im Gemeindezentrum investiert werden und die indianischen *aldeas*, die den Kandidaten gewählt hatten, leer ausgehen. So manifestiert sich die wachsende Distanz zwischen den innerdörflichen indianischen Fraktionen auch in der sich vergrössernden Distanz der infrastrukturellen Entwicklung von Gemeindezentrum und *aldeas*.

---

[41] Siehe COLBY/ VAN DEN BERGHE (1977: 133 f.), die das ähnliche Phänomen in früheren Wahlen beobachteten, "Así, en Nebaj, los partidos exploraron y ayudaron a cristalizar las divisiones preexistentes."

4. KAPITEL

4.4. Vernetzung von Problemfeldern

Im Laufe der Untersuchung haben sich verschiedene Felder der inner- als auch der interethnischen Interaktion als wichtige Voraussetzungen für eine Strukturierung in dorfgebundene Organisationen nach sozialen oder sachorientierten Interessen erwiesen: die Politik, die Wirtschaft und die Religiösität. Die Vernetzung der Interaktionsfelder war auf diesen verschiedenen Ebenen der sozialen Aggregation besonders ausgeprägt, was entscheidende Rückwirkungen auf das Alltagshandeln in der indianischen *comunidad* hatte. Der politische Einfluss wirkte besonders stark auf der lokalen und nationalen Ebene, die wirtschaftlichen Neuerungen auf der familiären und regionalen Ebene und die Religiosität hatte vor allem im familiären und lokalen Umfeld starke Auswirkungen.

Es kam während der jüngsten Vergangenheit zu einer beträchtlichen Umgestaltung und Neubewertung des Inventars symbolischer Vermittlungselemente im alltäglichen Handeln. Dies führte zu einer Häufung der Konflikte in allen Bereichen, so dass ELWERTs (1983: 75) Sichtweise des "Dorfes als Einheit verklammerter Konflikte" auch in unserem Fall vollkommen zutreffend ist. Es geht in diesem kurzen Abschnitt abschliessend darum, einige Verzahnungen solcher Konfliktbereiche konkret zu zeigen und ihre Bedeutung im Rahmen der alltäglichen Problembewältigung deutlich werden zu lassen.

Wieder mit der kleinsten Einheit sozialer Vergesellschaftung, der Familie, beginnend, ist aus den Gesprächen deutlich zu erkennen, dass im Zuge der Familiengründung der Wunsch nach einer sofortigen Separierung der jungen Familie nach der *Heirat* von der patrilinearen, gemischten Wohnform[42] wächst. Das gemeinsame Wohnen mehrerer Generationen *'solo trae problemas'*, bringt nur Probleme. Diese Haltung ist das Ergebnis einer *ladino*-geprägten Denkweise, die sich zunehmend durchsetzt. Sie steht im Widerspruch zur patriarchalischen Familienorganisation und will die Unterordnung unter die tradierte soziale Hierarchie vermeiden.

---

[42] Darunter ist das Zusammenleben der neugegründeten Familie unter einem Dach mit der Familie des Ehemannes zu verstehen. Diese Übergangslösung zog sich meist über einen Zeitraum von zwei bis sieben Jahren hin, bis die Mittel für den Bau eines eigenen Hauses erwirtschaftet waren.

DORF UND FAMILIE

Die *Schule* repräsentiert ein weiteres Element der Herauslösung der Kinder aus dem traditionsgelenkten indianischen Lebenszusammenhang. Die Unterweisung in der spanischen Sprache und die Vermittlung einer veränderten Hierarchie von erstrebenswerten Idealen provoziert Konflikte mit dem sozialen Rahmen der *comunidad* oder des Dorfes und lässt diese Denkweise mit den finanziellen und intellektuellen Ressourcen der einzelnen Personen kollidieren. Bildung als ein Gut anzusehen, liegt vielen noch fern. So ist auch das Unverständnis eines Vorstandsmitgliedes einer Genossenschaft zu erklären, das sich weigerte, dem Buchhalter eine Lohnerhöhung zuzugestehen. Seiner Meinung nach war es nicht gerechtfertigt, dem Buchhalter mehr zu bezahlen als einem Feldarbeiter, nachdem der Büroangestellte im Schatten einer leichten Arbeit nachgeht, erst um 8.30 Uhr mit seiner Arbeit beginnt und sie schon um 16.30 Uhr wieder beendet, während der Landarbeiter unter glühender Sonne von 7.30 Uhr bis 17 Uhr eine schwere Arbeit zu verrichten hat und dabei die *milpa*, den Mais, anbaut, der die Grundlage der täglichen Ernährung bildet.

Doch schon im Vorfeld sachgebundener Fragen, bei der Anrede von Personen, wird die Verwirrung offenkundig, in der die indianischen Bauern stehen. Bislang war die Heirat[43] der Eintritt in die soziale Ordnung der lokalen Gesellschaft und mit dem entsprechenden Prestigegewinn verbunden. Erst dieser Zugewinn an Ansehen verlieh entscheidende dorfinterne Interventionsrechte. Bei Studenten oder Soldaten verschiebt sich das Heiratsalter nach oben. Dennoch beanspruchen sie aufgrund ihrer ausserhalb des Dorfes erworbenen Bildung und ihres Alters ein Mitspracherecht in Angelegenheiten des Dorfes. Auch ich selber war den Männern im Dorf ständig ein Grund der Unsicherheit: sie waren sich unsicher, wie sie mich anreden sollten, da ich zwar schon 31 Jahre alt war, aber noch unverheiratet. Manche vermieden einen Titel, andere redeten mich bisweilen mit *'joven'* (junger Mann) an, der Bezeichnung für einen Unverheirateten. Mit zunehmendem Engagement in den lokalen Organisationen jedoch, wurde ich von vielen, trotz ausstehender Heirat, mit *'Don'* tituliert, der Anrede für eine Respektsperson, zu der ich vorwiegend durch meine Interventionen auf Dorfebene geworden war.

Die Fixierung auf *materiellen Reichtum* setzt sich als Grundcharakteristikum in

---

[43] Vgl. unter vielen anderen auch SHANIN (1991: 104) oder GAGE (1979: 80).

den Dörfern von den traditionellen redistributiven Mechanismen der zivil-religiösen Hierarchie ab. Vereinzelt sind in den indianischen *aldeas* neugebaute Häuser aus Ziegel und Beton zu sehen, die physiognomisch stark von den traditionellen *Adobe*häusern (Lehmziegelhäusern) abweichen. Wäre vor ca. 20 Jahren eine solche Nachahmung der *Ladino*-Häuser aus dem Gemeindezentrum noch öffentlich sanktioniert worden, so wird heute nicht selten Bewunderung laut ob der Tatsache, dass sich jemand ein solch teures Haus leisten kann. Dies deutet auf eine tiefe Umorientierung entscheidender Werte der internen Strukturierung, da das Haus durch die einzelne Familie als sichtbares Objekt nach aussen auf die soziale Umgebung hin mit viel Aufmerksamkeit bedacht wird. Mit NASH[44] lässt sich auch für die drei untersuchten Dörfer feststellen, dass Geld im lokalen Prestigedenken inzwischen beinahe magische Faszination ausstrahlt und fast von einem lokalen 'Geldadel' gesprochen werden kann. Unter dem Eindruck des Geldes werden die Konfliktlinien unter den Familien und Personen stark modifiziert. Geld als äusserst knappem Gut ist es auf lokaler Ebene zwar noch nicht gelungen, sämtliche netzwerkstrukturierten Unterstützungsleistungen auszuhebeln, doch findet eine rasche Umwertung der Bemessungsrichtlinien solcher Leistungen statt. Dies trifft dann vor allem landarme und alte Personen sehr hart.

Die Verknappung der eigenen wirtschaftlichen Ressourcenbasis durch eine drastische Verkleinerung des Familienlandes erzeugt wirtschaftlich motivierte Konflikte und Konkurrenzsituationen. Die zunehmende Notwendigkeit eines ausserlandwirtschaftlichen Zuverdienstes lässt die in der Landwirtschaft verbleibenden Bauern nur über eine Intensivierung der Flächenproduktivität die Landknappheit kompensieren. Dies bedeutet einen Rückgriff auf *cash-crop*- Produkte, z.B. Gemüseanbau. Das heisst, in die Subsistenzproduktion greift gleichfalls die Logik des Gebrauchs- und Warenwertes[45] ein. Dies ist in Concepción deutlich zu sehen, als binnen eines Jahres grossflächig die Umstellung des Kartoffelanbaus auf Broccoli-Produktion erfolgte. Eine Agrarexportgesellschaft aus der Hauptstadt stellte das Saatgut und den Dünger für den Broccoli, ein Produkt, dessen Namen die Menschen

---

[44] Vgl. NASH (1970: 57); "El dinero es muy importante en Cantel."

[45] Vgl. BLUM (1989: 130 f.).

bis dahin noch nicht kannten und das mit höchstem Input-Einsatz und ökologischen Folgeschäden angebaut wird. Die Strategien der **Risikominimierung vs. Gewinnmaximierung**, die bislang Leitlinie des kleinbäuerlichen Handelns war, tritt zunehmend in den Hintergrund. Auch in Sta. Maria ist mit der zunehmenden Abkehr von der landwirtschaftlichen Subsistenzproduktion und der Verlagerung auf den Textilbereich dieselbe Entwicklung unverkennbar. Die Vermischung der beiden stehen im Hintergrund dieser Umorientierung. Letztlich muss diese Richtungsänderung zu einer Veränderung der kulturellen Konstitutionselemente des Dorfes und der *comunidad* führen. Die Jungen werden durch deren Initiativen zunehmend zum prägenden Faktor im Dorf und lösen die Alten und deren normativen Einfluss ab. Deutlich zu sehen war dies an der Teilnahme an einem Kleinbewässerungsprojekt zum Gemüseanbau in Cabricán. Weit über die Hälfte der Bauern und der gesamte Vorstand des Projektes sind jünger als 35 Jahre. Nach Inbetriebnahme der Bewässerung stiegen eine grössere Anzahl ausschliesslich älterer Teilnehmer zusätzlich aus dem Projekt aus.

Die Dorfebene zeigt heute eine in vielen Zügen veränderte Hierarchie. Waren bis vor ca. 20 Jahren *Klientelverbindungen* vom Taufpaten bis zum Arbeitgeber nur zwischen *Ladinos* und *Indígenas* geläufig, hat sich bis heute diese Grundkonstellation entscheidend verändert. *Indígenas* treten ihren *vecinos* gegenüber immer häufiger als Gläubiger auf. Diese Entwicklung begann schon vor langer Zeit mit der Übernahme von Rekrutierungsfunktionen der Arbeitskolonnen für die Plantagenarbeit durch lokale *Indígena*persönlichkeiten. Die Einführung der Parteien verstärkte durch die Neubelebung des *caudillo*-Typus diese Tendenz. Heute sind *Patron-Cliente*-Beziehungen zwischen *Indígenas* keine Seltenheit. Veränderungen der internen Machtstrukturen sind die Folge. Bei der Bürgermeisterwahl von 1991 wurde z.B. öffentlich über die Vergabe von Posten spekuliert und verhandelt. Die *comunidad* ist plötzlich nicht nur ein Ort der Zuschreibung sozialen Prestiges, sondern wird zum Austragungsort wirtschaftlicher und lokalpolitischer Konkurrenz.

Auf der Institutionenebene wurden Elemente einer symbolisch-ritualisierten Einheit durch Elemente sogenannter demokratischer Verfahrensweisen ersetzt. Wahlen sind ein wesentliches Element davon. Wahlen als Verfahrensweise der sozialen Konfliktvermeidung, die den Dorfbewohnern einfach auferlegt wurden, ohne deren weitergehende Implikationen zu hinterfragen, lösen das dorfübliche Konsensprinzip bei Entscheidungen ab und sind dem Umkreis der Modernität entnommen. Sie umgehen die Mechanismen und den Zwang zur Einigung im Dorf, um dadurch eine Handlungsfähigkeit der Institutionen zu garantieren. Daneben machen sich verstärkt, als ein weiteres Element moderner Bürokratisierung, Rückgriffe auf die Etablierung formaler Strukturen breit, wenn es um die Organisation gemeinsamer Interessen geht. Die Überformalisierungen der Postenzuweisung bei der Gründung dörflicher Organisationen spiegelt das Unverständnis und die fehlende Operationalisierbarkeit bürokratischer Strukturen wider. Gerangel um die Postenvergabe ist die Folge, häufig mit dem klaren Ziel, Geld- oder Einflussquellen zur individuellen Nutzbarmachung möglichst nahe zu kommen. Der neue Zuweisungsmodus von Autorität dient letztlich der Erweiterung klientelistischer Abhängigkeitsverhältnisse.

Die Ablösung der traditionellen interethnischen Strukturen und der hierarchischen Ordnung innerhalb der *comunidad indígena* führte zu einer Neugestaltung und zu einer teilweisen Neubildung von sozialen Netzwerken, die allerdings in deren 'modernisierter Variante' wesentlich stärker interessengelenkt erscheint. Die Etablierung vollkommen neuer Kommunikationsstrukturen und symbolisierter Interaktionsmuster auf neuen Artikulationsfeldern sind die Folge. Diese Prozesse sind bis heute nicht abgeschlossen und wirken in starkem Masse zurück auf die interne Formung von neuen und interessengeleiteten Organisationen auf lokaler Ebene.

The way peasants manage those who manage them.[1]

5. Das Land, die Arbeit und die anderen - Familienzyklus und Haushaltsökonomie in Cabricán

In Kapitel 4 standen die familiären und dörflichen Bindungen im Sinne sozialer Netzwerke im Vordergrund. Dadurch wurde die soziale Einheit des Dorfes bzw. der *comunidad*, aber auch die sie durchziehenden Brüche in einem lebensweltlichen Rahmen gefasst. Familien wurden einerseits als sozial-kultureller Nukleus der Lokalgesellschaft und andererseits als wirtschaftlich-soziale Ressourcenbasis beschrieben. Ressourcenmobilisierung im Spannungsfeld von Lokalgesellschaft und Familie wird auch im vorliegenden Kapitel im Zentrum stehen. Den Hintergrund dieser Doppelstrategie bildete die notwendige Absicherung in einem durch neue Risikofelder und existenzbedrohende Krisen gekennzeichneten Umfeld. Dieses Umfeld war vorwiegend der soziale Rahmen des Dorfes. Doch traten durch die in Kapitel 3 beschriebenen Prozesse eines Einbruchs der Moderne neue Einflüsse hinzu, die auch das Handeln im dörflichen Kontext wesentlich mitbestimmen. Zu dieser Interpretation der dorfinternen Sozialordnung wird jetzt die *Analyse lokaler wirtschaftlicher Verflechtungen* hinzukommen, um dadurch die statistisch-empirische Grundlage für die weiteren Deutungen bereitzustellen. Als Ansatz dazu wurde auf die Theorie der Familienwirtschaft von Alexander V. TSCHAJANOW[2] zurückgegriffen.

Ganz allgemein beschreibt dieser Ansatz das wirtschaftliche Handeln in einem

---

[1] SHANIN (1990: 14).

[2] In der englischsprachigen Literatur zu TSCHAJANOW wird allgemein die Schreibweise CHAYANOV verwendet, ansonsten auch ČAJANOW.

5. KAPITEL

kleinbäuerlichen Familienbetrieb im Lichte der dort vorherrschenden sozialen Konstellationen und langfristigen Prozesse, die eine spezifische Berücksichtigung des geltenden wirtschaftlichen Grenznutzens verlangen. Der Begriff des Grenznutzens in TSCHAJANOWs Theorie muss dabei als ein komplexer Zusammenhang von reziproken Leistungen und Gegenleistungen verstanden werden, der nicht ohne weiteres erlaubt, von den bisherigen Lösungsstrategien im landwirtschaftlichen Subsistenzbereich abweichende Alternativen zu ergreifen. Daraus entsteht ein Konflikt, der gerade dann verstärkte Aufmerksamkeit verdient, wenn festgestellt werden kann, dass eine zunehmende Zahl von Kleinbauern zu solchen abweichenden Alternativen greift. Dieser Ansatz fügt sich gut in die Deutungsansätze der indianischen *comunidad*, die in den vorhergehenden Kapiteln vorgestellt wurden.

Anhand der Darstellungen zur wirtschaftlichen Rationalität der kleinbäuerlichen Landwirtschaft und des Kleingewerbes, die in komplexen Mischformen vor allem und besonders deutlich in Cabricán und Concepción den Alltag der Menschen prägen, entsteht ein markantes Bild der dem kleinbäuerlichen Handeln eigenen Rationalität. Zwar konnte der historische und soziale Kontext erläutert werden, der für die Familienwirtschaft ein bestimmtes Handeln nahelegt. Doch wurde noch nicht ausreichend deutlich, welche wirtschaftliche Situation die einzelnen Kleinbauern zu alternativen Handlungsweisen greifen lässt, um eine ausgeglichene familiäre Versorgung zu gewährleisten.

Es lässt sich mit Hilfe der Theorie der kleinbäuerlichen Familienwirtschaft nachvollziehen, in welcher Weise die allgemeine landwirtschaftliche Versorgungskrise die Suche nach Einkommensalternativen lenkt. Diese Krise im produktiven Bereich der kleinbäuerlichen Familienwirtschaft wird begleitet von einer weitreichenden Krise im Selbstverständnis kulturell-sozialer Normalität im dörflichen Rahmen.

Der Breite der den indianischen Kleinbauern möglich erscheinenden Handlungsalternativen steht jedoch die traditionell geprägte indianisch-bäuerliche Rationalität zur Seite, die bis heute Einfluss auf die Wahl der sich anbietenden Handlungsweisen nimmt. Da eine ausschliesslich materielle Lösung der Versorgungskrise im sozialen Rahmen eines Dorfes niemals Grundlage einer Bewältigungsstrategie sein kann, wird über die TSCHAJANOWsche Theorie deutlich, wie auf der Basis einer individuell unterschiedlichen Bestimmung der Opportunitätskosten, die Bildung und Ausformung von diversen und unterschiedlich gewichteten Organisationsformen in den Dörfern eine gangbare Alternative vor dem Hintergrund der ablaufenden Veränderungsprozesse darstellt.

5.1. Familienzyklus und kleinbäuerliche Familienwirtschaft

TSCHAJANOW hat in seinem 1923 zuerst in deutscher Sprache erschienenen Werk *Die Lehre von der bäuerlichen Wirtschaft* eine an den speziellen Bedingungen der kleinbäuerlichen Familienwirtschaft orientierte betriebswirtschaftliche Untersuchung der im damaligen Russland üblichen kleinbäuerlichen Landwirtschaft vorgelegt. Aufbauend auf einer Fülle von statistischem Material und in Anlehnung an die "Grenznutzenschule" der Wiener Betriebswirtschaft, vollzog TSCHAJANOW das Entscheidungsverhalten theoretisch nach, das einen Kleinbauern unter der Voraussetzung knapper Ressourcen, schlechter infrastruktureller Anbindung, einer Versorgungsverpflichtung für die ihm anvertraute Familie, der internen Familienentwicklung, der Arbeitsbeschwerlichkeit und konkurrierender Beschäftigungsmöglichkeiten zu den statistisch festgestellten Handlungsweisen motiviert.

Exkurs:

Die ersten beiden Säulen, die **Grenznutzenbestimmung** im bäuerlichen Betrieb und die Relevanz des Jahreseinkommens für die bäuerliche Landwirtschaft, brachten TSCHAJANOW nach seiner "Wiederentdeckung" ab 1966[3] häufig den Vorwurf ein, in der Tradition neoliberaler volkswirtschaftlicher Konzepte zu stehen.[4] Doch täuscht der Gedanke, der Kleinbauern sei grundsätzlich nur als eine am kurzfristigen wirtschaftlichen Erfolg seiner Arbeit orientierte Person im Gefolge neoliberaler

---

[3] 1966 erschien die erste englischsprachige Übersetzung von TSCHAjANOWs Werk "The Theory of Peasant Economy" und löste damit eine breite Rezeptionswelle aus.

[4] Siehe dazu FREIBERG-STRAUSS(1991: 182), wobei gerade im Hinblick auf TSCHAJANOW der Vorwurf der neoliberalen Gefolgschaft nicht richtig erscheint, da er seine Annahmen auf mikroökonomische Entscheidungen stützte, die nicht an der Nutzenmaximierung als oberstem Prinzip ausgerichtet waren. Wie könnte sonst SPITTLER (1987: XX) nach der ethischen Orientierung der periodischen Fluktuation der Arbeitsintensität fragen. SHANIN (1990: 322) spricht "of the actual retreat of the classical capitalist forms of production in the face of family farming" in einem Artikel zu TSCHAJANOWS Aktualität.

5. KAPITEL

Vorstellungen anzusehen. Bei genauerem Hinsehen wird dem ersten Eindruck widersprochen, da diese Ausrichtung am wirtschaftlichen Nutzen[5] der Arbeit nicht in kurzfristigen und gewinnmaximierenden Spannen über das monatliche Einkommen geschieht, was dem Denken im kapitalistischen System entsprechen würde. Der betriebliche Erfolg wird vielmehr am **langfristigen Jahreseinkommen** gemessen.

Der Kleinbauer ist folglich darauf bedacht, die Allokation der ihm zur Verfügung stehenden Faktoren nach Erwägungen vorzunehmen, die jahreszeitliche Knappheiten berücksichtigen. Der Vorteil für den Kleinbauern besteht darin, dass saisonale Einkommens- und Ertragsschwankungen ausgemittelt werden, die ein zentrales Charakteristikum kleinbäuerlicher Wirtschaft kennzeichnen. Dies bedeutet für ihn ein erstes, aber entscheidendes Kriterium wirtschaftlichen Handelns. Für den Bauern steht nach TSCHAJANOW die Sicherung des Auskommens der Familie über das ganze Jahr hinweg an erster Stelle. Dies und nicht ein möglichst hohes monatliches Einkommen ist sein Arbeitsziel.

Es schliesst sich die Frage an, was die Familie und deren Wirtschaftsweise an Charakteristischem aufweist, dass sie zu einem derart stabilisierenden Faktor in einer Zeit der wirtschaftlichen Not werden kann, wie dies in den indianischen Gemeinden des guatemaltekischen Hochlandes der Fall ist.

Um darauf eine Antwort geben zu können, ist es erstens notwendig, den wirtschaftlichen Erfolg der Familienwirtschaft zu erfassen, was weiter unten geschieht. Zweitens muss der unter den lokalen sozialkulturellen Umständen vorherrschende Gesamtzusammenhang des Begriffes der Familie untersucht werden. Familien im kleinbäuerlichen Bereich haben wir kennengelernt als Grundeinheit von innerdörflichen Vernetzungen. Sie lassen sich in einer ersten Annäherung über das statistische Mittel nach der Mitgliederzahl und dem Alter der Familie seit der Eheschliessung und Haushaltsgründung der Eltern differenzieren. Diese Differenzierung lässt Aussagen zu über den *Reifegrad* der Familie. Der Reifegrad beschreibt den phasengebundenen Entwicklungsstand einer Familie unter der Annahme, dass Familien entsprechend ihrer Reifung unterschiedlichen Ansprüchen hinsichtlich der Versorgungssicherung ausgesetzt sind. TSCHAJANOW (1987: 13 f.) meint dazu:

"Die Ursachen dieser Verschiedenheit [hinsichtlich der Zahl und Reife] sind in der biologischen Entwicklung der Familie zu suchen. Durch diese löst sich die Gesamtheit der Familien tatsächlich in eine Reihe von nach Umfang und Zusammensetzung unterschiedenen Gruppen auf." (...) Da im folgenden die Familie uns nicht als biologische, sondern als ökonomische Erscheinung interessiert, so müssen wir ihre Grösse und Zusammensetzung in den verschiedenen Phasen in Verbraucher- und Arbeitereinheiten ausdrücken und so klarlegen, wie sich im Verlaufe der Entwicklung in der Familie das Verhältnis ihrer Arbeitskraft zu ihren Verbrauchsansprüchen verändert und wie weit in den verschiedenen Phasen die Anwendung des Prinzips der Arbeitsteilung sich als möglich erweist, denn gerade diese Elemente sind die für die Organisation ihrer wirtschaftlichen Tätigkeit wichtigen."

Im folgenden wird, im Rahmen der TSCHAJANOWschen Überlegungen, der K/P-Quotient, also das

---

[5] Siehe dazu auch GRANOVETTER (1985: 494).

FAMILIENZYKLUS UND HAUSHALTSÖKONOMIE

Verhältnis von Konsumenten/ Verbraucher zu Produzenten/ Arbeitern in der Familie, zur Grundlage der Bestimmung der familienzyklischen Entwicklung in der kleinbäuerlichen Familienwirtschaft. Durch diesen Quotienten wird die zeitliche Spanne beschreibbar gemacht, die seit der Gründung der "Lebensgemeinschaft des Ehepaares" (TSCHAJANOW, 1987: 10) bis zum Untersuchungszeitpunkt verstrichen ist und einem allgemeinen Modell unterstellt. Grundlage der Überlegungen eine isolierte Familienwirtschaft, die in keine weiterreichenden verwandtschaftlichen Netze eingebunden ist. (SPITTLER, 1987: XV) Durch diese selektive Betrachtung gelingt es Tschajanow, bis an die Wurzeln kleinbäuerlichen Planens und Entscheidens vorzudringen.

Die Reifung einer kleinbäuerlichen Familienwirtschaft kann nach dem folgenden Prozessverlauf strukturiert werden. Die Familie etabliert sich nach aussen hin mit der Einrichtung eines getrennten Hausstandes als gemeinsamem Lebens- und Arbeitsmittelpunkt von Mann und Frau. Die Konsolidierungsphase beginnt mit einer teilweise extremen Härte hinsichtlich der Versorgung, da häufig Land und Geld fehlen bzw. in Landkauf investiert werden müssen, um sich ausreichend mit Ressourcen ausstatten zu können und damit den familiären Bedarf voll decken zu können. Mit der Geburt der ersten Kinder wächst der innerfamiliäre Bedarf an Versorgungsleistungen schnell an, den das Ehepaar zu decken in der Lage sein muss. Die von den Eltern erhaltenen Erbflächen an produktivem Land reichen bei der meist grossen Anzahl von Geschwistern meist nur aus, um den untersten Versorgungsgrad zu decken. So überlagern sich während der ersten Jahre einer Familiengründung zwei kritische Erscheinungen: die Knappheit an Boden zur Grundversorgung und die soziale Neuorganisation der jungen Familie. Darunter ist die noch ausstehende Integration der jungen Familie in das schon bestehende traditionelle Netz sozialer Unterstützung zu verstehen.

Erst wenn die heranwachsenden Kinder der allmählich reifenden Familie ins arbeitsfähige Alter gelangen, tragen sie in zunehmendem Masse zum Gesamteinkommen der Familie bei. Dies führt zwar zu einer familieninternen Arbeitsentlastung, d.h. zu einer nachlassenden Arbeitsbeschwerlichkeit für die Eltern und zu einer mehr ausgeglichenen Versorgung der gesamten Familie. Jedoch deutet sich über eine nachlassende Belastbarkeit der Eltern und einen insgesamt höheren familiären Grundversorgungsbedarf schon die nächste Krise an. Mit der Familiengründung der Kindergeneration und dem zunehmenden Alter der Eltern nimmt der Versorgungsbedarf der Familie wieder ab, doch steigt durch das fortgeschrittene Alter der Eltern für diese erneut die Mühsal bei der Verrichtung der täglichen Arbeit in der Landwirtschaft oder den ausserlandwirtschaftlichen Tätigkeiten. Die Folge ist, dass die Kinder die Unterhaltssicherung der Eltern nach und nach vollständig übernehmen müssen, während sie selber häufig genug noch in einer Phase erschwerter Versorgung stehen.

MEILLASSOUX (1983) und SAHLINS (1972) haben die über die statistische Betrachtung notwendigerweise verallgemeinerte Interpretation dieser kleinbäuerlichen Praxis im Modell von TSCHAJANOW vor allem hinsichtlich der sozialen Abkopplung der einzelnen Familienwirtschaft kritisiert. Hinsichtlich der von TSCHAJANOW dargestellten Grundstrategie stimmen sie jedoch mit dessen Vorstellungen überein.

Abb. 8: Die zyklische Entwicklung der Lebensphasen in einer kleinbäuerlichen Familienwirtschaft nach MEILLASSOUX

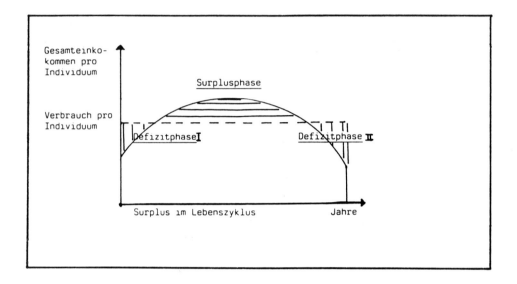

MEILLASSOUX hat in Anlehnung an den Entwurf TSCHAJANOWs und anknüpfend an die Frage der später noch zu behandelnden Arbeitsbeschwerlichkeit und der damit verbundenen Anbindung an die alimentären Strukturen des Verwandtschaftsverbandes, sein Modell der "Alimentären Strukturen der Verwandtschaft" entwickelt.

Dieses heuristische Modell zeigt die grundlegende Funktionsweise sozialer Sicherung im kleinbäuerlichen Umfeld. Die einzelnen Phasen beeinflussen und lenken die jeweiligen Strategien und mikroökonomischen Entscheidungen zur Erhaltung und Bestandssicherung in der Landwirtschaft (TSCHAJANOW, 1987: 98). Sie verweisen auf die entsprechenden Parameter, die lang-, mittel- oder kurzfristiges Handeln bzw. Investieren sinnvoll und möglich erscheinen lassen.

Die *Defizitphasen* am Anfang und gegen Ende der Existenz der Familie kennzeichnen einen höheren Bedarf, als mit den vorhandenen, nur von der jungen oder alternden Familie mobilisierbaren, Arbeits- und Mittelressourcen erwirtschaftet werden kann. Dies schafft die Notwendigkeit für diese Familien, sich nach angemessenen, d.h. die wirtschaftlichen und sozialen Verhältnisse und Möglichkeiten der Familie optimal verwendenden Strategien des Wirtschaftens umzuschauen. Gerade im Zuge der durch die familienstrukturelle Entwicklung entstehenden Versorgungsengpässe, die ihrer Natur nach langfristig wirken, erweist sich die kleinbäuerliche Sicht der langjährigen Bedarfsdeckung als richtig. Komplementär zu den Defizitphasen stehen die über soziale Verbindungen angestrebten Unterstützungsleistungen zu Personen, die wirtschaftlich gesehen sich in einer *Surplusphase* befinden.

In der familiären *Surplusphase* übersteigt der Reingewinn bzw. Nutzen die Aufwendungen, was im Sinne TSCHAJANOWs auch eine Senkung des individuellen Arbeitsaufkommens zur Folge hat. Hinter diesen Annahmen steht der Gedanke, dass sowohl das Produktions- als auch das Bedarfsniveau über die Surplusphase hinweg konstant bleibt.

Soziokulturelle Einflüsse, die auf bäuerliche Betriebe einwirken, bleiben zunächst unberücksichtigt. Zwar erwähnt TSCHAJANOW diesen Gedanken (TSCHAJANOW, 1987: 110 ff.), doch erscheinen in seinem Modell nicht die komplex verwobenen, sondern vielmehr die wenigen, familiengebundenen und klar zu bestimmenden sozio-ökonomischen Indikatoren und die daraus entwickelten konturierten Schlüsse als der entscheidende Schritt vorwärts.

Die bisherigen Überlegungen führen zu dem Schluss, dass

> "Alter und Grösse der Familie (...) beträchtlich, wir möchten sagen entscheidend, den Umfang ihrer wirtschaftlichen Tätigkeit [beeinflussen]." (TSCHAJANOW, 1987: 23)

Dieses Resumée vernachlässigt neben der schon erwähnten sozialen Einbindung auch die Betrachtung des Landbesitzes. TSCHAJANOW weiss, dass dessen Rolle[6] auch über die naturräumlichen Voraussetzungen, Produktionsweisen und Kulturen bestimmt werden muss. Doch wird nach Dafürhalten TSCHAJANOWs die Familienwirtschaft auch bei genügender Landausstattung und der Berücksichtigung dieser

---

[6] Siehe dazu TSCHAJANOW (1987: 24); BLUM (1989: 113).

genannten Punkte von den zyklischen Entwicklungen der Generationenfolge überprägt.

Exkurs:

Daneben entwickelte TSCHAJANOW noch einen anderen Zugang zur Bestimmung der Leistungsfähigkeit kleinbäuerlicher Familienwirtschaft. Dies berührt ein bis dahin unbeachtetes Element der wirtschaftlichen Theoriebildung, das den Verlauf der Produktivitätsentwicklung im Zug der Reifung einer kleinbäuerlichen Familienwirtschaft erklären helfen kann.

TSCHAJANOW betont als entscheidendes Bestimmungsmerkmal der Dynamik bäuerlicher Arbeit die *Arbeitsbeschwerlichkeit*: Der zentrale Punkt ist, dass mit jeder weiteren Arbeitseinheit, die der Bauer erbringen soll, ihm die jeweils letzte Grenzeinheit, die er in einer bestimmten Zeitspanne leistet, um so schwerer fällt. Mit den Worten des Wissenschaftlers gesprochen lautet dieser Sachverhalt so: "Wir können also feststellen, dass der Grad der Selbstausnützung der Arbeit durch ein gewisses Verhältnis zwischen dem Masse der Bedürfnisbefriedigung und dem Masse der Schwere der Arbeit bestimmt wird." (TSCHAJANOW, 1987: 34)

Das Mass für die individuelle Festlegung des Gleichgewichtes zwischen Bedarf und Beschwerlichkeit bei der Deckung des familiären Bedarfsniveaus über das Jahr hinweg wird von TSCHAJANOW damit erklärt, dass "Hunger weh tut".[7] Die Grenze des Anspruchs an eine bestimmte Bedarfsdeckung erscheint demgemäss an die physiologischen Lebensbedingungen des einzelnen Menschen gebunden. Um eine möglichst weitgehende Stabilisierung der Bedarfsdeckung zu erreichen, muss der Bauer versuchen, über die saisonalen Schwankungen des Jahres als auch über die lange Amplitude der Lebenszeit hinweg, ein Gleichgewicht der Ressourcen- und Faktorallokation zu erreichen und diese mit dem subjektiv bestimmten Beschwerlichkeits- und Bedürfnisniveau abzustimmen. Dies verhindert in der Folge kurzfristig ertragsmaximierende Arbeitsleistungen. Die individuell empfundene Arbeitsbeschwerlichkeit stellt neben Land- oder Mittelressourcen einen gleichberechtigten Produktionsfaktor dar.

Erst in diesem Zusammenhang wird das Augenmerk auf den Jahresertrag und Investitionen in Sachvermögen wie Land oder Haus als Sozialleistung für die nachfolgende Generation ganz verständlich. Diese Strategie trägt dazu bei, die Arbeitsbeschwerlichkeit während der *Surplusphasen* zu senken und keine unnötigen Anstrengungen zu unternehmen. Während der *Defizitphasen* soll sie durch Mobilisierung schon bereitgestellter Ressourcen konstant gehalten werden.

Der langfristige Arbeitsertrag steht jedoch in einem Spannungsverhältnis zur familieninternen Strukturierung. Wie im Blick auf den Familienzyklus schon zu bemerken war, steht die Familie in entscheidenden Phasen ihres Bestehens in einem Konflikt zwischen Arbeitsorganisation und Familienstruktur[8], also zwischen dem Arbeitskräfteangebot und dem Anwachsen der Familienmitglieder.

---

[7] Siehe dazu HERRING (1984: 135).

[8] Siehe dazu EHMER/ MITTERAUER (1986: 7-30).

FAMILIENZYKLUS UND HAUSHALTSÖKONOMIE

Genau diesen Konflikt sucht der Kleinbauer durch die Ausmittelung der Arbeitsbeschwerlichkeit zu vermeiden. Nach der klassischen TSCHAJANOW-Theorie unterscheiden sich die einzelnen Phasen deutlich, nicht nur nach der Familienstruktur, sondern auch über den familiären Versorgungsgrad. Für die hier untersuchten Dörfer scheint es allerdings, als ob diese Unterversorgung aus der landwirtschaftlichen Arbeit inzwischen über die *Surplusphase* hinwegreicht. Damit wirkt er ganz entscheidend auf die Strategieentwürfe ein, die vom Haushaltsvorstand, als Vorstand der familiären Wirtschaftseinheit, entwickelt werden müssen, um die ganzjährig Bedarfsdeckung dennoch zu garantieren.

Die Konsequenz davon, dass viele Leistungen von der Nukleusfamilie aus der Landwirtschaft nicht mehr erbracht werden können, erfordern als Reaktion ein Überschreiten der engen Familiengrenzen bei der Versorgungssicherung. Eine Folge ist Institutionalisierung der gefundenen Übereinkünfte mit ausserfamiliären Personen oder Gruppen[9], mit denen Beschäftigungen ausserhalb der Landwirtschaft gesucht werden. Diese Übereinkünfte werden durch die jeweiligen Erfordernisse modifiziert und wirken gleichzeitig modifizierend auf den dörflichen Sozialverband, gerade weil es sich um ausserlandwirtschaftliche und häufig ausserhalb des traditionsgebundenen Rahmens stehende Betätigungen handelt.

Um die im dörflichen Rahmen ablaufenden sozialen Modifikationen sichtbar zu machen, sollen einige Grundlinien der im Selbstverständnis des Kleinbauern verankerten Leistungsbeiträge zur Versorgungssicherung nachgezeichnet werden. Die wichtigste Einzelleistung in dieser gleichgewichtsorientierten Strukturierung der bäuerlichen Wirtschaft ist die unbezahlte[10] Arbeitskraft des Ehepaares. Während der Mann im produktiven Bereich des Feldbaues tätig ist und danach trachtet, komplementäre Einkommensbereiche zu erschliessen, sichert die Frau den gesamten reproduktiven Rahmen. Dadurch geht, anders als in der kapitalistischen Wirtschaft, keine der erbrachten Arbeitsleistungen mit in den Kostenplan ein und verhilft dadurch der kleinbäuerlichen Familienwirtschaft zu einer derartigen Resistenz im wirtschaftlichen Überleben bei sinkender Rentabilität durch steigende Inputkosten oder sich verändernde Marktpreise. Die Arbeitsleistung kann bei Bedarf bis zur

---

[9] Diese allgemeine Formulierung geht auch aus den in EHMER/ MITTERAUER (1986: 15) für den europäischen Kontext formulierten Forschungsergebnissen hervor. Dabei müsste genauer auf die Relevanz einer Unterscheidung der im guatemaltekischen Hochland vorliegenden Verhältnisse zwischen bäuerlichen und unterbäuerlichen Schichten eingegangen werden. Dies erscheint für die vorliegende Untersuchung nicht notwendig, da die schichtungssoziologische Unterscheidung nicht von Interesse ist.

[10] Die unbezahlte Arbeitskraft markiert einen entscheidenden und für die Überlebensfähigkeit einer Familienwirtschaft unabdingbaren Faktor, dessen Allokation im Zusammenspiel mit der sozialen und kulturellen "Infrastruktur" zur entscheidenden strategischen Frage wird.

physischen Erschöpfung ausgedehnt werden, ohne mit vermehrten Kosten zu Buche zu schlagen, wodurch die von TSCHAJANOW vorgestellte Kategorie der Arbeitsbeschwerlichkeit innerhalb der langfristigen Bedarfssicherung bei unsicherer gesamtwirtschaftlicher Lage ihren wichtigen Platz zugesprochen bekommt. Die Arbeitskraft der Kinder wird mit zunehmender Reife der Familie von Bedeutung, denn von ihnen können wichtige Arbeiten im reproduktiven Bereich übernommen werden. Daneben gibt die Eigenart der produzierten Güter, nämlich Nahrungsmittel, durch die doppelte Verwertungsmöglichkeit im Eigenkonsum oder Verkauf dieser sozioökonomischen Einheit eine weitere Festigkeit, je nach Art des benötigten Produktes.

Zusammenfassend scheint an der Theorie TSCHAJANOWs von entscheidender Bedeutung, dass durch eine betriebsbezogene Gleichgewichtsbestimmung, unter Hinzunahme von subjektiven Elementen der "Familiengeschichte" und den auf die Familiensituation zugeschnittenen Vorgehensweisen bei der Arbeitsplanung, eine Überstrukturierung der kleinbäuerlichen Wirtschaft vermieden wird. Die Gefährdung, die der individuellen Existenz bei Verlust des langfristigen Faktorgleichgewichts droht, wird dadurch sichtbar.

Es wird die Notwendigkeit verständlich, eine Strategie zu verfolgen, die eine an die individuellen Umstände angepasste Risikominderung[11] zum Ziel hat. Diese strebt, abweichend von TSCHAJANOWs Betrachtung, eine Einbindung[12] des wirtschaftlichen Handelns in das unterliegende dörfliche Netz sozialer Beziehungen, als weitere entscheidende Ressource des Kleinbauern an. Auf den Einzelfall bezogen, bleibt die Frage zu beantworten, auf welche Netze von der jeweiligen Familie, abhängig von den strukturellen Vorgaben, im jeweiligen Fall zurückgegriffen werden kann.

---

[11] Siehe dazu FREIBERG-STRAUSS (1991: 188 f.); BLUM (1989: 263, 299); BUNTZENTAL (1987: 13); SCOTT (1976: 4, 7).

[12] Siehe dazu GRANOVETTER (1985: 489 ff.). Sein Ansatz von "embeddedness" führt ihn zu der Aussage dass "their attempts at porposive action are instead embedded in concrete, ongoing systems of social relations."

FAMILIENZYKLUS UND HAUSHALTSÖKONOMIE

5.1.1. "Moral Economy" oder "Neoliberale Wiederentdeckung"

SCOTT (1976) beschreibt in *The Moral Economy of the Peasant* die kleinbäuerliche Wirtschaft, durch deren Eigenheit als Produktions- und Konsumtionseinheit aufzutreten. Eingebunden in eine Gemeinschaft, ist der einzelne Betrieb daran interessiert, sich ein Minimaleinkommen zu sichern, dessen Stützen auf unterschiedlichen sozialen und kulturellen Beständen ruhen. (SCOTT, 1976: 9) Der moralische Teil dieser Wirtschaftsweise verweist, nach SCOTT, in wirtschaftlicher Lesart, allein die Beschränkung auf eine Subsistenznische, in der die kleinbäuerliche Familie verharrt, ohne in entsprechender Weise zu einem selbständigen Handeln zu gelangen. Aus dieser Sichtweise rückt die Handlungsbeschränkung und nicht die Suche nach Alternativen in den Vordergrund. Der Gesamtzusammenhang dieser SCOTTschen Haltung ist letztlich redundant und fast sozialromantisch angehaucht, da die kleinbäuerliche Familienwirtschaft in ihrer subsistenten Selbsterfüllung immer wieder auf sich selber zurückverweist.

Dieses Bild soll hier konterkariert und die Perspektiven bäuerlicher Handlungsbreite im Zusammenklang von **a.** langfristiger Ressourcenallokation, **b.** dörflich-sozialer Rahmenbedingungen und **c.** individueller bzw. familiengebundener Strategieentwürfe angedeutet werden. Die Beschränkung des bäuerlichen Handelns auf eine blosse Nutzenmaximierung der täglichen Arbeit im Sinne eines neoliberalen Denkens (SCOTT, 1976: 14) wird dadurch unhaltbar.

a. Langfristige Ressourcenallokation

Die wirtschaftlich reduzierte Sichtweise verkennt das Charakteristische an der kleinbäuerlichen Wirtschaftsweise, die im Abwägen von Allokationsentscheidungen, die ihrer Natur nach ganz unterschiedliche Faktoren wie materielle (Finanzen), menschliche (Arbeit), technische (Maschinen), soziale (Verwandtschaft) und logistische (Vermarktung) Faktoren miteinschliesst. Der strukturalistisch geprägte Ansatz SCOTTscher Prägung, der den kleinbäuerlichen Betrieb in erster Linie als insuffiziente Produktionseinheit sieht, wird konterkariert von BLOCH.[13] Er verweist aus anderem Blickwinkel auf die komparativen Kostenüberlegungen individuellen Planens auf jeder der für den familienwirtschaftlichen Kleinbetrieb relevanten Ebene.

Die Kostenüberlegungen beziehen sich auf die zu erbringenden Leistungen, auf die der einzelne Haushaltsvorstand zur Stabilisierung der Versorgung auf den unterschiedlichen Feldern seiner Aktivitäten zurückzugreifen gezwungen ist. Als Beispiel wird im vorliegenden Fall auf die Unterstützungsleistungen aus dem sozialen Umfeld, für die ohne Zweifel Gegenleistungen erbracht und die deshalb vom Kleinbauern in eine Aufwandsbilanz gestellt werden müssen. Er meint: "... that if the effect of morality is that an individual maintains many relationships (...), moral relationships are in the short run expensive." Im Sinne eines langfristigen Ressourcenmanagements, das alle in Anspruch genommenen Leistungsbeiträge miteinschliesst, muss vom Kleinbauern sehr wohl bedacht werden, z.B. wie viele soziale Unterstützerkreise er in Anspruch nimmt, da diese mit Kosten verbunden sind.

In diesem Sinne bedarf auch die Meinung DURRENBERGERs (1984: 11), dass "they use labor to produce products that return the most value to labor expended" einer Erweiterung durch die Frage, worin *"the most value"* besteht. Der grösste Wertzuwachs durch investierten Aufwand muss sich eben nicht im Produkt niederschlagen, sondern kann bsw. auch in der Pflege sozialer Beziehungen oder im Aufwand für die Ausbildung der Kinder zum Ausdruck kommen. Demgemäss muss nach den Zeiträumen gefragt werden, in denen dieser *"return"* verwirklicht werden soll. Der Wertmasstab, der einer kleinbäuerlichen Abschätzung des zumutbaren Aufwandes zugrunde gelegt werden muss, wird von der rein komparativen Kostenbetrachtung Abstand nehmen müssen. Für ihn spannt sich der Bogen der relevanten Strategieentwürfe über die sich ablösenden Phasen hinweg, weshalb er gezwungen ist, vor allem die langfristig verfügbaren und wertbeständigen Faktoren zu sichern, die für den einzelnen auch ausserhalb des monetären Systems oder in anderer als familienwirtschaftlich orientierter Arbeit liegen können und dessen Flexibilität sich in den Allokationsentscheidungen zeigen. DURRENBERGER zitiert dazu TSCHAJANOW an entscheidender Stelle (DURRENBERGER, 1984: 11).

---

[13] Siehe dazu BLOCH (1973: 84).

FAMILIENZYKLUS UND HAUSHALTSÖKONOMIE

> "Thanks to this, the peasant family, seeking the highest payment per labor unit, frequently leaves unused the land and means of production at its disposal, once other forms of labor provide it with more advantageous conditions." (Chayanov 1966: 108-109)

Die *"advatageous conditions"* gehen unter den familienzyklischen Bedingungen kleinbäuerlichen Wirtschaftens weit über das unmittelbar finanzielle oder materielle Interesse hinaus und finden sich z.B. für die Bauern in Cabricán vor allem auch im sozialen Bereich der Verwandtschaft (siehe Kap.4) und in der *vecindad*. Durch die Zuordnung bestimmter freundschaftlicher Beziehungen hin auf die Sicherung zusätzlicher produktiver Leistungen, auf finanzielle Rückgriffsmöglichkeiten oder auf anderweitige Einkommensalternativen im landwirtschaftlichen oder ausserlandwirtschaftlichen Bereich entstehen den einzelnen bäuerlichen Familien langfristig wesentlich vorteilhaftere Bedingungen zur Sicherung des Versorgungsgrundstocks, als durch den einseitig massiven Einsatz eines Produktionsfaktors.

b. Die dörflich-sozialen Rahmenbedingungen

Es wurde festgestellt, dass, durch die Notwendigkeit einer langfristigen Ressourcenallokation im dörflichen Rahmen, die indianischen Kleinbauern zur Sicherung ihres familiären Bedarfs vor allem auf soziale und im traditionellen Zusammenhang verankerte Leistungen zurückgreifen. Wegen der Unmöglichkeit einer Einflussnahme oder Einschätzung des grösseren wirtschaftlichen Gefüges im nationalen Rahmen, versuchen diese Kleinbauern im Spannungsfeld von familienwirtschaftlicher Risikominimierung und wirtschaftlich-sozialer Aufwandsminimierung ihre Handlungsalternativen vor allem im ihnen vertrauten sozialen Zusammenhang des Dorfes in ihre Strategien einzubauen. Die Rahmenbedingungen sozialer Kooperation in Form selektiver Beziehungsgefüge, welche die von SCOTT erwähnten hohen Kosten vermeiden, lassen sich recht anschaulich nachweisen.

Tabelle 7 gibt die Ergebnisse einer Vollerhebung von 53 Mitgliedern der *Cooperativa Santiago Cabricán* während einer Kooperativenversammlung wieder. Aus dieser Befragung lässt sich ersehen, dass die Rahmenbedingungen von Kooperation nach sehr subtilen Regeln gestaltet sind. Diese gehen weit über einen blossen

Mittelaustausch hinaus. Die Bereitschaft von im Dorf wohnenden *cooperativistas*, einem beliebigen Dorfmitbewohner, den sie kennen, Geld zu leihen, ist sehr gering.

Die bewusst naiv gestellte Frage an einen Kreis von Personen, die sich immerhin schon ihr Leben lang kennen, deutet darauf hin, dass Unterstützungsleistungen im dörflichen Rahmen, zumal im Falle von Geld, keinem einfachen mechanistischen Ablauf folgen. Um miteinander in ein derartiges Geschäft zu kommen, muss ein bestimmtes und den jeweiligen Umständen angepasstes Ensemble von Bedingungen erfüllt sein, das die gesamte Transaktion in einen Zusammenhang von gegenseitigen Verpflichtungen einbindet. Diese Verpflichtungen reichen von Arbeitsleistungen, über Heiratsregelungen bis zu klientelistischen Beziehungen, die vor allem in den indianischen Dörfern in der jüngeren Vergangenheit, wie in Kapitel 3 dargestellt, an Bedeutung zugenommen haben.

In diesem Geflecht von Verpflichtungen werden im allgemeinen Unterstützungsleistungen wie Feldarbeit dazu herangezogen, kompensatorische Sicherheiten für materielle Hilfe anzubieten. Diese spiegeln die kleinbäuerliche Perspektive wider, denn die Austauschleistungen und -bedingungen unterliegen der persönlichen Kontrolle und transportieren im weiteren Umfang der dörflichen Lebenswelt symbolische Gehalte mit, die die Dauerhaftigkeit der Beziehung und den Rückfluss der geliehenen Ressourcen garantieren können. Dies hebt den Vorgang in den Rang eines *Quasi*-Vertragsabschlusses, dessen Einsatz "der gute Ruf" und die Zuverlässigkeit des einzelnen im Dorf sind.

Tab. 7: Bereitschaft in Cabricán zur innerdörflichen Kreditvergabe

Kredithöhe Anzahl der Befragten	nichts	25 Q	100 Q	was er wünscht
	30	6	4	13
Gesamtzahl: 53				

Quelle: Eigene Erhebungen, 1991

Demnach stehen im Falle der Mobilisierung sozialer Ressourcen langfristige Überlegungen und Ausgleichsinteressen im Vordergrund. Die Langfristigkeit im sozialen Unterstützungsbereich der Verwandtschaft und des Dorfes haben die kontinuierliche und dauerhafte Möglichkeit und Bereitschaft der Unterstützung als Hintergrund. Damit steht für den Fall von Schwierigkeiten bzw. bei der Bedienung des Kredites, durch einen möglichen Entzug von Leistungen eine Handhabe gegen die jeweilige Person im sozialen Umfeld des Dorfes zur Verfügung.

Obwohl es sich bei den Kreditnachfragern im vorliegenden Falle ausdrücklich um Mitbewohner des eigenen Dorfes handelt, ist die Bereitschaft, mit den *vecinos* ins Geschäft zu kommen, sehr zurückhaltend. Es liegt für die Bauern auf der Hand, dass für diese Art von Zusammenarbeit weiterreichende Bedingungen, als die nur zur selben Schicksalsgemeinschaft zu gehören, erfüllt sein müssen, um eine gleichgewichtete Streuung des wirtschaftlichen Risikos bei einem Geschäft zu erreichen. Diese Bedingungen können schwerlich durch wirtschaftlich-rechtliche Regelungen erfüllt sein, da die zivilrechtliche Haftung und Möglichkeiten von Regressforderungen auf gesetzlichem Wege kein handhabbares Instrumentarium für den einzelnen darstellen. Die Bauern benötigen andere Mittel[14], um das Risiko eines Verlustes und damit die Stabilisierung ihres zeitlichen und arbeitsgebundenen Engagements zu erreichen, wie dies FREIBERG-STRAUSS (1991) für Kartoffelbauern im kolumbianischen Hochland hinsichtlich der Pachtregelungen vorgefunden hat.

FREIBERG-STRAUSS hat in dieser Untersuchung über eine Kartoffelanbauregion im kolumbianischen Zentralen Hochland gezeigt, dass die besonderen Bedingungen des Intensivanbaus von Kartoffeln, deren Charakteristikum in einer gedrängten Arbeitsbelastung der bäuerlichen Wirtschaft während der Aussaat und Ernteperioden liegt, die unterschiedlichen Pachtformen und langfristigen Arbeitsbeziehungen unter den Bewohnern der Dörfer den Hintergrund für die Bewältigung der relativ grossen wirtschaftlichen Risiken (CALAVAN, 1984: 54 f.) abgeben. Er tut dies in deutlicher Abgrenzung zum neokapitalistischen Paradigma, jedoch unter Einschluss der für den Bauern entscheidenden Grössen: einerseits die **Preisentwicklung** auf dem nationalen Kartoffelmarkt, andererseits die vielfältigen **sozialen Rückbindungen** der Bauern,

---

[14] Siehe dazu HRADIL (1983); GRANOVETTER (1985); SAHLINS (1972); BECKER (1976). Sie alle betonen die Doppelbödigkeit bäuerlicher Handlungsstrategien.

sei es zum Händler oder zu möglichen Pachtgebern, sei es zu den anderen Dorfbewohnern, ohne die er den Arbeitsanfall während der Arbeitsspitzen nicht bewältigen kann.[15] Die Abhängigkeit von einem aussengesteuerten Markt und die extreme Abhängigkeit von der Kartoffel als Verkaufsprodukt schaffen ein spezifisches Ensemble von Bedingungen und bäuerlichen Strategien, um diese besondere Situation zu bewältigen.[16]

Ähnliche soziale Grundmuster wie FREIBERG-STRAUSS sie vorfindet, z.B. in Form von reziproken sozial-wirtschaftlichen Leistungen, komplementären Familie-Dorf-Beziehungen oder Verschränkungen zwischen monetären und unbaren Tauscheinheiten, bilden auch die Grundlage der dörflichen Sozialordnung im vorliegenden Untersuchungsgebiet. Gleichwohl sind die historischen, kulturellen und sozialwirtschaftlichen Rahmenbedingungen in den guatemaltekischen Hochlanddörfern sehr von den Dörfern zu trennen, in denen FREIBERG-STRAUSS gearbeitet hatte. Obwohl Concepción eine Region mit Kartoffel-Intensivanbau ist, unterscheidet sich die Situation von der bei FREIBERG-STRAUSS geschilderten doch erheblich.

Die Bewohner sind fast ausschliesslich indianischer Herkunft, die Bedingungen des nationalen Marktes und die Marktsituation sind sehr verschieden. Daneben wird nur eine einzige Ernte während der Anbauperiode eingebracht, was durch die Trockenheit der Sandböden und die Höhenlage bedingt ist. Ein weiterer modifizierender Faktor ist die Kleinräumigkeit des Anbaus und damit das mengenmässige Angebot.

Concepción ist neben einem Nachbar*municipio* der einzige Kartoffelanbieter in dieser Hochlandregion. Dadurch steht einem relativ konstanten Angebot eine ziemlich stabile Nachfrage durch die Händler gegenüber, die sowohl in die

---

[15] Dazu DURRENBERGER (1984: 11); dabei geht es um die Betonung einer Strategie der möglichst weit gefächerten zeitlichen Verteilung der einzigen Ressource, die dem Bauern ohne Opportunitätskosten zur Verfügung steht und die an keinen Marktpreis gebunden ist: die Arbeitskraft. Sie muss er möglichst gleichmässig über das Jahr unter Berücksichtigung des Arbeitsanfalls verteilen. Für Intensivanbau wie im Falle Boyacá's die Kartoffelproduktion, ist diese Idealaufteilung nicht mehr möglich. Kompromisse werden notwendig.

[16] Dazu: McGOUGH (1984); in: DURRENBERGER (1984). In diesem Artikel wird über den Warencharakter der Arbeit die bäuerliche von der kapitalistischen Produktionsweise abgegrenzt, was an sich nichts neues an Informationen bietet. McGOUGH weist jedoch indirekt auf die strukturellen Umwälzungen im Zuge der Neuorganisation der Landwirtschaft hin, die in den unterschiedlichsten Verwandtschaftsbeziehungen zum Tragen kamen, bis zur "Produktion" von Verwandtschaft über Adoptionen.

Hauptstadt als auch über die Landesgrenzen hinaus bis nach El Salvador und Honduras vermarkten.

Cabricán kennt kein lokales Produkt, das unter derartig restriktiven und aussengesteuerten, bei FREIBERG-STRAUSS beschriebenen Bedingungen produziert und vermarktet würde. Selbst der Kalkabbau und dessen lokale Verarbeitung, der sich durchaus eigene Produktions- und Vermarktungswege geschaffen hat, zeigt bei Preisverschiebungen keine existenzbedrohenden Auswirkungen auf die einzelnen familiären Wirtschaften.

Die Bauern von Sta. Maria beschränken sich neben ihrer Schwerpunkttätigkeit in Textilbereich und im Handel weitgehend auf die Subsistenzproduktion auf ihren Höfen, wobei die Bedeutung der landwirtschaftlichen Arbeit hinter der ausserlandwirtschaftlichen Beschäftigung und Wertschöpfung ausserhalb des Dorfes zurückbleibt. Erst im fortgeschrittenen Alter bekommen die Hofstellen für die einzelnen Familien wieder eine Bedeutung als Rückzugsmöglichkeit und Unterhaltssicherung beim altersbedingten Ausbleiben von ausserlandwirtschaftlichen Einkünften.

c. Individuelle bzw. familiengebundene Strategieentwürfe

Der dritte Weg innerdörflicher Ressourcensicherung zeigt individuelle bzw. familiengebundene Strategieentwürfe unterhalb der soeben besprochenen kommunitären Ebene. Aufgrund der über die familienzyklisch begründeten Ähnlichkeiten in der innerdörflichen Organisation scheint es durchaus lohnend, dieser Spur über eine Kombination der Ansätze von MEILLASSOUX (alimentäre Strukturen), TSCHAJANOW (V/A- Quotient) und FREIBERG-STRAUSS (langfristige Sicherungsstrategien) nachzugehen. Die Arbeitsfrage lautet, welche Kombination von Merkmalen der Familienlandwirtschaft für Cabricán gilt, die die schon beschriebenen vernetzten Sozialstrukturen schafft. Dieser Frage soll im folgenden Kapitel nachgegangen werden.

5. KAPITEL

5.1.2. *"Nos cuesta mucho a nosotros"* - Die Familienwirtschaft in Cabricán

Um die familienwirtschaftlichen Zusammenhänge im Blick auf die interne Organisation innerhalb der *comunidades* in den *aldeas* zu veranschaulichen, wurde mit der Tabelle 8 eine vorläufige Einteilung der 81 Befragten in der oben schon erwähnten Umfrage im *Municipio* von Cabricán vorgenommen. Die Einteilung erfolgte in drei Altersgruppen, was dem Entwicklungsstand im Zusammenhang mit der Reifung der Familie, d.h. der demographischen Differenzierung nach TSCHAJANOW[17], Rechnung trägt. Zweck der Differenzierung nach der altersmässigen Entwicklung der Familie ist es, Beziehungen zwischen dieser Entwicklung und den auf das wirtschaftliche sowie auf das soziale Umfeld gerichteten Strategien aufzuzeigen.

Tab.8: Altersmässige Differenzierung im Municipio von Cabricán

Altersgruppen	Gruppe 1 (G 1) bis 33 Jahre	Guppe 2 (G 2) 34 bis 49 J.	Gruppe 3 (G 3) 50 J. und älter
	24	40	17
Gesamtzahl: 81			

Quelle: Eigene Befragungen, 1992

Die Altersverteilung in der Gruppe der befragten Kleinbauern in Cabricán spiegelt den Ansatz der alimentären Strukturen von MEILLASSOUX wider. Es können in einer ersten Annäherung vorerst drei Altersgruppen ausgemacht werden, wobei davon ausgegangen wird, dass sie in einem interdependenten Verhältnis zueinander entsprechend dem Reifegrad der Familienwirtschaft stehen. Das *sample* von Befragungen ist bezüglich der altersmässigen Verteilung nicht parallel zur demographischen Gesamtentwicklung der Region gestaltet, die eine deutliche

---

[17] Siehe dazu TSCHAJANOW (1987: 1. Kapitel).

FAMILIENZYKLUS UND HAUSHALTSÖKONOMIE

Basisverbreiterung in der demographischen Pyramide aufweist. Vielmehr wurde ein Altersquerschnitt bei den Befragungen gelegt, der gestattet, eine Tendenz des Verhaltens während der Entwicklung eines familiengebundenen Haushaltes anschaulich zu machen.

Auf diese Art können sukzessive Einbindungen von Einzelpersonen in neugegründete Familien und damit in den neuen Haushaltskreislauf oder deren Ausscheiden deutlicher zum Ausdruck gebracht werden. Einige Merkmale zeigen eine umfassende Gültigkeit für den kleinbäuerlichen Familienbetrieb und werden nur von den besonderen Bedingungen, auf die der Bauer von Fall zu Fall Antwort geben muss, modifiziert. Das andere Element der langfristigen Sicherungsstrategien wird in Abbildung 9 aus FREIBERG-STRAUSS (1991: 159) zusammengefasst. Natürlich legt dieser Autor einer Zusammenstellung das Modell der "alimentären Strukturen der Verwandtschaft" von MEILLASSOUX zugrunde und ordnet die unterschiedlichen Elemente und Phasen der langfristigen Sicherungsstrategien entsprechend Abbildung 9.

In dieser Zusammenstellung werden vor allem die langfristigen Produktions- und Reproduktionsbeziehungen (FREIBERG-STRAUSS, 1991: 158) in zyklischer Anordnung als Grundlage von langfristigen investiven Leistungen oder Ansprüchen der einzelnen Familienangehörigen sichtbar. Ausserdem wird die Verschränkung von Haushalt und Betrieb erkennbar. Aus der Zusammenstellung der phasengestützten Aspekte einer Familienwirtschaft hinsichtlich der Reife, der reproduktiven Situation, der betrieblichen Merkmale und der Surplusproduktion sind die Belastungszeiträume zu ersehen.

Befindet sich einerseits die junge Familie am Anfang ihres Bestehens durch Haushalts- und Betriebsgründung, das schmale Erbe und die Mitversorgung der Eltern in einer doppelt beschwerlichen Lage, so gewinnt die positive Entwicklung des K/P-Quotienten in der Familie durch die heranwachsenden Kinder in Form einer wichtigen Stützfunktion für den landwirtschaftlichen Betrieb[18] eine grosse Bedeutung.

---

[18] Dazu McGOUGH (1984: 195). "The kinship system can be seen as a system of labor recruitment and utilization."

Abb. 9: Phasen der zyklischen Entwicklung einer bäuerlichen Familienwirtschaft

Bereich und Funktion	Defizit - Phase		Surplus - Phase		Defizit - Phase	
	Kindheit	Adoleszenz	Heirat/ Kinder	Heranwachsen der Kinder	Invalidität	Tod
Familie	Haushaltsmitglieder	aus dem Surplus der Eltern	Haushaltsgründung; autonome Reproduktion	Unterstützung der Eltern und der Kinder	Unterstützung durch "neuen" Haushalt der Kinder	
Betrieb	Entwicklungsphase des elterlichen Betriebes	Konsolidierungsphase des elterlichen Betriebes	Gründung eines selbständigen Betriebes (Erhaltungs- bzw. Abbauphase des elterlichen Betriebes)	Entwicklungs- und Konsolidierungsphase	Abbauphase teilweise Überlassung an die Söhne	Auflösung, Fragmentierung evtl. Wiederaufbau
Surplus-produktion	der Eltern	Beginn der Surplusproduktion des Sohnes	Steigende Surplusproduktion der neuen Familienwirtschaft (abnehmende Surplusproduktion der Eltern)	Wachsende Surplusproduktion durch zusätzliche Familienarbeitskräfte (Kinder)	Individuelle Subsistenzproduktion und Beteiligung an der Fam.wirtschaft der Söhne	
Produktions-beziehungen	Mitarbeit im Elternbetrieb	Sohn: Tagelöhner, Migration, Fam.arbeiter, Tochter: Fam.arbeiter, Dienstmädchen	Mann und Frau: einfache Warenproduzenten Mann: Tagelöhner, Migration, Warenproduzent, Handel Kinder: mithelfende Familienarbeitskräfte, Migration			

Quelle: In Anlehnung an: FREIBERG-STRAUSS, 1991: 159

FAMILIENZYKLUS UND HAUSHALTSÖKONOMIE

Dagegen bietet der reifende und sich in der *Surplusphase* befindende Betrieb der jungen Generation durch eine beginnende Vermögensbildung eine günstigere Ausgangsbasis für weitergehende Investitionen bsw. in den Landkauf oder in die Tierhaltung. Der mittel- und vor allem langfristige Erwerb eines Vermögens bildet die Basis für eine gesicherte Altersversorgung, die nicht zuletzt über die Erbzuteilung als Druckmittel den Kindern gegenüber eingesetzt werden kann. Diese Überlegungen wurden in die oben schon erwähnte Befragung in Cabricán miteingeschlossen, um eine Einschätzung der Betroffenen hinsichtlich der Entwicklung und der Sicherung ihrer Familienwirtschaft zu erhalten. Tabelle 9 gibt die Ergebnisse der Befragung wieder.

Tab. 9: Arbeitsbelastung während der Familienentwicklung nach Altersgruppen

Alters-gruppen	Arbeitsbelastung war/ist grösser			
	nach Heirat	%	heutzutage	%
< 33 (G 1)	6	7.6	16	20.5
34 - 49 (G 2)	16	20.5	19	24.3
50 < (G 3)	16	20.5	5	6.4

Quelle: Eigene Befragungen, 1992

TSCHAJANOW schliesst nun gerade aus dem Zusammenwirken familienstruktureller Aspekte, der versorgungsinstabilen Grunderfahrung der Kleinbauernwirtschaft und der langfristigen Sicherungsstrategien auf eine gewissermassen sozialpsychologische Hintergrunddimension. Diese Dimension in Gestalt der Beschwerlichkeit der Arbeit[19] wurde von TSCHAJANOW in die Diskussion um die interne Logik der bäuerlichen Familienwirtschaft eingebracht. Sie gibt spiegelbildlich, in Abhängigkeit von der

---

[19] Haushalt wird in diesem Zusammenhang mit FREIBERG-STRAUSS (1991: 132 f.) als der "Ort gemeinsamer produktiver und reproduktiver Aktivitäten" verstanden, der sich de facto von der Familie als verwandtschaftsgebundener Gruppe mit ihrer spezifischen Ausprägung nur wenig unterscheidet.

aktuellen Bedürfnisstruktur der Familie an einem beliebigen Punkte ihrer Entwicklung, ein Mass für die Gesamtbelastung des Haushaltsvorstandes wider. Individuelle Motivationsgründe, die darauf gerichtet sind, aufwandsminimierend möglichst langfristig die eigene Versorgung ausreichend zu garantieren, werden als ein Aspekt der (re-)produktiven Tätigkeit thematisiert, der die reine Kostenfrage als nicht ausreichend ansieht, um menschliches Handeln im kleinbäuerlichen Umfeld hinlänglich zu erklären.

Um diese Motivation dokumentierbar zu machen und handlungsleitende Denkweisen der Bauern sichtbar werden zu lassen, wurde nach deren eigener *Einschätzung der Arbeitsbeschwerlichkeit* gefragt. Da die Beschwerlichkeit als quantifizierbare Grösse nicht operationalisierbar ist und in jedem Fall der Weg über den aggregierten Zeitaufwand pro Arbeitsleistung genommen werden muss, schien die direkte Frage nach der persönlichen Einschätzung der Arbeitsbeschwerlichkeit bzw. -belastung ein gangbarer Weg. Sie kann auch deshalb als gerechtfertigt angesehen werden, weil in Anlehnung an TSCHAJANOWs Jahreseinkommen oder MODIGLIANIs Lebenszyklushypothese (MODIGLIANI, 1986) dem bäuerlichen Denken nicht an einer kurzfristigen Sicherung des Bedarfs im Sinne einer *Gewinnmaximierung* gelegen sein kann, sondern an einer langfristigen *Risikominimierung*.[20] Dadurch wird eine Bestimmung des Arbeitsaufkommens über eine oder zwei Jahresspannen, wie dies meistens in Untersuchungen geschieht, zu einer zu kurzfristigen Perspektive der Betrachtung. Die hier wiedergegebene Einschätzung der Betroffenen jedoch fasst aus deren Blickwinkel die gesamte Zeit seit Gründung des jeweiligen Haushaltes zusammen.

Dabei werden verschiedene Charakteristika sichtbar:

Entsprechend der Zugehörigkeit zu den Altersgruppen G1 bis G3 wird eine unterschiedliche Einschätzung der Arbeitsbelastung gegeben. In G1 wird bei einem Alter bis 33 Jahre, das heisst zu Beginn des Aufbaus der Familienwirtschaft und einem hohen V/A-Quotienten (Defizitphase), zum gegenwärtigen Zeitpunkt die höchste Arbeitsbelastung gesehen. Diese Tendenz zeigt sich bei den Familienwirtschaften im Reifestadium als fast ausgeglichen. Die Einschätzung von G3 kehrt sich

---

[20] Siehe dazu MODIGLIANI (1986: 309), wobei sich MODIGLIANI nicht explizit auf den bäuerlichen Haushalt bezieht, sondern an der Erstellung einer generellen Theorie der Vermögensbildung interessiert ist.

erwartungsgemäss um, und in der Erinnerung erscheint die Zeit nach der Heirat als die beschwerlichste der bäuerlichen Existenz. Sechs Probanden in G1 haben als die von ihnen subjektiv empfundene beschwerlichste Zeit die nach der Heirat angeben, obwohl sie noch zu G1 gehören. Dies ist damit zu erklären, dass sie schon nahe zu der hier gesetzten Altersgrenze zu G2 stehen und deshalb die beschwerliche Phase der Familiengründung bis zu 15 Jahre zurückliegen kann und sie der *Surplusphase* näher stehen. Anders bei den fünf Antworten aus G3; sie spiegeln die Erfahrung des Alters wider. Die Kinder sind schon aus dem Haus, und der Lebensunterhalt muss wegen des schon ausgegebenen Erbes auf kleinem Landbesitz und wegen des Alters unter äusserst beschwerlichen Arbeitsbedingungen (Invalidität) erworben werden (*Defizitphase*). Nicht immer ist eine Versorgung durch die Kinder gewährleistet, so dass in der Phase der Auflösung der Familie eine stark angespannte Lebenssituation entsteht.

Wenn nun deutlich geworden ist, in welchen Lebensphasen einer kleinbäuerlichen Familienwirtschaft subjektiv erlebte Härtephasen auftreten, stellt sich die Frage, in welchem sozialen Umfeld mögliche Unterstützer gesucht werden. Dieser Hinweis könnte dann Auskunft geben über das Profil der gesuchten wirtschaftlich-sozialen Verbindungen, da sich entsprechend der anvisierten Gruppe auch die Austauschbeziehungen gestalten werden. Mit der Veränderung der Austauschbeziehungen wird u.U. auch eine Umorientierung in der Präferenz der nachgefragten Leistungen feststellbar. Es wird deshalb naheliegend sein zu fragen, ob, bezogen auf die Lebensphasen, bestimmte Muster von Hilfsangeboten an bestimmte Personengruppen nachzuverfolgen sind. Tabelle 10 zeigt hinsichtlich der unterschiedenen Kohorten eine markante Strukturierung der Richtung der Hilfesuche.

Die Tabelle 10 verdeutlicht, dass die noch jungen Familien (Familienvorstand unter 35 Jahre) bei auftauchenden Schwierigkeiten den Beistand erwartungsgemäss zuerst bei den Eltern suchen. Vor allem die jüngsten Familien zeichnen sich dadurch aus. Die schon in Reifung befindlichen Familien verlassen sich zunehmend stärker auf die Geschwister. Hier wird verständlich, worauf schon in Kap.3 bei der *lineage*-Bildung eingegangen wurde: Die zwar nachlassende, aber dennoch weiterhin praktizierte Gewohnheit der Geschwister, nach der Erbübertragung auf dem arondierten, um das Elternhaus liegenden Familienland sich anzusiedeln, führt über die räumliche Nähe auch zur Bewahrung der sozialen Verbindung. Dadurch werden die Kontakte enger geknüpft, die in dem Moment Wichtigkeit erhalten, wenn ein Haushalt in wirtschaftliche Schwierigkeiten gerät. Die Inanspruchnahme von Hilfeleistungen auf Gegenseitigkeit ergeben sich dann fast zwangsläufig.

Tab. 10: Wohin wenden Sie sich in für Sie schwierigen Situationen?

Alter (Jahre)	< 35	%	> 36	%
Nachbarn	5	6,17	26	32,10
Geschwister	13	16,05	17	20,99
Eltern	12	14,81	7	8,64

Quelle: Eigene Erhebungen, 1992; Bem.: Keine Antwort: 5.

Ein weiterer Grund für die starke Rückbindung von jungen Familien an die Eltern ist die anstehende Erbregelung. Wie in der nachfolgenden Tab. 11 zu erfahren ist, verbindet sich die Heirat nicht zwangsläufig mit einer Übertragung des Erbes. Der Grund liegt in der unzureichenden Versorgung der Stammfamilie mit Landbesitz. Da der Landbesitz aber als langfristige Vermögensanlage (FREIBERG-STRAUSS, 1991: 160) gilt und auch von der Elternfamilie möglichst lange gehalten wird, entsteht der schon erwähnte Druck auf die jungen Familien, sich wegen des noch ausstehenden Erbes nicht von der Elternfamilie zu lösen.[21]

In der Reifephase und vor allem in den späten Jahren des Bestehens einer Familie verändert sich die Beziehungssituation. Die *vecinos*, d.h. das Netz von Bekannten und Freunden im Dorf, werden zur vornehmlichen Quelle von Hilfeleistungen. Dies ist zwar auch mit der biologischen Zwangsläufigkeit, d.h. dem Tod der Elterngeneration zu erklären, da daneben die Verbindungen zu den Geschwistern relativ stabil bleiben und damit die konstante Bedeutung der Stammfamilie betonen. Trotzdem ist die sich entwickelnde Tendenz hin zu

---

[21] Siehe dazu FALLA (1980: 216 f.).

entfernteren Personen eine erstaunliche Tatsache, die in dieser Form in einer vorwiegend familiengestützten Sozialstruktur nicht erwartet wird.

Die Hintergründe und Konsequenzen der Hinwendung zu den *vecinos* müssen noch genauer geklärt werden, um die daraus erwachsenden Handlungsweisen in den richtigen Zusammenhang bringen zu können. Diese Neuorientierung im sozialen Umfeld, die über das familiäre Unterstützungsnetzwerk hinaustritt, soll nicht nur auf die spezifischen Auswirkungen auf die Landwirtschaft hin interpretiert werden, sondern ist auch hinsichtlich des Zusammenhangs mit ausserlandwirtschaftlichen Aktivitäten deutungsbedürftig.

Die Bedeutung der *vecinos* wuchs in dem Augenblick, in dem der aussenbürtige Einfluss auf die indianischen Dörfer wuchs. Während im subsistenten Landbau auf der Grundlage einer integrativen familienwirtschaftlichen Ordnung die notwendige Ressourcenmobilisierung untersucht wurde, deuten sich hier Voraussetzungen für Veränderungen an, die zusehends mit dem Rückgriff auf **kapitalintensive Ressourcen** und die daraus sich nährenden **klientelistischen Beziehungen, technisch-funktionale Produktionsmethoden** oder **parteipolitische** und **religiöse Institutionen** verbunden sind.

Die Notwendigkeiten blieben nicht mehr auf die Unterstützung bei der Feldarbeit beschränkt. Sie erweiterten sich dahingehend, Einfluss an den Stellen oder bei den Personen geltend zu machen, die in einem speziellen Bereich, der mit der eigenen ausserlandwirtschaftlichen Arbeit in Verbindung stand, von Bedeutung waren.

Die Verlagerung von Aufgaben, Zuständigkeiten und Kompetenzen auf einen übergeordneten Spezialisten- bzw. Bürokratie- und Dienstleistungsbereich verteilte sich zwangsläufig auf eine grössere Anzahl von Personen ausserhalb oder an der Peripherie des dörflichen Kontextes. Netzwerktheoretisch betrachtet überschneiden sich Dichtefelder und starke Verbindungen mit schwachen Beziehungen sowohl innerhalb des Dorfes als auch über dessen Grenzen hinaus. Konkret zeigte sich dies im Dorf durch eine Überschneidung sozialer Bindungen innerhalb und ausserhalb der *comunidad*. Die Aktualität dieser Entwicklung wird noch drängender, wenn gewerbliche Tätigkeiten an Bedeutung gewinnen und ein Absatzmarkt für Produkte aus der Gemeinde ausserhalb gesucht wird. Dies kann an den kulturell-sozialen Veränderungen und sozialen Polarisierungen in Sta.Maria durch die vorwiegende

Händlertätigkeit nachverfolgt werden. Anders ausgedrückt, erfordert eine gewerbliche oder über den subsistenten landwirtschaftlichen Bereich hinausgehende Arbeit eine grössere Arbeitsteilung und damit einen Rückgriff auf die Ressourcen Dritter, ausserhalb des traditionellen Rahmens Stehender.

Damit wird das Konzept der *vecindad* über die Nachbarschaftshilfe der reifen Familie hinaus zu einem Element sozialer Integration und Unterstützung, denn in diesem äusseren Stützungsfeld sind die '*Spezialisten*' angesiedelt. Es wirkt als Überschneidungsfeld von traditionell geprägten Hilfeleistungen und neuen Arbeitsbereichen hauptsächlich im gewerblichen und Dienstleistungssektor.

Neben der Arbeitsbelastung und der Lokalisierung der Unterstützungsnetzwerke soll noch die Frage des Landbesitzes in Abhängigkeit von der Reifestufe der Familie weiter verfolgt werden, um schliesslich eine umfassende Szenerie der Situation einer indianischen Familienwirtschaft in Cabricán entwerfen zu können. Damit wird im weiteren Verlauf die Zwangsläufigkeit einer grundlegenden Umorientierung der Handlungsstrategien im kleinbäuerlichen Bereich einsehbar. In der sich anschliessenden Tabelle 11 wird die Verbindung zwischen der Altersentwicklung und dem korrespondierenden Grundbesitz gezogen. Komplementär dazu wird die Entwicklung der Kinderzahl der Familien dargestellt und wie sie sich in bezug auf den Reifungsprozess der einzelnen Familien verhält.

In Tab.11 sind die vorherigen Altersgruppen noch weiter unterteilt, um die Absicht der Darstellung eindeutiger zu machen. Die Entwicklung des Grundbesitzes über das Alter der Familien hinweg zeigt im Schnitt den schon oben angedeuteten Verlauf (siehe dazu auch die Auflistung im Anhang). Die Grössen des Landbesitzes sind in der Gründungsphase der Familienwirtschaft unterdurchschnittlich und wachsen während der ersten zehn Jahre des Bestehens der Familie relativ stark an.

Die grösste Belastungsphase für den Bauern dürfte im Zeitraum zwischen seinem 23. und 35. Jahr liegen, weil dort die Arbeitsanspannung wegen der wachsenden Familie und der fehlenden zusätzlichen Familienarbeitskräfte am höchsten ist und der Zukauf von dringend benötigtem Land, wie deutlich zu erkennen ist, eine zusätzliche Mittelmobilisierung notwendig macht.

FAMILIENZYKLUS UND HAUSHALTSÖKONOMIE

Tab.11: Das Verhältnis von Altersgruppen zum Grundbesitz in Cabricán

Anzahl Sample	Grund-besitz (Ø)	Alters-gruppen (Jahre)	Kinder (jeweils Ø)			Erbe über-reicht
			gesamt	> 14	< 13	
5	8,0	< 24	2,40	0	2,4	0
10	11,7	25-29	3,71	0	3,71	0
15	12,0	30-36	4,73	0,30	4,43	0
23	13,74	37-45	6,88	2,21	4,67	0,35
14	13,50	46-53	8,51	3,96	4,55	0,86
14	16,46	> 54	9,21	8,36	0,85	6,07

Anm.: Die Kohorten wurden mit einem "Kindersterblichkeitsindex"[22] versehen:
25-29: 0,05; 30-36: 0,10; 37-45: 0,15; 46-53: 0,2;

Quelle: Eigene Erhebungen, 1992; Der Grundbesitz wurde in cuerdas = 0,047 ha angegeben.

Diese Situation entspannt sich gegen das 40. Lebensjahr hin zunehmend. Während dieser Zeit erreicht der hofgebundene und landwirtschaftlich inwertsetzbare Besitz seinen höchsten Stand. Da die Kinderzahl unter dem arbeitsfähigen Alter von 14 Jahren stetig abnimmt, während die über 14-jährigen aktiv ihren Beitrag zum Familieneinkommen leisten, nimmt die Arbeitsanspannung des Familienvorstandes auf der eigenen Hofstelle allmählich ab.

Die Altersgruppe der 50-jährigen und darüber bekommt die Beschwerlichkeit der Arbeit aus biologischen Gründen zunehmend stärker zu spüren, während der Landbesitz durch die Erbübertragungen kontinuierlich abnimmt. Die Angabe von durchschnittlich 16,46 *cuerdas* (=0,79 ha) Landeigentum pro Familie in der Tabelle

---

[22] Der Sterblichkeitsindex ergab sich aus einer Berechnung der durchschnittlichen Kindersterblichkeit bezogen auf das Alter der Familie.

täuscht über den eigentlichen Sachverhalt hinweg, da es sich bei dem dort angegebenen Land zum grösseren Teil um Waldbesitz bzw. marginale Flächen handelt. Das Erbe wurde laut Umfrage erst ca. zur Hälfte ausgegeben. Dies führt bei einem durchschnittlichen Besitz von 16,46 *cds.* der über 54-jährigen zu einem gesamten Landbesitz vor der Erbteilung von ca. 30 *cuerdas* pro Familie und Haushalt. Die aggregierte durchschnittliche Kinderzahl von 9,21 pro Familie und Haushalt in der Altersgruppe über 54 Jahre besteht schon zu mehr als der Hälfte aus über 14-jährigen, die sich schon im arbeitsfähigen Alter befinden. Die rasche Zunahme der Erbübertragungen entzieht dem Stammhaushalt, wie aus der Tabelle ersichtlich, einen erheblichen Teil der Anbaufläche. Hierbei spielt auch eine besondere Regelung in Cabricán eine wichtige Rolle. Meistens bleibt das jüngste Kind im elterlichen Haus wohnen, um die Altersversorgung zu übernehmen. Für dieses Kind behält der alternde Familienvorstand, quasi als vorauseilende Entschädigung für die Versorgungsleistungen an den Eltern, einen etwas grösseren Teil des Familienlandes zurück, das beim Tod der Eltern dann dem zuhause gebliebenen Sohn überlassen wird. Auch diese Regelung beeinflusst die trotz allem relativ hoch erscheinende Besitzangabe in der Tabelle.

Wir haben zusammenfassend aus den gezeigten Daten eine *Abhängigkeit zwischen dem Alter der Familienwirtschaft und dem Landbesitz* herstellen können. Es können durchaus Orientierungsmuster der unterschiedlichen Altersgruppen im Blick auf das familiäre Landeigentum entsprechend der Reifephase der Familie unterschieden werden. Treten in der ersten Phase der Familiengründung wirtschaftliche Härten und eine Orientierung am Familiennetzwerk in den Vordergrund, so verlieren sich diese Tendenzen etwas in der *Surplus*phase, bis die Familie das Alter erreicht, wo wirtschaftliche Engpässe mit einer zunehmenden Aufmerksamkeit für das vielverzweigte Beziehungsnetz der *vecindad* zu beobachten sind. Es bleibt nun zu fragen, welche Strategien die Haushalte unter diesen Voraussetzungen verfolgen, um die zyklischen Versorgungsengpässe im Zusammenhang mit einer lebenszyklischen Grundorientierung zu überbrücken.

5.2. Die moralische Ökonomie im Gegenwind

Wie wir schon erwähnten, richtet sich das Interesse der einzelnen Bauern mit zunehmender Reife der Familienwirtschaft stärker nach aussen auf die *vecindad* hin aus. Daneben bleiben jedoch die sozialen Bindungen zu den Geschwistern mit geringen Schwankungen bestehen. Zeigen sich in diesen beiden entgegengesetzten Tendenzen differenzierende Erwartungen und neu hinzugekomme Verfahrensweisen im wirtschaftlichen und sozialen Leben der Familien hinsichtlich der Unterhaltssicherung durch die landwirtschaftliche Arbeit? Um diese Frage klären zu können, müssen die Aktivitäten in den Blick kommen, die neben der bäuerlichen Landwirtschaft das Auskommen der Familie sichern helfen.

SAHLINS (1972: 87) hat in seiner wirtschaftsorientierten Anthropologie die Familienwirtschaft als komplementären Bestandteil einer "production for use" (haushaltsorientierte Produktion) in Abgrenzung zu einer "production for wealth" (austauschorientierte Produktion) dargestellt. Er ist in seiner Arbeit von 1972 der Meinung, dass *"the standard of livelihood does not substantially increase without putting into question the existing family organization."* (SAHLINS, 1972: 87) Doch geht aus dem hier schon gezeigten und sich nun anschliessenden Material hervor, dass bei einer zunehmend notwendigen Diversifizierung der Versorgung des Haushaltes wegen einer immer knapper werdenden Versorgungsleistung für die Familie nicht unbedingt die Familienorganisation als solche gekippt wird, wenn es zu Eingriffen und Veränderungen, wie z.B. durch ausserlandwirtschaftliche Arbeit, innerhalb der bestehenden Familienwirtschaft kommt. Es verändern sich vielmehr die Mechanismen und Regeln des Austausches und der Kommunikation, der Bestand an den Sozialverband stützenden Symbolen zwischen den unterschiedlichen Gliedern eines Dorfes oder einer *comunidad*.

Geht man von einer nicht zwangsläufig in einem Mehrertrag sich spiegelnden nutzenerhaltenden Strategie des indianischen Kleinbauern aus, so verändern sich in Abhängigkeit von Kommunikations- und Handlungskreisen auch die diese umgebenden Unterstützungsnetzwerke.

Dadurch verliert bsw. früher üblicher Tausch zwischen benachbarten Familien und *vecinos* als Folge strategischer Umorientierungen zunehmend an Bedeutung. Gerade im Bereich symbolischer Bestände, zu denken ist etwa an Heiratsregelungen und die damit verbundenen Austauschbeziehungen, die Feste im Rahmen der zivilreligiösen Hierarchie oder die *compadrazgo*-Beziehungen[23] und die einhergehende Stabilisierung einer traditionellen Unterstützungsstruktur, wird mit der Aufkündigung dieser Kommunikationsebene gleichermassen abgeschrieben. Damit verbunden ist auch die Aufkündigung von bisher im landwirtschaftlichen Kontext bestehenden Leistungsnetzen, die mit der zunehmenden Bedeutung ausserlandwirtschaftlicher Arbeit zerfallen oder als Versatzstücke in einen neuen Rahmen eingepasst werden müssen.

Eine mit dem Verfasser befreundete Familie bedauerte, dass die bei einem Schlachtfest ehemals übliche Verteilung eines Teils des Schlachttieres an Verwandte inzwischen nicht mehr Brauch ist. Sie selber hat diese Tradition ebenfalls aufgegeben, weil der Bedarf an Geschenken durch die grosse Verwandtschaft inzwischen zu gross sei, wie sie mir gegenüber ihr Verhalten begründeten.

Da wir jedoch nicht von einem plötzlichen Verschwinden gewachsener Sozialbeziehungen und reziproker Leistungssysteme in den indianischen Dörfern ausgehen, weil dafür keine ausreichend abgestützten Alternativsysteme bestehen, wenden wir die Aufmerksamkeit den Modifikationen bisheriger dorf- und familieninterner Regelungen zu. In Fortführung von SAHLINS' Unterscheidung der beiden grundsätzlichen Produktionsweisen in der bäuerlichen Wirtschaftsweise scheint es zwingend, nicht nur den Zusammenbruch, sondern eine weitgehende Modifikation dörflich-sozialer Beziehungsstrukturen anzunehmen. In **einem** Haushalt werden nach wie vor sowohl austausch- als auch auf die Selbstversorgung orientiertes Arbeiten zu finden sein, die empirisch nicht auseinanderzuhalten sind. Dies entspricht auch dem heutigen Stand der Diskussion zur Subsistenzwirtschaft.[24]

Die kleinbäuerliche Familienwirtschaft als sozial-wirtschaftliche Einheit differenziert die interne Organisation der Arbeit in der Familie und strukturiert die

---

[23] *Compadrazgo* umschreibt die verschränkten Beziehungen unter den Dorfbewohnern, die in der jüngeren Vergangenheit durch den wachsenden Druck der wirtschaftlichen Verhältnisse den Einbruch klientelistischer Abhängigkeits- und Arbeitsdienstverhältnisse beschleunigten.

[24] Dazu LECHNER (1985); BENNHOLDT-THOMSEN (1976) und (1982); SPITTLER (1987); FIEGE/ RAMALHO (1988); EVERS (1987); SAHLINS (1972); BLUM (1989); KALLER (1991).

Beziehungen nach aussen, je nach Bedürfnislage, immer wieder neu. Gerade diese *adaptive Fähigkeit* ist als eine der wichtigsten Ressourcen dieser Wirtschaftseinheit zu betrachten.

FREIBERG-STRAUSS (1991) zeigt für sein Untersuchungsgebiet sehr klar, dass bei Vorherrschen von Intensivanbau und aussengesteuerten Marktvorgaben die Mechanismen der gegenseitigen Ressourcenbereitstellung über Pachtabsprachen und kompensatorische Transaktionen laufen. In diese Transaktionen ist hauptsächlich knappe Arbeitskraft in der Landwirtschaft miteingeschlossen. Sie repräsentieren Teile einer ständigen intrakommunitären *Adaptation*, die unter den lokal herrschenden Bedingungen dieser Region im *Altiplano* Kolumbiens zur Disposition stehen. Die familiären Basisstrukturen werden, wie in Cabricán auch, zwar bis in deren Grundsubstanz hinein verändert, jedoch nicht abgeschafft, sondern an die neuen Umstände angepasst. Letztlich also bestätigen sie das, was im vorhergehenden Kapitel 4 vorgestellt wurde: ein sich stark wandelndes und schwächer werdendes, aber in wesentlichen Bestandteilen noch bestehenden Netzwerk von intrakommunitären Beziehungen, die in vielen Fällen dem dispersen, von SAHLINS (1972: 95) als "*centrifugal*" bezeichneten Grundmuster sozialer Konfliktbewältigung durch Distanzierung widersprechen. *Migration* ist durchaus für die Mehrheit der Familienwirtschaften nicht die einzige Handlungsalternative.

In Cabricán zeigt dieses sich umgestaltende Netzwerk ausserhalb der Landwirtschaft eine klar erkennbare Hierarchisierung nach Möglichkeiten des Zugangs zu innerdörflich mobilisierbaren Ressourcen, wie z.B. die Teilnahme an Gruppen, die einen Kalkofen betreiben oder Posten in einer Kooperative, die ein gewisses *revenue* versprechen. Dazu kommen Arbeiten in der Gemeindeverwaltung oder in den dörflichen Organisationen. Dörfliche Organisationen wie Projektgruppen, Kooperativen oder informelle Gruppen wie die Kalkbrenner werden auf der einen Seite noch von traditionellen sozialen Ordnungsmustern durchwoben (siehe Kap.7), werden aber auf der anderen Seite zunehmend mit klientelistischen Strukturen unterfüttert. Der Beitritt zu diesen Gruppen erfordert von den einzelnen häufig einen hohen materiellen und zeitlichen Aufwand. Erst diese Entrichtung schafft die Voraussetzungen für einen Zugriff auf die daraus erwachsenden lokalen Ressourcen. Für viele sind diese Kosten jedoch noch kalkulierbarer als die mit einer Abwanderung verbundenen. Insofern bleibt eine schichtungssoziologische Variante des innerdörflichen Diskurses doch erhalten, doch sie verändert sich unter dem Einfluss neuer gesellschaftlicher Kräfte laufend. Es besteht vor allem ein Interesse, sich diese unter grossem Aufwand erworbenen wirtschaftlich-sozialen Zugriffsmöglichkeiten als längerfristige Unterstützungsleistungen zum Ausgleich familienwirtschaftlicher Schwankungen in der Bedarfsdeckung zu sichern.

Es bleibt nun zu fragen, bei welchen Gelegenheiten oder Arbeiten und bei welchem Aufwand die heute bestehenden kohäsiven Vernetzungen die zentrifugalen Kräfte überlagern?

Mit den Befragungen in Cabricán hat sich bisher zeigen lassen, dass die Richtung sozialer Kontakte, auf die sich die Bauern im Falle von Schwierigkeiten verlassen, sich im Laufe des Bestehens einer Familie verändern. Die jüngere Generation baut stärker auf den engeren Familienverband, während die Älteren Unterstützung neben den Geschwistern verstärkt bei Freunden und Bekannten im Dorf suchen. Mag auf der einen Seite zutreffen, was SAHLINS (1972: 97) als "Minimizing conflict over resources, goods, and women, dispersal is the best protector of persons and possessions" ausdrückt, so gewinnt dennoch die **Neugestaltung** vielfältiger Formen der flexiblen internen Organisation im Dorf bzw. der *comunidad* eine weiterreichende Bedeutung. Diese Vielfalt von Formen dorfinterner Vergesellschaftung entsteht aufgrund der spezifischen Bedingungen der (Re-)Produktion und des Austausches, mit dem die Bauern im Dorf ihr Auskommen zu sichern trachten. Sie ist deshalb stark abhängig von der Situation der einzelnen Hauswirtschaften. Allerdings bleibt zu fragen, ob sich diese dorfinternen sozialen und wirtschaftlichen Verflechtungen gleichermassen auf die landwirtschaftlichen und handwerklichen Betätigungsfelder beziehen. Die bisherigen Ergebnisse legen nahe, dass die landwirtschaftliche Arbeit solche weitreichenden Verpflichtungen und Übereinkünfte nur selektiv in Gestalt der Verwandtschaft in Anspruch nahm oder nehmen musste.

Im *kulturellen Bestand* der traditionellen Dorfstruktur stellten Unterstützungsnetzwerke in der Vergangenheit ein Instrument zur sozialen Homogenisierung dar und bildeten mit dem Ressourcenaustausch zusammen ein nach sozialen Kriterien geordnetes Gefüge. Es liegt also nahe, die Adaptation und Umgestaltung familiärer Ordnungsmuster als ein Bestandteil einer pragmatischen Doppelstrategie zu sehen.

Die Kleinbauern versuchen einerseits Defizite in der Versorgung durch die eigene Landwirtschaft über die schon bestehenden verwandtschaftlichen Netzwerke auszugleichen. Daneben allerdings erkunden sie Mittel und Wege, über neue Netze der dörflichen Sozialordnung aus den vergangenen 30 Jahren, für sie noch wenig erprobte gewerblich-handwerkliche oder Handelsaktivitäten abzufedern.

Das Handwerk und der Handel bekommen so über dörfliche Organisationen eine neue strukturbildende Rolle im jüngsten sozialen Umgestaltungsprozess des Dorfes zugewiesen.

5.3. Landwirtschaft und Kooperationsformen

Noch einmal zurückblickend auf die landwirtschaftliche Arbeit (BIRK, 1987: 51 ff.), wird sie unter den Befragten in Cabricán vom traditionellen *milpa*-System bestimmt, d.h. dem jährlichen Anbau von Mais. Es existiert bislang nur sehr vereinzelter Intensivanbau. Die Verwendung von Mineraldünger und Pestiziden wird auf ein minimales Mass beschränkt, um die hohen Produktionskosten zu senken, die sich finanziell nicht amortisieren, da der Anbau für den Eigenkonsum in der Familie bestimmt ist und deshalb keine finanziellen Gewinne bringt, die den Produktionsaufwand bezahlen würden.

Der Weizenanbau arbeitet mit einer so geringen Flächenproduktivität, dass sich die Investitionen bei einer grossen Gefahr von Missernten durch Schädlingsbefall oder Trockenheit im langjährigen Schnitt[25] nicht lohnen. Als Beispiel sei angeführt, dass die Cooperativa Santiago Cabricán erst im vergangenen Jahr ein landwirtschaftliches Kreditprogramm für ihre Genossenschaftsmitglieder einstellte, das vom Kooperativenverband jährlich zur Verfügung gestellt wurde und für das die Kooperative als Bürge auftrat. Die Säumigkeit nahm über die Jahre derart überhand, dass es regelmässig zu Konfrontationen zwischen den Genossenschaftsmitgliedern kam. Der Grund für die vielen säumigen Kleinkredite war nicht eine schlechte Zahlungs-

---

[25] SCOTT (1976) baut auf dieser Prämisse zurecht seine ganze Subsistenztheorie auf und begründet damit die risiko-minimierende Strategie der Kleinbauernwirtschaften.

moral, sondern üblicherweise eine ungenügende Ernte, welche die Investitionen in die Aussaat und Pflege nicht trug. Die Bauern mussten sich deshalb die fälligen Kreditraten erst ausserhalb der Landwirtschaft verdienen.

Ähnlich sieht es bei der Zupacht von Ackerland aus. Die landwirtschaftliche Arbeit der Kleinbauern in Cabricán ist weitgehend geprägt von der Produktion für den Eigenkonsum. Da der Maisbau im einjährigen Wechsel mit Weizen betrieben wird, der Weizen aber unter *low-cost*-Bedingungen produziert wird und dadurch die Ernte entsprechend gering ausfällt, ist die Neigung zur Zupacht von Anbauflächen relativ gering. Die mittlere Jahresproduktion an Mais für die Versorgung des Haushaltes wird auf Land erwirtschaftet, das sich im Eigentum der Familie befindet.

Zu klären ist weiterhin die Frage nach der üblichen Art der Bewältigung des Arbeitsaufkommens in der kleinbäuerlichen Landwirtschaft, wie sie heute weitgehend existiert. Tabelle 12 gibt Auskunft über die gebräuchlichen Formen.

Tab.12: Verbindung von Maisernte und sozialer Verflechtung in Cabricán

Erntemenge Mais	Pachtland		Arbeiter ang.		Tiere verk.		Gruppenarbeit	
	Ja	Nein	Ja	Nein	Ja	Nein	Ja	Nein
< 30 qq.	0	8	6	2	6	2	1	7
> 31 qq.	1	15	7	9	7	9	4	12
GESAMT:	1	23	13	11	13	11	5	19
	24		24		24		24	

Angaben: Arbeiter ang.= stellte Arbeiter an; Tiere verk.= 1991 verkaufte Tiere; 1 Quintal (qq)= 45kg
Quelle: Eigene Erhebungen, 1992

Die Feldarbeiten werden, falls Bedarf besteht und die Arbeitskraft in der Familie nicht ausreicht, mit bezahlten *mozos* (= Feldarbeitern) erledigt, und ausserfamiliäre

Arbeitstauschbeziehungen werden nur selten in Anspruch genommen. Dies widerspricht einer weitverbreiteten Auffassung über die Eingebundenheit der Landwirtschaft in die dörfliche Sozialordnung und steht auch den Ergebnissen von FREIBERG-STRAUSS entgegen. In der Regel werden vielmehr, falls die Hilfsangebote aus der Verwandtschaft nicht ausreichen, bezahlte Kräfte eingestellt.

Die offensichtliche Tendenz der Produzenten, die weniger als 30 Zentner Mais pro Jahr ernten, häufiger bezahlte Arbeiter mit der Feldbestellung zu beauftragen, hat mehrere Gründe. Einmal handelt es sich um alte Familien, deren Unterstützungsnetz nicht mehr ausreichend gut arbeitet. Andererseits handelt es sich um Familien, die neben der Landwirtschaft andere Einkommensquellen im handwerklichen oder Handelssektor gefunden haben und den Familienvätern auch zu Zeiten eines hohen Arbeitsanfalls in ihrer Landwirtschaft nicht die notwendige Zeit für die Feldbestellung lassen. Dabei beschränkt sich die nach aussen vergebene Arbeit im wesentlichen auf den alle zwei Jahre anfallenden Umbruch der mit Weizen bestellten Flächen für den neuerlichen Maisanbau.

Die Aussaat behält sich meist der Haushaltsvorstand vor, was Rückschlüsse auf die Bedeutung der landwirtschaftlichen Komponente innerhalb der Basisversorgung des Haushaltes zulässt, aber nichts über den Gesamtbeitrag der Landwirtschaft zur familiären Bedarfsdeckung aussagt.

Die Kleinbauern konzentrieren sich zunehmend auf ausserlandwirtschaftliche Tätigkeiten, da die Einkünfte aus diesen Arbeiten u.a. dem Maiszukauf dienen, der zu überhöhten Saisonpreisen während der Knappheitsperiode eingekauft werden muss und deshalb kostenmässig stärker ins Gewicht fällt und einen grösseren Zeitaufwand erfordert, als die Produktion von Nahrungsmitteln zur Selbstversorgung auf dem eigenen Land mit den verfügbaren Familienarbeitskräften. Die die ganzjährige Versorgung beachtende Sichtweise des Kleinbauern scheint hier aufs neue durch, macht aber gleichzeitig den Teufelskreis sichtbar, in den die Mehrzahl der Kleinbauern eingespannt ist.

Mit den Ressourcen des eigenen Hofes kann der familiäre Grundbedarf nicht gewährleistet werden, weshalb auf gewerbliche Arbeit zurückgegriffen wird, um den Fehlbetrag über Zukauf zu decken. Da aber die Produktivität dieser Arbeit niedrig, der Preis für Grundnahrungsmittel während der nachfrageintensiven Zeit jedoch hoch ist, muss, bei zusätzlicher inflationärer volkswirtschaftlicher Tendenz, zunehmend mehr gearbeitet werden, um die ausreichende Menge Mais bereit zu stellen.

Die Tabelle verstärkt den Eindruck, dass die Bauern im landwirtschaftlichen Bereich nicht auf Unterstützungsleistungen über die Verwandtschaft oder bezahlte Kräft hinaus angewiesen sind. Die Neigung zur Gruppenarbeit in der Landwirtschaft ist denkbar gering. Die fünf Probanden, die in Gruppen arbeiteten, tun dies im Rahmen eines erst vor zwei Jahren begonnenen Kleinbewässerungsprogramms. Dort geht es um eine Intensivierung des Anbaus von Gemüse, die neue Erfahrungen und Kenntnisse, die sie sich erst aneignen müssen, sowie einen vermehrten Arbeitsaufwand erfordern. Die Einsicht in die Notwendigkeit koordinierten Arbeitens z.B. in der Vermarktung, die im Fall von Gemüse entscheidend ist, gewinnt erst langsam Platz. Die Überlegung einzelner Personen zu komparativen Vorteilen unter restriktiven Bedingungen, wie sie FREIBERG-STRAUSS in den Pachtformen seiner Region umgesetzt fand, setzen sich in Cabricán erst langsam mit dem Anwachsen landwirtschaftlich-gewerblicher Mischformen des . Arbeitens und der damit verbundenen sozialen Neustrukturierung durch.

Die Familienwirtschaften mit einem höheren Produktionsniveau greifen gemäss der vorausgehenden Tabelle tendenziell weniger auf bezahlte Feldarbeit zurück. Diese Bauern, mit Ernteerträgen von Mais und/oder Weizen, die um bis zu 500% über dem Schnitt von ca. 15 qq Mais/Jahr der armen Landwirtschaften liegen, sehen in ihrer landwirtschaftlichen Tätigkeit weniger eine Basisversorgung des Haushaltes bzw. einen blossen Zuverdienst, sondern eine Möglichkeit der Finanzierung ausserlandwirtschaftlicher Tätigkeiten. Sie sind in der Lage, und das wird aus den Ergebnissen der nachfolgenden Tabellen noch deutlicher, über die Erlöse aus ihrer Landwirtschaft andere Betätigungen wie Dienstleistungen im Transportwesen finanzieren zu helfen. Auch FALLA (1980) betont in seiner Arbeit diesen Sachverhalt. Besser gestellte bäuerliche Betriebe nehmen quasi haushaltsinterne investive Umschichtungen von Erlösen aus der Landwirtschaft vor. Der Kauf von Maultieren, die Eröffnung einer Verkaufsstelle für Branntkalk in der Stadt, die Investitionen in eine *tienda* (Gemischtwarenladen) im Dorf oder gar der Kauf eines Lastwagens sind einige der am häufigsten gewählten Alternativen.

Die hauptsächliche Arbeitsleistung des Haushaltsvorstandes solcher flächenmässig besser ausgestatteten Landwirtschaften wird, entgegen den Erwartungen, häufig nutzenmaximierend auf die landwirtschaftliche Arbeit auf dem eigenen Hof gelenkt und nicht auf ausserlandwirtschaftliche Betätigungen. Die subventionierten und neuen ausserlandwirtschaftlichen Arbeitsbereiche übernehmen die Kinder oder nahe Verwandte. Der in der Tabelle 12 feststellbare, proportional zu den kleinen Betrieben verminderte Einsatz von bezahlten Feldarbeitern bei den grösseren Hofstellen ist u.a. auch mit der Tendenz erklärbar, die Ackerflächen zu verpachten, die den familiären Arbeitsrahmen übersteigen. Doch wird charakteristischerweise selten an kleine Betriebe verpachtet, sondern häufiger an grössere, die eine gewisse Anbauspezialisierung z.B. auf Weizen erkennen lassen. Dadurch entsteht eine Art grossbäuerlicher Habitus im Dorf, dem andere Handlungsnormen wie klientelistische Arbeitsbeziehungen zugrunde liegen, die auch als mikrogesellschaftliche Hegemonialstrukturen interpretiert werden können. Diese Gedanken finden Bestätigung, wenn mit Hilfe des P/K-Quotienten, in Anlehnung an TSCHAJANOW, die Bedarfsdeckung der Familienwirtschaften in absoluten Zahlen untersucht wird. Die Durchschnittswerte in der nachfolgenden Tab.13 bringen die Richtung der Entwicklung drastisch zum Ausdruck.

Neben der Feldbewirtschaftung soll noch die *Tierhaltung* deren Beitrag zur Bedarfsdeckung Erwähnung finden. Die Tierhaltung fügt sich nahtlos in den Ring individualisierten Handelns innerhalb der Landwirtschaft ein. Sie gilt als eine Form mittelfristiger Vermögensanlage, die der familieninternen Risikoabfederung dient, falls es zu grösseren Ausgaben z.B. im Krankheitsfall kommen sollte. Da Geldvermögen in der üblichen geringen Höhe und wegen fehlender Bankkontakte keinen Vermögenszuwachs erzeugt, sind Tiere, die auf dem Hof mit wenig Aufwand gehalten werden, die bei weitem einträglichste Anlagealternative. Aus der Statistik geht hervor, dass die kleineren und besonders anfälligen Landwirtschaften häufiger auf den Verkauf eines Tieres zurückgreifen, um damit finanzielle Engpässe zu überbrücken. Sie sind demnach zur Sicherstellung der Bedarfsdeckung auf die Tierhaltung in besonderer Weise angewiesen.

Zusammenfassend gilt, dass die moralische Ökonomie der kleinbäuerlichen Familienlandwirtschaft als allgemeines und durchgängiges Phänomen nicht existiert. Vor allem nicht unter Bedingungen einer Landwirtschaft, die hinsichtlich der

Leistungen, die sie für die Versorgung des Familienhaushaltes erbringt, zunehmend defizitär ist und im Hinblick auf ihre Versorgungsleistungen an Bedeutung verliert. Die Schwerpunkte solidarischen Handelns werden verrückt in Richtung auf die Felder ausserlandwirtschaftlichen Handelns, die bei abnehmendem Landbesitz das Auskommen der Familie zunehmend decken helfen. Im weiteren Zusammenhang legen die bisher diskutierten Ergebnisse der Befragungen unter den Bedingungen, wie sie in Cabricán vorliegen, nahe, dass ein tiefgreifender Wandel der Bedeutung der einzelnen Bereiche, die zur familiären Versorgung beitragen, stattfindet. Wie gross der Druck der Verhältnisse ist, der zu einer Umorientierung zwingt, belegen die im nächsten Abschnitt folgenden Zahlen. Solidarisches Handeln erfährt im Anschluss daran eine neue Orientierung.

5.4. Zur Frage der Bedarfsdeckung oder Wie Not unsichtbar wird

Auf die Frage nach der Bedeutung des Einflusses der Landwirtschaft auf die Versorgung der Familien, gibt uns die Tabelle 13 eine umfassende Information. Die nach der Versorgung mit dem Grundnahrungsmittel Mais befragten Familien wurden in sechs Altersgruppen aufgeteilt. Die Tabelle zielt auf die Darstellung der TSCHAJA-NOWschen Grundannahme eines engen Zusammenhanges zwischen der altersgebundenen Entwicklung der Familie, dem wirtschaftlichen Handeln und der daraus resultierenden Bedarfsdeckung ab. Dies führte zur vorliegenden gruppenmässigen Sortierung, womit auch eine grössere Anschaulichkeit erreicht werden soll.

An die Altersgruppierung schliesst sich geschlechtsspezifisch die durchschnittliche Anzahl der Kinder über 14 Jahren, also im arbeitsfähigen Alter an. Diese Angabe ist wichtig für die Berechnung der Konsumenten- und Produzentenanzahl pro Familie. Aus dieser Zahl lässt sich der TSCHAJANOWsche K/P-Quotient pro Altersstufe bezogen auf eine Familie bestimmen. Daran anschliessend sind die Personen pro Haushalt angegeben, allerdings ohne die durch Heirat aus der Familie scheidenden Kinder zu berücksichtigen.

Es lassen sich aus diesen Zahlen die absoluten Werte der Konsumenten und

FAMILIENZYKLUS UND HAUSHALTSÖKONOMIE

Produzenten je Familie entsprechend der Altersgruppe nennen. Der Quotient aus diesen beiden Werten widerspricht jedoch eklatant dem Quotienten aus der zur Verfügung stehenden Fläche pro Familie, korreliert mit der Zahl der Produzenten. Da der K/P- Quotient eine mit zunehmendem Alter der Familie verbesserte Versorgung zumindest vermuten lässt, widerspricht die Flächenausstattung pro Produzent offensichtlich dieser Annahme.

Zur Aufklärung dieses Widerspruchs wenden wir uns den absoluten Werten des Gesamtkonsums und der Gesamtproduktion pro Familie und Altersstufe zu. Dabei ist hier wieder von Nachteil, dass diese Werte nicht "leistungsbereinigt" sind, d.h. dass sie nicht umgerechnet wurden auf Werte, die die zugrundegelegten Indexwerte für Konsumtion und Produktion entsprechend dem Alter der Personen ansetzen.

Diese Bereinigung wurde in Tabelle 13 durchgeführt, die auf der Basis einer normativen Setzung den Personen eines bestimmten Alters gewisse Indexwerte der Konsumtion bzw. Produktion in der Familie zuweisen. Da die Kinder in der Regel die Elternfamilie dann verlassen, wenn sie sich verheiraten und einen eigenen Hausstand gründen, zeigt sich trotz der überraschend hohen Flächenausstattung der Altersgruppe > 54 dennoch übereinstimmend in den beiden höchsten Altersgruppen die geringste Bedarfsdeckung (< 40 %) hinsichtlich des Quotienten aus absoluter Konsumtion und absoluter Produktion.

Die verteilten Erbflächen, die zumeist das beste Land umfassen, die immer noch zu versorgenden unverheirateten Kinder und die nachlassende Arbeitskraft des Elternpaares schaffen eine erschwerte Versorgungssituation für die Familie. Durch die knappe Versorgungslage bleiben kaum finanzielle Ressourcen, um die Bodenproduktivität durch Düngergaben zu erhöhen. Die jungen Familien, die aus der Stammfamilie ausgeschieden sind, besitzen nur begrenzte Kapazitäten, um der alternden Elternfamilie Unterstützung zukommen zu lassen. Sie sind selber in der entscheidenden Aufbauphase ihrer eigenen Familie und müssen ihre Arbeitsleistung steigern, um den in der Statistik angedeuteten Landerwerb finanzieren zu können. Zwischen dem 28. und 36. Lebensjahr führt die sich verbessernde Landausstattung zwar grundsätzlich zu einer Konsolidierung der Verhältnisse und einer besseren Basisversorgung der Familie, wofür auch die Daten über den Zukauf von Mais sprechen. Doch hinter allem steht häufig ein enormer Schuldenberg durch das für

Tab.13: Verbraucher und absolute Verbrauchsmengen

Alter Fam.vor-stand	Kinder > 14		Person. pro Haush.	Pro Familie		Konsum. pro Produz.	Cuerdas pro Produz.	Gesamt konsum kg M./J.	Gesamt produkt kg M./J.	Zusätzl. Maiskauf			
	weibl.	männl.		Kons.	Prod.					+	%	-	%
< 24	0	0	4,40	3,20	2,00	1,60	3,20	914	576	3	3,7	2	2,5
25 - 29	0	0	5,71	3,86	2,00	1,93	4,68	1102	842	6	7,4	4	4,9
30 - 36	0,16	0,14	6,73	4,43	2,23	1,97	4,30	1265	864	5	6,1	10	12,3
37 - 45	1,15	1,06	8,88	6,01	3,68	1,63	2,97	1716	989	11	13,6	12	14,8
46 - 53	2,06	1,90	10,51	7,44	5,15	1,44	2,10	2124	972	7	8,6	7	8,6
> 54	4,35	4,01	11,21	9,11	9,09	1,00	1,45	2602	1185	7	8,6	7	8,6

Abk.: kg M./J. = kg Mais pro Jahr; Zusätz. Mais = Zusätzlicher Kauf von Mais während des Jahres;

Quelle: Eigene Befragungen, 1992

Produktion: * 80% Fläche für Maisanbau
* 2 qq/ cd Bodenproduktivität bei einer Ernte im Jahr

* Geschlechteraufteilung: Index 1,04 w/m

Konsumtion: * Durchschnittskonsum 850 gr/ Pers./ Tag

Index Produzenteneinheiten:

Familienvorstand:	jünger als 45 Jahre:	älter als 46 Jahre:
Mann:	1,00	0,80
Frau:	1,00	0,80
Sohn:	0,76	1,00
Tochter:	0,76	0,80
Kind<13J:	0	0

Index Konsumenteneinheiten:

	jünger als 45 Jahre:	älter als 46 Jahre:
Mann:	1,00	1,00
Frau:	1,00	1,00
Sohn:	0,76	0,80
Tochter:	0,76	0,80
Kind<13J:	0,50	0,50

FAMILIENZYKLUS UND HAUSHALTSÖKONOMIE

den Landkauf geliehene Geld und eine arbeitsmässige Mehrbelastung durch vermehrte ausserlandwirtschaftliche Arbeit.

Die Verhältnisse können also durchaus damit charakterisiert werden, dass hinter einer sichtbaren Fassade der Wohlbestelltheit mit Land die blanke Not steht. Diese Erkenntnis wurde methodisch möglich durch den modifizierten Ansatz TSCHAJANOWs, das Reifestadium der Familienwirtschaft mit Parametern der Konsumtion

Tab. 14: Bereinigte Konsumtion und Produktion und effektive Anbaufläche für Mais

Alter Familien-vorstand	Zahl der Kinder		abs.Kons Kin.ber. kg M./J.	abs. Prod Kin.ber. kg M./J.	Bedarfsde. Prod/Kons (in %)	eff.AF (80% GF) (in cd)
	gesamt	verheir.				
< 24	2,40	0	914	576	63,01	6,40
25 - 29	3,71	0	1102	842	76,41	9,36
30 - 36	4,73	0	1265	864	68,30	9,60
37 - 45	6,88	0,65	1575	856	54,35	10,99
46 - 53	8,51	2,21	1619	597	36,87	10,80
> 54	9,21	5,71	1297	515	39,71	13,17

Quelle: Eigene Befragungen, 1992

Abkürzungen: <u>abs.Kons Kin.ber.</u>= absolute Konsumtion kinderbereinigt; <u>abs.Prod. Kind.ber.</u>= absolute Produktion kinderbereinigt; <u>Bedarfsde.</u>= Bedarfsdeckung an Mais für die Familie pro Jahr; <u>eff.AF</u>= effektive Anbaufläche; **Anmerkung:** Die geschlechtliche Aufsplittung der Verheirateten musste aus praktischen Gründen nach dem Schlüssel der allgem. Demoskopie (x 1,04 für Frauen) vorgenommen werden.

und Produktion zu korrelieren, um dadurch die tatsächliche Bedarfsdeckung der jeweiligen Familie bestimmen zu können.

Tabelle 14 weist eine eindeutig rückläufige Tendenz der Versorgungslage der Familien mit zunehmendem Alter auf. Erreicht die Bedarfsdeckung der jungen Familien während der Reifephase der Familienwirtschaft nur ca. zwei Drittel des

Gesamtbedarfs, so ist der Sturz bei den Alten um fast ein Drittel schon dramatisch zu nennen.

Obwohl von 81 Befragten und vier ungültigen Nennungen nur zwei Familienoberhäupter meinten, dass sie sich vorstellen könnten, jemand könne mit einem erlernten Beruf auf in seinem Besitz befindliches Land verzichten, so muss die zuvor aufgezeigte Entwicklung doch zu denken geben.

Sie zeigt ein Beharren auf den alten Bindungen an bäuerliche Produktions- und Reproduktionsmuster und, anders gewendet, eine grundsätzliche Skepsis gegenüber landunabhängiger Existenz. Das Verharren im dörflichen Rahmen könnte auch *ex negativo* bestimmt werden, indem nicht die heimatliche Attraktionskraft als bindend vorausgesetzt wird, sondern sie "aus der Unattraktivität und sozialen Unwirtlichkeit der gegebenen Alternativen bzw. aus deren schlichtem Fehlen"[26] abgeleitet wird.

Während meiner Feldforschungen sagte mir ein über 60jähriger Mann, dass er froh sei, in fünfzehn Jahren nicht mehr zu leben, um das Desaster nicht mitansehen zu müssen, das unweigerlich kommen werde, wenn sich die Verhältnisse hinsichtlich des Landbesitzes bei derart steigenden Kinderzahlen so wie bisher weiterentwickeln werden. Andererseits, meinte derselbe Mann, wolle er nicht mehr in die Stadt hinunter, da sie nichts als Raub, Lüge und Gefahren berge und er sich dort weder wohl noch sicher fühle.

Hier konkretisiert sich die Zwiespältigkeit der erfahrbaren Veränderungen dörflicher Lebenswelt in einer resignativen Grundstimmung vorwiegend der alten Bevölkerung gegenüber der vor allem sie betreffenden Alternativelosigkeit. Diese Aussagen und Analysen stellen Organisationsformen ausserhalb der Landwirtschaft in ein völlig verändertes Licht. Sie erscheinen im traditionell bäuerlichen Rahmen als der wahre Ausdruck von Not.

Abbildung 10 fasst in anschaulicher Form noch einmal die enge Abhängigkeit von Familienstruktur und familiärer Versorgung zusammen. Als ein überraschendes Ergebnis muss die überaus geringe Bedarfsdeckung der Familie aus der Landwirtschaft gesehen werden. Der Widerspruch von psychisch-mentaler Zuwendung und

---

[26] Dazu KASCHUBA/ LIPP (1982: 49).

deren niedriger Versorgungsbeitrag lässt in seiner Konsequenz die Frage des Landbesitzes und der damit implizierten Sozialverfassung zu einem zentralen Problemfeld für die indianischen Kleinbauern werden. Hergebrachte Konzepte für die Bewältigung wirtschaftlicher Krisenerscheinungen innerhalb der Versorgungslage einzelner Familien beginnen sich zu wandeln und verlagern ihren Schwerpunkt auf ausserlandwirtschaftliche Einkünfte.

Abb. 10:

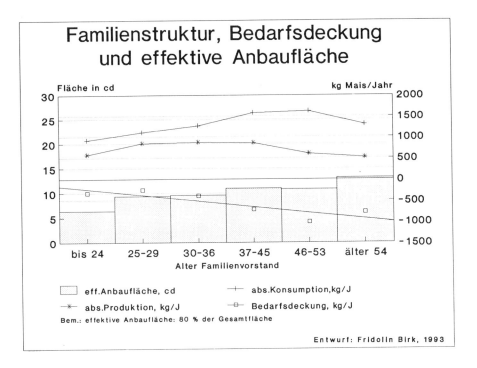

Im Zusammenhang mit dieser Umorientierung steht eine Neu- bzw. Umgestaltung der bisherigen korporierten Organisationsformen im Dorf. Was in der Landwirtschaft aufgrund der spezifischen Umstände niemals von grosser Bedeutung war, tritt in der sich verschärfenden Krisensituation immer deutlicher in den Vordergrund. Von den verwandtschaftlichen Grundstrukturen ausgehend, entwickeln sich unter den Kleinbauern an die Umstände ausserlandwirtschaftlicher Arbeit **angepasste Organisationsformen**. Sie differenzieren sich je nach der Situation der einzelnen Hofwirtschaft. Sie bedeuten in mancher Hinsicht einen Abschied oder eine Umgestaltung von bisherigen und eine Einführung von bislang unbekannten sozialen Formen der Vergesellschaftung.

Auch die Analyse der in zyklische Phasen sich gliedernden Familienwirtschaft brachte Ergebnisse, die in dieselbe Richtung weisen, wie die vorhergehenden Überlegungen, die mit einem soziologischen Begriffsinventar arbeiteten. Sie weisen, auf der Grundlage von mehreren Befragungen, auf den Widerspruch zwischen landwirtschaftlich geprägter Lebenswelt und forcierter Umstrukturierung der alltagsweltlichen Grundlagen dörflichen Lebens in der Gegenwart. Die der Familienwirtschaft eigene Belastung und die existentiellen Probleme im Bereich landwirtschaftlicher Produktion machen Alternativen des Handelns im kleinbäuerlichen Sektor zwingend.

5.5. Vom Land in den Kopf - neue Konzepte der Ressourcennutzung

Ein kurzer Wechsel in ein nahe Quetzaltenango gelegenes indianisches Dorf soll uns helfen, *eine mögliche Richtung* der Entwicklung der in Cabricán sich neu formierenden innerdörflichen Organisationsmuster vorzunehmen. Bisher wurde deutlich, dass sich in Cabricán unterhalb der Ebene der Bauernwirtschaften, die aus ihrer Landwirtschaft sowohl den Familienbedarf als auch zusätzliche Gewinne erwirtschaften, die kleinbäuerlichen Betriebe mit Strategien der Tätigkeitsdiversifizierung auf die prekäre familiäre Versorgungssituation reagieren. Wo die grösseren Bauernwirtschaften eine eigene Handlungs- und Bewirtschaftungsstrategie der Kapitalumschichtung auf ausserlandwirtschaftliche Bereiche aufweisen, sofern dies die Überschüsse zulassen, waren die Kleinbetriebe gezwungen, permanent mehr Arbeitsleistung zu erbringen, um die Grundversorgung zu sichern.

In den in ihrer bäuerlichen Existenz stark gefährdeten Kleinstbetrieben setzte eine Spirale der Pauperisierung ein, die in vollem Umfang seit dem Aufbrechen der engen traditionellen Dorfgrenzen in Erscheinung tritt. Es entwickelte sich eine Art "Subkultur" im Bereich der materiellen und sozialen Lebensführung dieser Schichten, die unkonventionelle Wege der Unterhaltssicherung zu finden such(t)en und mit mehr oder weniger deutlichen Akten der "Sozialsabotage" durch Regelüberschreitung ihren Handlungsspielraum und Ressourcenpool zu erweitern trachten.

Im Gegensatz zum mitteleuropäischen Kontext, wo im Zuge der Industrialisierung die bäuerlichen Zusammenhänge nach relativ klar strukturierbaren Vorgaben aufbrachen und die Diskussion um die Proto-Industrialisierung[27] zeigt, dass sich relativ schnell andere tragfähige Einkommensalternativen boten, zeigen sich im vorliegenden Kontext Varianten einer "Entbäuerlichung", denen aus sozialen, infrastrukturellen und wirtschaftsstrukturellen Gründen nur in sehr begrenztem Umfang Alternativen zur Seite stehen. Diese beschränkten Möglichkeiten führen zu einem teilweise erbitterten Verteilungskampf in den Dörfern, der in Form der erwähnten "Sozialsabotage" wirksam wird.

Charakteristisch ist, dass das in der ersten Hälfte dieses Jahrhunderts aufbrechende Spannungsverhältnis zwischen der demographischen Zunahme im Dorf und dem verfügbaren Land mit vermehrtem Bodenerwerb und über eine Steigerung des Flächenertrages durch den Einsatz von Düngemitteln beantwortet wurde. Während die Kleinstbetriebe auf den teuren Mineraldünger sofort angewiesen waren und entsprechend kapitalintensiver wirtschaften mussten, konnten die grossen Wirtschaften auf diesen Mitteleinsatz durch Ausdehnung der Anbauflächen vorläufig noch verzichten.

Die nächsten zwei Generationenwechsel bis heute hatten eine erbschaftsbedingte extreme Eigentumszersplitterung zur Folge. Der Zwang, auf die sich rasant verteuernden Mineraldünger bei kleiner werdender Anbaufläche zurückzugreifen, wächst weiter, um die gestiegenen Versorgungsansprüche zu decken. Die Notwendigkeit für die kleinen Landwirtschaften Mais zuzukaufen, um den Bedarf der Familie bis zur nächsten Ernte zu sichern, verschärft das Problem. Die Preise für das Grundnahrungsmittel Mais steigen während der nachfrageintensiven Zeit ca. auf das Vierfache des Preises bei Marktsättigung kurz nach der Ernte im Hochland. Da ein Vorratskauf wegen fehlender Mittel nicht möglich ist, verengt sich der finanzielle Spielraum vieler Kleinbauern bis zur Grenze des Tragbaren. Schulden bei den örtlichen *Ladinos* sind die Folge, die immer seltener durch Arbeitsleistungen

---

[27] Dazu KRIEDTKE/ MEDICK/ SCHLUMBOHM (1977); LINDE (1980).

auf dem Feld und immer häufiger durch Arbeit ausserhalb der Landwirtschaft abgetragen werden müssen. Die Familienwirtschaft mutiert zunehmend zu einer bäuerlichen, gewerblich-agrarischen Mischform, wobei aufgrund der gesamtwirtschaftlichen Situation in den Bauerndörfern sowohl Gewerbe als auch Landwirtschaft im 'Nebenerwerb' betrieben werden. Es lassen sich auf der Basis der bisherigen Kenntnisse vier Grundformen der sozial-wirtschaftlichen Orientierung aus dem heutigen gesellschaftlichen Rahmen des Dorfes herauslösen, die sich zu einem Gesamtbild der sozial-wirtschaftlichen Orientierung fügen.

5.5.1. Vier Konzepte der sozial-wirtschaftlichen Orientierung

Das erste Konzept kann als "**grossbäuerliche**" **Variante** bezeichnet werden, die auf Landreserven zurückgreifen kann und auf eine Kontinuität der bisherigen Bebauungs- und Bewirtschaftungsweisen setzt. Im Bild kulturlandschaftlicher Prägung setzt sich diese Bewirtschaftung im Weitertragen des herkömmlichen Anbauhabitus um. Dieser belässt die Subsistenzprodukte auf den Feldern in räumlicher Nähe zum Haus der Familie. Die Felder, die für den Verkauf bestimmte Saaten tragen, befinden sich weiter entfernt vom Haus. Der Ertrag wird zur Kompensation gestiegener Kosten über die Flächenausdehnung erwirtschaftet. Es bleiben in der Regel Mittel, die auf ausserlandwirtschaftliche Bereiche umgeschichtet werden können, um diese zu kapitalisieren.

Das extreme Gegenbild zu dieser Variante dörflicher Existenz findet sich in den **Fernhändlern**, wie sie z.B. für Sta.Maria Chiquimula charakteristisch sind. Sie haben häufig jegliche Subsistenzproduktion aufgegeben, ihre Felder verpachtet und verbringen die meiste Zeit des Jahres ausserhalb des Heimatdorfes. Grundlage der Versorgung ist etwa ein fester Stand in einem Marktgebäude einer entfernt liegenden Stadt. Der Handel, mit der Notwendigkeit einer anfänglichen Risikoinvestition, entstand aus einer weit zurückreichenden Tradition des Kleinhandels, der sich allmählich selbst kapitalisierte oder Unterstützung von "grossbäuerlicher" Seite erfuhr. Solche Investitionen wurden meist vom Vater an die Söhne überreicht, die

FAMILIENZYKLUS UND HAUSHALTSÖKONOMIE

den Handel von den Kindertagen an erlernten, indem sie ihre Väter bei deren Reisen begleiteten. Auf diese Weise kam es zu einem Kurzschluss zwischen den beiden Extremen einer dörflichen Wirtschaft, die es den *Campesinos* ermöglichte, den jeweils eigenen Bedarf zu decken und darüber hinaus gewinnbringend für den regionalen Markt zu wirtschaften. Im Mittelbereich zwischen diesen beiden Alternativen liegt die Tendenz, die sich während der vergangenen zwanzig Jahre in Almolonga, einem Dorf ca. fünf Kilometer westlich von Quetzaltenango, durchsetzen konnte. Hier wurde, auf der Grundlage einer manuell betriebenen Bewässerungswirtschaft, auf kleinen Parzellen im Stile von Gartenkulturen mit Gemüseanbau als **Intensivkultur** begonnen. Die Fotographie gibt einen Eindruck von der extremen Umorientierung, die der sozial-kulturelle Anbauhabitus seit der Einführung der Intensivkulturen nahm. Auf den ersten Blick ist die Umkehr des traditionellen und auf die Sicherung des Subsistenzanbaus ausgerichteten Anbau-habitus sichtbar. Plötzlich wird die ehemals den Grundbedarf sichernde *milpa* weg vom Haus und der direkten Kontrolle entzogen, an den Rand des Waldes abgeschoben.

Abb.11: Umkehrung des Anbauhabitus in Almolonga

Aufnahme: Fridolin Birk, 1991

5. KAPITEL

Auf den ehemaligen hausnahen *milpa*-Parzellen begann der *cash-crop* Anbau in Form von Gemüsekulturen. Inzwischen beherrscht die mit zunehmend höheren Inputeinsätzen richtiggehend angeheizte Gemüseproduktion bis auf den letzten Flecken Boden die fruchtbaren Tallagen. In dieser Umkehr des Anbauhabitus dokumentiert sich ein tiefgreifender Wandel im dörflichen Selbstverständnis, der wegen seiner allgemeinen Erscheinungsweise weit über die Bedeutung eines nur marginalen Phänomens in einigen wenigen Dörfern hinausgeht. Dieser Prozess in Almolonga kann, wie bisher in einigen anderen Dörfern des Hochlandes, als ein wirtschaftlich-qualitativer Konzentrations- und ein sozial-kultureller Heterogenisierungsprozess bezeichnet werden, hinter dem ein echter Kapitalisierungs- und Optimierungsgedanke steht.

Abb.12: Profilskizze eines Hanges mit umgekehrtem Anbauhabitus

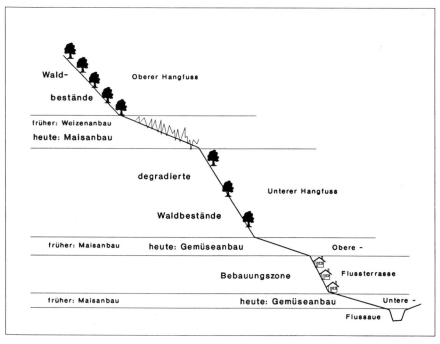

Entwurf: Fridolin Birk, 1993

Die Kapitalisierung beschränkt sich jedoch auf den produktionsrelevanten Inputsektor des Gemüsebaus. Er greift nicht aus auf den "Hintergrundsektor" einer bildungsmässigen Ausweitung der Ansprüche im technisch-wissenschaftlichen Bereich, der mit einer Optimierungsstrategie eigentlich vonstatten gehen sollte. Trotzdem kam es in diesem Dorf zu einer vollkommenen sozial-wirtschaftlichen Umorientierung, die in dieser Konstellation alle Voraussetzungen eines äusserst konfliktreichen innerdörflichen Wandels in sich trägt. Es hat sich durchgesetzt, was LINDE (1972) als "Sachdominanz" bezeichnet hat, die eine bis vor kurzem noch geltende "Statusdominanz" im Sinne des in Kap. 3 über die Bedeutung der zivilreligiösen Hierarchie Gesagten weitgehend abgelöst hatte. Jenseits der traditionellen dörflichen Statushierarchisierungen verschaffte sich eine extreme Partikularisierung innerhalb der dörflichen Gesellschaft Platz. Sie bemisst den Status von Personen nach dem vermuteten Geldvermögen, das sich vorwiegend in Symboleinheiten wie Hausgrösse und Anzahl und Grösse von Lastwagen ausdrückt, die weniger nach dem Bedarf, sondern mehr nach dem Eindruck bemessen sind, den sie auf die Dorfbewohner machen. Nicht mehr Personen, sondern 'reichen' Familien wird der entsprechende Status zugesprochen. Die Destabilisierung des Sozialgefüges geschieht über eine "Entkernung" der innerdörflichen Kohärenz, die bislang in Form eines Konglomerates von gemeinsamen Symbolen tragend war.

Diese Form der Ablösung vom traditionellen Rahmen ist durchgängig. Die Dorfbewohner Almolongas haben die traditionelle Landwirtschaft hinter sich gelassen und eine mentale Umorientierung, die sich in einer veränderten Umgangsweise mit dem Boden als "Produktionsfaktor" dokumentiert, vollzogen. Die Linie der Produktivitätssteigerung geschieht monokausal über eine einseitige Intensivierung mittels Düngung und Pestizidanwendung. Tragisch ist dabei, den Umgang mit den neuen Produktionsmitteln zu beobachten. Die völlige Unbedarftheit in der Anwendung der Chemikalien lässt auf eine weitgehende Überforderung der Kleinbauern schliessen. Ausbildung oder Grundkenntnisse über Dünger- und Pestizidanwendung sind in Almolonga kein Thema, vorgegangen wird nach der Methode von *trial and error*. Neue Abhängigkeiten sind die Folge. Sie zeigen sich schon heute in Form von Importverboten für das Gemüse in die USA wegen extremer Pestizidverseuchung der Produkte.

5. KAPITEL

Gegen diese Orientierung der landwirtschaftlichen Intensivierung steht die vierte und am häufigsten zu beobachtende Variante der **handwerklich-bäuerlichen Mischbetriebe** als charakteristische familieninterne Strategie der Risikominimierung bzw. -streuung in Cabricán. Die Flexibilität und Vielseitigkeit (EHMER/ MITTERAUER, 1986: 15) als Kennzeichen der kleinbäuerlichen Familienwirtschaft geht dabei Hand in Hand mit den traditionellen Bewirtschaftungsweisen. Damit erfolgt nur eine teilweise Herauslösung aus dem dörflich-heimatlichen Hintergrund, und es werden vom einzelnen im zirkulären und sich selbstverstärkenden Konkurrenzkampf der gewerblichen Arbeit auf dörflicher Ebene neue Anpassungsleistungen im handwerklich-landwirtschaftlichen Bereich gefordert.

Die **diversifizierte bäuerliche Arbeit** hat einen Hintergrund, der einer ganzen Palette von Ansprüchen gerecht werden muss: Sie muss eine breite Kapazitätsauslastung der vorhandenen Arbeitskräfte erreichen und eine optimale Weise der Kapitalbeschaffung über entlohnte Arbeit gewährleisten. Weiterhin soll das Risiko eines möglichen Betriebsverlustes weit gestreut und Verpflichtungen auf anderweitige Versorgungsansprüche reduziert werden.

Die *handwerkliche Arbeit* kann bestenfalls als Semiprofessionalisierung eingestuft werden, da sie möglich sein muss, ohne besondere Inputleistungen zu fordern. Schreiner, Schuster, Besenmacher, Ziegelbrenner, Kalkbrenner, Maurer oder Waldarbeiter/Säger sind die wichtigsten Sparten. Dem stehen Arbeiten zur Seite, die zu den Dienstleistungen zu zählen sind, wie z.B. Landarbeiten, Produktionsarbeiten in der Kooperative, Lastwagenfahren oder der Ladenverkauf.

Für einige der gewerblichen Beschäftigungen ist aus arbeitstechnischen Gründen eine langfristige Zusammenarbeit mit Personen im Dorf oder manchmal von ausserhalb notwendig. Waldarbeiter oder Kalkbrenner sind auf die Mitarbeit anderer Personen angewiesen, weshalb eine Gruppenarbeit zwangsläufig wird. Der andere Grund für einen Zusammenschluss ist die Kapitalbeschaffung für die unabdingbaren Anfangsinvestitionen. Sicherheiten für erbrachte Vorleistungen Dritter gegenüber werden von Einzelpersonen ab einer gewissen Höhe im dörflichen Geschäftsverkehr nicht mehr akzeptiert, weshalb Garantien von mehreren Personen zwingend werden. Beide Seiten in einem Geschäftsvorgang suchen ihrerseits eine Risikostreuung zu erreichen. Im Falle der Kalkbrennerei in Cabricán benötigen die Kalkbrenner einen

Brennmeiler und anfangs vor allem die Mittel, diesen zu errichten. Daneben sind vor allem die Transportdienste von Bedeutung, die sie aus Gründen der fehlenden Liquidität nicht sofort bezahlen können. Die Waldarbeiter benötigen Kapital zum Kauf einer Motorsäge, die Ladenbetreiber brauchen Handelskapital und die Transportlogistik.

Ein Grossteil der im dörflichen Handel und Gewerbe nachgefragten Güter und Leistungen sind vor Ort zu bekommen, jedoch meist nicht gegen unmittelbare Bezahlung. Deshalb sind die Partner bei vielen Geschäften im Gewerbe und Handel auf ein komplexes Gefüge von Leistungen und Gegenleistungen angewiesen, das strukturell auf eine Verzahnung der einzelnen Tauschelemente und eine Risikominimierung im Prozess der Abwicklung angelegt ist.

Diese strukturellen Diversifizierungsstrategien sprechen dafür, Arbeiten in Gruppen zu institutionalisieren. Dadurch ruht aber gleichzeitig ein Gutteil der inneren Kohäsion der Gruppen auf der bislang gewohnten reziproken dörflichen Sozialverfassung. Deshalb schufen diese soeben beschriebenen neuen Beschäftigungen neben der bisherigen Landwirtschaft keinen grundsätzlich neuen lebensweltlichen Rahmen. Er wurde stark modifiziert und arbeitet in einem weiteren personellen Zusammenhang. Damit wird dem nicht widersprochen, dass häufig trotzdem eine weitreichende Veränderung sozialer Kohäsion eintritt und eine Zusammenarbeit bestimmter Personen aus einem Dorf nicht mehr möglich ist. Doch finden solche Prozesse vorwiegend in Gemeinden wie Sta.Maria statt, wo die langen Abwesenheiten der Händler und die grundsätzlich stärkere Aussenorientierung der Personen tiefere Brüche im Sozialverband haben entstehen lassen (s. Kap.7).

Um jedoch ein einheitliches Bild des neu sich formenden Handlungsrahmens zu entwerfen, bieten die unterschiedlichen Strategien der "Kleinhandwerker" ein zu heterogenes Bild. Auf der anderen Seite gleichen (HRADIL, 1983: 113) sich die Lebensläufe der Mehrzahl der Dorfbewohner in den allmählich entstandenen Gruppen zu sehr, als dass in der kurzen Zeit seit dem Aufbrechen der strukturellen Versorgungskrise ein konturiertes Gegenbild zur bestehenden Lebenswelt des Dorfes hätte entstehen können. Daneben stehen die neuen "beruflichen" Gliederungen durchaus noch in einer Abhängigkeit zur innerdörflichen Besitzverteilung, obschon die Neustrukturierung der Verdienstmöglichkeiten eine diversifizierende Wirkung bezüglich des Einkommens aufweist. Einige gewerbliche Betätigungsfelder (KASCHUBA/ LIPP, 1982: 92) wie die Kalkbrennerei zeigen jedoch schon eigenständige Erscheinungsformen in der Sozialstruktur Cabricáns.

5.5.2. Familienwirtschaft und neue Organisationsweisen oder Der lange Weg der Mutter Courage

Wir konnten mitverfolgen, wie sich das Bild der bäuerlichen Wirtschaftsweisen in Cabricán differenzierte. Je weiter das Bild von der "elenden bäuerlichen Existenz" ins Uneinheitliche zerfliesst und die strategischen Ausgestaltungen der Familienwirtschaften ihre eigenen Strukturen und Funktionsweisen entfalten, desto dringlicher muss gefragt werden, ob die vereinheitlichende Bezeichnung der "bäuerlichen Familienwirtschaft" für die Verhältnisse in unserem Untersuchungsraum noch zutrifft, oder ob es notwendig sein wird, eine Begriffskorrektur vorzunehmen.

Mit Sicherheit unterliegen die Anfänge einer kleinbäuerlichen Haushaltsgründung hinsichtlich der Erbschaftsregelungen und haushaltszyklischen Zwangsläufigkeiten noch weitgehend ähnlichen Standards. Die Reformulierung von Unterstützungsleistungen aus dem engeren Verwandtschaftsumfeld wird heute von der nachwachsenden Generation vielfach schon vor der Familiengründung eingelöst. Denn schon vor diesem entscheidenden Schritt hin auf eine unabhängige Haushaltsgründung fächern sich unter den heutigen Bedingungen die Strategien zur Bewältigung des späteren familiären Alltags auf. Das Ziel ist die Erschliessung neuer Unterstützungsressourcen innerhalb und ausserhalb des Dorfes; das Mittel dazu, die Ausweitung des kommunikationsgeleiteten Umfeldes. Schon Jugendliche streben danach, sich in den unterschiedlichen Gruppen, Kooperativen oder Komitees zu etablieren. Gerade in der Lebensphase vor der eigenen Hausstandsgründung können die unentgeltlichen Vorleistungen noch erbracht werden, die für eine Integration Voraussetzung sind.

In den verschiedenen dörflichen Organisationen Cabricáns ist neben verwandtschaftlichen Beziehungen zu einem Genossenschaftsmitglied die Zahlung eines relativ hohen Mitgliedsbeitrag in bar Bedingung für eine Aufnahme. Dieser Beitrag kann in der ersten Phase grosser Anspannung während der Hausstandsgründung nicht erbracht werden. Die Summe muss in bezahlten Arbeiten über eine längere Frist gespart werden, was u.U. auch schon vor der Familiengründung mit entsprechenden Einkommensmöglichkeiten und geringen Lebenshaltungskosten möglich ist. Die Kalkbrenner verfahren so, dass hohe individuelle Eingangsinvestitionen gefordert werden, ausser eine Person erbringt durch ihre strategische Bedeutung eine Leistung, die für die anderen einen entscheidenden Vorteil bedeutet. Nur dann fallen teilweise die restriktiven Bedingungen weg, die zur Teilnahme in einer dörflichen Organisation berechtigen. Die Lastwagenbesitzer stellen einen solchen Fall dar, da sie mit ihren Transportleistungen und Verbindungen zu Waldarbeitergruppen eine zentrale logistische Funktion übernehmen. Dies ist in Zeiten der Brennholzknappheit, steigender Kosten im Transportsektor oder wachsender Konkurrenz im Kalkbranntsektor um so aktueller. Der Verwandtschaftsverband verliert dadurch hinsichtlich seiner Unterstützungsleistungen weiter an Bedeutung. Die allgemeine Landknappheit tut, wie wir sehen konnten, zu dieser Entwicklung ihr übriges.

So wirken **a.** die Bedarfsdeckung durch ausserlandwirtschaftliche Arbeit, **b.** die nachlassende Bedarfsdeckung durch die landwirtschaftliche Subsistenzproduktion, **c.** die siedlungsgebundene Dispersion, **d.** die überprägenden modernistischen Leitbilder von aussen und **e.** neue Möglichkeiten durch die technische Modernisierung als ein Konglomerat von Umständen, das den in Kap. 3 beschriebenen Abschied aus dem traditionellen dörflichen Gefüge an die Notwendigkeit neuer netzwerkartiger Asoziierungen bindet. Damit kippen sowohl einige der bisher im traditionell bäuerlichen Umfeld für essentiell gehaltenen Mechanismen (SHANIN, 1990: 97 ff.) als auch spezifische sozial ausgleichende Mechanismen. Sie werden den sezessionistischen Bestrebungen und dem individuellen wirtschaftlichen Interesse der Vorteilsgewinnung geopfert. Die Gruppen, die sich im landwirtschaftlich-gewerblich-handwerklichen Bereich bildeten, fordern die individuelle Flexibilität als Grundlage der Zusammenarbeit. Es bedarf einer organisatorischen Leistung, für einen Kalkbrand eine volle Woche ca. zehn bis zwölf Personen an diese eine Arbeit zu binden, ganz abgesehen von der Logistik der Rohmaterialbeschaffung. Diese Koordinationsleistungen sind bewundernswert und zeigen, dass es den Kleinbauern in mancher Hinsicht gelang, den Rahmen bäuerlicher Lebenswelt hin auf eine eigene Strategie der Versorgungssicherung erfolgreich zu modifizieren. Viele sind schon, gemäss dem erwirtschafteten Produkt, mehr Handwerker als Bauern. Sie befinden sich auf dem langen Weg der Suche nach einer neuen sozial-wirtschaftlichen Verankerung. Dieser Weg führt vorbei an den Eindeutigkeiten akademischer Begriffsbestimmungen und hinein in eine Alltagswelt der Unwägbarkeiten und Neubestimmungen.

Aber was vertraut ist,
ist noch lange nicht erkannt.[1]

6. Die Alltagswelt der *comunidad* zwischen interner Reorganisation und Moderne

Im folgenden werden die in den vorangegangenen Kapiteln gelegten Fäden der Argumentation zusammengeführt. Ziel ist es, mit Hilfe der phänomenologisch begründeten verständigungsorientierten *Theorie des Alltagshandelns*, die vielfältigen Bruchlinien zwischen Individuum und Familie, zwischen Familie und *comunidad*, zwischen den historischen Einheiten der erinnerten und unbewussten individuellen und kollektiven Geschichte, zwischen allgemeiner Not und relativem Wohlstand in den indianischen Hochlanddörfern nachzuzeichnen und in einem angemessenen Rahmen zu interpretieren. Dazu werden wiederum einige Ausschnitte aus dem Bestand sozialer Gruppen in Cabricán genauer betrachtet. Sie werden eingebettet in die Analyseelemente der alltagsweltlichen Perspektive. Abschliessend folgt ein allgemein formulierter Verstehenszusammenhang, der, ausgehend von den hier vorgelegten Bezügen, Grundlagen der Annäherung, Interpretation und des Verständnisses indianischer bäuerlicher Gemeinden im Hochland von Guatemala anbietet.

Leider kann auch in diesem Theorie- und Interpretationszusammenhang nur sporadisch auf Literatur und Ansätze in der Geographie zurückgegriffen werden. Zwar hatten sich in der Regionalismusdebatte über die Weiterentwicklung des Funktionalitäts- und Verflechtungsansatzes hin zur Betrachtung von Regionen als Gestaltungsräume (BOESCH, 1989: 66) zaghafte Versuche gezeigt, allzu determini-

---

[1] LEFEBVRE (1987: 26).

stisch angelegte raumwissenschaftliche Begriffe neu zu bestimmen.[2] Doch um sinnorientierte und strategiegeleitete Handlungsrationalität wenigstens als mitverursachend für bestimmte strukturelle Prägungen anzunehmen, dazu fehlte bis in die 80er Jahre hinein das forschungsrelevante Interesse zur Integration dieser Konzepte in die Geographie.[3] Erst die Perspektive der *"humanistic geography"*[4] veränderte die Forschungspraxis stärker in Richtung auf das, was BUTTIMER (1984) *Insider-Perspektive* und TUAN (1977) *sense of place* nennt. WERLEN (1987) hat unter Zuhilfenahme epistemologischer Grundgedanken POPPERs sozialwissenschaftliche Forschung als "verständigungsorientierter Ansatz" im Sinne der Lebenswelt-Soziologie (HARD, 1985) grundsätzlicher aufgearbeitet. Diese Linie mündet in einem, seit SEDLACEK (1982) gründlich überarbeiteten, handlungsorientierten Paradigma der Geographie bei WERLEN (1987).

Die alltagsweltliche Perspektive der "Gesellschaftlichen Konstruktion der Wirklichkeit" (BERGER/LUCKMANN, 1988) als umfassender Interpretationsrahmen, mit dem wir alle, und eben auch die hier untersuchten *Indígenas* des guatemaltekischen Hochlandes, unseren Alltag bewältigen, kennt in der deutschen Geographie noch keine Tradition.[5] Diese Arbeit versteht sich als ein Schritt in diese Richtung.

Die historische Dimension der indianischen Vergangenheit während der *Conquista* bedeutete eine forcierte Anpassung der holistischen und zyklisch geprägten indianischen Kosmologie und deren lebensweltliche Verwirklichung an die funktionalistisch und eindimensional ausgerichtete Ausbeutungsstrategie der spanischen Eroberer. Die sehr stark nach innen, auf das eigene Dorf gerichteten Momente des

---

[2] Dazu TIETZE (1968); ARL (1975, 1976); BOESCH (1989: 57 ff.). Die *Regionalismus*debatte - bleibt aber dennoch bei einer unreflektierten Betrachtung der Gegenstände im chorischen und eindimensionalen Raum stehen (siehe dazu die Beiträge der "Münchner Schule" oder WIRTH (1979)) und schafft nicht den Sprung über die von BUTTIMER (1984) so bezeichnete Insider-Perspektive in eine Geographie Regionaler Lebenswelten.

[3] In den 60 er Jahren, als diese Diskussion sich verstärkte, fehlte häufig noch das Bewusstsein, Anthropogeographie als Sozialgeographie und damit ganz dezidiert als Sozialwissenschaft zu bestimmen.

[4] Dazu TUAN (1977); BUTTIMER (1984); SEDLACEK (1982); SACK (1980) oder marxistisch gewendete Varianten wie GREGORY/ URRY (1985); CASTELLS (1983).

[5] Eine Ausnahme ist der von ISENBERG (1985) herausgegebene Band 7 der Osnabrücker Geographischen Schriften zur Analyse und Interpretation der Alltagswelt und die Arbeit von WERLEN (1987).

lokalen Selbstverständnisses tragen bis heute inter- und intrakommunitäre separatistische Merkmale (s. Kap 3). Die auf die Familie als wirtschaftlich-soziale Basiseinheit und auf feste Traditionsbestände gestützte Organisation der Dörfer sicherte sich ihr Überleben durch rituelle Elemente, die bis in jüngster Zeit die *comunidad*, die Familie und den einzelnen über viele Widerstände hinweg zusammenschweissten. Aus dieser Sicht waren ehedem der familiäre in Einklang mit dem rituellen Zyklus die Grundlage, die dem konträr laufenden Takt der kolonialen und liberalen Arbeitsdienste entgegengesetzt wurden.

Die jüngste Zeit brachte den schon lange sich abzeichnenden Bruch. Einen Bruch, der heute quer durch die Familien geht. Am deutlichsten ist er an den Jugendlichen zu beobachten, die sich dem Reglement der alten Ordnung widersetzen. Sie wandern, unter dem Eindruck forcierter Disparitäten in die Städte ab und stellen letztlich den Bestand der *comunidad* als ganzheitlichen Lebensrahmen in Frage.

Wie wirkt sich diese Situation, vor allem in Hinblick auf die Versuche der internen Organisation in den *comunidades* als Antwort auf die Einflüsse von aussen, aktuell auf den Rahmen des alltäglichen Lebens aus? Welche Konflikte sind als Reaktion auf die veränderten individuellen Wissensbestände und die umgeleiteten Kommunikationslinien entstanden? Welche sozial-räumlichen Strukturen haben sich in der Folge dieser Veränderungen des sozialen Handelns geformt und wie wirken sie auf die alltagsweltliche Handlungspraxis?

Diese Fragen zeichnen den Weg vor, der nachfolgend beschritten wird. Die notwendige theoretische Ausrüstung werden wir in der für uns wichtigen Literatur einholen, entsprechend dem Spurensucher oder Kriminalisten: das uns nehmend, und sei es auch das Unauffälligste, was uns für die Klärung und das Verstehen der hier zur Diskussion stehenden Probleme notwendig erscheint, um diese im Lichte handlungsleitender Verstehenshorizonte zu bestimmen und zu deuten.

6.1. Die alltagsweltliche Perspektive

Die Analyse des Bestandes individuellen Alltagswissens geht zurück auf die

Phänomenologie HUSSERLs (1972). Dort wurde zum ersten Mal ausdrücklich die Frage nach den Konstitutionsbedingungen menschlicher Wirklichkeitswahrnehmung gestellt. SCHÜTZ entwickelte in seinem Werk die Gedanken weiter zu den Fragen: Wie ist die individuelle lebensweltliche Realität beschaffen? Wie entsteht gesellschaftliche Wirklichkeit und was sind ihre wichtigen Bestandteile?

Gesellschaftliche Wirklichkeit umspannt "all die Ereignisse und Tatbestände, die das Handeln der Gesellschaftsmitglieder ausmachen und bestimmen." (BIELEFELDER SOZIOLOGEN, 1975: 11) Sie wird in WEBERs Modell der Gesellschaftskonstitution durch die dem sozialen Handeln (WEBER, 1972: 11 ff.) zugeschriebene objektive Sinnhaftigkeit bestimmt, d.h. im Vollzug sinnhaft geordneter Alltäglichkeit erfahrbar. JAMES (1976) und MEAD (1973) formten diesen Ansatz weiter aus zu der These, dass jedes Handeln seinen Sinn erst aus der lebensweltlichen Perspektive in alltagsorientierter Einstellung[6] gewinnt. Das bedeutet im Sinne des *Symbolischen Interaktionismus* die Herstellung von Sinnhaftigkeit aus der absichtsvollen und reziproken Gerichtetheit des Handelns auf den jeweils anderen. Diese Erklärung erscheint zirkulär an die Gesellschaft als norm- und zwangschaffende Einheit gebunden und stellt so ein wichtiges Element der im Alltagsvollzug sich manifestierenden Lebenswelt dar.

SCHÜTZ (SCHÜTZ/ LUCKMANN, 1979) war es, der diese Überlegungen wieder aufnahm und zu einem soziologischen Gesamtentwurf der die Lebenswelt durchziehenden Strukturen ausformte. Als erstes und wichtigstes Element in diesem von ihm entworfenen Ensemble steht der einzelne *Mensch*, der durch sinnvermittelt, zielorientiert und damit rational Handelnder und ebenso als Adressat dieses Handelns von seiten dritter, sich als in eine *Sozietät* eingebundenes Wesen erfährt.

Daneben gewinnt die *Zeit* für das Individuum als dritte Ausdehnungsrichtung seines Handlungsraumes Bedeutung. Die Vergangenheit wird in Form von der Reflexion und Sinnkonstituierung zugängliche, aber nicht mehr veränderbare zeitliche Dimension erfahrbar, während die Zukunft sich als offene und manipulierbare Intentionalität darstellt. In der sinnvermittelten Gegenwart treffen sich die drei Achsen, Individuum, Mitwelt und Zeitlichkeit und wird jener Raum aufgespannt,

---

[6] Zur Unterscheidung dieser beiden, nur allzu häufig willkürlich vermischten Konzepte, später mehr.

der die Ebenen[7] zuweist, die auf die alltagsweltliche Orientierung Einfluss haben und die für die hier noch zu leistende Beschreibung und Analyse der Alltagswelt und deren Gestaltung in den untersuchten Dörfern grundlegend sind.

Innerhalb dieses Dreiecks von Individuum, Sozietät und zeitlicher Erstreckung plazieren sich die Felder, deren jeweilige Ausgestaltung die Handlungsalternativen für den Einzelnen festlegen. Zu diesen Feldern gehören die Ausgestaltung der kommunikativen Möglichkeiten genauso wie die physisch-materielle Welt oder die für den Einzelnen wichtigen Wissensbestände, die emotionale Lage oder die in unregelmässigen Abständen auftretenden Konflikte als Ausdruck konfligierender Sinnzusprechungen. Um diese ineinander verschränkten Abhängigkeiten und Einflussbereiche von Beständen der Alltagswelt zu verstehen, ist die folgende strukturierte Darstellung notwendig und von Nutzen.

6.1.1. Die Struktur der Alltagswelt im Aufriss

Exkurs:

Wir sind umgeben von einer uns vertrauten und selbstverständlichen Wirklichkeit, an der wir "unausweichlich" und "regelmässig" (SCHÜTZ, 1988: 25) teilnehmen. Die alltägliche Lebenswelt umfasst jenen Wirklichkeitsbereich, "den der wache und normale Erwachsene in der Einstellung des gesunden Menschenverstandes als schlicht gegeben vorfindet." (SCHÜTZ, 1988: 25) Diese Selbstverständlichkeit und Fraglosigkeit, mit der ich der mich umgebenden Welt begegne, nennt SCHÜTZ die "Natürliche Einstellung". Zu diesem gegebenen Bestand gehört auch, dass in meiner Welt andere Menschen existieren, was zur Folge hat, dass meine Lebenswelt von Anbeginn an nicht meine Privatwelt ist, sondern einen intersubjektiven Charakter trägt. Das bedeutet, dass die Grundstruktur unserer Wirklichkeit uns gemeinsam ist und mithin die Basis für Verständigung abgibt.

Zu dieser Wirklichkeit, die ich in der natürlichen Einstellung erlebe, gehört die Naturwelt, die mir

---

[7] Vgl. SCHÜTZ (1988: 42) "Was schon eingetreten ist, kann noch reinterpretiert werden, aber es lässt sich nicht ändern. Was noch kommt, ist aber - wie wir an Hand vorangegangener Erfahrung wissen - zum Teil zwar durch uns unbeeinflussbar, aber zum Teil durch unsere möglichen Handlungen modifizierbar." Schütz entwirft unmissverständlich eine auf die Zukunft gerichtete wirkungsästhetische Perspektive menschlichen Handelns. Diese Position kontrastiert er jedoch mit der sinnmodifizierenden Fähigkeit rückblickender Handlungsauslegung als einer entscheidenden Bedingung intersubjektiver Verständigung.

in ihren vielen Verzweigungen von meinen Vorfahren mitgeteilt wurde. Dasselbe gilt für die Welt der Artefakte, der Produkte menschlichen Handelns. Ich nehme sie so als gegeben hin, wie sie mir im Prozess meiner Sozialisation vermittelt wurden. Aus diesem Zusammenhang betrachtet, ist für mich der Bereich der Aussenweltdinge intersubjektiv vermittelt, also sozial.

Grundsätzlich besteht hinsichtlich der natürlichen Einstellung kein Unterschied zwischen Naturwelt und Sozial- bzw. Kulturwelt. Die Frage der Konstitution der Intersubjektivität, die wichtigste dabei zu klärende Frage, beruht auf der Gewissheit, dass ich mich in einem gegebenen historischen Rahmen über einen begrenzten Ausschnitt der gesamten Wirklichkeit, der nur zu einem geringen Teil von mir geformt ist, mit ebenfalls bewusstseinsbegabten Menschen, den sog. "verallgemeinerten anderen" (BIELEFELDER SOZIOLOGEN, 1975: 24) austauschen kann. Erst auf dieser Grundlage lassen sich die Sinnschichten ausmachen, "welche Naturdinge in Kulturobjekte, menschliche Körper in Mitmenschen und der Mitmenschen Bewegungen in Handlungen, Gesten und Mitteilungen verwandeln." (SCHÜTZ, 1988: 27)

Jedoch begegne ich nicht nur einer mir vorausgelegten Welt, sondern bin in Einklang mit einem Grundzug pragmatischer Zuwendung mit der Auslegung der Welt beschäftigt. Diese Auslegung beruht auf einem Vorrat früherer Erfahrungen in Form eines Wissensvorrates, so dass ein Charakteristikum der mir entgegentretenden Dinge und Ereignisse in der Lebenswelt deren Typenhaftigkeit ist. Dadurch wird jede Auslegung ein Handeln innerhalb des Rahmens von Vorausgelegtem, innerhalb eines Typus von vertrauter Wirklichkeit. Erst über diese Typisierung wird eine Bewältigung des alltäglichen Ereignisflusses möglich und wird mir die Konstanz der Weltstruktur, die Gültigkeit meiner Vorerfahrungen erlebbar. Diese Erlebbarkeit findet ihre Ausgestaltung in einem historisch konkreten Interaktionsraum, der über die sprachliche Vermittlung ein System sozialer Kategorien und Typisierungen[8] aufbaut und damit viele Haltungen und Einstellungen zwar nicht determiniert, aber präfiguriert (SOEFFNER, 1989: 12). Diese Bemerkungen zielen, wie insgesamt der alltagsweltliche Ansatz und in Übereinstimmung mit BOESCH (1989: 42), auf methodologisch-semantische Überlegungen, ohne jedoch eine Rekonstruktion des *Raumes* als geographischen Basisbegriff anzustreben.

Da das Fraglose keinen eindeutig bestimmbaren geschlossenen Handlungsbereich abgibt, kann daraus nur gefolgert werden, dass die Problematisierung und damit verbundene Neuauslegung einer Situation auf dem Hintergrund von Selbstverständlichkeiten beginnen muss. Man kann sogar so weit gehen und behaupten, dass nur auf dem Hintergrund der vorgegebenen Ausgelegtheit, d.h. Sinnhaftigkeit einer konkreten Lebenssituation, eine Problematisierung der konkreten Situation denkbar ist.[9] Dabei

---

[8] Vgl. SOEFFNER (1989: 12); LUCKMANN (1980) nennt diese Ausgangsbedingungen der subjektiven Aneignung der ausgelegten Gegenständlichkeit das "soziohistorische apriori".

[9] In diesem Zusammenhang ist die Unterscheidung von PIKE (1967) zu erwähnen, der differenziert, was Geographen noch nicht begriffen haben. Er unterscheidet zwischen einer "etischen Perspektive der Beobachtungen", die sich beschränkt auf die Beschreibung von Abläufen und einer "emischen Ebene", welche die Bedeutung von Aktivitäten für den Urheber, den Adressaten und Dritte

greift die Methode der Neuauslegung ebenfalls auf durchaus bekannte und ritualisierte Mittel zurück, um die in Frage stehende und ungenügend bestimmte Situation eindeutig und bewältigbar zu machen.

In dem Modell von THURN (1980: 43) werden in Anlehnung an die vorgestellte lebensweltliche Perspektive die drei schon erwähnten und ineinander verklammerten, passiven und aktiven menschlichen Handlungsbereiche in ihrer Wechselwirkung mit dem Individuum gezeigt.

Abb. 13: Die proxemisch reduzierte Matrix der Alltagswelt (nach: THURN, 1980: 43)

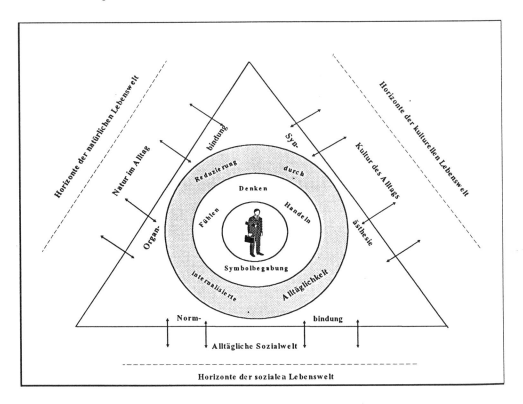

Dabei muss allerdings beachtet werden, dass es sich hierbei, und das kommt bei THURN nicht genügend zur Geltung, nicht um ein Funktionsmodell handelt, sondern

---

miteinschliesst. Auf diesem Weg gelangt er zur Etablierung seines Handlungsbegriffes.

um interdependente Zuweisungsleistungen von Sinnhaftigkeit zwischen den einzelnen Gliedern des Modells, sei es in der Übermittlung von nach innen gerichteten Typisierungen und Habitualisierungen oder in den sich nach aussen wendenden Neuauslegungen von Wissensbeständen, die im Alltagshandeln des Individuums die Grundlage bilden.

THURN zeichnet zwei abgestufte Horizonte, die für das Individuum innerhalb seines sozialen Handelns in der sozialen, kulturellen und natürlichen Lebenswelt von Bedeutung sind. Der eine, äussere Bereich repräsentiert eine Art Uferzone des Horizontes, wo sich relevante Zuordnungen hinsichtlich der Alltagsauslegung sporadisch ergeben. Das innere Dreieck jedoch stellt den Rahmen der Weltausschnitte dar, mit denen der einzelne gehäuft in Beziehung tritt, weswegen sich hier vereinfachende (normalisierte) Gestaltungsmodalitäten des Umgangs herausbilden.

Für den Naturbereich sind dies die relativ engen Grenzen der optischen, akustischen, sensualen oder auch haptischen Eindrücke und Einflüsse, weshalb im Modell diese zu kontrollierenden Bereiche auch *restriktive Anthropometrie* genannt werden. Die *zeichenhafte Integralität* des für das sinnhafte individuelle Handeln relevanten kulturellen Bestandes verweist in seinem Grundcharakter auf die Vorausgelegtheit, auf ein Vorverständnis der einzelnen Elemente und Artefakte. Dieser Bezugsbereich wurde an anderer Stelle (HABERMAS, 1988: 149 f.) als *objektive Welt der sozialen und physischen Entitäten* bezeichnet. Er ist mir im alltäglichen Umgang an die Hand gegeben und weist einen intersubjektiv formalisierten, vorinterpretierten und meist auch obligatorischen Gehalt auf, der in Form symbolischer Repräsentationen oder Artefakten in Erscheinung tritt. Dies gilt im Strassenverkehr so gut wie in Restaurants oder Kunstausstellungen.

Das signifikante[10] Symbolsystems der Sprache (LUCKMANN, 1992: 99) ist dabei ein *primus inter pares* und unterliegt denselben Mechanismen der präsumptiven Bedeutungszuschreibung. Dies rührt her aus der funktionalen Verständigungsrolle, die Sprache innehat. Sie zielt letztlich auf eine gemeinsam hergestellte Situationsdefinition als Vorbedingung intersubjektiver Verständigung. Dabei kann Sprache

---

[10] Nach MEAD (1973) ist unter Signifikanz die Intersubjektivität gemeint, die einen Sprecher davon ausgehen lässt, dass eine Äusserung für ihn die selbe Bedeutung hat wie für den Hörer. (BIELEFELDER SOZIOLOGEN, 1975: 25).

nicht allein als Vermittlungsmedium verstanden werden. Durch die enge Rückbindung an die teleologische Struktur aller Handlungsbegriffe (HABERMAS, 1988: 150 f.), also auch des kommunikativen Handelns (SEARLE, 1986), unterliegt sie den Voraussetzungen einer vielfältigen Vorausgelegtheit. Dies spiegelt sich besonders im dritten Bereich des Schaubildes wider.

Der Bereich der *alltäglichen Sozialwelt* ist vor allem durch das Symbolsystem der Sprache charakterisiert. Dies schafft Eigenheiten hinsichtlich der Ebene und Art der Vermittlung. Da die Sprache[11] als Interaktionsmedium zunächst einmal beliebige Inhalte auf der Grundlage der Allgemeinverständlichkeit ihrer phonetischen und sematischen Repräsentationen transportiert, verweist der von ihr bewirkte Einfluss auf eine sukzessive Bedeutungserschliessung (Situationsdefinition) des propositionalen Gehaltes der Aussage auf der Grundlage vorgegebener semantischer Deutungsbereiche.

An dieser Stelle ist in der Darstellung THURNs die Normativität als Regelinstrument und Sedimentation von intersubjektiver Erfahrung zu ergänzen. Die Vermittlung von Normen ist in besonderer Weise an die Sprachverwendung gebunden. Des weiteren muss, soll der personale Bezug (HABERMAS, 1988: 149 f.) (subjektive Welt) in der sprachlichen oder anderweitig symbolisierten Verständigung deutlich werden, der idiolektische Charakter, d.h. die individuellen Typisierungen, im intersubjektiven sozialen Handeln berücksichtigt werden.

Die spezifischen Erfahrungen hinsichtlich eines wie immer beschaffenen Gegenübers bilden eine zweite Ebene über den vorgängigen allgemeinen Situationsidealisierungen.[12] Diese Überlegungen sind, so muss noch einmal betont werden, auf alle im Raum-Zeit-Kontinuum erfassbaren Gegebenheiten, also auch auf die physisch-weltlichen Artefakte übertragbar. Dieser generalisierte Bestand von Wirklichkeitselementen ist im Alltag nicht ständig neu verarbeitbar und muss folglich

---

[11] Dazu HABERMAS (1981: 128) zum prominenten Stellenwert der Sprache. Dazu BUBNERs Rezension (BUBNER, 1982: 310 f.).

[12] Vgl. BIELEFELDER SOZIOLOGEN (1975: 27) "Aus der Menge der bestätigten Erwartungen bilde ich nach und nach einen relativ konsistenten Erfahrungsschatz darüber, wie sich der Interaktionspartner in der Regel verhalten wird - und zwar nun unter bewusster Heranziehung seiner ganz persönlichen, von mir in Erfahrung gebrachten Eigenschaften und nicht nur auf der Grundlage meines eigenen vorgestellten tentativen Stellungswechsels mit Hilfe der Sozialitätsidealisierungen."

in seiner Fülle und Komplexität reduziert werden.[13] Zweck dieser Strategie ist die Stabilisierung einer individuell als sinnvoll erkannten Ordnung und damit der Absicherung möglicher Handlungs- und Reaktionsvarianten in Standardsituationen.[14] Doch diese Stabilisierung ist nur in Ausnahmefällen, auf die wir noch zu sprechen kommen werden, bewusst.

Resümierend heisst dies, dass "Alltagswissen [...] weniger aus reflektierten Wissensbeständen als aus verschiedenen Schichten unbewussten und unreflektierten Routinewissens" besteht. (BIELEELDER SOZIOLOGEN, 1975: 22) Doch gerade auf dieser Routinisiertheit in der Lösung von Alltagssituationen baut die Entwicklung einer langfristigen Perspektive für das eigene Leben auf, d.h. Planbarkeit wird möglich, und der Entwurf eines "Fahrplanes" (BIELEFELDER SOZIOLOGEN, 1975: 23) als gesellschaftliches Phänomen manifestiert sich "im Rahmen des Normen- und Wissensystems der Produktions-, Verteilungs-, Konsumtions- und Herrschaftssphäre." (BIELEFELDER SOZIOLOGEN, 1975: 23) Die sozialwissenschaftliche Erforschung der Handlungsmotive wird jedoch, wie in HABERMAS' Diskussion der Argumentation (HABERMAS, 1988: 50 ff.) deutlich wird, enorm erschwert.

Bevor ich auf tieferliegende Elemente des lebensweltlich orientierten Alltagshandelns eingehe und konkrete Szenarien beschreibe und interpretiere, ist zunächst zu beachten, wo sich die bisher gelegten Fäden in der Lebenswelt der *comunidad* wiederfinden. Wir werden auf das zurückgreifen, was bisher thematisch für das Verständnis konzertierten dörflichen Handelns vorbereitet wurde.

Auf der Grundlage des Modells von THURN werden, quer zu soziologischen Strukturierungs- und Funktionalisierungsmerkmalen, die zwei Ebenen der lebens- bzw. alltagsweltlichen Präsenz der Wirklichkeitselemente indianischen Dorflebens mit Begriffen bestückt. Sie geben einen Ausschnitt der Sinneinheiten wieder, mit

---

[13] Vgl. THURN (1980: 42) "Von der Komplexität der Lebenswelt hebt sich die alltägliche Heimwelt durch ihre relative Simplizität ab." Bei Husserl erscheint diese Reduktionsleistung als die Um-zu- und Und-so weiter- Motive als Idealisierungsleistung.

[14] Darauf bezieht sich der GARFINKELsche Begriff der Indexikalisierung, d.h. die Anpassungsleistung der allgemeinen Erwartungstypen an konkrete soziohistorische Situationen. (Vgl. BIELEFELDER SOZIOLOGEN (1975: 35) und der Beitrag von GARFINKEL (1975: 189 ff.) im gleichen Band.

denen die *Indígenas* im Lebenszusammenhang der *comunidad* und im Zusammentreffen mit der sie umgebenden Welt zu operieren gewohnt sind.

Die Trennung in die zwei Ebenen des äusseren und inneren Horizontes wird, und das kennzeichnet das Charakteristische, im täglichen Lebensvollzug nicht so strikt durchgehalten, wie dies hier im schematisierten Aufriss erscheint. Gerade der plötzliche oder auch lange geplante Zugriff auf Elemente der äusseren Schicht des lebensweltlichen Horizontes verweist auf die Gebrochenheit und inzwischen erreichte Vieldeutigkeit der sinnkonstitutiven Leistungen der Menschen in der *comunidad*.

Die Trennung zwischen den beiden Ebenen kann sowohl eine metrische, eine empfindungsgestützte, eine wahrnehmungs- oder handlungsgeleitete sein. Die *metrische Trennung* bezieht sich dabei auf all die Beschwerlichkeiten auf dem Weg vom Dorf zum *centro* bzw. zur Stadt und gleichzeitig auf die infrastrukturelle Vernachlässigung peripherer dörflicher Regionen. Mit einseitigem und oftmals grossem physischen und finanziellem Aufwand sind die Dorfbewohner gezwungen, die Trennung zwischen Dorf/Land und Stadt, in unserem Falle Quetzaltenango, zu überwinden. Die mit dem Begriff 'Quetzaltenango' bezeichnete Welt verweigert durch die fehlenden Bezugslinien und hohen Schranken den Zugang für die dörflichen Besucher. Die *geographische Trennung* verkehrt sich zu einer *wahrnehmungsgeleiteten* Barriere. Darin spiegelt sich die von den indianischen Dorfbewohnern so gesehene grundsätzliche Unterlegenheit gegenüber sämtlichen Bereichen des sozialen und kulturellen Lebens der Stadt bzw. der dahinterliegenden Welt.

Der *empfindungsgestützte Bruch* geht zurück auf die Annahme, dass der wirtschaftlich erfolgreiche Städter oder *Ladino* im Dorfzentrum einfach "*más listo*", also schlauer sei. Diese Schlauheit wird nicht näher besehen oder hinterfragt, sondern spiegelt sich höchstens in Geschichten und Witzen, z.B. dem vom reichen *Don Lencho*, der umgekehrt, nach hinten gewandt, auf den Maulesel sitzt und an die Küste hinunter reitet, um ja seine nachfolgenden 49 mit Lasten beladenen Tiere nicht aus den Augen zu verlieren. Don Lencho macht es dabei nichts aus, wenn er von allen Vorbeikommenden ausgelacht wird, im Gegensatz zu einem *Indígena* in der *comunidad*, dessen Prestige dadurch völlig untergraben würde. Häufig vermischen sich diese Gründe und sind motivisch nicht zu trennen und gerinnen zum diffusen Bild des zu kurz gekommenen "*underdog*" vom Land.

Abb.14: Die proxemisch reduzierte Matrix der Alltagswelt der indianischen Bevölkerung von Cabricán

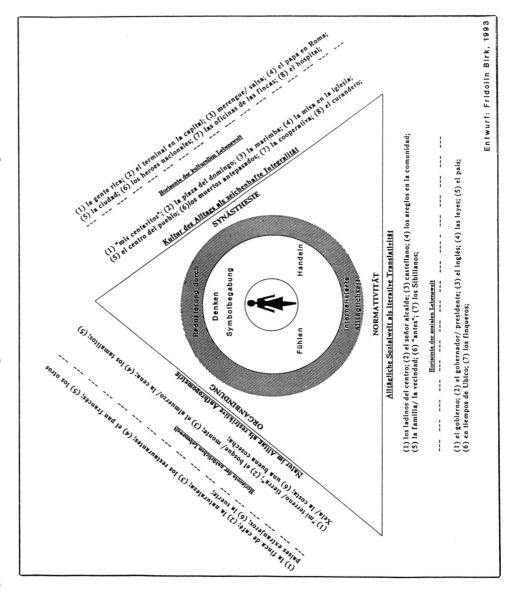

DORF UND ALLTAGSWELT

In der Darstellung wurde darauf Wert gelegt, die horizontgeschichteten Begriffe des jeweiligen Lebensweltausschnittes zu parallelisieren, um damit eine fassbare Übersichtlichkeit zu erreichen. Diese Parallelstellung wurde an der korrespondierenden Numerierung der Begriffe des inneren und äusseren Horizontes kenntlich gemacht. Ausgangspunkt sind die unmittelbar zuhandenen Objekte oder Personen bzw. Funktionsträger aus der sinnhaft geordneten Um- und Mitwelt der *comunidad*. Es sollen nur einige wenige zentrale Begriffe benannt werden.

Hinsichtlich der **natürlichen Alltagswelt** reicht diese Schichtung von den *tamales* (Maisfladen), dem unverzichtbaren Nahrungsmittel, die verallgemeinernd dem von *Ladinos* und Stadtbewohnern bevorzugten *pan francés* als Ausdruck einer aussenbürtigen Lebenskultur[15] gegenübergestellt werden, bis zum *terreno*, dem eigenen Stück Land in Familienbesitz, das konzeptuell gegen die *finca* gesetzt erscheint. Dabei tritt die *finca*, d.h. die Kaffeeplantage, real vor allem als Ziel einer saisonalen Arbeitsmigration in Erscheinung, ideal fungiert deren enorme und kaum vorstellbare flächenmässige Ausdehnung als Gegenbild zur Begrenztheit des eigenen Stück Bodens, von dem ein Bauer jeden Winkel kennt und genau überblicken kann.

Der **kulturell bestimmte Ausschnitt der Alltagswelt** umfasst ebenfalls einen breiten Horizont. Dabei tauchen beispielsweise die *gente rica*, die Reichen, gleich ob in Quetzaltenango oder in Deutschland geboren, auf. Ihnen ist es möglich, auf völlig undurchschaubare Mechanismen der finanziellen Ressourcenbeschaffung zurückzugreifen. Diesem Konzept wird das *ganar mis centavitos* (meine paar Pfennige verdienen) parallel gesetzt, das eigene bäuerliche Leben, das *Somos pobres* (Wir sind arme Leute).

In diesen Zusammenhang gehört auch die *plaza*, der lokale sonntägliche Markt in Cabricán. Die Zeit zwischen Sonntagsmesse und Mittagstisch, ein fest in den Wochenplan eingefügter Zeitraum, dient der Beschaffung der notwendigen Grundnahrungsmittel oder Informationen über Preise, dem Gespräch mit Freunden oder dem gelegentlichen Verkauf von Selbstproduziertem. Gegen dieses fest umrissene Bild des lokalen Marktes steht der *terminal*, der Hauptbusbahnhof in der

---

[15] Während des Forschungsaufenthaltes wurde der Verfasser oft von den Indígenas verwundert gefragt, ob ihm die *"tamalitos"* schmecken würden. Als Bestätigung und gleichzeitige Neubestimmung seiner Person galt das genussvolle Verzehren der Maisfladen.

Hauptstadt. Dessen Gewirr und Umtrieb, dessen Gefährlichkeit und Gerissenheit der Händler zeichnet den äusseren Horizont von Handel, Betriebsamkeit und *chizpa*[16] ab.

In die Schichtungen der **sozialen Alltagswelt** gehören Geschichtskonzepte, die in die tägliche Kommunikation in der Formulierung des *antes* (früher) eingehen und relativ genau umrissene soziohistorische Zonen der Einbettung von Ereignissen wiedergeben. So erzählte Don Felipe öfter in allen Einzelheiten von seinen Fussmärschen an die Küste, mit eineinhalb Zentnern Kalk auf dem Rücken. *Antes* stand stets am Beginn dieser Schilderungen. Sie stellen zwischen dem Einzelschicksal und dem allgemeinen Leben in der *comunidad*, einen Horizont von intersubjektiv identifizierbaren Bezügen her. Diesen Bezügen stehen Periodisierungen nach den Regierungszeiten der Diktatoren, wie *en los tiempos de Ubíco*, völlig entgegen. Mit der Regierungszeit von General Ubíco verbinden die Menschen keine den eigenen Lebenszusammenhang berührenden Ereignisse, weshalb eine an Daten geknüpfte Historisierung der Vergangenheit nur an der Peripherie der Erinnerungsfähigkeit auftaucht. Hier wird besonders deutlich, dass gerade Geschichte das Produkt einer sozialen und sinnstiftenden Vermittlung darstellt.

Im selben Zusammenhang ist zu beobachten, dass sich im Zusammenleben der *comunidad* keine *leyes* finden. Diese tauchen nur in der offiziellen Sprachregelung der Regierungs- oder Verwaltungsstellen auf. Für die Menschen im Dorf sind, um die Beständigkeit und Normalität[17] ihrer sozialen Mitwelt zu garantieren, die *areglos* (Übereinkünfte) die entscheidenden Ordnungsinstrumente. *Areglos* können auf unterschiedlichen Ebenen, etwa der interpersonalen Verständigung, zwischen einzelnen und Gruppen oder zwischen Gruppen in der *comunidad* gefunden und vereinbart werden. Sie stellen das entscheidende Gerüst in der mittleren zeitlichen Reichweite zur Verfügung, um der Notwendigkeit dörflicher Kontinuität eine Basis zu verleihen und mithin auftretende Schwierigkeiten mit dem geringsten konfliktiven

---

[16] *Chizpa* (Pfiffigkeit, Energie) sind Kennzeichnungen für Befähigungen, die entscheidend sind, um ausserhalb des Dorfes sich sein Auskommen sichern zu können und mit etwas "*suerte*" auch zu materiellem Wohlstand zu kommen. Im Dorf gibt es nur sehr wenige Leute, die "*chizpa*" haben.

[17] Dazu SOEFFNER (1989: 16 f.); GRATHOFF (1989: 42 ff.); SCHÜTZ/ LUCKMANN (1988: 34).

Aufwand und gleichzeitig dem grössten Nutzen (THURN, 1980: 49 ff.) durch eine Affirmation der gefundenen Normen zu bewältigen.

Wie an der nicht vollständigen Reihung im Modell zu sehen ist, sind die ausgeführten Beispiele von finiten Handlungs- und Intentionalitätshorizonten keine Konstrukte, die in deduktiver Manier der theoretischen Vorgabe angepasst worden wären. Sie spiegeln in den beiden Ebenen keine blosse analytische Zweiteilung im Sinne metaphysischer Bewusstseinsphänomenologie wider, sondern zeichnen in etwa den Bereich der Bruchstellen nach, wie sie in den vorangegangenen Kapiteln zur Sprache kamen.

Dadurch wird deutlich, dass es sich um Bruchzonen handelt, die sich quer durch die Felder traditioneller sozialer und in historischer Kontinuität stehender Ordnungsmuster ziehen. Diese Bruchzonen trennen und verbinden aber gleichzeitig die aussen angelagerten Uferzonen der modernen, als mächtig erfahrenen und kulturell fremden Wirklichkeit mit den proxemischen Mustern der Alltagswelt des Dorfes bzw. der Familie. Dabei haben die "modernen" Einbrüche der äusseren Schicht in neuerer Zeit an Häufigkeit und Stärke erheblich zugenommen.[18] Die Vermischung der beiden Ebenen bestimmt die Alltagswelt des Dorfes.

Diese Vermischung hat zur Folge, dass verstärkt Konflikte im Dorf auftreten. Deren inhaltliche Elemente verschränken erdräumliche Konstellationen im Sinne einer chorischen Verortung von wichtigen Handlungselementen mit sozialhistorischen Beständen (WERLEN, 1987: 167). Der Erfahrungs- und Wissensbestand der im dörflichen Rahmen Handelnden ist für den Umgang mit den neu hinzutretenden Wirklichkeitsbereichen aus dem äusseren lebensweltlichen Horizont nur unzureichend ausgestattet. Die nach den bekannten Methoden der Dorfgesellschaft vorgenommene Konfliktreduzierung ist deshalb zunehmend von Erfolglosigkeit gezeichnet. Aus diesem Grund muss das Wirklichkeitsmodell der alltagsweltlichen Annäherung der Dorfbewohner kurz betrachtet werden. Von besonderem Interesse sind die erdräumliche Dimension sozialer Kommunikation, der Einfluss der gebrochenen Traditionszusammenhänge und die durch sie provozierten Handlungsmomente als entscheidende Eckpunkte der Wirklichkeitskonstitution.

---

[18] Siehe dazu vor allem Kapitel 2.

6.1.2. Das Wirklichkeitsmodell der alltagsweltlichen Annäherung am Beispiel der Begegnung mit der Stadt

Grundlage für das Wirklichkeitsmodell subjektiver Prägung ist der Wissensbestand der Erfahrung, aus dem, nach SCHÜTZ, über den Weg der Reflexion die Sinnhaftigkeit des Handelns rekonstruiert werden kann. Diese vorgängige Erfahrung setzt sich aus vielfältig geformten Elementen des Aufeinanderprallens von Individuum und Teilen der sozialen und physischen Mit- und Umwelt zusammen. Erst dadurch kommt es zu einer intersubjektiven Verständigung. Andererseits wird diese Konstituierungsleistung nur entsprechend der Intentionalität des Subjektes verlangt. Dies bedeutet gleichzeitig, dass Elemente der physisch-materiellen Welt grundsätzlich abhängig vom Handlungsziel auslegungsbedürftig werden. So können zwar eine beliebig grosse Menge von Verortungen im zweidimensionalen chorischen Raum vorgenommen werden, jedoch sagen weder deren schlichte Erwähnung noch deren statistische Verteilung etwas aus hinsichtlich deren handlungsrelevanter Bedeutung.[19]

In Anlehnung an diese Überlegungen müssen wir beispielsweise auch die "Stadt" aus der Perspektive der Bedeutungsbeimessung, sog. Referenzmuster der Orientierung, durch die von der Untersuchung betroffenen Dorfbewohner sehen. Die Physiognomie der baulichen Substanz, die breiten und asphaltierten Strassen, die Vielzahl von Geschäften und Dienstleistungen, aber auch die Gefährlichkeit oder der Umtrieb werden aus jeweils unterschiedlichen Interessenlagen interpretiert und handlungsbestimmend. Diese Interessenlagen lassen sich grob ordnen, nach **a.** ökonomischen, **b.** kulturellen, **c.** normativen und **d.** gesellschaftspolitischen Rastern.

In diesem Sinne gewinnt die physisch-materielle Umwelt intersubjektiv vermittelte Bedeutungszuschreibungen, die sich allerdings nicht allein in subjektiv wahrgenommenen Distanzrelationen im Sinne einer *mental map* umsetzen. Diese ist nur ein Bestandteil einer umfassenden Interpretationsleistung, welche die Sinnhaftigkeit von Objekten der physischen Welt oder Distanzen für das Subjekt jeweils neu konstituiert. Ich schlage an dieser Stelle vor, den **subjektiven Handlungsgrund** als operationalisierbaren Tatbestand für eine Interpretationsleistung heranzuziehen.

---

[19] Siehe dazu auch HARTKE (1959) und WERLEN (1987: 167).

Aus der Sicht der Dorfbewohner und im Blick auf die ökonomischen Interessenlagen bedarf eine Reise in die Stadt immer eines Grundes. Umsonst fährt niemand dorthin, was soll er dort? Die Gründe müssen die hohen Reisekosten eines vollen Tageslohnes, wenn ein Bauer z.B. aus Cabricán oder Sta. Maria Chiquimula anreist, rechtfertigen. Das Besorgen/Einkaufen ist mit einer Strategie des ausführlichen Preisvergleichs verbunden. Zuerst werden alle Geschäfte abgeklappert, Erkundigungen eingeholt, Preise verhandelt, die Ware angeschaut. Zurückhaltung bei allen Auskünften ist ein Charakteristikum dieser Begegnung, da die Stadt als Bereich des potentiellen Ausgeliefertseins schon vorinterpretiert erscheint, also besser einmal zuviel schweigen, als einmal zuviel reden. Die Verifizierung eines möglichen Unterstützernetzes wird vorgenommen. Man hält nach Leuten aus dem Dorf Ausschau, verabredet sich mit ihnen, sucht nach einer Rückfahrmöglichkeit. Dies sind einige Elemente einer intersubjektiven Interpretationsmatrix dessen, was in der chorischen Verortung der Karte einheitlich und ohne irgendwelche Vermittlung als Stadt gekennzeichnet auftaucht.

Die intersubjektive Vorausgelegtheit vieler Elemente der Stadt und mithin der kulturelle Untergrund verändert sich jedoch mit der Häufigkeit bzw. der langen zeitlichen Spanne, während der man sich dort aufhält. Das Leben im Dorf verändert in der Folge seinen Charakter. Der Rahmen der alltagsweltlichen Annäherung an das zurückgelassene Dorf wird mit neuen stadtgestützten Elementen bestückt. Teile des bisherigen Wissensbestandes sind nicht mehr an das Dorf angepasst. Zu fragen bleibt, welche Bestandteile der vier erwähnten Interessensschichtungen entsprechend ihrer Aufschichtung adaptabel sind und zu fragen bleibt auch, welche Folgen sich mit der Reduzierung der Handlungsfreiräume im Zusammentreffen der Zurückkehrenden und der Zuhausegebliebenen einstellen?

Wir können sehen, dass eine Analyse sozialer Konflikte und damit verbunden eine Verortung physischer Objekte als problematische Handlungsziele im Rahmen eines alltagsweltlichen Verstehensansatzes[20] nur sinnvoll erscheint im Zusammenhang mit der Annahme einer individuellen Konstitutionsleistung der umgebenden Objekte

---

[20] Vgl. LUCKMANN (1992: 105); "In vielen Fällen kann man auch dann gewiss noch mit Recht von gesellschaftlichem Handeln sprechen, wenn sich das betreffende Handeln weder an anderen Menschen noch an deren Handlungen orientiert, sondern nur noch an den Folgen solcher Handlungen." (Artefakte beispielsweise). Siehe dazu auch WERLEN (1987: 181).

als bedeutsame und sinnhafte Bestandteile der Alltagswelt. Dies bedeutet, dass der subjektive Handlungsgrund immer in einem grösseren Rahmen dörflichen Alltagshandelns steht. Don Felipe drückte diesen Sachverhalt so aus: *"Pués, allá en la ciudad hay que conocer a su gente."*[21]

In der Begegnung mit der Stadt prallen normative Interessenlagen von Individuum und städtischer Gesellschaft aufeinander. Dabei kommt es i.a. zu keiner Auseinandersetzung, da der indianische Dorfbewohner als Vorbedingung seiner Anwesenheit die eigenen Vorstellungen von Handlungsweisen den von ihm wahrgenommenen und über Dritte vermittelten Vorgaben und Verhaltensnormen unterordnet. Das gesamte städtische Lebensumfeld erscheint äusserst reglementiert und durch umfassende Bestimmungen strukturiert. Die Abwesenheit fast sämtlicher selbstverständlicher Handlungszusammenhänge macht die Annäherung an diesen aussenbürtigen Wirklichkeitsausschnitt zu einer Erfahrung teilweise extremer Bevormundung oder Unterdrückung und vermittelt den subjektiven Eindruck des widerstandslosen Ausgeliefertseins.

6.1.3. Das Handlungsmoment in der alltagsweltlich geprägten Wirklichkeit

Die alltägliche Orientierung von Menschen aus Cabricán, die in die Stadt fahren, zeigt unmittelbar die Organisation und Umsetzung der Alltagswissensbestände. Unter Umsetzung verstehe ich hier das aktuelle Handeln. Die Eigenart des Handelns kann dabei als "eines an Zielen ausgerichteten und somit bewusst in die Zukunft eingreifenden (intentionalen) Verhaltens" (LUCKMANN, 1992: 7) bestimmt werden. In der intentionalen[22] Ausrichtung des Handelns auf andere hin konkretisiert sich nach WEBER (1972) die Sinnhaftigkeit menschlicher Aktivität und versteht sich somit als soziales Handeln.

Es wurde in den zurückliegenden Abschnitten gezeigt, dass Handeln auf vier

---

[21] Übersetzung: "Nun, dort unten in der Stadt muss man seine Pappenheimer schon kennen."

[22] Im Sinne eines methodologischen Individualismus WEBERscher Prägung.

Grunddimensionen aufruht: erstens auf der Subjekt-Objekt Verknüpfung, zweitens auf der Zeiterfahrung, drittens auf der physischen Raumgebundenheit von Gegenständen und Ereignissen und viertens auf den Sinngehalten von vorgegebenen Artefakten oder sozialen Ordnungen. Alle vier Kennzeichen verweisen darauf, dass jede Handlung in einem gesellschaftlichen Zusammenhang stattfindet.[23]

So sind Handlungen eines Subjektes auf andere Subjekte, auf Objekte des gemeinsamen Interesses oder Konstitutionsleistungen eines Subjektes gerichtet. Sie sind durch die eindeutige und exklusive Bestimmung von Ort und Zeitpunkt bestimmbar. Diese syntopische und synchrone Ausschliesslichkeit wird jedoch dadurch konterkariert und einer noch grösseren Komplexität ausgesetzt, "dass eine Raumstelle gleichzeitig mehreren Ansprüchen, Leistungserwartungen usw. dient oder dienen kann. Für bestimmte Handlungseinheiten können diese Leistungen komplementär, für andere konfliktträchtig sein." (BUTZIN, 1982: 117 f.) Durch diesen Einspruch, der über eine eigenständige und mehrschichtige Bedeutungszuschreibung für Entitäten, die chorologisch eindeutig festlegbare Raumstellen einnehmen, läuft, wird die Notwendigkeit eines Raumbegriffes zur Bestimmung der sozial-immateriellen Welt unausweichlich. Daraus entsteht die Schwierigkeit wie Handeln Artefakte und mit diesen verbundene Symbolgehalte oder auch die soziale "Vorwelt" im Sinne von Normierungen mit den chorisch-materiellen Vorgaben ineins bringen kann?

> "Es sollen Raumbegriffe verfügbar gemacht werden, die sich für die Strukturierung und Lokalisierung der verschiedenen handlungsrelevanten Elemente als adäquat erweisen. Diese These beruht auf der Überlegung, dass der Handelnde für jeden Bereich, auf den sich seine Handlung bezieht, ein Referenzmuster der Orientierung benötigt, in bezug auf das er seine eigene Position und die Position dessen, was er zu erreichen beabsichtigt, bestimmen kann. Erst auf diese Weise ist er in der Lage, den 'Pfad' (Herv. im Orig. F.B.) seines Vorgehens festzulegen. Ebenso ist der Sozialwissenschaftler auf sie angewiesen, wenn er empirisch gültige Erklärungen erzielen will. Diese Referenzmuster der Orientierung und Lokalisierung sollen hier als Raumbegriffe thematisiert werden." (WERLEN, 1987: 167)

---

[23] Vgl. LUCKMANN (1992: 55); "Beim Wirken erfahre ich mich nicht nur als handelndes Subjekt, sondern ausserdem noch als Objekt in der Welt, somit auch an der Zeit der Welt teilhabend." Desgleichen LUCKMANN (1992: 37).

Diese Bedingungen schlagen die Brücke zwischen den unterschiedlichen Perspektiven der Darstellung, wie in den indianischen Dörfern und deren Substrukturen, auf dem Hintergrund des materiellen und normativ-sozialen Bestandes, auf die neuen Einflüsse reagiert wird. Auf der einen Seite steht die Sichtweise des einzelnen und wie er/ sie, eingebunden in den Kreis der nächsten Umgebung der Familie, seine/ ihre jeweiligen Handlungsmöglichkeiten auf dem Hintergrund der wahrgenommenen Veränderungen laufend neu auslotet.

Auf der anderen Seite steht die aus den Traditionen heraus lebende *comunidad indígena*, die sich immer häufiger und tiefgreifender den Einflüssen der in das Dorf eindringenden Moderne ausgesetzt sieht.

Einzelne bzw. kleine Gruppen sind die Träger unterschiedlicher und aussengestützter Strömungen und handeln unter dem Einfluss der neuen typisierenden Entwürfe (LUCKMANN, 1992: 36) der 'Moderne'. Diese werden im Handlungsumfeld durch sich rasch vermehrende Handlungszwänge und Bedürfnisse, durch die rasch sich diversifizierende materielle Umwelt oder die soziale Mitwelt nahegelegt. Sie sehen sich zunehmend einem schwer handhabbaren Konflikt zwischen den jeweiligen Kräften ausgesetzt. **Entscheidend** für das Verständnis der dörflichen Handlungsalternativen ist die Einwirkung der vorgefundenen und in jüngerer Vergangenheit vielfältig umgestalteten Bestände der lokalen Sozietät mit ihren Artefakten und normativen Institutionen auf das individuelle und kollektive Handeln.

Ziel dieser Darstellung ist aber nicht der Entwurf einer zweigeteilten Wirklichkeit der indianischen *comunidad* in Tradition und Modernität, sondern die Skizzierung von widersprüchlichen und verschränkten Handlungsbedingungen im Sinne der oben vorgestellten reduzierten Matrix der Alltagswelt. Nicht die mit dem Alltagshandeln durchaus verträglichen Widersprüche sind bemerkenswert, sondern die mit dem Eigeninteresse der individuellen Ressourcensicherung zu vereinbarenden Handlungsfolgen in materieller als auch in sozialer Hinsicht. In den Analysen der vorhergehenden Kapitel wurde auf eine zweifache, und für die anschliessende Interpretation der lokalen Organisationen eminent wichtige, Wirkrichtung der materiellen Artefakte und der vorgefundenen sinnkonstituierten Sozialwelt hingewiesen. Als Träger von Symbol- und Sinngehalten richten sie das individuelle Handeln auf sich hin aus und schaffen auf diese Art Handlungsanlässe bzw. strukturieren Handlungsabläufe vor.

Dergestalt im materiellen Erfolg und in Gegenständen verfestigte und den Eigeninteressen der materiellen und sozialen dörflichen Reproduktion zuwiderlaufende moderne Alltagsbestände werden so zu sich selbst verstärkenden Ausgangspunkten und gleichzeitig zu Zielen von Handlungen.[24] Gerade diese Überlegungen fehlen bisher in sozialgeographischen Arbeiten. Erst WERLEN (1987: 190) analysiert den Doppelcharakter der Bestimmung von Handlungsfolgen, der letztlich einen der entscheidenden und bislang ungelösten Schwachpunkte geographischer Handlungsanalyse darstellt[25], indem er folgert, dass

> "jeder empirisch feststellbare Handlungsakt, der ein immobiles Artefakt in seinen Vollzug integriert, (...) demgemäss gleichzeitig von einer doppelten Orientierung bestimmt [ist]: einer physisch-weltlichen anhand der chorisch-räumlichen Kategorien und einer sozial-weltlichen anhand der sozial-räumlichen Sinndimensionen."

Besonders sinnfällig wird diese Feststellung am Beispiel der von WERLEN (1987: 197 f.) vorgestellten Untersuchung PARETOs zu den erdräumlich repräsentierten Elementen der physischen Welt. Hier werden nicht-logische Handlungen mit dem in Ortsnamen aufbewahrten Symbolgehalt von Orten oder Dorfgemeinschaften verbunden. Die chorologisch fassbare Welt des Physisch-materiellen und die sozialräumlich beschreibbare Welt von immateriellen Sinngehalten, die sich entsprechend der Darstellung weiter oben in der *comunidad* in Gestalt von unvereinbaren Handlungsfolgen zeigen, neigen sich aufeinander zu.

> "Die Beziehung zu Orten als residuale Kategorie der Handlungsorientierung stellt demgemäss nichts anderes dar als das Resultat der Übertragung des emotionalen Gehalts von sozialen Beziehungen auf den Ortsnamen jener physisch-weltlichen Stelle, an der die entsprechenden Beziehungen stattgefunden haben oder stattfinden." (WERLEN, 1987: 197)

---

[24] Siehe dazu HALBWACHS (1985: 130), der auf den Ort, also die materiell verfestigte Umwelt und deren Wechselwirkungen mit dem sozialen Substrat, bezogen meint: "Aber der Ort hat das Gepräge der Gruppe erhalten und umgekehrt. Alsdann können alle Unternehmungen der Gruppe räumlich ausgedrückt werden, und der Ort, an dem sie lebt, ist nur die Verallgemeinerung all dieser Ausdrücke."

[25] Weil an diesem Punkt die Notwendigkeit eines Raumbegriffes für die soziale und die materielle Welt offenkundig wird.

6. KAPITEL

Im alltäglichen Handeln müssen die Menschen in Cabricán einen Ausgleich der eigenen mit den gesellschaftlichen Interessen im Spannungsfeld residualer Kategorien der Handlungsorientierung und sich rasch verändernder Handlungsvoraussetzungen finden. Dies gelingt um so weniger, als die Chancen einer Konfliktvermeidung durch eine örtliche Distanzierung nur sehr bedingt gegeben sind. Enge ökonomische Grenzen lassen auch andere Strategien der Manipulation der Handlungsbedingungen durch den inzelnen nur in einem sehr begrenzten Rahmen zu. Der *Aufbau und die Formierung von Allianzen* wird letztlich unumgänglich. Diese **Allianzen** finden sich in der Gemeinde in Form neuer Organisationen wie Kooperativen, Vereinigungen oder unstrukturierter Gruppen (siehe Kap. 3 und Kap. 5).

Kulturelle und ethnische Gemeinsamkeiten, historische Wurzeln und familiäre Bindungen, soziale Stellung und die emotionale Bindung an die vertraute Umgebung umfassen für den einzelnen in Cabricán konkret den erweiterten Horizont residualer Kategorien der Handlungsorientierung. Dieser Horizont formt den Hintergrund, auf dem sich die einzelne Person angesichts veränderter Handlungsbedingungen auf die in der *comunidad* vorgegebenen Handlungstypisierungen und daraus resultierenden konfligierenden Varianten der Wirklichkeitsinterpretation einlassen muss (FALLA, 1980).

Die häufig zwar aufwendige, aber individuell vorteilhaftere Entlastung von grundlegenden Problemen in der Auseinandersetzung mit der traditionellen Dorfordnung durch neugeschaffene innerdörfliche Institutionen wie Parteien, kirchliche Gruppen und Organisationen oder durch neue wirtschaftliche Tätigkeiten wie den Handel oder die kommerzielle und aussengestützte Landwirtschaft schafft eine weitreichende neue Verzahnung bisher konfligierender dörflicher Segmente und neue Möglichkeiten zur Durchsetzung von eigenen Handlungsabsichten, entgegen traditionsbedingter Einflussnahme. Es bilden sich neue Handlungstypisierungen aus, womit sich dann für die unterschiedlichen Konfliktparteien

"in langen Ketten konkreter Handlungen ein historisch begrenzter Sinn typischer Handlungen ausgebildet [hat], der gesellschaftlich in der 'Sozialisierung' vermittelt wird und an dem sich der subjektive Sinn individuellen Handelns weitgehend ausrichtet." (LUCKMANN, 1992: 95)

In der Durchmischung von Perspektiven der individuellen und intersubjektiven Projektierung von Handlungen und der bewussten gesellschaftlichen Steuerung des Handlungsumfeldes zeichnet sich der **Hintergrund neuer intrakommunitärer Organisationstypen** ab. Die Rolle, die diesen Organisationen im Alltagskonzept der Dorfbewohner zugewiesen wird, deren strukturelle Ausformung unter den speziellen Bedingungen und die funktionale Einbindung in ein sich wandelndes Konzept der indianischen *comunidad*, muss im folgenden geklärt werden.

6.2. Der Konflikt als zentraler Drehpunkt der Alltagsperspektive in der *comunidad*

Weil gesellschaftliches Handeln grundsätzlich an anderen orientiert ist, müssen wir gleichzeitig annehmen, dass diese Orientierung je nach Hintergrund problembehaftet ist. BUTZIN (1982: 93 ff.) hat zur Lösung dieses Sachverhaltes die Kombination der funktionalen Erklärungsstrategie soziologischer Provenienz mit dem konfliktgebundenen Ansatz der Mittel-/Zielkonkurrenz als handlungsorientierten Basisentwurf vorgeschlagen. Obwohl sein Konfliktmodell stark an präskriptivnormative Überlegungen gebunden scheint, bleibt jedoch zweifellos richtig, dass die Raum- und Zeitbegriffe als formale Distinktionen ihre Bedeutung erst in der Herausarbeitung unterschiedlicher Handlungsweisen und -ziele bekommen.

Die Synchronisierungsleistungen entstehen folglich auf der Basis des Austragens konfligierender Standpunkte der unterschiedlichen Handlungspartner (BUTZIN, 1982: 106 ff.). Jedoch verschliessen sich die auftretenden Konflikte einer schnellen Lösung.

Die dorfkonzentrierte traditionsgebundene Routinisierung im öffentlichen und privaten Leben trägt trotz vieler Brüche nach wie vor die Hauptlast der sozialen Synchronisationsleistungen in Cabricán, doch mehrten sich in der jüngsten Vergangenheit Probleme, die durch bisherige Mechanismen nicht mehr zur Zufriedenheit der Beteiligten gelöst werden konnten: der Landbesitz reicht nicht mehr aus zur familiären Grundbedarfsdeckung (Kap.5), die privaten Haushalte wie die Kalk- oder Ziegelbrenner finden nicht mehr ausreichend Brennholz als wichtigste Ressource, die Kosten im Transportsektor und anderen Dienstleistungen steigen, die Inflation führt zu Realeinkommensrückgang und zu Preissteigerungen im Grundnahrungsmittelbereich, im Dorf häufen sich Diebstähle, etc. Der Bestand der Elemente der kollektiven Erinnerung der Handelnden im Sinne HALBWACHS´ (1985) und damit die Möglichkeit konzertierten, solidarischen Handelns werden durchsetzt mit typisierten Handlungsweisen, die häufig inkompatibel erscheinen mit dem Besatz an traditionellen Mustern. Das sich offenbarende und beobachtbare Konfliktfeld ist zweigeteilt.

Die gewachsenen dörflichen Institutionen auf der Grundlage der über Generationen geformten Handlungsnormen üben noch immer eine soziale Kontrollfunktion aus. Die deutliche Zunahme der Gewaltbereitschaft[26] verweist letztlich auf die wachsende Aggression gegenüber Regelverletzern. Die diesen Institutionen zur Verfügung stehenden konventionellen Durchsetzungsapparate versagen, und Gewaltanwendung ist das letzte, wenngleich erfolglose Mittel zur Durchsetzung der bisherigen Ordnungsprinzipien. Der Konflikt wird aber auch in den einzelnen Personen ausgetragen. Hier wirkt er als moralischer Zwang (LUCKMANN, 1992: 147) durch Handlungsverpflichtungen, die gegenüber dritten übernommen wurden oder durch die unausweichliche Erfüllung wechselseitiger Erwartungen.

Die Auswucherung von Gewaltmassnahmen gegenüber einzelnen ist um so häufiger zu beobachten, "wenn eine indirekte, aber gerade dadurch besonders wirksame Form der sozialen Kontrolle (aus welchen Gründen auch immer, z.B. infolge eines umfassenden Wertewandels) geschwächt wurde." (LUCKAMNN, 1992: 147) Gerade diese Feststellung kann für unser Untersuchungsgebiet als zutreffend vorausgesetzt werden.

Insgesamt fällt also auf, dass diejenigen Konflikte zunehmen, die auf der Basis bisheriger und traditioneller Konfliktvermeidungs- und Konfliktlösungsstrategien (Familienhierarchie, zivil-religiöse Hierarchie, Prestigesystem, Reziprozitätsbeziehungen, etc.) nicht einvernehmlich gelöst bzw. mit Hilfe der zur Verfügung stehenden Sanktionsmechanismen (Gerüchte, Ausgleichszahlungen an die Geschädigten, etc.) nicht beigelegt werden können. Dennoch bleiben die einzelnen

---

[26] Siehe dazu: GREENBERG (1989); FALLA (1980); dazu eigene Erfahrungen aus Sta. Maria Chiquimula, wo in einem Jahr, 1990, auf dem Gemeindegebiet fünf Morde zu verzeichnen waren, die alle auf intra- oder interfamiliäre Fehden oder Streitigkeiten zurückführbar waren.

bzw. einzelnen Gruppen entsprechend den, wenngleich sich verändernden, Vorgaben ihres dörflichen Handlungsumfeldes aneinander gebunden. Gemäss den einzelnen Persönlichkeiten bilden sich *zwei Reaktionstypen* auf diese Situation heraus.

Tab.15: Die soziale Einbindung von Statuspersonen in Cabricán

	Ismael Ramos	Antonio Méndez	Santos Baten	Nicasio Rojas	Felipe Rojas	Virgilio Ramirez	Carlos Ramirez	Gerardo Rojas	Felix Ramirez	Ernesto Ramos	José Escalante	Benjamin Escalante	Guillermo Ramos	Felipe Ramos
(0) Kredite aufgenommen	j	j	n	n	n	n	n	n	n	n	n	n	n	n
(9) Pachtland	n	n	n	n	n	n	n	n	n	n	n	n	n	n
(8) Kooperativenmitgliedschaft	P	*	P	P	*	O	*	*	*	*	P	*	O	O
(7) Ämterhierarchie	1	A	0	0	0	0	1	1	0	0	0	0	1	1
(6) Innerdörfliche Aufgaben	3	1	0	-	2	0	0	0	1	1	1	1	1	1
(5) Ausserdörfliche Kontakte	2	3	1	2	1	1	0	0	1	1	2	2	0	0
(4) Landbesitz	+	+	-	+	+	+	-	+	-	+	-	-	O	-
(3) Alter	-	-	-	-	-	-	-	-	-	-	-	-	-	-
(2) Schulbildung	2	2	4	1	3	6	3	4	4	6	6	4	2	2
(1) Parteizugehörigkeit	+	+	+	+	+	-	+	+	-	-	-	-	+	+

zu (1) Parteizugehörigkeit: + = ja; - = nein;
zu (2) Schulbildung: die Ziffern geben die absolvierten Schuljahre an;
zu (3) Alter: -> = 37 und älter; <- = 36 und jünger;
zu (4) Landbesitz: + = 40 cuerdas und mehr; - = 39 cuerdas und weniger;
zu (5) Ausserdörfl.Kontakte: Ziffern geben eindeutig benennbare Kontakte zu Institutionen und Personen an;
zu (6) Innerdörfl. Aufgaben: Anzahl der Mitgliedschaften in Komitees und Vorständen;
zu (7) Ämterhierarchie: Anzahl der schon innegehabten Gemeindeämter, A = ist/ war schon Gemeindebürgermeister;
zu (8) Koop.mitglied: * = ist Mitglied;
P = war schon Präsident einer Kooperative,
0 = ist oder war kein Mitglied;
zu (9) Pachtland: n = hat kein Land gepachtet;
zu (0) Kredit: j = hat schon Kredite genommen, n = hat nie Kredite genommen;

QUELLE: Eigene Erhebungen, 1992

Der eine Typ repräsentiert unterschiedliche starke Persönlichkeiten (*lideres*), die im Sinne eines klientelistischen Ausbaues von Abhängigkeitsbeziehungen und der Verbreiterung der eigenen Machtbasis handeln. Tabelle 15 zeigt ein Profil von Personen, denen von Angehörigen der *comunidad* ein besonderer Status zugeschrieben wird.

Zur Erstellung der Liste wurde so verfahren, dass zunächst im Dorf eine Umfrage vorgenommen wurde, die zeigen sollte, welche Personen aus dem Dorf nach Auffassung der Befragten sog. *lider*-Eigenschaften aufwiesen. Die Namen mit den meisten Nennungen wurden der Reihenfolge nach aufgelistet und anschliessend befragt. Insofern spiegelt auch die Ordnung der Nennungen eine innerdörfliche Bewertungsskala wider.

Die Tabelle bestätigt Tendenzen, deren historischer Hintergrund in Kap.3 beschrieben wurde. Mit höherem Alter ist die Zugehörigkeit zu einer politischen Partei ein wichtiges Merkmal bei der Statusverleihung. Dies verweist auf noch wirksame traditionelle Strukturierungskriterien. Status bzw. Ansehen bei den übrigen Dorfbewohnern ist unter der traditionellen zivil-religiösen Hierarchie das am meisten erstrebenswerte soziale Gut und lebt augenscheinlich in der Parteizugehörigkeit, die sich ebenfalls die Regelung öffentlicher Belange zur Aufgabe setzt, heute weiter. Diese Auffassung erfährt durch die mehrheitliche Nennung der Alten hinsichtlich ihres hohen innerdörflichen Prestiges eine Bestätigung.

Die ausserdörflichen Kontakte der älteren Personen richten sich jedoch im wesentlichen auf Personen von ebenfalls hohem sozialem Prestige[27], während die Verbindungen der jüngeren Personen mit dorfinternem Ansehen auf Institutionen zielen, die einen egalisierenden Effekt bewirken dadurch, dass sie keine Statusanforderungen stellen und deren Aufgabe vornehmlich Ausbildung und fachliche Qualifizierung ist. Daraus ist wird ersichtlich, dass in Form eines stärker sachgebundenen Engagements im Dorf sich die allmähliche Ablösung bisher gültiger Muster der Prestigezuschreibung bemerkbar macht.

An diesem Beispiel wird augenfällig, welche neuen Wege, oder man könnte sie auch Umwege nennen, die jungen Dorfbewohner gehen, um ihre veränderten

---

[27] Siehe dazu die Ausführungen von FALLA (1980) zur aussenabgestützten **Machtbasis**.

DORF UND ALLTAGSWELT

Ansichten und Ansprüche dorfintern umzusetzen. Zwei der fünf Jüngeren, die als *lider* identifiziert wurden, arbeiten für DIGESA[28], einer ist leitendes Mitglied im Lokalsender in Cabricán.

Die Schulbildung unterstreicht die altersgebundene Zweiteilung der Befragten, die allesamt männlichen Geschlechtes sind, was sicherlich eine gesellschaftsspezifische Erscheinung wiedergeben dürfte. Schulbildung war vor 30 Jahren für die Alten entweder noch nicht in dem Masse wie heute erreichbar oder wurde nicht entsprechend bewertet. Auf alle Fälle ist das Niveau der Schulbildung, nach besuchten Schuljahren bemessen, bei den Jüngeren deutlich höher.

Aufgrund der geringen Anzahl von öffentlichen munizipgebundenen Ämtern, welche die genannten Personen innehatten, werden frühere Analysen bestätigt, wonach es in Cabricán seit den 30er Jahren und verstärkt in den 50ern unter dem Einfluss von *Acción Católica* und *Ladinos*, zu einer raschen Auflösung der zivil-religiösen Hierarchie gekommen war. Sie zeichnete den Weg vor, auf dem indianische Gemeindemitglieder bis zum höchsten Amt des *alcalde municipal* aufsteigen konnten. Um so wichtiger wurden aber seither Ämter in *comunidad*-internen Gruppen[29], Komitees[30] oder Kooperativen, die für die traditionellen Ämter Ersatz schufen. Die Entwicklung tendierte dahin, dass diese Organisationstypen einen zunehmend stärkeren Einfluss auf die Prestigezuschreibung gewannen, indem die Übernahme von Verantwortung in ihnen und nicht mehr auf munizipaler und dörflicher Ebene den Masstab der Statusbemessung abgaben bzw. abgeben.

Bei der Entlehnung einer aussenbürtigen Machtbasis wird zunehmend auf eine fachliche Kompetenzausweitung Wert gelegt, wenngleich angesichts des politischen Systems in Guatemala auf Verbindungen zu einflussreichen Persönlichkeiten des regionalen oder nationalen öffentlichen Lebens nicht verzichtet werden kann. Doch diese Aufgabe wird zumeist vom *alcalde municipal* stellvertretend wahrgenommen.

Der durchschnittliche Landbesitz der Statusträger übersteigt den dörflichen Durch-

---

[28] DIGESA ist die Bezeichnung für die staatliche Landwirtschaftsberatung.

[29] Wie bsw. Kalkbrennergruppen, Waldarbeitergruppen oder kleinen Bauerngruppen.

[30] In Cabricán z.B. (1) Comité pro-mejoramiento (hauptsächlich Infrastrukturausbau, Strassenbau), (2) Comité de Padres de familia (Schulausbau), (3) Comité de agua potable (Trinkwasserversorgung), (4) Comité Pro-Luz (Stromanschluss), (5) Comité de mini-riego (Feldbewässerung).

schnitt, wodurch keine dieser Personen auf Zupacht angewiesen ist, doch gleichzeitig zeigt sich eine grosse Zurückhaltung hinsichtlich der Inanspruchnahme von Fremdfinanzierungen über Kredite. Nur die beiden erstgenannten Personen haben schon auf Kreditfinanzierung für deren landwirtschaftliche Produktion zurückgegriffen, wobei nur der erst 1990 abgewählte *alcalde municipal*, Antonio Méndez, (2.der Liste) bei der staatlichen Landwirtschaftsbank BANDESA einen Kredit beantragte.

Zusammenfassend lässt sich sagen, dass Statusträger eine **Strategie der Monopolisierung** der Einflüsse auf lokale Organisationen, manchmal auch zum Vorteil der Gruppe, im Sinne klientelistischer Einflusserweiterung verfolgen, nachdem augenscheinlich der Rückgriff auf aussengestützte Prestigeträger wie bsw. die Parteien nicht mehr den erhofften Effekt des Ansehenszuwachses zeigen. Bei einem insgesamt zurückhaltenden Rückgriff auf aussenbürtige soziale wie materielle Ressourcen, werden Möglichkeiten der fachlichen Bildung als Ausweitung der Handlungsmöglichkeiten zum Prestigegewinn im Dorf durch die jüngeren Statusträger verstärkt in Anspruch genommen.

Der andere Handlungstyp, der zahlenmässig den Grossteil der männlichen Bevölkerung ausmacht, hat sich verstärkt auf **konzertiertes Handeln** im Sinne einer Allianzenbildung verlegt. Die daraus entstandenen **Organisationen** in Form von Gruppen, Vereinigungen oder Kooperativen, unterliegen einer ganz eigenen Dynamik und sollen im weiteren Verlauf genauer untersucht werden. Dabei fällt auf, dass diese beiden genannten Segmente der *comunidad* auf einem durchaus eng umgrenzten dörflichen Ressourcenfeld agieren. So sind z.B. die Land- und Forstreserven auf dem Gebiet des Munizips sehr begrenzt. Die Kalkmine ist nur über eine klientelistisch abgesicherte Lizenzvergabe von seiten der Gemeinde für einige zugänglich. Die Kalkbrennerei erfordert eine gut koordinierte Gruppe von Personen und den Einsatz von Spezialisten beim Beschicken der Öfen mit dem rohen Kalkstein. Die Kalkkooperative benötigt Spezialisten in der Verwaltung und Technik und eröffnet die Möglichkeit der Mitgliedschaft nur für wenige Personen gegen die Entrichtung einer hohen Beitrittsgebühr.

Diese Tatsachen und Umstände machen verständlich, dass es zu unterschiedlichen und komplexen Koalitionen zwischen und innerhalb der Gruppen oder Klientelsegmente kommt, trotz der unterschiedlichen Grundorientierung der einzelnen bzw. der Gruppen. Dies trifft sich wie in Kap.4 festgestellt, mit der Ausweitung der Orientierung der Individuen über die Verwandtschaft hinaus auf die *vecindad*.

Um ein vollständiges Bild vom heutigen Handlungsinventar zu bekommen, müssen die Dimensionen der wirtschaftlichen Betätigung und sozialen Organisation noch um die kulturell-historische ergänzt werden, die nach wie vor in Gestalt von Elementen der traditionellen Ordnung untergründig weiterwirkt. Die soziale und materielle Ressourcensicherung für Familie und Dorf und das daraus zu gewinnende persönliche und an die Familie gebundene Prestige, bleibt auch für die "Modernisierer" erstrebenswert.

Zum Zwecke der Offenlegung der Widersprüche muss die komplexe Ebene der Konfliktentstehung erwähnt werden. "Konflikte treten dann auf, wenn keine Verständigung über Werte und Wertungen erzielt werden kann." (WERLEN, 1987: 137, Fussn.236) Da trotz aller Standardisierungen und Typisierungen von Handlungserwartungen das im Hintergrund stehende kulturelle System der situationsgebundenen Interpretation des einzelnen Aktors unterlegt ist, kann die materielle Kultur (Artefakte, Orte, Siedlungen, Positionen von Artefakten) ohne die immaterielle Kultur (Werte, Symbole, Normen, Strategien) nicht verstanden werden. Die materielle Kultur ist als Handlungsfolge bzw. als Voraussetzung für eine Handlung zu verstehen und birgt den Sinn (WERLEN, 1987: 144) der sie hervorbringenden Handlung in sich.[31] Deshalb gehört die immaterielle Kultur hinter Artefakten zur Ebene der konfliktschaffenden Bewertungseinheiten und muss in diesem Sinne beschrieben und interpretiert werden.

Weil der "Sinn des Handelns sich nicht in einem subjektiven Konstitutionsakt erschöpft", sondern nur im Zusammenhang mit einer "umfassenden Sinnkonstitution der sozialen Welt" (BUBNER, 1982: 25) zu verstehen ist, gehören subjektives Handeln **und** die darin mitverwirklichten Konglomerate sozialer Werte in den Bereich konfliktbetonender Bewertung im Rahmen alltagsweltlichen Handelns.

---

[31] Vgl. WERLEN(1987: 137, Fussn. 236); "In dieser Perspektive sind somit Artefakte, die in der Kultur- und Sozialgeographie als Kulturlandschaft thematisiert werden, als das Ergebnis, als Ausdruck kulturspezifisch sinnhafter Handlungen aufzufassen, die in der Situation des Handelns vom Aktor hinsichtlich bestimmter (motivationaler/ symbolischer) Orientierungen verwirklicht werden (vgl. HAYEK, 1981, 27)."

In der *comunidad* Cabricáns äussern sich Konflikte häufig in Agression der stärker aussengestützten 'Modernisierer' sowohl gegen die Produkte der traditionellen Gemeinschaft als auch gegen deren Symbolhaftigkeit. Solche Artefakte mit einem entsprechenden symbolisch geprägten Hintergrund sind beispielsweise die *marimba*, die *azadón* (die traditionelle Hacke zur Feldbearbeitung) oder die Kreuze bzw. Heiligenschreine der *cofradías*. Die Mitglieder der *Acción Católica* (Kap.3) wandten sich gegen die Heiligenschreine und die *marimba*, als Symbole der traditionellen synkretistisch geprägten Dorfhierarchie. Die jungen Rekruten wiederum, die nach drei Jahren Militärdienst ins Dorf zurückkehren, weigern sich, weiterhin mit der Hacke das Feld zu bearbeiten. Diese Arbeit, in der das traditionelle Ethos des *campesinos* wurzelt, wird als erniedrigend und wenig lukrativ angesehen. Dies führte schon häufig zu äusserst gewalttätigen innerfamiliären Auseinandersetzungen.

Des weiteren verweigert die Generation der Protestler die Unterordnung unter die hergebrachte dörfliche Heiratsordnung, welche bislang die innere Kohärenz der innerfamiliären Wohlstandssicherung über eine Heiratspolitik sicherte, da bevorzugt die Frau geheiratet wurde, die ausreichend Landbesitz mit in die Ehe einbrachte. Durch freie Partnerwahl wurde so das Verwandtschaftssystem und die Strategie der Besitzarondierung nach und nach ausgehebelt und die Landarmut vieler Familien verschärft.

Auf der anderen Seite findet die gewalttätige Abwehr der Einflüsse einer modernen 'Gegenstands- und Sachkultur'[32] durch die traditionelle Phalanx ausreichend viele Zielobjekte wie Autos, Radios oder Maschinen. Die Verweigerung der Zusammenarbeit mit der gleichzeitig vordringenden staatlichen Bürokratie und Verwaltung als Voraussetzung einer zunehmenden 'Durchstaatlichung' der Peripherie ist Ausdruck einer Verweigerung gegenüber der modernen immateriellen Kultur.

So sind die heute bestehenden Organisationen, Vereinigungen oder losen Gruppen im wesentlichen als ein Produkt dieser Auseinandersetzungen zu verstehen, die in den Kap.2 und 3 näher untersucht wurden. Deshalb ist auch davon auszugehen, dass sich Elemente der modernen Ausseneinflüsse als auch der traditionellen Dorfordnung in diesen Organisationsformen wiederfinden. Sie sind gleichzeitig Ausdruck des

---

[32] Siehe dazu LINDE (1972).

Aufbruchs und des Rückzugs, was andeutungsweise in der komplexen Konstellation und Verschränkung von Gruppenallianzen und einzelnen *lideres* mit deren eigener Gefolgschaft schon angeklungen ist.

6.3. Das Gerücht als zielgerichtete und sozial-manipulative Handlung

Mit den Überlegungen zu Bedeutung und Funktion des Gerüchtes in der dörflichen Gesellschaft soll eine Überleitung geschaffen werden zur diskursgestützten Interpretation des Handelns. Der manipulative Einfluss von einzelnen oder Gruppierungen auf ihre Umgebung ist ein essentielles Element der *ausserrechtlichen Konfliktregelung und Sanktionierung* nach Vorgaben eines dorfinternen Konsensprinzips. Ohne Zweifel sind sowohl die oben erwähnten klientelistisch angeordneten Führerstrukturen als auch die dorfinternen Organisationsbildungen zu *conquista*-Zeiten schon beobachtbar gewesen. (GAGE, 1979: 94) Um innerhalb dieser sozialpolitischen Formen gewisse Ordnungsprinzipien zu verankern, blieben in der dorfinternen Strategie der Konfliktregelung über das Gerücht, "... y de que todos los indios hablen mal." (GAGE, 1979: 94) und "...de quejarse de perjuicios supuestos" (CARMACK, 1979: 262), Möglichkeiten der rein auf innerdörfliche Massnahmen zurückgreifenden Herstellung einer allgemein akzeptierten Sozialordnung. Mit dem wachsenden Einfluss der Moderne verlor das dörfliche Sozialsystem vor allem eine von vier Funktionen der Handlungsorientierung, die von PARSONS (1953) als zentral ausgewiesen worden waren, die Funktion der Integration.

Das Streben nach möglichst hoher Integration des Handelns in die spezifischen Erwartungen der anderen Handelnden wurde von der Dorfgemeinschaft im wesentlichen durch die Sanktionsandrohung des Gerüchtes unterstützt. Der dadurch erreichte soziale Stabilisierungseffekt war die Gewähr für eine innere dörfliche Stabilität. REINA (1973: 365) schreibt: "El desempeño de los puestos religiosos está controlado rigurosamente por las habladurías." Mit anderen Worten, die gesamte Sozialordnung, inklusive die religiöse Ordnung als deren Grundlage, stützte sich auf diesen Mechanismus, der ausschliesslich auf den Ausschluss einer Person oder Personengruppe aus der dörflichen kommunikativen Interaktionsgemeinschaft angelegt war, falls diese Person(en) nicht dem konsensual festgelegten Rahmen dörflichen Handelns folgten.

Dieser Einfluss musste schwinden, sobald entweder Personen im Dorf von anderer Seite eine machtstrategische Absicherung erfuhren oder im Dorf andere Mechanismen der Konfliktregelung, wie z.B. die staatliche Rechtssprechung, zu wirken begannen. Die neuen Regelmechanismen setzen sich jedoch nur zögerlich durch, schwächen aber zumindest die Bedeutung des Gerüchtes als soziales Regulativ und konfliktabschwächendes Instrument. Bisweilen ausufernde Aggression ist die Folge.[33]

Die These, die hieraus abzuleiten ist, kann wie folgt formuliert werden: Die heute vorherrschende, innerdörfliche Sozialordnung, als *Semi-Moderne* (BIRK, 1993 b) bezeichnet, zeigt als Überschneidungsbereich moderner und traditioneller Elemente im Dorf, in Ansätzen noch die hergebrachten Regulationsmechanismen für ausserkonsensuales Handeln. Es wurde schon erwähnt, dass in den dörflichen Organisationen keine Abstimmungen nach dem Mehrheitsprinzip stattfinden, sondern nach dem Konsensmodus verfahren wird. Desweiteren greifen die staatlichen Rechtsmechanismen bei Konflikten im Dorf nur sehr bedingt. Als weiterer Hinweis ist ein Anstieg der Gewaltbereitschaft ganz allgemein in den Dörfern zu beobachten,[34] der auf fehlende Konfliktbewältigungsmechanismen schliessen lässt. Werden nun die von dörflichen Strukturen schon weitgehend unabhängigen "Schneider-Händler" Sta.Marias mit den nach wie vor im Dorf verankerten "Gewerbe-Bauern" Cabricáns verglichen, so ergibt sich aus diesen soeben erwähnten Mosaiksteinen ein zweigeteiltes Bild der Situation und der Tendenzen innerdörflicher sozialer Regelungen.

Wirken auf der einen Seite die Sanktionsmechanismen bei den Personen/ Gruppen nicht mehr, die weitgehend aussengestützt und individualisiert leben und arbeiten, so bilden sie auf der anderen Seite bei den noch stärker dorfgestützten Teilen der indianischen Bevölkerung in den Bereichen nach wie vor einen festen Bestandteil der Sozialordnung, die durch die staatliche Rechtsordnung nicht

---

[33] Siehe GREENBERG (1989); COLBY/ VAN DEN BERGHE (1977).

[34] Siehe auch für den südmexikanischen grenznahen Bereich zu Guatemala GREENBERG (1989: 4); "In addition, following the introduction of coffee to communal lands in about 1950, changes in land tenure sparked a brutal series of blood feuds that pitted family against family."

abgedeckt werden können. Noch breiter wirksam ist das Gerücht in den gewerblich orientierten Organisationen der Kleinbauern, die auf reziproke Leistungen angewiesen sind. Dort werden sie als sozial gelenktes Regulativ zur weitgehend einzigen Gewähr für das relativ dichte Geflecht von Austauschbeziehungen, die inzwischen grosse materielle Werte in die Hände anderer Personen legen und zur Garantie für das Gelingen einer Wirtschaftsweise, die unter den Bedingungen äusserst knapper Ressourcen zu arbeiten gezwungen ist.

Zusammenfassend kann festgestellt werden, dass das Bestehen des Gerüchtes als sozialregulatives Instrument grundsätzlich an die Wirksamkeit zumindest von Teilen der traditionellen Sozialordnung im Dorf gebunden ist. Es ist damit zu rechnen, dass dieser Mechanismus bei der Defizienz rechtsstaatlicher Regelungen in peripheren Regionen für die Bildung und den Fortbestand dorfgestützter Organisationen weiterhin eine wichtige Rolle spielt.

6.4. Die Kommunikation als Medium zur Bewältigung eines konfliktgeladenen Alltags

Wir haben den Alltag als konfliktgebundenes Handeln unter den Bedingungen von Raum und Zeit kennengelernt. Da aber Raum und Zeit als formale Kategorien nur Bedeutung gewinnen im Blick auf den sozialen Kontext des Handelns und die damit verbundenen Entscheidungsprozesse und Durchsetzungsstrategien konfligierender Ziele, rücken Kommunikationsprozesse, wie auch an der Diskussion des Gerüchtes schon deutlich wurde, als Angelpunkte verstärkt in den Mittelpunkt des Interesses.[35] HABERMAS (1981: 141) geht hinsichtlich des Zusammenhanges von Handeln und Kommunikation in der Sprachpragmatikdiskussion davon aus, dass

> "auch das strategische Handlungsmodell (...) so gefasst werden [kann], dass die über egozentrische Nutzenkalküle gesteuerten, durch Interessenlagen koordinierten Handlungen der Interaktionsteilnehmer durch Sprechhandlungen *vermittelt* (Herv. im Orig.) sind."

---

[35] Vgl. dazu PATZELT (1987: 61); "Nur dank Kommunikation ist es Akteuren aller Art möglich, ihre Sinndeutungen und Handlungen zu konzertieren."

Im Blick darauf, bekommt die für die indianische *comunidad* dargestellte reduzierte Matrix der Alltagswelt eine noch weiterreichende Bedeutung. Die Auswahl der Begriffe, die bestimmte Alltagsausschnitte kennzeichnen, bestimmen auch die kommunikative Kompetenz der einzelnen Personen. Unter kommunikativer Kompetenz wird die angemessene sprachliche Bewältigung alltagsrelevanter Handlungsanforderungen verstanden. Teilen sich diese Anforderungen in unterschiedliche Horizonte, so bedarf die alltagsweltliche Orientierung in ihnen einer neu anzueignenden individuellen und kollektiven Befähigung.

Feststellbare Veränderungen in den alltagsrelevanten Handlungen durch neu hinzugetretene sozial-kulturelle Sachverhalte, Artefakte und deren Symbolgehalte erfordern eine permanente Neuinterpretation der Ausgangsbedingungen des Handelns. In der Folge erscheint eine Neuinterpretation auch als Umorientierung in der kommunikativen intersubjektiven Situationsdefinition. Diese sich wandelnden Handlungsbedingungen, so haben wir weiter oben erfahren, werden auch über die räumliche Verortung erfahrbar. Mit dieser Sichtweise wird dem geographisch üblichen Trugschluss entgangen, dass einerseits gemäss dem *environmental-perception*-Ansatz die materiellen Sachverhalte selbstevident seien, andererseits dem Trugschluss des *spatial and behavioural approach*, der nahelegt, dass über die Dichothomie Mensch-Umwelt, die Verbindung zwischen Wahrnehmung und Aktion gerade, unmittelbar und konfliktfrei verlaufe. Doch das Gegenteil ist der Fall.

Sozial-kulturelle Konstellationen sprechen eine klare Sprache, die zu dem Zeitpunkt, wo sie sich verfestigen und ausprägen, schon eine mehr oder weniger lange Geschichte aufweisen, deren Gehalte von den Individuen immer wieder neu ausgelegt werden müssen und damit potentiell konfliktiv sind. Diese Geschichten können von den Beteiligten nacherzählt werden. Manchmal, wie z.B. in Sta.Maria Chiquimula, ist das jedoch nicht mehr möglich, weil die Gewalt überhand nahm und einer der Kontrahenten im Gewaltstrudel der Auseinandersetzungen umkam.

So gewinnt die in Abb.12 dargestellte Umkehrung des Anbauhabitus, das als Ergebnis einer durch den kommerziellen Gemüseanbau verursachten tiefgreifenden Umorientierung im indianischen Hochlanddorf Almolonga, die vollkommene Umkehr der traditionellen *milpa*-Anbaugewohnheiten zeigt, eine tiefergehende Aussage. Im Zusammenhang damit steht die von FALLA (1980) dokumentierte Umorientierung im sozial-religiösen Bereich von Quichédörfern, die auch für die hier beschriebenen Dörfer geltend gemacht werden konnte (s. Kap.2/3). Sie war nur möglich durch eine Reformulierung der Art, des Umfanges und der Herkunft der Machtzuschreibung für die zunehmende Zahl der Abweichler.

Dies bedeutet, dass sich eine Substruktur der Kommunikation formte. Die dadurch entstehenden Konflikte wurden auf diesen neu entstandenen kommunikativen Kanälen zunehmend über die Gemeindegrenzen hinausgetragen. Sie dienten im Zusammenwirken mit anderen aussengestützten normativen Vorgaben dazu, ein positives, vom individuellen oder gruppengelenkten Durchsetzungsvermögen geprägtes Gegenbild zum Dorf zu entwerfen. Die innerhalb des sozialen dörflichen Rahmens üblichen Konfliktregelungsmechanismen wurden unwirksam. Zwar stützte sich das Ausscheren von Händlern auf einen anderen Hintergrund als das der Katechisten der *Acción Católica* oder der örtlichen Parteivertreter, doch war allen die Überzeugung gemeinsam, dass ihnen durch die aussengestützten Institutionen und Autoritäten eine grössere Macht- und Einflussbasis als Individuum oder Gruppe im Dorf zufliesst, als durch die innenbürtige starre zivil-religiöse Hierarchie.

Auch die in Tabelle 15 übermittelten Informationen zu einflussreichen Persönlichkeiten in Cabricán sprechen in dieser Hinsicht eine klare Sprache.

Die Parteizugehörigkeit einer grösseren Zahl von Dorfbewohnern spiegelt die Tatsache wider, dass der auf der nationalen politischen Ebene stattfindende Diskurs der Machtzuschreibung von den Mitgliedern der *comunidad* durchaus als Instrument der internen Einflussregulierung anerkannt wird. Dazu gehören Kontakte zu Institutionen und Persönlichkeiten, wie Parlamentsabgeordneten, Juristen oder der Departementsregierung. Das darin zum Ausdruck kommende Denken bestätigt die stille dorfinterne Anerkennung, dass die Geschicke des Dorfes und seiner Bewohner zu einem Gutteil von aussenbürtigen Autoritäten mitbestimmt wird. Anschaulich zeigt sich diese Überzeugung, wenn im Falle von Konfliktfällen z.B. um Landfragen, Wald- oder Wassernutzungsrechte etc., welche die Gemeinde oder Gemeindeteile betreffen, relativ schnell eine Lösung beim zuständigen *gobernador* und damit ausserhalb des Dorfes gesucht wird.

Vor allem die Jüngeren in der Liste lenken seit den 80er Jahren ihr Augenmerk an den Parteien vorbei auf eine berufliche Qualifizierung als neuem Element dorfinterner Differenzierung. Sie war bisher vorwiegend in Verbindung mit dorfrelevanten Aufgaben z.B. der staatlichen Agrarberatung von Bedeutung. Diese *representantes oficiales* der Agrarberatungsbehörde, der Behörde für Wiederaufforstung oder Gesundheitsberatung wurden in Schnellkursen ausgebildet und verbinden eine gewisse fachliche Qualifizierung mit einem erheblichen Statusgewinn, was mit der Aufnahme in die Liste bestätigt wird.

Diese Entwicklung bedeutet eine Neuorientierung, da sie in letzter Zeit die weitestgehende Abweichung vom traditionellen Statusdenken darstellt. Waren zur Katechistenausbildung oder für die Parteiarbeit vorwiegend Männer herangezogen worden, die schon einen gewissen dorfinternen Rang besassen, brachten die staatlichen Institutionen jedoch einen weiteren Egalisierungsschub mit sich.

Die beiden Jüngsten unter den auf der Liste Genannten haben in Quetzaltenango eine zweijährige Ausbildung bei der staatlichen Agrarberatung DIGESA absolviert und bieten jetzt sporadisch Kurse im Dorf und dessen Umgebung an bzw. bauen selber Gemüse-Intensivkulturen und sind Mitglieder in einem lokalen Bewässerungsprojekt. Zwei andere auf der Statusliste sind Mitglieder beim lokalen RADIO MAM, eines in Cabricán arbeitenden und in der *Indígena*-Sprache *Mam* ausstrahlenden Radiosenders. Sie haben dafür relativ häufig Kurse in der Hauptstadt erhalten.

So selbstverständlich diese Beobachtungen scheinen, verweisen doch gerade sie auf den Wandel des Denkens in der lokalen Gesellschaft, der sich in der Folge sichtbar auf den Feldern, in den Häusern, in den Beschäftigungen oder in den lokalen Organisationsformen niederschlägt. Dort lässt er sich zwar chorologisch verorten[36] und darstellbar machen, bleibt aber allein in dieser Verortung der interpretativen Beliebigkeit ausgesetzt. Diese Verschränkung aussenbürtiger Einflüsse und interner Sozialstrukturen lässt sich vor allem in der Alltagskommunikation nachweisen. Die Dorfbewohner teilen eine in Alltagsbegriffen gekleidete Axiomatik

---

[36] WERLEN (1987: 167) sagt zum Problem chorologischer Verortung: "Gleichzeitig müssen Handelnde bei vielen ihrer sozialen Interaktionen auch die chorisch-metrischen Distanzen zwischen ihren jeweiligen Standorten überwinden. Drittens sind Entscheidungsprozesse fast aller Aktoren, die optimale Standorte für ihre Tätigkeiten suchen, direkt oder indirekt von Abwägungen chorischdistanzieller Faktoren bestimmt. Das damit angesprochene Verhältnis zwischen sozial- und psychischweltlichen Sachverhalten, ihren jeweiligen Anordnungsmustern und wechselseitigen Bezügen in Handlungsabläufen ist als das zentrale Thema handlungsorientierter Sozialgeographie zu betrachten." Hinzuzufügen bleibt, dass nur durch diese Klärung des Hintergrundes von Handlungen der Beliebigkeit geographischer Substanzialisierung begegnet werden kann.

der Bezugnahme auf unterschiedliche Bereiche der Zuordnung von Autorität und Einfluss, denen sie sich ausgesetzt fühlen und die für sie von Relevanz sind.

Abb.15: Gesellschaftliche Diskursebenen der indianischen Bevölkerung von Cabricán

DISKURSEBENEN	ELEMENTE DES DISKURSES
individuell	el nahual (Vorherbestimmung) el sueño (Traum) la suerte (Wohlfahrt)
lokal	la costumbre (Brauch) la vecindad (Nachbarschaft) la plaza (Markt, Handel)
regional	los cursillos (Fortbildung) la ciudad (Stadt) el negocio (Geschäftserfolg)
national	los partidos (Parteien) las leyes (staatl. Gesetze) el extranjero (Fremdling)

Entwurf: Fridolin Birk, 1993

Abbildung 15 stellt skizzenhaft die Beziehung einiger Begrifflichkeiten und deren strukturell-analytische Bezugsebenen dar. Die vertikale Strukturierung innerdörflicher Kommunikation zeigt anschaulich, dass die diskursbestimmenden Einflussebenen durchaus nicht unmittelbar parallel zu den analytischen Ebenen liegend erkannt werden müssen. Sie erscheinen vielmehr als schon sehr weitgehend das Alltagshandeln bestimmende, im Sinne einer situationsdefinitorischen Festlegung wirkende, sprachliche Muster. Die im vertikalen Ordnungsschemata angeführten sprachlichen Kennzeichnungen geben ein mentales Konzept für die unterschiedliche hierarchische Plazierung von Handlungsbereichen wieder.

Entscheidend für das Verständnis der lokalen Sozialwelt ist das hinter den Begriffen stehende Konzept der individuellen oder kollektiven Sicht der Möglichkeiten der Einflussnahme auf die beschriebenen Bereiche. Aus dem Blickwinkel der Akteure steht demnach, wie auch aus der proxemischen und mit Blick auf das Dorf entwickelten Struktur der Alltagswelt deutlich wurde, der kommunikative Rahmen der Lebenswelt konträr zum sozialwissenschaftlich-definitorischen. So ist z.B. den im staatlichen Rechtssystem verankerten *leyes* (Gesetze) ein relativ genau umschreibbarer alltagsweltlicher Interpretationsrahmen beigeordnet, der in diesem Falle im wesentlichen mit Machtlosigkeit, Ausgeliefertsein, Hilflosigkeit etc. umschrieben werden kann und dem eine individuelle Interpretationsweise (Abb. oben) entgegengesetzt wird.

Diesem vertikalen Kommunikationsschema steht ein horizontal geordnetes zur Seite. Dieses nimmt die vorgegebenen Aktivitätenfelder der Dorfbewohner innerhalb des Dorfes auf. Diese umfassen vorwiegend die sich überschneidenden und ineinander verschränkten individuellen Handlungsbereiche. Hinter dieser Zuordnung steht die Beobachtung, dass eine unmittelbare Verbindung zwischen den Tätigkeiten zur Sicherung der familiären Versorgung und der Einbindung der Personen in einen diskursiven Zusammenhang besteht. Es fällt jedoch schwer, die einzelnen Handlungsrahmen nach einer allgemeinen Bedeutungsskala zu hierarchisieren. Deshalb gibt die in Abbildung 16 gezeigte Flächendarstellung mit Hilfe der Pfeile durchaus keine generelle und zwangsläufige Entwicklungslinie für den einzelnen wieder. Die Grundtendenz der Orientierung entwickelt sich zwar in Pfeilrichtung, doch die individuellen Sicherungsstrategien legen nahe, sich quasi gleitend zwischen mehreren Feldern zu bewegen.

Der traditionelle Handlungsrahmen beschränkt sich auf die vorgefundenen und im Überlieferungszusammenhang weitergetragenen Arbeitsbereiche, die auch heute noch wirken. Daneben hat sich der traditionell-moderne Handlungsrahmen entwickelt, der weitgehend mit der kommunikativ-logistischen Anbindung an den regionalen Umkreis seit den 40er Jahren unseres Jahrhunderts zusammenfällt bzw. von ihr bedingt wurde. Das entscheidende Element dieses Bereiches ist jedoch die Rückbindung an den dörflichen Kontext und die Kombination der daraus resultierenden Aktivitäten. Der ausserdörfliche Handlungsrahmen, der ganz im Zeichen der

Moderne steht, spaltet sich in zwei Bereiche, die sich durch ihre historische Entwicklung unterscheiden.

Abb. 16:

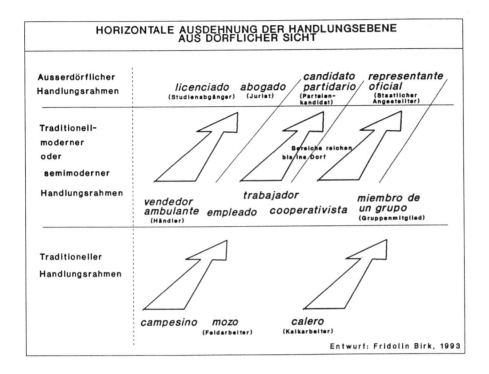

Ein Zweig schliesst die Partei- und Kirchenposten mit ein, die schon während der 50er Jahre Einzug in die Dörfer gehalten und häufig die traditionellen Prestigeämter in Form klientelistischer Beziehungen übernommen hatten. Daneben zeichnet sich das bereits erwähnte Vordringen der in staatlichen Diensten stehenden Angestellten ab, die sich durch eine bescheidene bildungsgebundene Qualifikation vom dörflichen Umfeld abheben und die dadurch die im Dorf zur Verfügung gestellten Verdienstmöglichkeiten in der sich ausweitenden staatlichen Bürokratie für sich in Anspruch nahmen. Der andere Bereich ist der des *licenciado* oder *abogado*, die eine universitäre Ausbildung besitzen und im mentalen Konzept der Dörfler weit ausserhalb ihres Umfeldes stehen. Unterlegenheit und Misstrauen sind die Grundstimmung im Umgang mit dieser undurchschaubaren Spezies.

Keine dieser Tätigkeiten ist ein Arbeitsfeld im herkömmlichen bäuerlichen Verständnis, und keines, ausser das des Studienabgängers und des Juristen, kann unter den wirtschaftlichen Voraussetzungen in Guatemala eine Familie ernähren und ist deshalb als wirtschaftliche Basis ungeeignet. Der Statuszuwachs scheint hier das entscheidendere Element zu sein.

Eine quasi diagonal zu lesende Skala der Einschätzung des individuellen Handlungsumfeldes ergibt sich für den Betrachter durch die Kreuzung der beiden Kommunikationsschemata. Aus der sprachlichen Bezugnahme auf die Umgebung des einzelnen und die Bestimmung der jeweiligen Tätigkeiten entsteht die Möglichkeit der Charakterisierung und Standortbestimmung für die einzelnen Aktoren und Aktorengruppen.

Wird nun als dritte Dimension der Betrachtung die aktuelle Stellung und Verankerung der Personen in der traditionellen dörflichen Struktur (wie in der Statusliste angegeben) mit eingearbeitet, dann entsteht ein dreidimensionaler Entwurf der kommunikativ-sozialen Einbindung bzw. Position einer Person oder Personengruppe im heutigen Dorf. Diese Position bestimmt die individuellen Möglichkeiten des Handelns und Taktierens im jeweiligen sozialen Umfeld. Darauf aufbauend wird ein begrenztes Feld der kommunikativen Einflussnahme, im Sinne einer Fähigkeit zur kommunikativen Situationsbewältigung in einem gegebenen kulturell-sozialen Rahmen, vorgegeben. Alles was darüber hinaus von einer Person oder einer Gruppe verlangt wird, kann nur auf der Basis einer ausserordentlichen Leistung erbracht werden, die von besonderen Begleitumständen gestützt wird.

Zusammenfassend kann aus der alltagsgeleiteten Kommunikation im dörflichen Umfeld geschlossen werden, dass unter der Oberfläche eines sich verändernden Feldes von beobachtbaren Tätigkeiten der Dorfbewohner, eine Neuorientierung der traditionellen Netze der intersubjektiven Verständigung stattfindet. Dabei schält sich eine vertikale Orientierung der kommunikativen Bezugnahme heraus. Daneben konnte auch eine horizontale Erstreckung von Tätigkeitsfeldern vom traditionalen bis zum modern geprägten Handlungsrahmen ausgemacht werden. Charakteristisch ist, dass die einzelnen Aktoren mehrere Tätigkeiten ausüben, gemäss der Einbindung in unterschiedliche kommunikative Strukturen und entsprechend der individuell gewählten Strategien der Ressourcenmobilisierung.

Wird diesen Dimensionen noch die der aktuellen Einbindung in die hergebrachte Sozialordnung beigeordnet, so ergibt sich ein dreidimensionaler Entwurf des individuellen oder gruppenspezifischen Handlungsfeldes, das eine anschauliche Lokalisierung einzelner Personen oder Gruppen im kulturellen und sozialwirtschaftlichen Gefüge des Dorfes zulässt.

6.5. Distanz als kommunikativ vermittelte räumlich-soziale Verflechtung

Bis hierher ist es gelungen, die einzelnen Elemente des dörflichen Lebens und deren Bedeutung im alltagsweltlichen Verstehenszusammenhang zu charakterisieren. Im letzten Abschnitt wurden drei Dimensionen ausgegliedert, die einen Lokalisierungsrahmen für soziales Handeln innerhalb des Dorfes schaffen. Allerdings wurde noch nicht ausreichend klar, in welcher Weise die einzelnen Elemente aufeinander bezogen sind. Dazu soll noch einmal der Distanzbegriff untersucht und auf dessen sozialen, leiblichen und funktionalen Hintergrund hin abgefragt werden.

Die oben bestimmten drei Dimensionen können auch in einer veränderten Gestalt präsentiert werden. Die *vertikale Dimension*, die in unterschiedliche Diskursebenen unterteilt wurde, erscheint als der ausserdörflich-gesellschaftsgebundene Bereich kommunikativ vermittelter Machtzuschreibung. Damit sind im wesentlichen Interventionsrechte verbunden. Konkret wird dies für die Dorfbewohner erfahrbar in der Undurchschaubarkeit staatlicher Bürokratie, in der rassisch motivierten Zurücksetzung oder der wirtschaftlich-infrastrukturellen Benachteiligung. In der auf das dörfliche Denken gemünzten proxemischen Matrix der Alltagswelt wird anschaulich, dass auf diesem Hintergrund eine relativ klar abzugrenzende Linie der gesellschaftlich-sozialen Positionszuschreibung durch die Menschen selber besteht.

Im Lichte dieser Analyse wird auch verständlich, wie es zu dem in Kapitel 4 beschriebenen Bild von der Stadt kommt. Von der Alltagstheorie her besehen, ist es den Dorfbewohnern nie gelungen, eine Normalisierung bzw. im funktionalistischen Sinne interpretiert, eine Institutionalisierung der komplexen Wirklichkeit ihres äusseren lebensweltlichen Randes einzuleiten.

Von hier aus wird es auch möglich, aus dem dörflich gestützten Denken heraus den unterschiedlichen dörflichen Organisationen eine bestimmte Funktion zuzuschreiben. **Diese Funktion besteht in einer Mittlerrolle für deren Mitglieder.** Die Organisation als überindividuelle Einheit vertritt gewisse Interessen der zwischen Tradition und Moderne sich bewegenden Menschen und hilft dabei, die im vertikalen Schema deutlich gewordene Benachteiligung auszugleichen. Dies kann von gelegentlichen Transportdiensten in die Stadt über die Kreditbeschaffung bis zu wirtschaftlichen Aufgaben als Arbeitgeber reichen. Mit anderen Worten gesprochen, steht jede dörfliche Organisation unter einem funktionalen Erfüllungsdruck von seiten der einzelnen Mitglieder. Kann die Organisation diese Mittlerrolle nicht ausfüllen, wird sie auf längere Frist keinen Bestand haben.

In diesem Zusammenhang wird die Bedeutung der Distanz in ihrer ganzen, von SCHÜTZ (1979: 62-72) so dargestellten physisch-sozialen Vielschichtigkeit verständlich. Im Zentrum steht der einzelne mit seiner ihm durchaus bewussten Beschränktheit der Mittel, um seine Absichten und Notwendigkeiten, die über den Dorfrahmen hinausführen zu verwirklichen. Für den einzelnen stehen dabei Strategien zur Sicherung der familiären Versorgung im Vordergrund. Die Veränderungen innerhalb der Gemeinde haben es mit sich gebracht, dass bestimmte Aufgaben ausschliesslich durch technische und ausserhalb der eigenen Verfügungsgewalt stehende Instanzen erledigt werden können. Für diese Behauptung sprechen auch die komparativen Kosten bei der Ressourcenbeschaffung, die vom einzelnen niemals getragen werden könnten. Dies erfordert unabänderlich eine Orientierung an den durch Organisationen oder klientelistische Verbindungen vorgegebenen Strukturen.

Im Interesse des einzelnen, die Ressourcenbeschaffung und -sicherung so effizient, sicher und dauerhaft wie möglich und so aufwandextensiv wie möglich zu gestalten, schneiden sich Bestimmungen der sozialen und physischen Distanzen. Benötigt einerseits der Ziegelbrenner als Einzelperson zum Holztransport wegen der Entfernung und dem Gewicht des zu transportierenden Brennmaterials unbedingt die Dienste eines Lastwagens, so wird ihm auf der anderen Seite nur die gute Verbindung zu mehreren ressourcenreichen und stark aussengestützten Lastwagenbesitzern auch eine vorteilhafte und konkurrenzfähige Zusammenarbeit sichern.

Augenfällig wird dies auch mit Blick auf die Kalkkooperative. Sie muss bei der Belieferung der Kaffeeplantagen mit Düngekalk über den Einsatz von Technik und Verwaltung hinaus, die Verbindung mit der entfernten Küstenregion aufrechterhalten und gleichzeitig den Kontakt mit den ehemaligen *patronos*, den Plantagenbesitzern, pflegen. Für das soziale Umfeld von indianischen Kleinbauern keine leichte Aufgabe. Solche Arbeiten, im Sinne eines die vertikalen gesellschaftlich-kommunikativen Ebenen überschreitenden Handelns, gleichen bisweilen einem Hochseilakt, da die Dörfler sich durch deren Betätigung in diesem materiellen, institutionellen und logistischen Umfeld weit jenseits ihrer traditionellen dörflichen Alltagsumgebung bewegen.

Es ist den Menschen klar, dass in diesem Schnittpunkt der physisch-weltlichen und sozialen Distanzen und dem dabei zutage tretenden eingeschränkten individuellen Handlungsspielraum, sich der Sinn konzertierten und organisierten Handelns erfüllt und die Möglichkeiten eigener Ressourcensicherung begründet liegen.

Die horizontale Dimension umschreibt dagegen in den unterschiedlichen Arbeitsfeldern den *Bereich der breitesten individuellen Handlungsautonomie*. Der einzelne entscheidet unter dem Vorbehalt jahreszeitlich-saisonaler Vorgaben in der eigenen Landwirtschaft und familiärer Bedarfsschwankungen bei Sonderausgaben z.B. bei Aufwendungen für Krankenbehandlungen, wann und wie er seine Arbeitszeit einsetzt. Die Tätigkeiten reichen von traditionellen bäuerlichen Arbeiten bis zu Aufgaben im Rahmen parteipolitischer Aktivitäten oder der Mitarbeit bei staatlichen Organisationen.

Die Landwirtschaft im Dorf muss als Garant eines Subsistenzsockels sowohl in quantitativer als auch in qualitativer Hinsicht als relativ inhomogen angesehen werden. Dennoch ergibt sich ein dorfgebundener Jahresrythmen, der der individuellen Wahl der Arbeit unterlegt ist, und die Handlungsautonomie einschränkt. Beispielsweise tritt in den Monaten März bis Juni die ausserlandwirtschaftliche Arbeit fast vollständig zurück, da diese Zeit der Maisaussaat und Jungpflanzenpflege vorbehalten ist. Dagegen sind die Monate Juni bis September Schwerpunkte der gewerblichen Arbeit, da dies die Zeit des Maiszukaufes ist und Bargeld benötigt wird.

Die ausserlandwirtschaftliche gewerbliche Arbeit als Beschäftigungsschwerpunkt steht in der Mitte zwischen der bäuerlichen Feldarbeit und den parteien-, kirchen- und institutionengebundenen "Dienstleistungen". Die gewerblichen Arbeiten bleiben im wesentlichen auf den dörflichen Rahmen beschränkt und erfordern nur ein begrenztes Mass an Aktivitäten, die das dörfliche Lebensumfeld überschreiten. Hier befindet sich, im Blick auf *die semi-modernen Bedingungen* einer Vielzahl von indianisch geprägten Dörfern des guatemaltekischen Hochlandes, der entscheidende *Bereich der Überschneidung von traditionsgebundenem individuellem Alltagshandeln und der Aussensteuerung* im Sinne eines Eindringens aussenbürtiger handlungsmanipulativer Impulse.

Bezogen auf die erdraumgebundenen Überlegungen von SCHÜTZ (1979) repräsentiert der soeben analysierte Autonomiebereich horizontal geordneter Tätigkeiten der kleinbäuerlichen Lebenswelt "die Zentralstelle im Vermittlungsprozess zwischen pysischer und sozialer Welt." Von hier aus, von den hier vorgenommenen Ableitungen aus unmittelbarer Erfahrung dorfgebundener Produktion und Reproduktion ordnen sich alle Formen der mittelbaren Erfahrung von Staat und Stadt und deren Institutionen. Von daher wird auch die augenscheinliche soziale Ferne der physisch-weltlich distanzierten Interaktionspartner verständlich. Gleichzeitig wird auch deutlich, welche Rolle den dörflichen Organisationen als anonymisierte Mittler neben der wirtschaftlichen Aufgabe zugewiesen wird.

Diese Abläufe werden durch die affektive Zu- oder Abwendung von der traditionellen Dorfordnung im Sinne der zivil-religiösen Hierarchie verstärkt oder abgeschwächt. Am Beispiel von Sta.Maria Chiquimula, wo es zu einer inneren Spaltung des Dorfes entlang der religiös-kulturellen Schiene kam, lässt sich dies abschliessend noch einmal verdeutlichen.

Dort zeigt sich eine konfessionelle "Drittelung" der Gemeinde. Heute zählen etwa ein Drittel der Einwohner zu den *costumbristas* (Traditionalisten), ein Drittel zur *Acción Católica* und ein Drittel zu den evangelikalen Sekten. Die verwendeten religiösen Bezeichnungen zur Abgrenzung der einzelnen Strömungen dienen jedoch nur als Synonym für eine Grundorientierung der einzelnen Akteure in wirtschaftlicher, sozialer und kultureller Hinsicht. Diese Grundorientierung einer scharfen Trennung zwischen den Gruppierungen, die sich häufig gewaltsam entlädt, weist zurück auf fehlende Möglichkeiten, entstandene Distanzen zu überbrücken und neue Bereiche sozialer Kohäsion bereitzustellen, nachdem der traditionelle Rahmen kulturell-sozialer Homogenisierung zu schwach geworden ist. Ein solches Distanzproblem ist in Cabricán nicht in dieser krassen Weise aufgetreten. Dort haben die neu entstandenen dörflichen Organisationen statusbildende Funktionen in Gestalt von Leitungs- und Repräsentationsaufgaben geboten, ganz abgesehen von den neuen Arbeitsmöglichkeiten, die geschaffen wurden.

Da der Schnittpunkt gegenseitiger lokalgesellschaftlicher Bezugnahme in Sta.Maria nicht im Überschneidungsbereich landwirtschaftlich-gewerblicher Arbeit liegt, sondern die *costumbrista*-Gruppe überwiegend im Subsistenzanbau verharrte, während die anderen völlig im ausserlandwirtschaftlichen Schneiderei- bzw. Händlergewerbe arbeiten, sind die kommunikativen sozialen Homogenisierungsprozesse nur schwach ausgebildet, was gewalttätige Konflikte wahrscheinlich werden lässt. So lässt sich der manchmal abstrakt wirkende *Begriff der sozialen Distanz* im Zusammenhang des Umbruchs der indianischen Dörfer veranschaulichen. Er wird zum Ausdruck der Fähigkeit der Dorfbewohner, Wege der dorfinternen Konfliktreduzierung über interne Mechanismen zu öffnen und sie als Formen konzertierten Handelns fruchtbar zu machen. Dies gelingt allerdings nur, wenn wesentliche Elemente der traditionellen Sozialordnung mit in die neuen Strukturen übernommen werden.

Zusammenfassend lässt sich mittels der Ausdifferenzierung des Dreidimensionenmodells innerdörflicher Strukturierung feststellen, dass die Gründung innerdörflicher Organisationen zu einer für die Lokalgesellschaft wie für den einzelnen Akteur notwendigen Voraussetzung wurden. Der Grund lag in der beschränkten kommunikativen Einbindung in die unterschiedlichen gesellschaftlichen Diskursebenen. Diese Einbindung wurde unter dem Zeichen des Einbruchs der Moderne als Semi-Moderne unumgänglich, um sowohl die notwendigen Kontakte zu Stellen ausserhalb des lokalen Rahmens herzustellen und die innere Stabilität zu garantieren. Die lokale Arbeitswelt, auch als letztes Refugium teilweise autonomer Entscheidungsgewalt, wird dabei für den einzelnen zu einem Überschneidungsbereich der beiden Sphären traditionellen und modern beeinflussten Handelns. Gleichzeitig ist diese Überschneidung eine Gewähr zur Verhinderung ausufernder Aggressivität angesichts der Veränderung grundlegender Bestandteile der bisherigen dörflichen Ordnung. Sta.Maria ist ein Beispiel für das Auseinanderfallen dieses Überschneidungsbereiches und die daraus resultierenden unversöhnlichen Konflikte. Die Gedanken von SCHÜTZ erlaubten einen neuen Blick auf den Vermittlungsprozess zwischen physischer und sozialer Welt, auf das Auseinandertreten von neuer Erfahrungswelt und normalisiertem Alltagsleben in den indianischen Dörfern. Sie haben eine theoriegeleitete Einordnung der einzelnen Analyseelemente und über diesen Weg ein neues Verständnis für das Ineinanderwirken unterschiedlicher Gesellschaftsentwürfe möglich gemacht.

Reality is not neat,
nor can relevant analysis of it ever be.[1]

7. Die Struktur der Organisationsformen im dörflichen Kontext von Cabricán und Sta.Maria Chiquimula

Der Hintergrund dörflicher Organisation wurde aus unterschiedlichen Blickwinkeln unter Zuhilfenahme dreier Theorieansätze beleuchtet. Die Theorie Sozialer Netzwerke zeigte den Rahmen intrakommunitärer Verflechtungen. Die Überlegungen zur kleinbäuerlichen Familienwirtschaft förderten wichtige Aspekte der intrafamiliären Organisation und der Verbindung zwischen Familie und Dorf zutage, und die Theorie der Alltagsweltlichen Perspektive zeigte die unterschiedlichen Aufschichtungen sich bisweilen widersprechender individueller Handlungsplanungen im jeweiligen sozial-wirtschaftlichen Kontext. Hinter diesen Überlegungen standen immer die sich kreuzenden Interessen zwischen Individuum, Familie und Dorf. Diese Kreuzung förderte einerseits die Brüche zwischen diesem Dreigespann zutage, als im Verlauf der vergangenen 50 Jahre moderne Einflüsse begannen in den peripheren Regionen und Dörfern zu wirken.

Auf der anderen Seite wurde deutlich, dass sich die Kleinbauern gezwungen sahen, zum Zwecke der Sicherung des familiären Bedarfs, Koalitionen mit anderen Personen oder Gruppen in ihrer Umgebung einzugehen. Diese Koalitionen fanden ihren Ausdruck in einer Reihe von dörflichen Organisationen, die in ihrer Wirkungsweise und ihrer Bedeutung auf verschiedenen Ebenen angesiedelt sind.

Diese Wirkebenen können in einer ersten Annäherung in einen allgemein-infrastrukturellen Bereich, in einen logistischen Bereich und schliesslich in einen

---

[1] SHANIN (1990: 70)

wirtschaftlich orientierten Bereich unterteilt werden. Die Bedeutung der Organisationen, im Sinne der Frage nach den Adressaten, wird in ebenfalls drei Ebenen unterteilt. Die individuelle Ebene steht neben der gruppengerichteten und diese wiederum an der Seite der im Interesse des ganzen Dorfes sich entfaltenden Aktivitäten auf Gemeindeebene. Diese Unterscheidungen sind zunächst idealtypischer Art, werden aber in diesem Kapitel durch das Verfahren der Diskursanalyse ineinander verflochten.

Zum zuletzt genannten Teil gehören, in beinahe allen Hochlanddörfern übereinstimmend, Initiativen zur Wasserversorgung, zum Wegebau oder zur Elektrifizierung. Seit den 60er Jahren kamen noch der Schulbau und die Anbindung an die nächstgelegene Stadt über Buslinien hinzu. Im allgemeinen besitzen die meisten Gemeindehauptorte des Hochlandes heute einen Stromanschluss, während die *aldeas* nur so weit miteinbezogen wurden, wie sie entweder aufgrund ihrer geographischen Nähe zum Gemeindezentrum oder aufgrund einzelner Persönlichkeiten eine Berücksichtigung erzwingen konnten.

Der logistische Bereich umfasst im wesentlichen die Einbindung in ein Netz von Handelsverbindungen, wodurch Händler aus den benachbarten Regionen, wie z.B. der Südküste, die den lokalen Markt mit Waren versorgen bzw. vom lokalen Markt aufkaufen und ausserhalb weitervermarkten. Dazu war die Errichtung von Märkten, gegebenenfalls Marktständen, notwendig, was die Attraktivität der Gemeinde als Handelsplatz steigerte.

Hier kann resümierend festgestellt werden, dass die Bemühungen der Gemeindeverwaltungen während der vergangenen zwanzig Jahre zumindest dazu führten, dass heute Marktgebäude in den meisten *centros* der Munizipien zur Verfügung stehen. Diese werden zwar überwiegend nicht den wirtschaftlichen Ansprüchen und bei weitem nicht den grundlegendsten hygienischen Anforderungen gerecht, führten aber als eine erste Initiative zu einem Selbstverstärkungseffekt im Handel.

Heute beliefern Händler auch entlegene Gemeinden, weil die Nachfrage in den vergangenen Jahren stark gewachsen ist und der Zwischenhandel lukrative Geschäfte verspricht. Der Handel ist dadurch gekennzeichnet, dass sich regionale Schwerpunkte für bestimmte Produkte sowohl für deren Produktion als auch deren Verkauf herausgebildet haben, die jedoch beschäftigungswirksam nur sehr begrenzte Wirkungen auf lokaler Ebene zeigen (siehe Kap. 5).

Mit Blick auf den Ausbau logistischer und infrastruktureller Einrichtungen, die sich im wesentlichen auf das *centro* der Gemeinde konzentrierten, fällt auf, dass sie weitgehend ohne Beteiligung der lokalen Bevölkerung abliefen. Staatliche Institutionen für die Entwicklung des ländlichen Raumes und die *Ladino* dominierte Gemeindeleitung übernahmen die Koordination der auf die *cabecera* konzentrierten Massnahmen und bauten Marktgebäude oder Gemeindeämter. Erst in den 70er Jahren, durch die Gründung von lokalen indianischen Komitees in den *aldeas,* wurde die ungleiche lokale Verteilungspolitik der Finanzmittel eingeklagt. Es kam durch die *Comités* in den *comunidades* zu einer Vielzahl von Selbsthilfemassnahmen, die erreichten dass 'unsere Brücke' oder 'unsere Schule' gebaut wurden. Bis heute sind diese *Comités* in den meisten Hochlandgemeinden die wichtigsten Stützen einer infrastrukturellen Entwicklung ausserhalb der Gemeindezentren.

Zusammenfassend bedeutet dies, dass konzertiertes Handeln im Infrastrukturbereich von den Gemeindebewohnern erst in den 70er Jahren als unabdingbar erkannt wurde, um durch Eigeninitiative die Müdigkeit oder den Unwillen der staatlichen Behörden zu umgehen.

Im Mittelpunkt unseres Interesses steht jedoch der wirtschaftlich ausgerichtete Bereich lokaler oder regionaler Initiativen. Diese beziehen sich weitgehend auf die Erschliessung von gewerblichen Einnahmequellen abseits der heimischen und auf die familiäre Subsistenz gerichteten Landwirtschaft. Im Widerspruch dazu wurde gerade die kleinbäuerliche familiäre Landwirtschaft über vielfältige Beratungsprogramme von aussen mit grosser Aufmerksamkeit bedacht. Von seiten der Kleinbauern selbst blieb sie jedoch, abgesehen von der Einführung der Mineraldüngung und einer von traditionellen *milpa*-Anbau völlig separierten Gemüseproduktion auf einem Teil des Bodens, von innovativen wirtschaftlichen Initiativen ausgeschlossen.[2] Dies bedeutet, dass die Kleinbauern sehr wohl erkannt hatten, dass die

---

[2] Die unterschiedliche Behandlung der Landwirtschaft durch aussenbürtige Stellen auf der einen Seite und die Kleinbauern auf der anderen Seite gibt schon weitgehende Hinweise auf die mangelnde Beobachtungsfähigkeit der in der bäuerlichen Beratung tätigen Experten. Die Mineraldüngung blieb in der kleinbäuerlichen Landwirtschaft in peripheren Regionen die einzige entscheidende technische Neuerung in den vergangenen dreissig Jahren. Diese Tatsache ist ein entscheidender Hinweis auf die

familiäre Versorgungsleistung durch die traditionelle *milpa*-Landwirtschaft immer mangelhafter wurde. Es ist aber anzunehmen, dass die indianischen Bauern gute Gründe hatten, den Subsistenzanbau im traditionellen Anbaurahmen zu belassen.

Im Überblick lässt sich heute feststellen, dass der Schwerpunkt der wirtschaftlichen und innovativen Aktivitäten einer Vielzahl von Gemeindebewohnern ausserhalb der Landwirtschaft liegt. Dies lässt noch keine eindeutigen Rückschlüsse auf die kulturell-soziale Bedeutung der ausserlandwirtschaftlichen Arbeit zu. Sie wurde und wird mit Einschränkungen bis heute aus diesem Blickwinkel als Ergänzung der landwirtschaftlichen Arbeit auf dem eigenen Boden gesehen. Entscheidend ist, dass dieses Zusatzeinkommen ohne aussergewöhnlichen finanziellen und arbeitsmässigen Aufwand verdient werden kann. Vielen ist dabei, im Blick auf das Aufwandskriterium, die Alternative konzertierten Handelns auf der Basis einer Gemeinhaftung ein willkommenes Mittel.

Vor allem dem jungen Teil der Dorfbewohner kommt entgegen, dass bei ausserlandwirtschaftlichen Aktivitäten, jenseits der sonst üblichen paternalistischen Bevormundung, grössere Handlungsfreiheit herrscht. Im ausserdörflichen oder ausserhalb der traditionellen Sozialordnung stehenden Umfeld berühren diese Aktivitäten niemanden, denn sämtliche Schwierigkeiten und Kosten der gewerblichen Vorhaben müssen aus eigener Kraft überwunden werden. Mit einer Unterstützung durch staatliche Institutionen kann grundsätzlich nicht gerechnet werden. Eine Ausnahme bildet die Bestechung eines Beamten bei der Erteilung von Genehmigungen etc., was jedoch für *Indígenas* aus Gründen der rassistischen Zurücksetzung meist eine teure Verfahrensweise darstellt.

So entpuppt sich gerade die Vielzahl von Beschäftigungen ausserhalb der kleinbäuerlichen Landwirtschaft, deren interne Dissonanzen oder Abgestimmtheiten, deren Probleme bei der Ressourcenbeschaffung oder Vermarktung oder deren organisatorische Strukturierung, als ein Gradmesser für die Bestimmung individueller oder gruppenspezifischer Anpassungsleistungen an veränderte wirtschaftlich-soziale und gesellschaftlich-kulturelle Umstände. Daraus können erst Prognosen für die weitere Entwicklung abgeleitet werden.

---

aus bäuerlicher Sicht bestehenden "Entwicklungspotentiale". Diese müssen den Ausgangspunkt aller weitergehenden Überlegungen bilden.

ALLTAGSWELT UND ORGANISATIONSFORMEN

Die wirtschaftlich-gewerblichen Aktivitäten lassen sich, wie schon angedeutet, nach deren unterschiedlicher Entstehung untergliedern. Neben den Initiativen von Einzelperson im kleingewerblichen Bereich stehen die Konzeptionen dorfinterner Gruppen. Diese geben sich in der Mehrzahl der Fälle einen formellen Rahmen, indem sie einen Verein, eine Genossenschaft oder eine Vereinigung mit der dazugehörigen Satzung gründen. Die Produktionsfelder sind vielfältig und reichen vom Agroexportbereich bis in die halbindustrielle Produktion, wie im Falle von Cabricán die *Cooperativa Santiago*, die Dolomitkalk zu Düngezwecken verarbeitet. Daneben bestehen freie Gruppen, sog. *proyectos*, die von einem *comité*, einem gewählten Gremium, geleitet werden, jedoch häufig lediglich informelle Netze für gegenseitige Unterstützungsleistungen formen. Darin eingeschlossen sind vorwiegend Bauerngruppen, sog. *proyectos campesinos*, oder Vermarktungsgemeinschaften im landwirtschaftlichen Intensivanbau.

Der gewerblich-handwerklichen Arbeit von Einzelpersonen kommt eine besondere Bedeutung zu. In Hochlandgemeinden wie Cabricán machten diese den Anfang bei der Übernahme neuer gewerblicher Aktivitäten. Es gelang ihnen zuerst, die für einen Erfolg notwendigen Stützungsressourcen im wirtschaftlichen und sozialen Bereich zu mobilisieren. Sie schufen die dazu notwendigen Verbindungen über die Dorfgrenzen hinaus. Von aussen durch den Handel oder von innen durch die Umschichtung der Gewinne aus der Landwirtschaft, brachten sie die finanziellen Mittel bei, um ausserlandwirtschaftliche Tätigkeiten zu kapitalisieren. In Cabricán übernahmen diese Rolle im wesentlichen die *Ladinos* durch Arbeitsleistungen und eine meist rücksichtslose Übervorteilung der *Indígenas*.

Anders verhielt es sich in weitgehend indianisch bewohnten Dörfern wie Sta.Maria Chiquimula. Dort kam eine von *Indígenas* induzierte Dynamik aufgrund der schon in Kap.5 geschilderten Entwicklungen in Gang. Die Verbindungen über den Fernhandel und die Arbeit im Bereich der Konfektionschneiderei bildeten dort den Grundstock für den Aufstieg einer lokalen indianischen Kleinunternehmerelite. Diese beschäftigen, über ihre Werkstätten im Gemeindezentrum hinaus, eine grosse Zahl von ebenfalls indianischen Subunternehmern in den *aldeas*. Diese nähen zuhause auf ihren eigenen Nähmaschinen, in Verlagsarbeit Kleidungsstücke, die von den Werkstattbesitzern aufgekauft und auf dem nationalen Markt vertrieben werden.

Gruppengestützte gewerbliche Ansätze im Kontext indianischer Hochlanddörfer sind bis auf wenige Ausnahmen ausschliesslich eine indianische Angelegenheit. Dies hat die innere Entwicklung in den dörflichen Organisationen in erheblichem Masse geprägt. Von Kapitalisierungsmöglichkeiten häufig ausgeschlossen, mussten diese Gruppen in vielen Fällen auch noch gegen den von aussen an sie herangetragenen Opportunismus durch die rassische Diskriminierung ankämpfen. Offensichtliche Defizite bei der Ausbildung des Personals, die weitgehende Unvertrautheit mit einer derart gestalteten Arbeit in der Gruppe, der nackte Zwang, sich auf diese kollektive Arbeitsform einzulassen, weil anders überhaupt keine finanziellen Mittel zu bekommen gewesen wären und die vage Aussicht, bei möglichst geringem Aufwand doch wenigstens etwas von dem zu verteilenden Gewinn abzubekommen, all das kennzeichnet den *Bedingungsrahmen*, unter dem viele dörfliche Organisationen an den Start gingen.

Resümierend lässt sich gleichwohl sagen, dass die Modelle gemeinschaftlichen Arbeitens in organisationellen Strukturen und die in ihnen entfaltete Dynamik, neben den vielfältigen individuellen Anstrengungen im gewerblichen Bereich während der vergangenen dreissig Jahre, bei weitem die stärksten *wirtschaftlich-sozialen Impulse von innen* waren, die die Gemeinden des Hochlandes im Laufe dieses Jahrhunderts erhalten hatten. Gerade deshalb drängt es zu klären, auf welchen mikrosozialen Strukturen die dorfinternen Organisationen im Lichte der vorangegangenen Analysen ruhen.

7.1. Bemerkungen zur Diskursaufschichtung in den Organisationen

Wenn im Zusammenhang mit indianischen Gemeinden oder Dörfern von dorfinterner Organisation die Rede ist, so tauchen vielfach vollkommen unreflektierte und sozialromantische Bilder und Vorstellungen auf. Sie beziehen sich auf den Landbesitz, die Arbeitsformen und die informellen Kontakte innerhalb des Dorfes. Kaum eine dieser Vorstellungen trifft zu. Der kommunale **Landbesitz** erstreckt sich heute im wesentlichen nur noch auf Waldgebiete in bergigen Randlagen der

ALLTAGSWELT UND ORGANISATIONSFORMEN

Gemeinde. Der bebaute Boden der Kleinbauern ist seit über 100 Jahren in privater Hand, und Landkonflikte innerhalb der Gemeinden sind an der Tagesordnung. Sie fanden in der Vergangenheit im wesentlichen zwischen den auf Eigentumsexpansion bedachten *Ladinos* und den schlecht informierten *Indígenas* statt. Heute sind dagegen Landstreitigkeiten unter den indianischen Dorfbewohnern die Regel.

Reziproke Arbeitsformen bedeuten keine freiwillige und einseitige Leistung. Sie gründen auf einem exakt austarierten System von gegenseitigen Beiträgen zwischen Personen, die mit der ihnen verfügbaren familiären Arbeitskraft nicht in der Lage sind, den für die familiäre Versorgung notwendigen Ertrag auf dem zur Verfügung stehenden Boden zu erwirtschaften. Im landwirtschaftlichen Bereich wird äusserst selten und nur bei Arbeitsspitzen während der Feldbearbeitung oder Ernte auf Arbeitsleistungen von ausserhalb der eigenen Familie zurückgegriffen. Wenn irgend möglich, wird darauf verzichtet, um sich möglichst keinen Verpflichtungen auszusetzen. Abgesehen davon haben sich reziproke Leistungen in der Landwirtschaft auch durch das rapide abnehmende bäuerliche Landeigentum erledigt: die kleinen Parzellen können bezüglich des Arbeitsaufwandes von den Bauern ohne Schwierigkeiten selbst bestellt werden.

Sollen in diesem **sozialen Umfeld** einer in der produktiven und reproduktiven Arbeit relativ starken Zurückgezogenheit auf den familiären Kreis, Initiativen gemeinsamen und koordinierten Handelns entstehen, so bedarf es der Überwindung einer ganzen Reihe von Widerständen und Hindernissen. Diese liegen vor allem im sozialen und wirtschaftlichen Bereich.

Beginnen wir noch einmal bei der kleinbäuerlichen indianischen Landwirtschaft. Die wirtschaftlichen Bedingungen der kleinbäuerlichen Familienwirtschaft wurden in Kap.5 beschrieben. Die zu mobilisierenden Ressourcen aus dem eigenen familiären Bereich beschränken sich auf die Arbeitskraft. Alle anderen Faktoren wie Land, Kapital oder Information sind äusserst beschränkt. Dies bedeutet, dass bei einer drohenden Knappheit nur mit der Ausdehnung der Arbeitszeit reagiert werden kann. Da aber innerhalb des *milpa*-Anbausystems die Arbeitsspitzen sehr punktuell auftreten und während dieser Zeit ohnehin keine aushäusige Arbeit mit übernommen werden könnte, fallen Möglichkeiten für reziproke Arbeitsleistungen von selber nur sehr begrenzt an. Für Arbeiten ausserhalb dieser Spitzenzeiten muss unter den heutigen Bedingungen eine Bezahlung erfolgen. Diese können die meisten nicht erbringen, bzw. es besteht keine Notwendigkeit dazu. Nur wenige Bauern beauftragen bezahlte *mozos* (Landarbeiter) mit der Bestellung der Felder. Daneben hat sich die Zahl dieser Arbeitgeber nur um die Anzahl derer erhöht, die sich einen Lastwagen kaufen oder sich eine auswärtige Arbeit mit einem geregelten Einkommen verschaffen konnten. Insgesamt erscheint die kleinbäuerliche Landwirtschaft als eine zwar flexible Struktur, deren strukturell-soziale Anpassungsmöglichkeiten aber unter den gegebenen Umständen äusserst begrenzter Faktormärkte sehr gering erscheinen.

In dieser Situation stehen für boden- und kapitalschwache Kleinbauern nur wenige Alternativen offen, um sich eine weitere Quelle der Bedarfssicherung neben der Landwirtschaft zu öffnen. Der wichtigste Bereich ist der gewerbliche, der auf der Basis reziproker Leistungsbeiträge, kapitalextensiver Produktion, gemeinschaftlicher Kapitalisierung (Cabricán), aussenbürtiger Zusatzleistungen (Cabricán, Sta.Maria) oder individueller Nischenbesetzung mit Produkten für den nationalen Markt (Cabricán, Sta.Maria) Wege eröffnet. Dabei weist die Tendenz dieser gewerblichen Produktion vor allem in neuerer Zeit sowohl in der Rohmaterialbeschaffung als auch in der Vermarktung eindeutig über die Gemeindegrenzen hinaus.

Die sozialen Hindernisse und Widerstände für solche Tätigkeiten setzen dort an, wo ein entscheidender Bestandteil der wirtschaftlichen Strategien ein Überschreiten der Gemeindegrenzen nahelegt. In Kap.3 und 4 wurde deutlich gemacht, wie im Laufe der vergangenen vierzig Jahre moderne Einflüsse aus verschiedenen Richtungen das traditionelle dörfliche Sozialsystem der indianisch geprägten Hochlandgemeinden unterwanderten. Waren vormals die Gesellschaftsstrukturen im Dorf durch eine strenge rituell-soziale Hierarchisierung geordnet, so wurde diese Vorlage durch neue Leitbilder, je nach den lokalen Bedingungen, mehr oder weniger stark aufgelöst.

Erst durch eine Öffnung des Dorfes im Zuge der Ereignisse nach 1945 (s. Kap.3) wurde eine wichtige Basis für die gewerbliche Arbeit im Dorf geschaffen. Dadurch entsteht die verhängnisvolle Situation, dass erst die Aufweichung der traditionellen Sozialstrukturen eine zentrale Voraussetzung für eine Erweiterung der wirtschaftlichen Alternativen geschaffen hat.

Diese Voraussetzung wird als Angelpunkt für dorfseitige wirtschaftliche Initiativen ausserhalb der Landwirtschaft angesehen. Diesen Initiativen muss viel Aufmerksamkeit deshalb gelten, weil sie dorfinterne Bewältigungsstrategien für eine von aussen und auch von innen induzierte kulturell-soziale Umgestaltung darstellen. Bis heute ist dieser Umgestaltungsprozess nicht abgeschlossen und verbliebene Elemente der traditionellen Sozialordnung stellen einen wichtigen Baustein der komplexen Funktionsweise von wirtschaftlich orientierten dörflichen Organisationen dar. Deshalb ist die Kenntnis der heutigen Strukturen und Dynamiken in den bestehenden dörflichen Organisationen eine Grundvoraussetzung, um Aussagen über künftiges zielgerichtetes und unterstützendes Handeln im Kontext indianischer Hochlanddörfer machen zu können. Dazu ist die *Untersuchung der internen Diskursaufschichtungen* im Lichte der bisherigen Erkenntnisse entscheidend, um die einzelnen leistungskonstituierenden Elemente in dörflichen Organisationen kennenzulernen.

7.1.1. Voraussetzungen der Diskursgestaltung aus der sozialen Alltagswelt

Voraussetzung für das Verstehen des Verhaltens der Mitglieder von dörflichen Organisationen ist das Eindringen in den Horizont der Zwecke und Hintergründe ihres Handelns unter den jeweiligen konkreten Bedingungen. Zwecke des Handelns können auch alternativ als Ziele definiert werden, während die Hintergründe als Ursachen bzw. Gründe beschrieben werden können. Damit befinden wir uns mitten in der noch heute von SCHÜTZ bestimmten Alltagsweltdebatte. Diese Diskussion berührt unmittelbar die Grundlagen unserer Frage nach den unterschiedlichen sozialen Kräften, die die dörflichen Organisationen bestimmen.

In Sta.Maria setzte die Individualisierung wirtschaftlicher Anstrengungen bedingt durch die schlechten landwirtschaftlichen Voraussetzungen in Gestalt des Fernhandels Richtung Verapaz schon zu Anfang dieses Jahrhunderts ein. Verstärkt wurde diese Tendenz durch die reformerischen religiösen Laienbewegungen der 40er und 50er Jahre. Cabricán dagegen verharrte angesichts der Dominanz der ortsansässigen *Ladinos* und besserer landwirtschaftlicher Anbaumöglichkeiten länger im ausschliesslich bäuerlichen Umfeld. Die Kalkbrennerei wurde nur sporadisch betrieben. Für veränderungswillige Landwirte bestand die einzige konkrete Alternative darin, sich den von aussen durch die Kirche kommenden Impulsen zur Veränderung anzuschliessen, was sie auch, nach der Aussage des zweiten katholischen Ortspfarrers in Cabricán, Thomas MELVILLE (1960-67 in Cabricán), in einem viel umfangreicheren Ausmass taten als in Sta.Maria, wo heute die dörfliche Gesellschaft nach religiösem Bekenntnis gedrittelt ist, ein Drittel orthodoxe Katholiken, ein Drittel katholische Erneuerer und evangelikale Sekten und ein Drittel traditionelle *costumbristas* (Synkretismus).

Die konfessionelle Spaltung als Konsequenz wirtschaftlich-politischer Ausseneinflüsse war das Zeichen einer beginnenden Neugestaltung alltagsweltlicher Wissensbestände. Da diese als Grundtendenz der individuellen Handlungsorientierung sämtliche Bereiche sozial-gesellschaftlicher Formung mitbestimmen, ist entscheidend, den Verlauf und die Tiefe der Umgestaltung zu kennen. In Sta.Maria haben sich alltagsweltliche Wissensbestände äusserst heterogen entwickelt, entweder progressiv, individualisierend und merkantilistisch oder regressiv auf den traditionellen Dorfrahmen sich beschränkend. Zu unterscheiden sind diese beiden Richtungen entlang der konfessionellen Zugehörigkeiten, die häufig genug vollkommen unversöhnlich aufeinanderprall(t)en. Solche grundlegenden Weltverständnisse werden z.B. im Anspruch auf den Schlüssel der Friedhofskapelle, einer zentralen Stätte indianischer Religiosität, nach aussen getragen.

In Cabricán blieb diese Radikalisierung aus. Die Heterogenisierung innerhalb der indianischen *comunidad* kam viel abgeschwächter zum Tragen. Der gemeinsame Gegner nach aussen hin blieben die *Ladinos*, was eine Zurückhaltung in der indianischen Aussenorientierung zur Folge hatte. Als eine Etikettierung für diese Situation wird hier der Begriff der *Semi-Moderne* gebraucht. *Semi-Moderne* bezeichnet die spezielle kulturell-soziale Umformung in den indianischen Dörfern seit den 50er Jahren und die spezifische wirtschaftlich-soziale Konstellation von Handlungselementen mit modernen und traditionellen Versatzstücken (BIRK, 1993b). Entsprechend den Gedanken im vorhergehenden Kapitel arbeiten die Kontrollmechanismen, welche die wirtschaftliche Zusammenarbeit in den dörflichen Organisationen regeln, unter dem Einfluss dieser spezifischen Strukturen.

ALLTAGSWELT UND ORGANISATIONSFORMEN

Die Probleme, die sich für eine breite Zusammenarbeit im dörflichen Kontext Cabricáns ergeben, sind aus dem alltagsweltlichen Aufbau des Wissensbestandes schon ableitbar. Auf der einen Seite werden die sozialen Beziehungen unter den in einem Projekt beteiligten Personen nach den Vorgaben des Sozialprestige geordnet. Dahinter stehen egalisierende Vorstellungen, die jedem Autorität nur nach den objektiven und durchschaubaren Vorgaben einer altersgestuften Sozialordnung zugestehen. Die marktwirtschaftliche Ordnung erzwingt jedoch unter dem Produktivitätsdruck eine Neuordnung der Beziehungen und damit der Wissensbestände, denn "dem hier in verschiedenen Spezialisierungen vorhandenen Sonderwissen entspricht nicht mehr ein allgemein vertrautes Verweisungswissen." (SPRONDEL, 1979: 150 f.)

Der Grundkonflikt verweist auf die Gesellschaftsanalyse WEBERs, die in der Vergegenständlichung sozialer Beziehungen das Hauptmotiv für die *Entzauberung der Welt* erkennt. Das bedeutet konkret, dass die allgemeine Kenntnis der Lebensbedingungen unter modernen Voraussetzungen immer mehr von einer Rationalisierung und Verwissenschaftlichung überdeckt wird. SCHÜTZ thematisiert diesen Komplex unter dem Oberbegriff der *Idealisierungen* im Rahmen subjektiver Relevanzsysteme. Diese stehen hinter der so kompakt wirkenden Typisierungsleistung individuellen Alltagshandelns. Unter den sich verkomplizierenden Strukturbedingungen in den Organisationen

> muss daher davon ausgegangen werden, dass das Verweisungswissen (...) Experten zu Experten macht, selbst spezialisiert und Inhalt funktional definierter Rollen wird." (SPRONDEL, 1979: 151)

Definierte Rollen, im Sinne des Verweisungs- (Experten-)wissens im alltagsweltlichen Handeln, ausserhalb des bekannten sozialen Rahmens, widersprechen dem dörflichen Denken und gefährden die innere Kohäsion. Ausdruck dieser Gefährdung ist das Unverständnis eines Mitarbeiters in einer Kooperative, der nicht einsehen wollte, dass der ausgebildete Buchhalter der Kooperative mehr verdienen sollte als ein Feldarbeiter, zumal der letztere noch unter erschwerten Bedingungen unter freiem Himmel arbeiten muss.

Eine professionelle Institutionenstruktur ist dem Denken indianischer Kleinbauern fremd, wodurch, wie an den soeben herausgestellten zwei Grundpositionen erkennbar, Widersprüche zwischen Anforderungen auf sozialer und wirtschaftlicher Ebene entstehen. Die Frage bleibt, wie mit diesen Widersprüchen umgegangen wird und wer von ihnen letztlich profitieren kann. Auf der anderen Seite bleiben durch die *traditionellen Elemente* Mechanismen der Kontrolle und des Interessenausgleichs in den Organisationen erhalten, die das Fehlen des staatlichen Gesetzesrahmens kompensieren helfen.

Ungeklärt bleibt, auf welcher Basis dieser interorganisationelle Interessensausgleich stattfindet, da im Grunde eine Führungskompetenz fehlt, die den Fortbestand des Ganzen nach marktwirtschaftlichen Bedingungen garantieren würde. Ganz unbezweifelbar ist, dass die marktwirtschaftlichen Regelmechanismen die bestehenden Schwierigkeiten aus der dörflichen Reorganisation, selbst auf wirtschaftlichem Gebiet, nicht zu lösen in der Lage wären. Die gesamte Aufhellungsarbeit hat dazu geführt, dass die Klärung der Frage nach den Funktionsbedingungen der dörflichen Organisationen zu einer komplexen Verklammerung unterschiedlichster Einflüsse und Aspekte wurde.

Die folgende Analyse, basierend auf empirischen Untersuchungen und Beobachtungen, zielt auf eine Scheidung der sich überlagernden Diskursebenen in einigen ausgewählten dörflichen Organisationen. Dabei beschreibt der **Diskursbegriff** materielle, kommunikative oder symbolische Austauschvorgänge zwischen Personen, die sich um bestimmte Austauschprodukte und Leistungen gruppieren. Dadurch wird es möglich, alle bislang aufgearbeiteten Themen in ein zusammenhängendes Schema zu fassen und dabei Aspekte wie Strategie, Mittel und Zweck oder Chancen der Zielerreichung nicht aussen vor zu lassen.

7.1.2. Die Oberfläche einiger dörflicher Organisationen

Um die Erstellung eines Schemas der Diskursebenenaufschichtung in ausgewählten Organisationen indianischer Hochlanddörfer vorzubereiten, werden zuerst einfache Funktionsdarstellungen entworfen. Sie geben die einzelnen Teile wieder, die zur Gesamtstruktur der jeweiligen Organisation beitragen. In diesen Funktionsdarstellungen, in denen als heuristisches Grundmodell die einzelnen Funktionsstellen horizontal nebeneinander stehen, wird aber gerade nicht deutlich, was im Alltagshandeln die Dynamik einer Organisation ausmacht. Sie erschliesst sich erst aus der vertikalen Aufschlüsselung der übereinander und gegeneinander gelagerten Beiträge und Leistungen zwischen den einzelnen Stellen.

Das erste Beispiel zeigt die **Schneidereiwerkstatt** *Ajticonel* (der Feldarbeiter) aus Sta.Maria Chiquimula. Um die im Schaubild gezeigten Funktionsgruppen besser einordnen zu können, ist wichtig, einige Hintergrundinformationen und Detailles zu kennen.

Die Schneidereiwerkstätte hat ihren Ursprung in der Idee einer kleinen Gruppe von Personen aus dem Gemeindezentrum von Sta.Maria. Sie wandten sich nach zwei vergeblichen Versuchen, einen Finanzierungspartner zur technischen Ausstattung einer Schneiderwerkstätte ausserhalb der Gemeinde zu finden, an die örtliche Pfarrei mit der Bitte um logistische Unterstützung. Mit einem vom Ortspfarrer gemeinsam mit der Gruppe, die zu der Zeit ca. dreissig Personen aus der Gemeinde umfasste, entworfenen Antrag, hatten die Bemühungen Erfolg und eine einmalige Finanzierungsbeihilfe von US$ 12.000 wurde gewährt. Der Verfasser wurde daraufhin vom Pfarrer gebeten, mit der Gruppe über ein halbes Jahr hinweg den Werkstattbetrieb vorzubereiten. Während dieser Zeit, in der neben Planspielen zum alltäglichen Ablauf in der Werkstätte auch Vermarktungsmöglichkeiten und Rohmaterialbeschaffung erkundet, Stückkostenkalkulationen und Rentabilitätsrechnungen entworfen wurden, zeigte sich nur wenig von der eigentlich erwarteten Aufbruchsstimmung. Dies wirkte häufig irritierend auf den Autor.

Die entworfenen Szenarien blieben ohne Widerhall, und es wurde keine Bereitschaft signalisiert, angesichts der grossen Investitionshilfe den Mitgliedsbeitrag von ca. DM 10,00 pro Person für die Gruppe zu erhöhen. Alle diese Umstände machten zwar Widersprüche offenkundig, wurden aber im tagtäglichen Geschäft und angesichts der Einkäufe von Näh- und Einsäummaschinen beiseite gedrängt. Anzunehmen ist, dass sie von den Protagonisten der Werkstatt absichtlich verdrängt wurden, während die anderen nicht ahnten, welche Konsequenzen die Hintanstellung dieser Fragen haben würde. Daneben wurde noch das formale Problem der juristischen Person, welche die Gruppe sich geben sollte, diskutiert. Zu einer Lösung, der Einrichtung einer *asociación* (Vereinigung), kam es erst ein Jahr nach Arbeitsbeginn, als die Gruppe nur noch rund zehn Mitglieder hatte und "Statisten" hergenommen wurden, um die zur *asociación*-Gründung von staatlicher Seite geforderte Mindestzahl von zwanzig Personen vorweisen zu können.

Die Beschäftigungskapazität der Werkstatt lag durchschnittlich bei sechs Personen, zwei in der Vermarktung und vier in der Produktion. Eigenartig war, dass gerade in der Zeit, als die Maschinen eintrafen, etwa acht Personen, darunter alle Frauen, die Gruppe verliessen und sich, als die Arbeit aufgenommen wurde, die Gesamtzahl bis auf ca. fünfzehn Mitglieder verringert hatte. Dies war in Kürze die Entwicklung und Ausgangssituation. Aus der folgenden Abbildung 17 kann die Funktionsstruktur der Werkstätte entnommen werden. Die Abbildung stellt in Form einer strukturfunktionalen Darstellung alle Arbeitsbereiche vor, die für den wirtschaftlichen Ablauf in der Schneidereiwerkstätte konstitutiv sind. Dabei steht, durch die Scherensignatur kenntlich gemacht, die Werkstätte sowohl geographisch wie auch konzeptionell in der Mitte. Als zweite Instanz ist die Kasse und Verwaltung bzw. Buchhaltung zu nennen. Sie wird von den beiden einflussreichsten Protagonisten der Werkstatt geführt. Dies war zwingend, weil daneben keine Person zur Verfügung stand, die diese Aufgabe hätte übernehmen können. Ob dies Absicht oder Zufall war, ist hier nicht zu beantworten. Als dritte Stelle ist die Fertigwarenherstellung zu nennen. War ursprünglich geplant, die Fertigung zentral in der Werkstatt mit den neu angeschafften elektrischen Maschinen zu übernehmen, verlagerte sich relativ schnell die Produktion in die Privathäuser der ca. fünf Personen, die tatsächlich in der Produktion arbeiteten. Dabei ist zu erwähnen, dass Juan, der eigentlich starke Mann neben Jacobo, dem die Organisation der Vermarktung oblag, nur sehr selten in der Werkstatt arbeitete, da ihm die Fertigkeit zum Nähen fehlte und er auch keine besonderen Anstalten machte, dies zu lernen. Ausserdem hatte er daneben eine feste Anstellung in einer staatlichen Organisation der Agrarhilfe, die er nicht bereit war ruhen zu lassen.

Abb.17: Struktur und schleichende Partikularisierung einer Schneidervereinigung in Sta.Maria Chiquimula

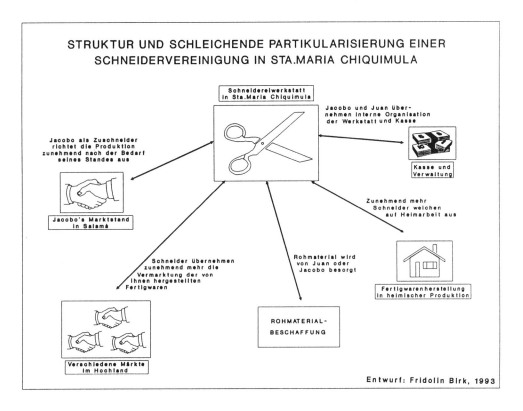

Quelle: Eigene Erhebungen, 1992

Tatsache war, dass nach einem halben Jahr des Betriebes der Werkstatt ständig zwei der vier modernen elektrischen Nähmaschinen still standen, während Personen zuhause auf manuellen Maschinen in Verlagsarbeit für die Werkstatt arbeiteten. Diese Personen waren niemals Mitglied des Projektes und legten auch keinen Wert darauf es zu werden. Juan und Jacobo übernahmen im Laufe der Zeit auch die Rohmaterialbeschaffung, wodurch die gesamte Logistik von ihnen abhängig wurde. Eine Gegensteuerung war zu diesem Moment weder von aussen noch von innen durch die Arbeiter, die zudem daran kein Interesse hatten, nicht mehr möglich.

So kam es dazu, dass die einzelnen Arbeiter auch allmählich selber den Verkauf ihrer Produkte übernahmen und zu diesem Zweck wöchentlich oder vierzehntägig bestimmte Märkte des Hochlandes bereisten. Die Konsequenz dieser Entwicklung wird im weiteren Verlauf der Besprechung noch offensichtlich werden. Jacobo als eine der beiden starken Personen in dieser Runde war zunächst noch mit der Zuschneiderei betraut und hatte über die schleichende Unterwanderung der Kooperationsidee die Möglichkeit, hauptsächlich Waren zu produzieren, die ihm für den Verkauf auf seinem privaten Marktstand in einer entfernten Departementsstadt dienten.

Damit ist die Grundkonstellation der Schneidereiwerkstatt beschrieben. Es wurde deutlich, dass Verantwortung für diesen Verlauf nicht nur bei den *personas fuertes* (starken Personen) des Projektes zu suchen ist. Es stellt sich vielmehr die Frage, weshalb die anderen Teilnehmer so wenig Initiative zeigten, um ihre Interessen in einem Gemeinschaftsprojekt durchzusetzen. Es werden Fragen aufgeworfen, deren Grundzweifel darin liegt, welche sozialen Kräfte hinter einem derartigen Handeln stehen, das ganz geradlinig bestehende Vereinbarungen bricht, eine derart starke Partikularisierung an den Tag legt und einige wenige in der geschilderten Weise gewähren lässt.

Des weiteren bleibt grundsätzlich undurchschaubar, was Beteiligte aus dem Projekt treibt, just zum Augenblick des Beginns, wo eigentlich der stärkste Optimismus zu erwarten wäre, die Gruppe zu verlassen? Ob dahinter gezielte Manipulation der zwei Wortführer stand, kann ich nur vermuten, denn niemand war bereit, darüber zu reden. Die Vermutung wird dadurch bestärkt, dass von den beiden versucht wurde, entgegen den Vereinbarungen, von einem verbliebenen Restbetrag der Schenkung einen Wagen zu kaufen, der dem Zwischenhandel dienen sollte, doch blieb offen zu beantworten, welchem Zwischenhandel.

Ein anderes Beispiel aus Cabricán zeigt uns eine alternative Konstellation von wirtschaftlichem Handeln. Es dreht sich dabei um **lokale Kalkbrennergruppen**, die den in einer Mine auf der Gemeindegemarkung anstehenden Rohkalk zu Branntkalk verarbeiten.

Branntkalk ist ein äusserst vielfältig verwendetes Produkt in Guatemala, das sowohl im Baugewerbe als auch im Haushalt zur Maiszubereitung unverzichtbar ist und deshalb für die Kleinbauern des gesamten Hochlandes zum täglichen Grundbedarf gerechnet werden kann. Daraus lässt sich eine konstante Nachfrage nach diesem Produkt ableiten. Cabricán besitzt eines der grössten Rohkalkvorkom-

ALLTAGSWELT UND ORGANISATIONSFORMEN

men der Region des Westlichen Hochlandes und spielt deshalb in diesem Geschäft eine wichtige Rolle.

In den Kalkbrennergruppen, von denen auf der Gemarkung von Cabricán etwa dreissig zu finden sind, haben sich ca. 300 ausschliesslich indianische Kleinbauern aus den *aldea* Cabricáns zusammengefunden. Die heutige Arbeitsweise des Kalkbrandes hat sich über etwa 35 Jahre hinweg entwickelt. Dadurch stellt dieses Gewerbe, das für eine ganze Reihe vor- und nachgeschalteter Arbeiten sorgt, den wichtigsten wirtschaftlichen Zweig in der Gemeinde dar. Die Gruppen arbeiten im allgemeinen mit einer festen Besetzung von zehn Personen, die gemeinsam einen Brennmeiler betreiben.

Das Gewerbe war bis in die späten 50er Jahre hinein noch relativ wenig bedeutsam und wurde nicht im selben mengenmässigen Umfang (ca. 1.000 Zentner/ Woche aus Cabricán) betrieben wie heutzutage. Grund dafür war das Aufkommen des motorisierten Transportes durch Lastwagen in den 60er Jahren, die schon bald den logistischen Mittelpunkt der Branntkalkherstellung bildeten. Wurde das Transportgewerbe bis in die 70er Jahre hinein fast vollständig von den *Ladinos* vor Ort und aus den umliegenden Gemeinden bestimmt, so änderte sich dies bis heute grundlegend: Die Transportlogistik, inklusive des Aufkaufs des gebrannten Kalkes von den Meilern weg, und der Zwischenhandel in die Städte, wohin ca. 90% des Produktes gehen, liegt inzwischen ausschliesslich in indianischen Händen. Das Kapital dafür kam von Personen, die sich entweder aus ihrer Landwirtschaft und Landverkäufen kapitalisieren konnten oder eine Zeit in den USA gearbeitet hatten. Die Abbildung 18 zeigt ein Funktionsmodell der Branntkalkherstellung in Cabricán.

Der gesamte wirtschaftliche Funktionszusammenhang des Branntkalkgewerbes in Cabricán besteht aus fünf Komponenten, die über die Transportlogistik miteinander verbunden sind. Die Kalkbrenner betreiben privatwirtschaftlich ihre Meiler und beziehen dabei Rohkalk von Privatleuten aus der Mine. Die Schürfrechte für die Mine werden von der Gemeinde oder einigen Mineneigentümern individuell gegen eine Konzessionsgebühr vergeben. Da sich die Meiler nicht unmittelbar bei der Mine befinden, übernehmen die Lastwagen den Transport.

7. KAPITEL

Abb. 18: An der Kalkbrennerei in Cabricán beteiligte Gruppen

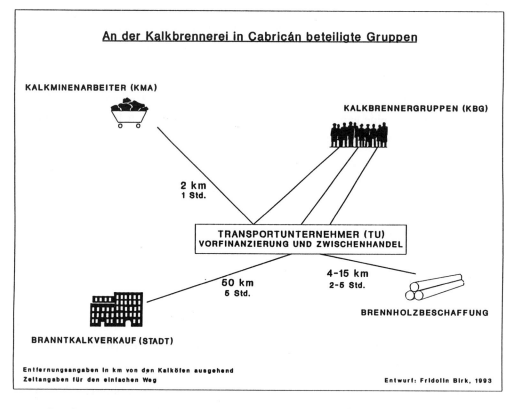

Quelle: Eigene Befragungen, 1991

Daneben beziehen die Kalkbrenner Holz als Brennmaterial zur Beschickung der Meiler von Waldarbeitern, die einzeln oder in kleinen Gruppen Schlagkonzessionen gegen eine Gebühr von den Waldeigentümern erhalten. Diese Seite arbeitet ebenfalls auf eigene Rechnung. Auch hier stehen die Transporteure als Gelenk zwischen den Geschäftspartnern.

Der gebrannte Kalk wird schliesslich von den Lastwageneigentümern aufgekauft und an sog. *ventas* in den Städten des Hochlandes geliefert oder verkauft. Diese Verkaufsstellen arbeiten entweder unter der Aufsicht der Zwischenhändler oder gehören wiederum Privatpersonen. Insgesamt sehen wir folglich eine Struktur, die in ihren einzelnen Gliedern völlig auf eigenes Risiko und eigene Verantwortung aufbaut, die jedoch in ihrem gegenseitigen Ineinandergreifen allem Anschein nach

ALLTAGSWELT UND ORGANISATIONSFORMEN

Bedingungen bietet, die starke kohäsive Kräfte mobilisieren und ein Unterlaufen der gemeinsamen Interessen der einzelnen Funktionsglieder verhindern.

Die Kalkbrennerei wurde noch niemals durch Programme von dritter Seite unterstützt. Die interne Organisation und die funktionierende Kooperation auf lokaler Ebene zeigt deshalb das Ergebnis eines innerdörflichen Strukturierungs- und Formungsprozesses, der vor allem auf die historisch-sozialen Begleitumstände der Situation Cabricáns zurückgeführt werden kann. In Abgrenzung dazu präsentiert sich der Zerfall der Schneiderwerkstatt in Sta.Maria, trotz aller gemeinsamen Charakteristika historischer Abläufe im Westlichen Hochland Guatemalas, als eine Entwicklung die den spezifischen kulturell-sozialen Prozessen in der jeweiligen Gemeinde in den vergangenen drei Jahrzehnten geschuldet ist und die in dieser Erscheinungsweise stellvertretend für sich aufspaltende gesellschaftlich-soziale Entwicklungsrichtungen stehen.

Die bisher gezeigten Funktionsschemata zeigten die Oberfläche lokaler Organisationen. Dabei weist die Schneiderei einzelnen Mitarbeitern, entsprechend der Grundidee, gewisse formale und zentralisierte Positionen zu. Genau diese Strukturen der Funktionszuweisung zerfielen fortwährend im Laufe der vergangenen zwei Jahre. Die Kalkbrennergruppen kannten dagegen keine explizit hierarchische Strukturierung. Dennoch zeigen sich starke kohäsive Kräfte am Wirken, die sich bis heute nicht verloren haben.

Die Frage stellt sich nun, welche Hintergründe für derart divergierende Tendenzen innerhalb lokaler Organisationen bestehen. Die These geht dahin anzunehmen, dass das Zusammenwirken der in den vorausgegangenen Kapiteln besprochenen Einflüsse und die sich daraus neu formenden kulturell-sozialen und wirtschaftlichen Konstellationen im dörflichen Umfeld im Spannungsverhältnis mit deren situationsgebundener Aktualisierung stehen. Dies bedeutet mit anderen Worten ganz allgemein, dass auf Ausseneinflüsse in den Dörfern sehr unterschiedliche Reaktionen erfolgen. Dabei reicht der Bogen der Handlungsfolgen vom weiterwirkenden Traditionalismus über semimoderne Verflechtungen bis zur partikularisierenden Moderne. Sie bestimmen den Erfolg von Bemühungen um eine wirtschaftliche Konzertierung wesentlich.

Um diese Einflüsse des dörflichen Hintergrundes im alltagsweltlichen Handeln sichtbar zu machen, werden im folgenden Abschnitt die Funktionsschemata innerdörflicher Verflechtungen noch genauer dargestellt. Die verwendeten Pfeildarstellungen geben die entsprechend der Diskursebene angesprochenen Güter- oder Leistungsflussrichtungen wieder. Daneben wird anhand der Pfeilstärke der Versuch unternommen, zumindest annäherungsweise die Bedeutung des jeweiligen Austausches festzuhalten. Es geht dabei nicht in erster Linie um quantitative Schätzungen, sondern um die *qualitative Bestimmung* des betreffenden Austausches für die beiden beteiligten Partner. Als Ansatz dient uns eine Diskursanalyse in dem Sinne, wie sie in Abschnitt 7.1. besprochen wurde.

7.2. Das Spiel mit der Distanz in der Schneidereiwerkstätte "*Ajticonel*" in Sta.Maria Chiquimula

Hier soll noch einmal auf den Hintergrund der Diskussion um die Aufschlüsselung der Diskursebenen verwiesen werden. Dahinter steht ein für die Kleinbauern fast unlösbarer Widerspruch von Elementen ihrer Alltagswirklichkeit. Einerseits wurde gezeigt, wie die Bedeutung der Landwirtschaft für die familiäre Bedarfsdeckung kontinuierlich abnimmt. Dem steht der Sinnhorizont kleinbäuerlichen Handelns gegenüber. Hier vermischen sich die Aspekte traditioneller sozialer und kultureller Ordnung, die den Rahmen für das individuelle Handeln im dörflichen Umfeld abgeben.

Dieses Umfeld hat nichts mit konfliktfreier Sozialromatik zu tun, sondern ist der Ausdruck alltäglich gelebter Konflikte, die, unter den Vorgaben einer prekären Versorgungslage und einer unwägbaren Aussenwelt, unter den Dorfmitbewohnern ausgetragen werden müssen. In Fortführung dieser Gedanken müssen auch die in den nachfolgenden Abbildungen 19 und 20 abgegrenzten Diskursebenen als teilweise konfliktive Artikulationsebenen verstanden werden, die in einem bestimmten Handlungsrahmen oft auch gegen Widerstände verklammert erscheinen.

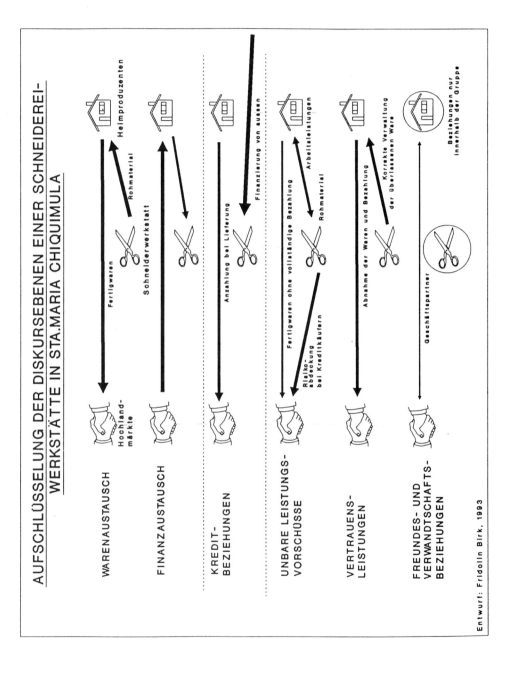

Abb.19: Aufschlüsselung der Diskursebenen einer Schneidereiwerkstätte in Sta.Maria Chiquimula

Die Voraussetzungen und Ergebnisse dieser Auseinandersetzungen werden in der Arbeitsweise und im Fortgang der dörflichen Organisationen sichtbar. Indem diese mit Blick auf die unterschiedlichen und übereinandergelagerten Ebenen des Austausches untersucht werden, erschliessen sich Widersprüche oder integrative Momente im Leistungseintrag und der Leistungsinanspruchnahme durch einzelne Personen oder einzelne Fraktionen in den Organisationen. Dadurch lassen sich bisweilen punktgenaue Auskünfte darüber geben, ob überhaupt und an welcher Stelle in einer dörflichen Organisation Einflussnahme angebracht und sinnvoll ist oder zu Widersprüchen innerhalb der ineinandergreifenden Wirkkreise und Austauschebenen führt.

Es soll der Eindruck vermieden werden, als handle es sich bei den unterschiedenen Austauschebenen um trennbare Einheiten. Das ist nicht der Fall. Die Trennungen wurden nur zum Zweck der Analyse vorgenommen. Aus diesem Grunde werden die einzelnen Ebenen quasi übereinanderprojeziert dargestellt. Aus dem Funktionsmodell wurden zum Zwecke der Diskursebenenanalyse drei Funktionsträger herausgenommen und nach sechs Diskursmerkmalen untersucht. Während die oberen drei Ebenen an den Austausch von materiellen Gütern gebunden sind, geben die drei darunter dargestellten Ebenen Auskunft über den Fluss von immateriellen Leistungen oder Beiträgen. Es wird im einzelnen auf die Beziehungen zwischen zentraler Schneiderwerkstätte, den Heimproduzenten und den Hochlandmärkten eingegangen.

Als offensichtlichste Beziehungsebene steht in Abb. 19 der Warenaustausch an erster Stelle. Entgegen der ursprünglichen Planung, die Vermarktung über die Werkstätte zu zentralisieren, wurden die Produzenten, die ebenfalls nicht mehr in der Werkstatt arbeiten und auf die Technisierung verzichten, gleichzeitig zu Verkäufern. Sie vertreiben auf bestimmten Märkten, die sie schon kennen, die Waren, die sie selber auch herstellten. Dadurch werden für die Werkstatt Chancen vergeben, für einige Bezieher auch als Grosslieferant unter günstigen Konditionen auftreten zu können. Statt dessen mühen sich die einzelnen an der Seite anderer Anbieter mit der äusserst geringen Handels- und Gewinnspanne kleiner lokaler Wochenmärkte ab. Die Werkstatt wird in dieser Konstellation vorwiegend zum Nachschublager für die Rohmaterialien wie Stoff, Faden oder Knöpfe. Es findet jedoch nur noch sehr wenig Warenrückfluss zur Schneiderei statt. Sollte die Werkstätte eine eigene Vermarktung planen, wird sie unter diesen Umständen Mühe haben, von den angeschlossenen Produzenten ausreichend Ware zu bekommen. Die Frage wird drängender, weshalb dann die Heimproduzenten, bei dieser Form unabhängigen Arbeitens überhaupt Mitglied im Projekt wurden und bleiben?

Die Ebene des Finanztausches zeigt den gegensinnigen Ablauf. Das Geld für die Waren fliesst über den Heimproduzenten zur Werkstatt. Dabei wird der Arbeitslohn und anderweitige Kosten für Warentransport und Spesen abgezogen, ohne dass die Kassenverwaltung eine Möglichkeit zur Kontrolle der vom Verkäufer angegeben Daten über Verkaufspreise und anderweitige Kosten hat. Buchhalterisch wird der gesamte Umsatz zwar über die Werkstatt abgerechnet, die tatsächliche Verfügungsgewalt, und die ist letztlich ausschlaggebend, hat während der ganzen Dauer des Geschäftsablaufes der einzelne Heimproduzent und Verkäufer. An die Werkstatt fliesst tatsächlich nur, was sie an Rohmaterialkosten vorfinanziert hatte und der Gewinnanteil, sofern ein solcher zu verzeichnen ist.

Nahe angelehnt an diesen Finanzbereich ist das Feld der Kreditbeziehungen zwischen den drei Parteien. Im wesentlichen besteht ein solches Verhältnis nur zwischen dem Käufer und dem einzelnen Verkäufer. Die Ware wird aus Kapitalmangel der Kleinhändler gegen Abschlagszahlung in Empfang genommen und beim nächsten Besuch abgerechnet, oder es wird eine Anzahlung auf die nächste Bestellung geleistet. Diese verbleibt dann beim Verkäufer. Ein Risiko entsteht in erster Linie dem Verkäufer, das er jedoch der Werkstatt gegenüber geschickt umzumünzen versteht. Dies geschieht auf die Art, dass entweder der Werksatt gegenüber die Angaben über den Verkaufspreis manipuliert werden bzw. Verluste des einzelnen durch Diebstahl oder Beschädigung von Ware durch das Verschweigen und Einbehalten von Abschlagszahlungen ausgeglichen werden. Dadurch kann der einzelne auf Kosten der Werkstatt fast ohne Risiko arbeiten.

Die einmalige Schenkung einer internationalen Organisation an die Werkstatt über US$ 12.000 wurde zu einem beträchtlichen Anteil über das zur Verfügung gestellte Rohmaterial direkt an die einzelnen Arbeiter weitergegeben. Dagegen blieb die Einlage des einzelnen in Form eines Mitgliedsbeitrages von Anfang an unverändert bei US$ 6. Dieses eklatante Missverhältnis zwischen zirkulierendem

Kapital und individueller Risikoeinlage wirkte sich vor allem auf die immateriellen Leistungsflüsse aus bzw. verzerrt diese weiter.

Solche auf der sozialen Tauschebene angesiedelten unbaren Leistungsvorschüsse gehen im Fall der Schneiderei in erster Linie auf Kosten der Werkstatt. Da zur Absicherung von geschäftlichen Transaktionen rechtliche Mittel, auf der Basis anerkannter Verträge, zum einen finanziell und technisch nicht machbar sind, zum anderen keine Wirkung hätten, weil deren Durchsetzung allein schon an den notwenigen Sicherheiten von seiten des Kommissionsverkäufers scheitern würden, müssten eigentlich andere soziale oder reziproke Mechanismen diese Absicherung für die zentrale Werkstätte übernehmen. Tatsache ist jedoch, dass die Werkstatt zum einen Rohmaterial ohne Sicherheiten an die einzelnen ausgibt und ausgeben muss, wenn sie überhaupt Geschäfte betreiben will, und zum anderen unausgesprochen die gesamte Risikoabdeckung für die von den Heimproduzenten an die lokalen Händler ausgegebene Ware übernimmt. Geht etwas verloren oder wird Ware beschädigt oder zahlt der Markthändler nicht, so muss die Werkstatt dafür aufkommen, da sie einerseits keine Sicherheiten vom Verkäufer hat und weiterhin dessen Angaben über die entstandenen Verluste nicht nachprüfen kann. Würde die Werkstatt jedoch diese Verfahrensweise kappen, sprängen die einzelnen Personen ab.

Der Heimproduzent erbringt Leistungsvorschüsse in Form von Arbeitsaufwand für die Fertigung der Ware, kann jedoch immer auf eine offene Zahlung zurückgreifen, falls Verluste drohen. Auch die Textilprodukte sind gegenüber dem Markthändler in der gleichen für den Verkäufer risikolosen Weise abgesichert. Zahlt der Kunde nicht, so werden einfach die Daten über die schon geleistete Anzahlung verschwiegen und einbehalten, um die privaten Verluste auszugleichen. Die Werkstatt ist die einzige Stelle, die dabei verlieren kann, ohne dass geeignete Mittel zur Kontrolle oder Regressforderung zur Verfügung stünden.

Die Vertrauensleistungen machen in dieser Konstellation keine Ausnahme. Sie werden hauptsächlich von der Werkstatt erbracht, indem sie im wesentlichen nur darauf hoffen kann, dass die den einzelnen Heimproduzenten überreichte Ware und das damit in sie gesetzte Vertrauen nicht missbraucht wird. Eine weitere Vertrauenslinie führt von den Heimproduzenten zu den Abnehmern der lokalen Märkte, von denen erwartet wird, dass sie die ihnen überlassenen Produkte auch bezahlen. In aller Regel ist dies auch der Fall.

Dies ist dadurch zu erklären, dass häufig Geschäfte über Bekanntschaften zustande kommen. Freundes- und Verwandtschaftsbeziehungen bestehen noch am deutlichsten zwischen Verkäufer und Kunde. Dagegen bilden innerhalb des Schneiderprojektes die Heimproduzenten als Einzelarbeiter getrennte Einheiten und ebenso die beiden Protagonisten der zentralen Werkstatt, Juan und Jacobo. Deshalb wurden diese Einheiten im Diagramm mit Kreisen versehen. Die beiden sind miteinander verwandt, und die Werkstatt ist innerhalb ihrer verwandtschaftsgebundenen Häusergruppe untergebracht. Die Herkunft der einzelnen Mitglieder des Projektes aus unterschiedlichen *aldeas* erschwert weiterhin die Bildung einer sozialen Klammer. Dabei ist fraglich, ob diese soziale Bindung, entsprechend den Ausführungen in den vorhergehenden Kapiteln, unter den Mitgliedern der Werkstatt überhaupt herzustellen wäre auf dem Hintergrund der Auflösung homogener dörflicher Bindungen unter den Einzelpersonen des Projektes.

Die Diskursebenenaufschichtung zeigt eindeutig, dass in der dörflichen Organisation der Schneiderei *Ajticonel* eine verzerrte Struktur der Risikoübernahme vorliegt. Die einzelnen Mitglieder verzichten auf die Technisierungsangebote, die von der Werkstatt angetragen werden. Sie greifen vielmehr selektiv auf die Leistungen zurück, die ihnen unter den ansonsten im Dorf gebotenen Arbeitsbedingungen in anderen Schneidereien nicht erreichbar wären. Die Grundbedingung für eine Zusammenarbeit in anderen Schneidereien ist eine *Verflechtung von Risikoelementen*, die unter den dort herrschenden Umständen als Sicherheiten gelten. Dabei spielt es keine Rolle, ob zuhause oder in der Werkstatt gearbeitet wird. Die beste Sicherheit ist eine Verwandtschaftsbeziehung, weshalb die anderen etwa dreissig Schneidereien in Sta. Maria auch meist im Verwandtschaftskreis arbeiten. Die sozialen Bindungen im Rahmen der traditionellen Dorfordnung sind ebenfalls eine Garantie für erfolgreiche Zusammenarbeit. Andere Möglichkeiten bestehen in einem Ineinandergreifen von Elementen, die von beiden Seiten einen Aufwand verlangen, bis das Produkt fertiggestellt und seinem Zweck zugeführt, also konsumiert oder verkauft ist.

Das Problem kann allgemein durchaus nicht auf die Dichotomie Waren- gegen

Geldwirtschaft reduziert werden. Der Hintergrund ist ein weitaus komplexerer. Der Übergang zur Geldwirtschaft ist schon vollzogen, die Notwendigkeit zu einem marktorientierten Wirtschaften ist vorhanden. Es fehlt allerdings weithin an *normativen Rahmenbedingungen* und deren Durchsetzung, um den Wegfall der sozialen dörflichen Klammern auszugleichen. Daneben zeigt sich eine ideelle Überfrachtung des vorliegenden wirtschaftlich orientierten und ausseninduzierten Projektes. Die Partikularisierungstendenzen sind ein umfassendes sozial-kulturelles Phänomen, was von aussen Kommenden häufig nicht wahrgenommen wird. Deshalb wird häufig wirtschaftlichen Initiativen, ohne Berücksichtigung der lokalen Umstände, nur unter der Voraussetzung eines kooperativen Arbeitens Unterstützung gewährt. Da aber, wie wir über weite Strecken hinweg sehen konnten, die Voraussetzungen dafür nicht bestehen, ist ein Scheitern schon vorprogrammiert. Zum dritten muss berücksichtigt werden, dass unter den erschwerten infrastrukturellen und logistischen Arbeitsbedingungen ein beträchtlicher Mehraufwand an organisatorischen Leistungen erbracht werden muss, der aber unter den ressourcenschwachen Bedingungen des Schneidereiprojektes nicht erbracht werden kann. Das haben die privaten Werkstattbesitzer ebenfalls gesehen, weshalb sie als durchaus kluge Marktwirtschaftler anzusehen sind. Sie haben aus diesen Umständen die Konsequenz abgeleitet, sich auf solche Garantien zu verlassen, die für sie am kostengünstigsten zu bekommen sind, am verlässlichsten arbeiten und am besten zu kontrollieren sind: sie beschäftigen bevorzugt Schneider aus der Verwandtschaft. Diese Folgerung kann das Schneidereiprojekt nicht ziehen, da sich im sozial inhomogenen kooperativen Verband keine einheitliche Verwandtschaft anbietet.

Zusammenfassend haben wir in diesem Diagramm eine für die Verhältnisse eines kapitalschwachen und risikoscheuenden *campesino* fast ideale Konstellation der "informellen" Ressourcenbeschaffung vor uns. In dieser Konstellation übernimmt die Werkstätte, beinahe ohne eigene Verpflichtungsleistungen der einzelnen Mitarbeiter, ein enorm hohes Risiko, während die einzelnen Mitarbeiter lediglich eine Minimalkapitaleinlage von US$ 6 geleistet haben, die in keinem Verhältnis zum von ihm verwalteten Warenwert, in Form von Rohmaterial, Fertigware und Geldwerten steht. Die wichtigsten sonst üblichen Reziprozitätsmechanismen sind ausgeschaltet. Sollte ein Kunde die Bezahlung der Ware verweigern, so gehen dem

Mitarbeiter weder der Arbeitslohn noch die Spesen verloren, da eine Anzahlung bei jedem Geschäft getätigt wird. Er wird dies der Werkstatt gegenüber jedoch bestreiten und das Geld selbst behalten, um damit seine Kosten zu decken. Möglichkeiten der gerichtlichen Regressforderung gibt es de facto nicht, da zwischen keinem der Partner eine schriftliche Vereinbarung besteht und der Kontakt zu Gerichten grundsätzlich gescheut wird.

Aus dieser Darstellung wird verständlich, weshalb eine unter diesen Voraussetzungen arbeitende Genossenschaft starken Partikularisierungstendenzen ausgesetzt ist bzw. weshalb sich die bestehenden Tendenzen durch solche Formen des Eingriffs noch verstärken. Das unter den traditionellen Verhältnissen im Dorf übliche Prinzip der Risikostreuung, und das gilt für den finanziellen als auch für den arbeitszeitgebundenen und materiellen Einsatz, ist nicht wirksam. Da andere soziale Verpflichtungen ebenfalls nicht greifen, ist jeder daran interessiert, möglichst viele der verfügbaren Ressourcen unabhängig von den anderen, die vermutlich dasselbe im Sinn haben, unter seine Kontrolle zu bringen.[3] Da unter den Werkstattmitgliedern die traditionelle dörfliche Prestigeordnung nicht mehr besteht, ist von dieser sozialgesellschaftlichen Seite ebenfalls keine Intervention zu erwarten. Sämtliche kohäsiven Kräfte sind damit untergraben, und der Bankrott ist das unausweichliche Ende.

Hat sich dies für den einzelnen Mitarbeiter gelohnt? Mit Sicherheit, da er seine von Kapitalschwäche geprägte Arbeit ohne Risiko äusserst kostengünstig finanzieren konnte. Da er nie an der Projektarbeit als solcher interessiert war, ist für ihn deren Scheitern kein Verlust, sondern war eine zeitlich begrenzte Gewinnchance, die ihm ohne eigene Risiko- bzw. Verpflichtungsleistungen angeboten wurde.

7.3. Die räumlich-sozialen Komponenten der Kalkbrennergruppen in Cabricán

Die Diskussion der Diskursebenenaufschichtung und -verflechtung innerhalb der

---

[3] Siehe auch die neue Untersuchung von PEDRONI/ PORRES (1991:67 f., 82, 92). Dort wird eine ähnliche Tendenz der Partikularisierung von einer ganzen Reihe von landwirtschaftlichen Gemeinschaftsprojekten berichtet.

Kalkbrennergruppen Cabricáns nimmt auf grössere wirtschaftliche Gesamtdimensionen Bezug, als dies im Beispiel der Schneiderei der Fall war. Die Wirksamkeit des sozialen Rahmens ist davon jedoch unabhängig. Etwa 300 Familien erwirtschaften unmittelbar aus dem Kalkgeschäft den neben der Landwirtschaft unverzichtbaren gewerblichen Zuverdienst. Das Kalkgeschäft beruht auf einer lokalen Ressource, und es deckt den Bereich eines Produktes des Grundbedarfs ab. Dadurch ist eine stabile Nachfrage gesichert.

Der Kalkbranntsektor, der in seiner hier vorgestellten Arbeitsweise eine Mischung aus individuell-privatwirtschaftlichen Elementen und kooperativen Ansätzen darstellt, hat diese spezifische Ausprägung sicherlich auch erhalten, weil der zeitliche und finanzielle und daneben der organisatorisch-logistische Aufwand von einer Einzelperson nicht zu leisten wäre. Desweiteren ist in einer sozial teilweise noch homogenen Umgebung die kooperative Arbeitsweise eine verlässliche Rückversicherung, wenn es im Geschäftsbetrieb um relativ grosse Summen geht. Der Druck, den die Gruppe im dörflichen Kontext auf einen einzelnen Ausreisser ausüben kann, gibt eine gewisse informelle Garantie für die Einhaltung der Abmachungen.

Während in Sta.Maria der Fernhandel neben der Schneiderei eine wichtige wirtschaftliche Rolle spielt, sind die indianischen Kleinbauern aus Cabricán ohne weitere Einkommensalternativen an die Kalkbrennerei gebunden. Das Kleinhandwerk wie Schusterei, Weberei oder Tischlerei stellen in beschäftigungswirksamer Hinsicht keine gleichwertige Möglichkeit dar, um Einbussen im Kalkbranntsektor auszugleichen. Diese strukturellen Umstände schaffen einen Erfolgsdruck für die lokale Organisation des Kalkbranntsektors. Daneben ist zu erwähnen, dass durch das grosse masse- und gewichtsmässige Aufkommen im Kalkgeschäft, die gesamte Logistikfrage eine zentrale Bedeutung gewinnt, die von Einzelpersonen niemals bewältigt werden könnte. Der Zwang zu konzertiertem Handeln wird offenbar. Allein dadurch ist es schon erstaunlich zu beobachten, wie geschickt die Kleinbauern mit der komplexen Organisationslogistik umgehen und Lösungen für die auftretenden Probleme suchen. In der Aufschlüsselung der Diskursebenen wurde wieder auf dieselbe Verfahrensweise zurückgegriffen wie im vorhergehenden Fall. Aus den insgesamt fünf Funktionsgliedern wurden drei ausgewählt, um an ihnen die Verflechtung der sechs vertikal gelagerten Ebenen darzustellen, die als Austauschebenen bestimmt wurden.

Abb. 20: Aufschlüsselung der Diskursebenen einer Kalkbrennergruppe in Cabricán

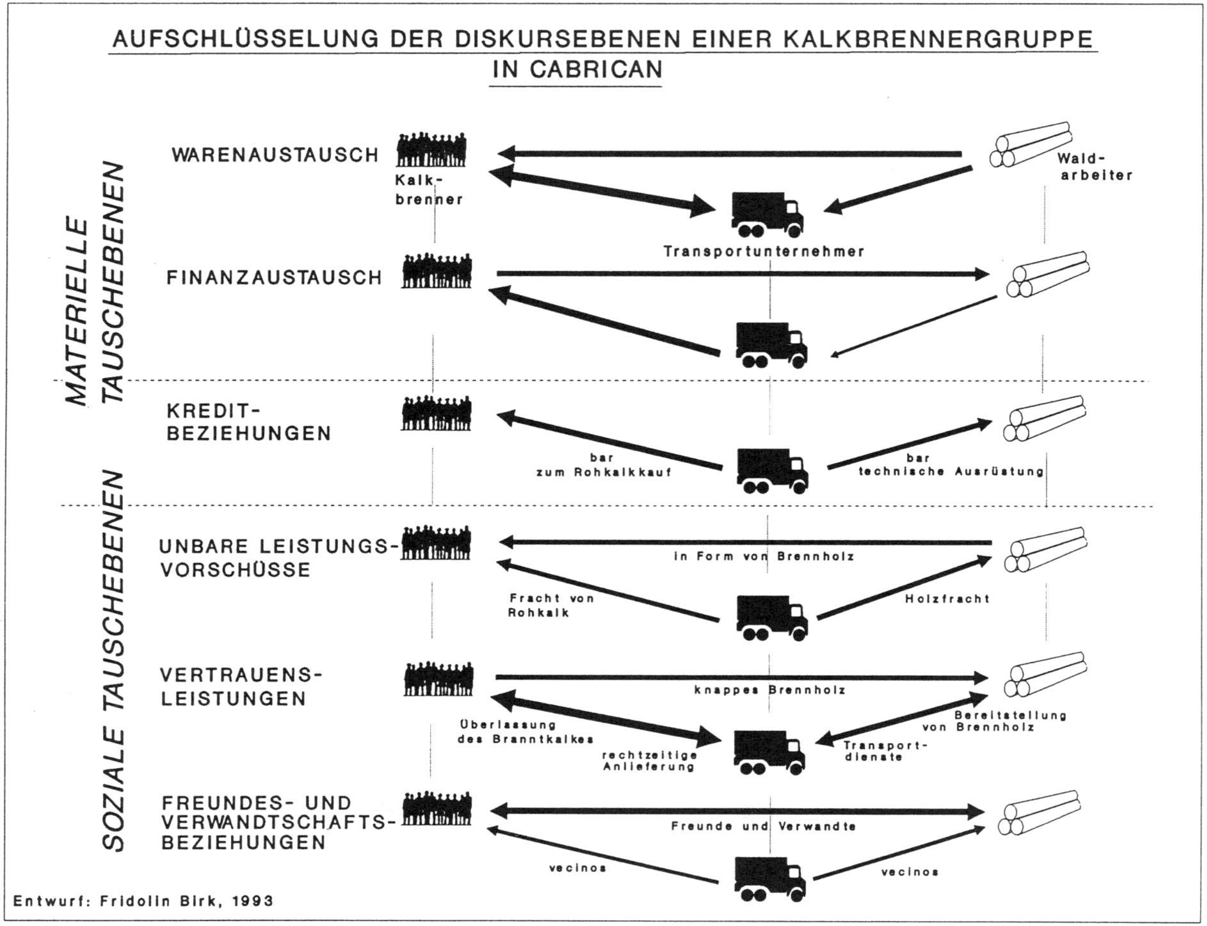

7. KAPITEL

Das Ineinandergreifen der Arbeit von Kalkbrennern, Transportunternehmern und Waldarbeitern, das an einer speziellen Gruppe beobachtet und analysiert wurde, kann als beispielhaft für den gesamten Kalkbranntsektor gelten.

Am Anfang der Analyse von Abbildung 20 steht die **Ebene des Warentausches**, die im wesentlichen zum Ziel hat, die Kalkbrenner mit dem benötigten Rohmaterial Holz und Rohkalk zu versorgen. Dies übernehmen die Waldarbeiter bzw. die Minenarbeiter, indem sie mit Hilfe der Transportunternehmer diese Materialien anliefern lassen. Dabei wird das Geschäft direkt mittels Absprachen zwischen Waldarbeitern und Kalkbrennern abgewickelt, wobei die Fuhrunternehmer den Transport zu den Brennmeilern übernehmen. In anderer Richtung übergeben die Kalkbrenner den gebrannten Kalk an die Fuhrunternehmer, die das Produkt zur weiteren Vermarktung übernehmen.

Auf der Ebene des Finanzaustausches differenziert sich das relativ einfache Bild der Warenebene. Hier werden die Kalkbrenner von den Transportunternehmern und daraufhin die Waldarbeiter von den Kalkbrennern dann für die Holzlieferungen bezahlt, wenn die Transporteure von der Stadt zurückkehren, wo sie den Branntkalk an die dort ansässigen *ventas* weitergegeben haben und über ausreichend Bargeld verfügen. Die Waldarbeiter dagegen entrichten an die Transporteure die Kosten für den Holztransport. Es ist folglich ein Kreislauf zu beobachten, der vom Verkauf des Kalkes und damit von den Transportleuten abhängt und ihnen dabei eine Schlüsselrolle zuschreibt. Bei der Übergabe des gebrannten Kalkes wird ein Verkaufspreis vereinbart, der als Richtlinie für den Verkauf in der Stadt dient. In der Regel sind aber die Preise relativ stabil, und es wird von allen Seiten Wert darauf gelegt, auf der Basis einer stabilen Preisrelation zu arbeiten, *"para no tener mayor problemas"* ("um keine grösseren Probleme entstehen zu lassen"). Dabei wird natürlich immer mit Anzahlungen gearbeitet, die den Betreibern der Meiler zumindest eine kleine Absicherung für das Risiko der bereits erbrachten, aber nicht bezahlten Leistung darstellt.

Kreditbeziehungen bestehen vorwiegend zwischen den Transporteuren als Geldgebern und den Einzelpersonen der unterschiedlichen Parteien als Kreditnehmern. Das liegt daran, dass die Transporteure diejenigen sind, die erbrachte Leistungen immer über Bargeld abrechnen und dadurch zumindest über einen kleinen Grundkapitalstock verfügen. Daneben müssen sie durch ihr insgesamt grösseres investiertes Gesamtkapital auch über grössere finanzielle Ressourcen verfügen, die über Kleinkredite eine erstaunliche Umlaufgeschwindigkeit aufweisen. Kredite werden bisweilen auch der Gruppe der Kalkbrenner zum Ankauf von Rohkalk oder den Waldarbeitern zur Finanzierung von Benzin, Unterhalt der Motorsägen oder anderer technischer Ausrüstung gewährt. Die Rückzahlung erfolgt anschliessend über Holz- oder Rohkalklieferungen und dadurch zinsunabhängig, was bei den häufig anzutreffenden Zinssätzen im Dorf von bis zu 15% monatliche Verzinsung ein beträchtliches Entgegenkommen bedeutet.

Was sich auf der materiellen Tauschebene als relativ übersichtliche funktionale Gliederung vorstellt, wird auf der **sozialen Tauschebene** gestützt durch ein äusserst komplexes *Netz von gegenseitigen Leistungen*. Es wurde deutlich, dass aufgrund des Mangels an Bargeld die Warenflüsse nicht durch unmittelbare Finanzflüsse in die gegenläufige Richtung abgedeckt werden. Dadurch werden Risikoinvestitionen notwendig, die nur zu einem geringen Teil durch eine Anzahlung und niemals durch rechtlich verbindliche Verträge abgesichert werden (können). Die sozialen Tauschebenen werden folglich zu einem integralen Bestandteil des gesamten Ge schäftsverkehrs.

Auf der Ebene der unbaren Leistungsvorschüsse stellt die Seite der Transporteure die meisten Vorleistungen. Sie können im Warenverkehr die meiste strukturelle Macht auf sich vereinigen, indem sie das logistische Zentrum bilden. Bei den unbaren Vorleistungen jedoch verkehrt sich diese Stärke ins Gegenteil, indem von der starken Seite erwartet, ja verlangt wird, dass sie entsprechend mehr einbringt. Ansonsten wäre der geschäftliche Ablauf, wie er hier dargestellt wird, nicht möglich. Die Transporteure stellen ihre Frachtkapazität den beiden anderen Seiten unbezahlt zur Verfügung. Die Waldarbeiter wiederum übergeben den Kalkbrennern unbezahlt das Brennholz zur Befeuerung der Meiler. Die Kalkbrenner sind bis zum Zeitpunkt des Abschlusses des Brennvorganges in einer relativ bevorzugten Position, da sie bis dahin keinerlei Vorleistungen zu erbringen hatten.

Deren Einsatz in Form einer hohen *Vertrauensleistung* wird dann verlangt, wenn sie den relativ teuren Kalk, das Ergebnis von zwei Wochen Arbeit, an die Transporteure übergeben, damit sie diesen in den Städten vermarkten. Vertrauen wird jedoch ebenfalls von den anderen Seiten eingefordert, da die Kalkbrenner von den Waldarbeitern durch die Belieferung mit dem in der Region von Cabricán äusserst knappen Brennholz abhängen. Die zuverlässige Lieferung ist gebunden an eine pünktliche und korrekte Bezahlung. Auch die Transportleute sind an die Waldarbeiter gebunden, da die spätere Übernahme des gebrannten Kalkes meist mit der Anlieferung des Brennholzes gekoppelt ist. Wer kein Brennholz bringt, kann auch auf keinen Kalk hoffen. Von den Transporteuren wird wiederum erwartet, dass sie das Rohmaterial rechtzeitig anliefern, denn reicht das Brennmaterial nicht für den ganzen Brennvorgang aus, so ist die ganze Investition verloren, oder der Brennvorgang verzögert sich, und es kommt zu einem Verdienstausfall. Jede Seite muss damit rechnen können, dass die Bezahlung unmittelbar nach dem Verkauf des Kalkes erfolgt, da die weitere Zusammenarbeit vom festgelegten Zahlungsmodus abhängt, ansonsten werden andere Partner gesucht.

Als sechstes und letztes Element der Diskursaufschichtung werden die *Freundes- und Verwandtschaftsbeziehungen* genannt. Sie stellen das dorfinterne Band dar, das auf der Basis einer noch stückhaft intakten traditionellen Ordnung hinter den einzelnen Personen steht und sie zusammenbindet. So arbeiten meist Gruppen in den unterschiedlichen Funktionsbereichen zusammen, die in Freundes- oder Verwandtschaftsbeziehungen zueinander stehen. Dies bedeutet nicht per se eine konfliktfreie Zusammenarbeit, sondern vielmehr, ganz nüchtern betrachtet, die Gewähr, dass die im Dorf erprobten Sanktionsmechanismen, wie sie in Kap.6 beschrieben wurden, bis in die Familien hineingetragen werden können und mit grosser Sicherheit ihre Wirkung tun. Dagegen bestehen die Verbindungen zu den Transportleuten meist über die *vecindad*, den dörflichen Verband. Die Qualität dieser sozialen Bindung ist unkalkulierbarer, aber aufgrund der Zugehörigkeit zum selben *aldea* und aufgrund der fehlenden geschäftlichen Konkurrenz (Cabricán hat die einzige nennenswerte Branntkalkproduktion im Westlichen Hochland Guatemalas) ist auch hier in der Regel eine konstante Zusammenarbeit gewährleistet.

Die Bewertung der vorangegangenen Analyse stellt vor allem die enge Verzahnung der sozialen und wirtschaftlichen Tauschebenen in den Vordergrund. Die wirtschaftliche Seite lässt einen strukturellen Vorteil der Transportunternehmer als logistischem Bindeglied zwischen den Funktionsgliedern erkennen. Der

Branntkalk als ein Produkt des täglichen Bedarfs, das regional konkurrenzlos in Cabricán produziert wird, stellt aus wirtschaftlicher Sicht einen weiteren stabilisierenden Faktor dar. Doch liessen diese Umstände mit Sicherheit nicht den relativ reibungslosen Geschäftsverlauf zu, wie er im Branntkalksektor Cabricáns durchaus üblich ist. Der allseitig verbindende Faktor in der Zusammenarbeit ist die gegenseitige Abhängigkeit in den zu erbringenden Leistungen. Die *Reziprozität der Austauschbeziehungen* und das Interesse an deren Fortbestand ist der Schlüssel zur erfolgreichen Bewältigung der auftauchenden Konflikte. Reziprozität ist hier zu verstehen als eine Leistung auf Gegenseitigkeit. Die Interdependenz der eingebrachten Beiträge führt erst zum Gesamterfolg. Erst wenn jeder seinen Beitrag geleistet hat, kann das Ziel erreicht werden. Das Ziel ist die Erwirtschaftung eines familiären Einkommens, das die fehlende Bedarfsdeckung durch die Landwirtschaft ausgleicht.

Die drei gezeigten sozialen Ebenen stellen eine unverzichtbare Bedingung zum Gelingen der Zusammenarbeit dar, wie sie im Kalkbranntsektor Cabricáns gebräuchlich ist. Dabei besitzen die sozialen Tauschebenen nur einen stabilisierenden Effekt, weil unter den Kleinbauern Cabricáns noch Teile der traditionellen Ordnung wirksam sind. Als wesentliches Element dieser partiell noch wirksamen traditionellen Ordnung tritt hier die *normative Kraft sozialer Regelungsmechanismen* in den Vordergrund. Damit stehen den Personen soziale Sanktionsmittel zur Verfügung, um diejenigen zur Erfüllung ihrer Verpflichtungen zu zwingen, die sich weigern, den breiten lokalgesellschaftlichen Konsens, der die gesamte geschäftliche Zusammenarbeit und deren Erfolg trägt, anzuerkennen.

Entscheidend ist auch, dass durch die physisch-räumliche Ferne der einzelnen Funktionsträger die Bedingungen für eine dergestalt notwendige Organisation geschaffen werden. Jedoch wäre deren Gelingen nicht denkbar ohne den regulierenden Einfluss der sozialen Normierungen, die einen klaren Rahmen für das individuelle Handeln in dessen sozialem Kontext setzen. Dadurch, dass der einzelne wiederum seine soziale Positionszuschreibung und damit seinen persönlichen Einfluss- und Machtbereich vom dörflichen Kontext her bezieht und nicht aussenabgestützt erscheint, schliesst sich hier der Kreis eines Konzeptes, das im dörflichen Kontext als *Semi-Moderne* bezeichnet werden kann.

7. KAPITEL

Zusammenfassend wurde im soeben besprochenen Beispiel das Zusammenwirken moderner, sich auf Marktmechanismen stützender Wirtschaftstätigkeit und individuellen, sich auf die dörfliche soziale Normierung stützenden Handelns dargestellt. Dabei ist aufgefallen, dass der Sektor mit den stärksten und dauerhaftesten Aussenkontakten und einer sehr stark auf die Geldwirtschaft fixierten Logik - die Rede ist vom Transportsektor - sich den lokalen und sozial gesteuerten Tauschebenen nicht verschliesst, indem er relativ hohe Vorleistungen erbringt und bereit ist, sich den dorfinternen Mechanismen der sozialen Leistungskontrolle zu unterwerfen. Die Verknüpfung physisch-räumlicher Distanz mit der Etablierung sozial regulierter Kontrollmechanismen auf der Grundlage traditioneller Sozialnormen muss als eine an die bestehenden Verhältnisse gut angepasste Lösung angesehen werden, die als erfolgreicher und von den Betroffenen selbst kontrollierter Ersatz für fehlende staatliche oder gesellschaftsübergreifende Gesetze oder Sozialnormen gelten kann.

Dagegen ist die Schneiderei in Sta.Maria von einer völlig heterogenisierten Situation geprägt. Ein Zusammenwirken von sozialregulierten Mechanismen und marktwirtschaftlichem Handeln gelingt nicht. Durch die beliebige Zusammensetzung der Mitglieder und Arbeiter kann eine übergreifende Autorität, wie beispielsweise aus den privat geführten Schneidereien bekannt, auch über Verwandtschaftsbeziehungen nicht mehr gewährleistet werden. Die Arbeiter führen einen Rückzug durch, der auch als weiterer Vorstoss der fortschreitenden sozialen Partikularisierung verstanden werden kann. Diese Privatisierung widerspricht der Planung der Werkstätte, die technische Geräte zur Steigerung der Rentabilität zur Verfügung stellt. Interessant sind in dieser Situation für den einzelnen nur die Leistungen, die er zur Ergänzung seiner an Kapitalmangel leidenden Heimarbeit benötigt. Es gibt keinen Rahmen im Hintergrund, der dieses regelwidrige Verhalten sanktionieren würde. Es ist auch davon auszugehen, dass diese Sanktionierung, wenn sie stattfände, keine Wirkung zeigen würde, da die Werkstatt in keinem sozial homogenen Rahmen verankert ist. Die Orientierung des einzelnen geht häufig über den dörflichen Rahmen hinaus und macht Regulierungen von innen wirkungslos.

Die Umstände, welche die Zusammenarbeit im Kalkbranntsektor Cabricáns prägen, müssen in ihrer Gesamtheit verstanden werden. Eingriffe in die bislang noch von keiner aussenstehenden Organisation berührten Struktur müssen gut überlegt werden, auch um den Preis hoher ökologischer Kosten, wie beispielsweise die Abholzung zum Zweck der Brennholzbeschaffung. Die Kalkbrennerei hat in der Region von Cabricán bis heute zu einer grossflächigen Entwaldung mit allen bekannten Folgeeffekten geführt. Dennoch rechtfertigt diese Tatsache nicht von selbst jeden Eingriff in ein sehr fein austariertes System der Zusammenarbeit, das einer grossen Zahl von kleinbäuerlichen Familien in Cabricán das Auskommen sichert.

Zusammenfassend kann gesagt werden, dass die Situationsbewältigung im semimodernen Kontext zeigt, wie bei allen spezifischen Merkmalen der Situation in Cabricán, durchaus kein unüberwindbarer Widerspruch bestehen muss zwischen marktorientiertem Wirtschaften und einem sozial homogenen und dörflich bestimmten Handlungshintergrund. Dieser wird geradezu gebraucht, um die fehlenden gesetzlichen Regelungen auf staatlicher Ebene auszugleichen und den Menschen mit äusserst geringer Ressourcenausstattung über konzertiertes Handeln im Rahmen des vertrauten Dorfes dennoch eine dauerhafte Chance zur Erwirtschaftung und Sicherung ihres familiären Bedarfs zu geben.

Richtig und falsch ist, was Menschen sagen;
und in der Sprache stimmen die Menschen überein.
Das ist keine Übereinstimmung der Meinungen,
sondern der Lebensform.[1]

8. Kommunikation, Distanz und Organisation als umfassende Deutungsansätze alltagsrelevanten Handelns in indigenen kleinbäuerlich geprägten Gemeinden

Am Ende der Arbeit stehend soll versucht werden, eine zusammenfassende Bewertung der Ergebnisse vorzunehmen. Die Grundstruktur der unterschiedlichen Ansätze zeigt ein Verfahren, das mit zwei sich überschneidenden Linien in Gestalt eines X beschrieben werden könnte. Eine Linie repräsentiert die gesellschaftlich-soziale Konzentration des Blickes im Verlauf der empirischen Untersuchungen. Die zweite Linie stellt die theoretisch-kontextuelle Erweiterung der sozialwissenschaftlichen Grundlagen während der Bearbeitung der empirischen Daten dar.

Mit Bezug auf die erste Linie wurde so verfahren, dass sich der Blick über die Betrachtung der indianischen Realität im Laufe der *conquista* im Westlichen Hochland Guatemalas, allmählich verengte auf die Lebenswirklichkeit des Dorfes. Dies wurde methodisch ermöglicht durch die Einarbeitung der Hauptlinien historischer Entwicklung im Westlichen Hochland Guatemalas. Dadurch wurde zwingend, die allgemeinen Erscheinungen und Charakteristika der indianischen Lebenswelt an konkreten Erscheinungen des dörflichen Alltages festzumachen. Die Konzentration des Blickes auf strukturelle Eigenheiten indianischer Dörfer erwies sich allerdings immer noch zu wenig konsistent, um die in den Dörfern eigene Handlungsrationalität im Blick auf dörfliche Organisationen grundsätzlich zu klären.

---

[1] WITTGENSTEIN (1971: 139, §241).

ZUSAMMENFASSUNG

Der weitere Gang der Untersuchung machte es erforderlich, von der dörflichen Ebene nach zwei Seiten hin weiter Ausschau zu halten. Einmal richtete sich das Interesse in Richtung auf die Konstitution der bürgerlichen Gemeinde und desweiteren auf die subdörfliche Ebene der *aldea*, des *cantón* oder der *vecindad*. Hier offenbarte sich uns ein Wesenszug indianischer dörflicher Verfassung, der in der Beziehung und Ausrichtung der einzelnen Personen auf deren jeweiliges Familiennetzwerk hin bestand. Folglich rückte die Untersuchung der Familie in den Vordergrund. Erst von hier aus wurde es letztlich möglich, deutliche Motive zu bestimmen, die es den einzelnen Personen nahelegten, sich in dörflichen Organisationen zu engagieren.

Dieses Engagement wiederum erwies sich nicht als ein homogener und eindeutiger Entschluss im Rahmen der sich rasch verändernden Umstände der indianischen Lebenswelt im Hochland Guatemalas und der Alltagswelt im Dorf. Vielmehr formte sich allmählich ein Bild eines von Brüchen gekennzeichneten Zusammenhanges dörflichen Lebens. In gleicher Weise bildet der Hintergrund der Organisationen, handle es sich um Kooperativen, Vereinigungen, freie Gruppen oder sog. *proyectos*, ein komplexes Gefüge ineinander verwobener Aufgaben, Rechte und Verpflichtungen, deren Kontrolle eine gut funktionierende Struktur im Hintergrund verlangt. Um diese Analyse zu leisten wurde es notwendig, den Beobachtungsausschnitt noch einmal zu verändern, und in einer Diskursebenenanalyse ganz dezidert auf die Grundmuster des Handelns in einer dörflichen Organisation einzugehen.

Die andere kreuzende Linie symbolisiert das Inventar von Theorien und Untersuchungsmethoden, die in der Arbeit zur Anwendung kamen. Zunächst wurde der Zugang über eine relativ enge Rekonstruktion der historischen Entwicklung des indianischen Dorfes bis in die Gegenwart gesucht. Dazu war auch die Beschreibung der naturräumlichen Gegebenheiten notwendig. Erst bei der Analyse der Familienstrukturen über das Konzept der Sozialen Netzwerke kam eine Theorie in die Diskussion, die allmählich und gegenläufig zur Konzentration des empirischen Vorgehens, die theoretische Basis auf ein breiteres Fundament stellte. Die familienzyklischen Untersuchungen auf der Basis der Auswertung umfangreicher wirtschaftlich- und sozialstatistischer Erhebungsdaten wurden über die theoretischen Gedanken TSCHAJANOWs miteinander verknüpft. Diese Theorie stellt einen weiten

Rahmen der Analyse zur Entwicklung und Veränderung kleinbäuerlicher Familienwirtschaften dar. Über diese Brücke wurde das wirtschaftliche Handeln und dessen sozialer Kontext in den ausgreifenden Rahmen sich verändernder Handlungsbedingungen im Zeichen des Einbruchs der Moderne gestellt. So stellt die im 7. Kapitel vorgenommene Diskursebenenanalyse zwar auf der empirischen Ebene einen kleinen Ausschnitt der Wirklichkeit *eines* Dorfes dar, allgemeine Authenzität kommt ihr jedoch durch die breite Basis des zur Anwendung gekommenen Theorieinventars zu.

Mit der Darstellung der sich überkreuzenden Linien der beiden Untersuchungsverfahren soll dem Argument begegnet werden, die vorliegende Untersuchung lege einen zu kleinen Ausschnitt der indiansichen Realität offen, um eine allgemeinere Aussagekraft beanspruchen zu können. Der Verfasser geht davon aus, dass wissenschaftliches Arbeiten eben dadurch charakterisiert ist, dass zwar die Wirklichkeit, die im Grunde eine unendliche Zahl von Daten bereithält, den Boden der Untersuchung bietet, dass aber die Übertragbarkeit der Ergebnisse in erster Linie durch die Übereinstimmung der empirischen Daten mit der zugrundegelegten Theoriebasis gewährleistet wird. Je breiter die theoretische Basis, desto besser sind die Analyseergebnisse übertragbar. Folglich braucht die vorliegende Arbeit in dieser Hinsicht eine Kritik nicht zu fürchten.

In dieser Arbeit wurde der Versuch unternommen, in einer empirischen Untersuchung und nicht allein in einer theoriegewandten Arbeit zentrale Begriffe der geographischen Diskussion teilweise in einen neuen Zusammenhang der Argumentation zu stellen. Dies schien gerade durch die in den vergangenen Jahren lebendige Debatte des Handlungskonzeptes ein Anliegen zu sein. Als sich 1989 die ersten Gedanken zur Anlage der Untersuchung formten, war die Rezeption der WERLEN-Arbeit von 1987 gerade angelaufen. Der handlungstheoretische Ansatz erwies sich als das angemessene Verfahren, die drei Begriffe Kommunikation, Distanz und Organisation von dieser neuen Seite her zu fassen.

Diese Seite ist im hier hergestellten geographischen Kontext durch eine Betonung der Aspekte charakterisiert, die sich weiterführend aus den WERLENschen Überlegungen zum sozialen Raum ergeben. Des weiteren ist entscheidend, die Bedeutungen der drei Begriffe im Gesamtzusammenhang der vorliegenden

ZUSAMMENFASSUNG

Untersuchung in einen gemeinsamen Verweisungs- und Bezugsrahmen zu stellen. Erst daraus formt sich, unter Zuhilfenahme der hier ausserdem vorgestellten Theorien und empirischen Daten ein alltagsweltliches und konzeptionelles Gerüst für Fragestellungen im Gesamtgefüge dörflichen Sozialen Handelns.

Ich möchte die drei Zentralbegriffe noch einmal kurz zusammenfassend ansprechen.

Kommunikation taucht in unterschiedlichen Varianten entsprechend dem empirischen Kontext in der Arbeit auf. Dieses springende Verfahren lag von Anfang an in der Absicht des Verfassers. Die theoretischen Überlegungen zu den Begriffen sollten im Einklang mit den empirischen Untersuchungen weiterentwickelt werden.

Der erste Ansatzpunkt, der sich aus der historischen Perspektive ergibt, liegt in der Verfahrensweise der spanischen Herrschaftsausübung. Hier liegt die Kommunikation in einer permanenten Bestätigung der Andersheit von Spaniern und *Indígenas*. Diese Andersheit, die im Begriff des *indio* weiterlebt, wird auf das Verhältnis der *Ladinos* zu den *Indígenas* übertragen und äussert sich mit Beginn der Liberalen Ära gegen Ende des letzten Jahrhunderts in Rassismus und einer weitreichenden Ausbeutung der indianischen Bevölkerung. Hier kann Kommunikation folglich als ein Diskurs der Ausbeutung interpretiert werden.

Gemeindeintern lassen sich ebenfalls unterschiedliche Kommunikationslinien aufzeigen, die sich im dorfinternen Handeln der indianischen *comunidad* oder im problembelasteten Verhältnis von bürgerlicher Gemeinde zu den Substrukturen indianischer Vergesellschaftung in Gestalt der *aldea*, *cantones* oder *parajes* dokumentieren. Hier erscheint Kommunikation als ein vorausgelegter oder ritualisierter Handlungszusammenhang.

Der Begriff der Kommunikation erhält im familiären Rahmen weitere Bestimmungen dadurch, dass die Familie das wirtschaftliche und soziale Zentrum der individuellen Existenz darstellt. Mit dieser entscheidenden Abhängigkeit, die sich in der jüngeren Vergangenheit stark verändert, werden elementare Bedingungen individueller Handlungsspielräume vorgegeben. Dies wird deutlich in der Betrachtung der wirtschaftlichen Ausstattung der Familien und deren familienzyklisch bestimmten Veränderungen. Hier bekommt der Kommunikationsbegriff den Hintergrund einer konfliktbeladenen und schwer veränderbaren individuellen Handlungsbeschränkung.

8. KAPITEL

Der Begriff der Kommunikation erhielt im Laufe der Untersuchung einen ausgesprochen handlungstheoretischen Grundcharakter, der seine wissenschaftstheoretische Begründung vor allem aus der Lebensweltsoziologie bezieht. Es wurde deutlich, dass sich in den Hochlandgemeinden die oben kurz charakterisierten Grundzüge der Kommunikation überlagern und gegenseitig prägen. Dies führt im alltagsweltlichen Rahmen zu äusserst fest gefügten Umgangsweisen zwischen *dem centro* der Gemeinde und den umliegenden *aldea* oder zwischen Gruppen in den *aldea*. Doch dies alleine würde noch wenig bedeuten, ständen nicht hinter diesen Umgangsweisen ganz klar umrissene Interventionsbefugnisse und Artikulationsrechte im innergemeindlichen Diskurs.

Diese Artikulationsrechte wurden schon früh durch die zivil-religiöse Hierarchie auch im Rahmen der indianischen *comunidad* institutionalisiert und ab den späten 40er Jahren dieses Jahrhunderts von aussenbürtigen Interventionen wie Parteien oder Kirchen aufgebrochen. Entscheidend waren jedoch die Einflüsse, die diese veränderten Artikulationsrechte auf das individuelle Handeln im Zusammenhang mit den immer knapper werdenden Ressourcen im landwirtschaftlichen Bereich hatten. Sie zeigten im innerdörflichen Diskurs zwei Hauptrichtungen, die Herauskristallisierung von sog. *Lider*-Typen und daran angehängte klientelistische Abhängigkeitsstrukturen und weiterhin die Bildung von innerdörflichen Organisationen. Diese wiesen als wesentliche Charakteristika die Entlastung von einem sozialen Druck und die Überwindung einer immer grösser werdenden wirtschaftlichen Versorgungskrise auf.

Die klientelistischen Strukturen zeigten im Grunde die Weiterführung der schon bestehenden eindimensionalen Interventionsrechte, während wir die neu entstehenden dörflichen Organisationformen in der vorliegenden Arbeit als Folge einer Situation interpretieren, die als Semi-Moderne charakterisiert wurde. Semi-Moderne, verstanden als der Einbruch der Moderne in die traditionelle Dofverfassung muss als dialektischer Begriff gesehen werden. Als dem Dorf aussenbürtige Interventionen wesentliche Elemente der Dorfverfassung aufbrachen und eine etablierte sozial-rituelle Ordnung mehr oder weniger verdrängten, bildeten diese Veränderungen die Voraussetzungen für die neuen Strategien der Dorfbewohner in Gestalt der dörflichen Organisationen. Diese Organisationen, und das kann als

ZUSAMMENFASSUNG

der durchaus positive Teil der Semi-Moderne verstanden werden, formten sich, sofern sie sich als über längere Zeit lebensfähig erwiesen, aus Beständen der traditionellen Dorfverfassung und moderner Elemente wie Wirtschaftlichkeit oder Technikeinsatz.

Folge dieser strukturellen Veränderungen waren natürlich Konflikte, die sich häufig unkontrolliert über die Dörfer zogen und eine grosse Gewaltbereitschaft aufwiesen, da in vielen Fällen die alten Konfliktregulierungsmechanismen mit anderen Beständen ebenfalls verdrängt wurden. Der staatliche Gesetzesrahmen bietet bis heute keine angemessenen derartigen Mechanismen im Dorf.

Kommunikative Strukturen formen den dörflichen Alltag und umgekehrt bestimmt die alltagsweltliche Strukturierung des dörflichen Lebens die Kommunikation, als eine Form des Handelns, im Dorf und über das Dorf hinaus. Aus dieser Feststellung ergeben sich neue Voraussetzungen für die Diskussion des Begriffes der **Distanz**, der als zweiter zentraler Begriff im Titel der Arbeit erwähnt wird.

In der geographischen Fachtradition wurde das chorostische Paradigma häufig kritisiert. Diese Kritik schöpfte ihre Argumente zu einem wesentlichen Teil aus der Phänomenologie die in ihrer modernen Variante überwiegend von SCHÜTZ geprägt wurde. Dessen Gedanken einer Strukturierung der physischen und sozialen Welt vom Individuum aus aufnehmend, wurde in der Arbeit eine Rekonstruktion des Distanzbegriffes vorgeschlagen. Entscheidend sind dabei die im Zusammenhang mit der Kommunikationsdiskussion vorgetragenen Gedanken. Kommunikative Linien prägen Handlungsverläufe bzw. Bewegungen im physischen Raum vor. Derlei Bewegungen im dörflichen sozialen Netz werden hier als Überwindungsleistungen sozialer Distanzen interpretiert, die als handlungsleitende Prozesse die ständige Neukonstitution der dörflichen Sozialwelt zur Folge haben.

Die Neuordnung der Interaktionsmuster im Zuge der Umstrukturierung der Dichtefelder in einem sozialen Netzwerk bestimmt die hier verfolgte distantielle Differenzierung. Distanz wird anschliessend an diese Gedanken gesehen als kommunikativ vermittelte räumlich-soziale Verflechtung. Betrachten wir nur kurz die Beziehungen der Dorfbewohner zur Stadt, dann wird deutlich, dass es dem Grossteil dieser Menschen nie möglich wurde, eine Normalisierung im Sinne der lebensweltlichen Terminologie zu erreichen. Aus diesem Grund blieb ihnen das städtische Ambiente immer äusserlich und inkompatibel mit der dörflichen Sozialordnung.

Distanzüberwindung ist dem Blickwinkel individueller Handlungsstrategien stets gekoppelt an eine Adaptationleistung. Das physische Substrat der Umwelt ist zwar handlungsbeeinflussend, doch der Handlungsentwurf wird gesteuert vom Zusammentreffen unterschiedlichster Motive aus der sozialen und gesellschaftlichen Mitwelt, unter deren Strukturen als Horizont gedacht sich die Umweltelemente quasi wie ein Planet wegbewegen.

Aus dieser Sichtweise ergeben sich Sinn und Wirklichkeit **dörflicher Organisationen** jenseits von deren detailliertem Arbeiten mit einer klar umrissenen Funktion im Hintergrund ausgestattet. Diese Funktion besteht in einer Mittlerrolle für deren Mitglieder. Die Organisation hilft den Mitgliedern, die für den einzelnen unüberwindbaren Schranken zwischen dörflicher und städtischer Wirklichkeit, zwischen Artikulationsunfähigkeit und Ressourcenmobilisierung, etc. überwindbar zu machen. Sie schaffen einen gewissen Ausgleich zwischen der vertikalen, gesellschaftlichen Bevormundung auf regionaler bzw. nationaler Ebene (z.B. staatliche Institutionen) und der horizontalen, sozialen Handlungsbeschränkung auf dörflicher Ebene (z.B. zivil-religiöse Hierarchie).

Damit ist der Kreis umrissen, der die Verbindung zwischen den drei zentralen Begriffen im Titel der vorliegenden Arbeit herstellt. Das Kapitel 7 stellt eine Tiefenuntersuchung vor, deren Ziel es ist, die produktiven Elemente dieser Rekonstruktionsleistungen der Dorfbewohner aus dem Umgang mit der Semi-Moderne herauszuarbeiten. Sie werden kontrastierend gegen einen misslungenen Versuch der Organisationsgründung gestellt, um dadurch deutlich werden zu lassen, welche entscheidenden Einflüsse den Erfolg oder Misserfolg der Arbeit und Funktionstüchtigkeit einer dörflichen Organisation herstellen. Um diese Einflüsse in ihrer ganzen Genese und Tragweite zu verstehen, wurden die weiten Exkurse der vorangehenden Kapitel unternommen.

Aus dieser Sicht erscheinten diese beiden Diskursebenenanalysen auch nicht mehr als mehr oder weniger gelungene Einzelfälle, sondern als die Erprobung und Tragfähigkeit testende Beispiele für ein Analyseverfahren des komplexen Handelns im Kontext indianischer Gemeinden im Westlichen Hochland Guatemalas.

Zusammenfassung

In der vorliegenden Arbeit werden zentrale Begriffe der geographischen Entwicklungsdiskussion, ausgehend von einer kritischen Darstellung der Beiträge der Geographie zur Entwicklungstheorie, in neue Argumentationszusammenhänge gestellt. Ziel der Arbeit ist es, aus dem Spannungsverhältnis einer empirisch-phänomenologischen Betrachtung und einer theoriegeleiteten Analyse, einen handlungstheoretischen Ansatz zum Verständnis indianisch-kleinbäuerlicher Wirtschaftsweisen im Westlichen Hochland Guatemalas zu entwickeln. Es wird eine Wechselbeziehung von Wirtschaftsweisen aus historischer Sicht und aus den aktuellen Strukturen sozialer dörflicher Organisation aufgebaut. Im Zentrum stehen Grundlinien und Funktionsweisen heutiger indigener Gesellschaften und deren Möglichkeiten sozioökonomischer Entfaltung. Die Darstellung und Tiefenanalyse tragfähiger Beispiele zu unterschiedlichen Ausprägungen dieser dörflicher Wirtschaftsweisen bilden den Zielpunkt der Untersuchung.

Ergebnis der Arbeit ist eine theorieorientierte Analyse dörflicher Strukturen, vor allem aber eine auf die Praxis gerichtete Darstellung der Spielräume der von aussen auf diese dörflichen Sozial- und Wirtschaftsverbände gerichteten Veränderungs- und Entwicklungsabsichten. Grundüberzeugung des Autors ist, dass für die indianischen Hochlanddörfer keine sinnvollen wirtschaftlich-sozialen Handlungsalternativen entwickelt werden können, ohne deren alltagsweltlichen Hintergund ausreichend verstanden zu haben.

ZUSAMMENFASSUNG

Zunächst zeigt die auswählende Bearbeitung des historisch-politischen Kontextes indianischer Realität seit der *conquista* die Hauptlinien der Veränderungen im Westlichen Hochland Guatemalas. Angelpunkt bei der Erstellung einer Grundperspektive ist dabei die interne dörfliche Entwicklung im zeitlichen Längsschnitt. Den abnehmenden Möglichkeiten sozialwirtschaftlicher Selbstbestimmung als Reflex der historischen Ereignisse in indigenen Gemeinschaften und den darauf folgenden Strategien und Formen ihrer sozialen Organisation wird eine besondere Bedeutung beigemessen. Im Blick auf die Situation der Dörfer des Hochlandes zu Beginn dieses Jahrhunderts läßt sich bereits ein hohes Maß an sozialer Instabilität feststellen, obwohl sie nach außen hin weiterhin als geschlossene und gesellschaftlich vermittelte Struktur erscheinen. Die rasche Auflösung bzw. Deformierung sozial-hierarchischer Ordnungsstrukturen und Regelungsmechanismen im Zusammenhang mit dem "Guatemaltekischen Frühling" von 1944-54 zeigt, wie anfällig die traditionellen Formen sozialer Ordnung bereits waren. Die zivil-religiöse Hierarchie bestimmte den Rahmen dörflichen Handelns. Sie wurde durch das Vordringen politischer Parteien einerseits und der Acción Católica andererseits in ihren grundlegenden sozioökonomischen Regelmechanismen getroffen und teilweise aufgelöst.

Die dörflichen Gesellschaften heute sind dementsprechend auf dem Weg in eine durch Bruchlinien zerfurchte Moderne; ihr Handlungsrahmen wird einerseits durch den noch erinnerbaren Hintergrund sozialer Hierarchien und der daraus resultierenden Problemlösungsstrategien, andererseits durch strategisches Denken eines modern-rentablen Wirtschaftens bestimmt. Das Zusammenwirken und die Interdependenz dieser zwei handlungsleitenden Elemente reflektiert der Begriff der **Semi-Moderne**, mit dem die komplexen Mechanismen dörflich-gesellschaftlicher Gestaltung und individuellen Handelns beschreibbar gemacht werden. Deutlich wird dies z.B. am Rechtssystem: Vormals hat die hierarchische Dorfordnung übermässige Gewaltäusserungen verhindert, heute sind die traditionellen Strukturen in Auflösung, ohne jedoch durch ein funktionierendes rechtsstaatliches System ersetzt zu werden. Das Ergebnis sind häufig ausufernde Gewalt und Unsicherheit in den Dörfern.

Mit der Gleichzeitigkeit, aber nicht Gleichwertigkeit lokaler Familienwirtschaft,

ZUSAMMENFASSUNG

regionalem Handel, nationalem und internationalem Einfluss, unterliegen die individuellen Lebenssituationen einem ständigen Wandel mit häufig geringen Steuerungsmöglichkeiten, wodurch die Entwicklung neuer Problemlösungsstrategien erforderlich wird.

Der sozialräumlich konstituierte, kommunikative Rahmen in Gestalt der bürgerlichen Gemeinde im *centro* einerseits und die subdörfliche Ebene der *aldea*, des *cantón* oder der *vecindad* andererseits, offenbart Wesenszüge der indianischen dörflichen Verfassung. Diese Verfassung konkretisiert sich weiter in der Ausrichtung der einzelnen Personen auf ihr jeweiliges Familiennetzwerk hin. Dieses Grundmuster zeigt vielfältige Konsequenzen im Blick auf mögliche Unterstützerkreise bei risikobelastetem Handeln.

Die Analyse der Familienstrukturen über das Konzept der Sozialen Netzwerke, einer Anleihe aus der Soziologie, bildet somit ein Fundament der theoretischen Betrachtungen.

Damit wird gezeigt, welche Bedeutung die einzelnen netzwerkartigen Verbindungen innerhalb der Familie und darüber hinaus im dörflichen Kontext für das wirtschaftliche Handeln haben. Eine mögliche Neukonstituierung des geographischen Beschreibungsinventars bedarf der Reflexion auf individuelle Handlungsspielräume, um nicht einer quasi-photographischen Beschreibung bzw. einer blossen Übernahme grossräumiger Analyse auf regionale und kommunale wirtschaftlich-soziale Zusammenhänge zu unterliegen. Denn dieser deskriptive Zugang kann lediglich wirtschaftsräumliche Strukturen des physischen Raumes als Untersuchungsergebnis präsentieren, lässt jedoch die Hintergründe eines sich räumlich-sozial äussernden Handelns ausser Acht.

Der handlungstheoretische Ansatz als entscheidender theoretischer Hintergrund soll dahingegen zu einem angemessenen Verfahren führen, um die drei Begriffe Kommunikation, Distanz und Organisation als Gelenkbegriffe einer wirtschaftlich-sozialen Dorfstruktur zu fassen.

Mit der Familienzyklentheorie wird ein weiteres wichtiges Element der Untersuchung vorgestellt. Anhand umfangreichen empirischen Materials wurde Licht auf die Funktionsweise kleinbäuerlicher Familienwirtschaften geworfen, um die internen Zusammenhänge der zentralen Stellung der Familie für den Einzelnen zugänglich zu machen. Mit dem Rückgriff auf die zyklischen Phasen der Familienwirtschaft nach der

ZUSAMMENFASSUNG

Theorie von TSCHAJANOW erweitert sich die Analyse des familiären Netzes zu einer Differenzierung der Handlungsanreize im Altersverlauf einer Familie. Hierbei werden auch im Dorf zyklisch unterschiedliche Motive und Notwendigkeiten der komplementären Ressourcenbeschaffung ausserhalb der Landwirtschaft sichtbar.

Nach wie vor belegt die Existenzsicherung durch die Landwirtschaft im Selbstverständnis indianischer Bauern den ersten Rang, obwohl die empirischen Untersuchungen zeigen, dass aus dieser lediglich etwa 50-60% der Bedarfsdeckung der Familie erwachsen. Ausserlandwirtschaftlichen Tätigkeiten wird lediglich der Charakter einer "Notlösungsstrategie" zugemessen, um diesen Mangel gezwungenermaßen auszugleichen. Den Hintergrund dieses Denkens bildet eine vielschichtige sozial-strukturelle Mangelsituation. Die Bildung von dörflichen Organisationen wie Kooperativen, *proyectos campesinos* oder informeller Gruppen erwächst aus dem Mangel an Zugang zu wirtschaftlichen Alternativen, der Distanz zu ihnen, die die Organisation als Vermittler kompensieren soll. Gelingt dieses nicht, zerbricht auch sie wieder.

Der in der Arbeit durch Distanz gekennzeichnete Zugang des einzelnen zu notwendigen Ressourcen wird von geographischen, sozialen, wirtschaftlichen, politischen und wahrnehmungsgeleiteten Faktoren komplex gestaltet. All diese bilden ein interdependentes Schema von alltagsweltlicher Erfahrung.

Einerseits wird eine vertikale Beschränkung von Handlungsspielräumen offenbar. Die bewertende Stratifizierung der Gesellschaft von der nationalen über die regionale bis zur dörflichen Ebene als wirtschaftlich-ethnische Diskriminierung gehört zur Grunderfahrung indianischen Alltags.

Andererseits erfährt der einzelne eine wirtschaftlich-soziale Begrenzung seiner Zugriffsmöglichkeiten auf der horizontalen Ebene der dörflich-hierarchischen Organisation. Diese gleichzeitig und als komplex wahrgenomme, beschränkende Alltagswelt lässt Handlungsmöglichkeiten nur im Spannungs- und Konfliktfeld der genannten Einflussebenen zu. Die beschrittenen Wege zur Ressourcenbeschaffung sind vermitteltes Handeln unter modern-ökonomischem und hierarchisch-traditionellem Einfluss. Es findet in einem Wahrnehmungsraum der **Semi-Moderne** statt.

Die im vorletzten Kapitel vorgenommene Diskursebenenanalyse trägt dem ge-

ZUSAMMENFASSUNG

wonnenen Verständnis Rechnung, dass zur Funktionsweise dörflicher Organisation nicht nur die materielle Tauschebene im Sinne eines modern-wirtschaftlichen Rentabilitätsstrebens gehört. Die immaterielle Ebene sozialer Tauschbeziehungen als ein Netz von gegenseitigen Leistungen verweist auf die gelungene Vermittlung unterschiedlicher Interessen in vertikaler und horizontaler Richtung. Sie entscheidet über das Gelingen des konzertierten Handelns der einzelnen Gruppen.

Der Vergleich zweier auf der Basis der vorgestellten Theorieansätze beispielhaft ausgewählter Organisationen bildet den Mittelpunkt der Diskursebenenanalyse. Auf der einen Seite steht ein "Händlerdorf", auf der anderen ein "Kleinbauerndorf". Beide sind in bezug auf den historischen Kontext durchaus vergleichbar. Doch zeigen sie unterschiedlich fortgeschrittene soziale Partikularisierungstendenzen und ungleich funktionstüchtige Netze gegenseitiger materieller und sozialer Vertrauensleistungen. Bei geringer materieller Ressourcenausstattung entscheidet gerade das konzertierte Handeln innerhalb eines bestehenden semi-modernen Netzes der Ressourcenbeschaffung über den Erfolg alternativer Bedarfdeckungsstrategien.

Die analytische Kenntnis über die Wechselwirkung alltagsweltlicher Handlungspräferenzen entscheidet ebenso über den Erfolg oder Misserfolg häufig nur "gut gemeinter" Hilfe, die Einfluss auf dörfliches Wirtschaften nehmen will.

Der Handlungsspielraum, innerhalb dessen sich das Wirtschaften indianischer Gemeinden im Westlichen Hochland Guatemalas abspielt, wird somit durch die bereits angeschnittene Begrifflichkeit der **Kommunikation, Distanz** und **Organisation** zugänglich gemacht.

Der Begriff der **Kommunikation** wird im Verlauf der Arbeit linear zu den empirischen Untersuchungsergebnissen entwickelt. Er unterliegt somit der Veränderung der Betrachterperspektive über den Gang vom historisch-politischen über den regionaldörflichen zum sozial-familiären Rahmen. Zunächst beschreibt er die permanente Bestätigung der Andersartigkeit des *Indígenas* gegenüber den spanischen Herrschern. Später, übertragen auf das Verhältnis des *Indígena* zum *Ladino*, materialisiert sich Kommunikation in einem Verhältnis der rassistischen Diskriminierung, der Zerspaltung der indigenen Gesellschaften durch bürgerliche Werte und einer weitreichenden wirtschaftlichen Unterdrückung der indigenen Bevölkerung. Kommunikation erscheint als ein

ZUSAMMENFASSUNG

Diskurs der Ausbeutung.

Im Gemeinderahmen lassen sich kommunikative Abstände zwischen der bürgerlichen, weitgehend von Ladinos geprägten Gemeinde und den indigenen Aldeas beobachten. Auch das dorfinterne Handeln der indianischen *comunidad* unterliegt der kommunikativen Zugänglichkeit im regional-nationalen Kontext und im dorfintern sozialhierarchischen Kontext. Kommunikation lässt sich interpretieren als ein vorausgelegter oder ritualisierter Handlungszusammenhang. Dadurch verliert dörfliches Leben den Nimbus folkloristischer und konfliktfreier Unbelastetheit.

Auf der Familienebene, dem wirtschaftlichen und sozialen Zentrum der individuellen Existenz, erhält der Kommunikationsbegriff auf dem Hintergrund der familienzyklischen Veränderungen weiteres Konfliktpotential. Die familiäre Kommunikationsleistung ist Bedingung für die Verteilung allgemein schon zu knapper Ressourcen.

In der alltagsweltlichen Wahrnehmung überlagern sich die oben genannten Ebenen von Kommunikation. Durch die interdependente Gleichzeitigkeit dieser Ebenen kristallisieren sich für den Einzelnen zwei Hauptrichtungen kommunikativen Handelns im dörflichen Rahmen heraus: die *Lider*-Typen mit ihren angegliederten klientelistischen Abhängigkeitsstrukturen oder die oben beschriebenen dörflichen Organisationsformen im Rahmen konzertierten Handelns.

In bezug auf die Wechselwirkung zwischen kommunikativer Struktur und alltagsweltlicher Strukturierung des dörflichen Lebens als konkreter Lebensvollzug, eröffnet sich ein neues Feld für die Diskussion des Distanzbegriffs.

Kommunikative Linien zeichnen Handlungsverläufe, vor allem auch wirtschaftlicher Art, im physischen Raum vor. Diese Strukturierung der physischen und sozialen Welt vom Individuum ausgehend, lässt Handlungen als Überwindung sozialer Distanzen erscheinen, die ihrerseits auch im wirtschaftlichen Handeln die fortwährende Neukonstitution der dörflichen Sozialwelt zur Folge haben. Distanz wird folglich als kommunikativ vermittelte räumlich-soziale Verflechtung interpretiert. Das physische Substrat der Umwelt ist somit nur ein Faktor im ablaufenden Handlungsprozess, der unterschiedlichsten Motiven, aus der sozial-gesellschaftlichen Mitwelt kommend, unterliegt.

Die dörflichen Organisationen übernehmen eine Mittlerrolle für deren

ZUSAMMENFASSUNG

Mitglieder. Die für den einzelnen unüberwindlichen Schranken durch Bevormundung auf der gesellschaftlich-nationalen oder regionalen Ebene bzw. der sozialen Handlungsbeschränkung auf dörflicher Ebene werden stellvertretend durch die Organisationsformen innerhalb der dörflichen Gemeinschaft überwunden, um die notwendige Ressourcenbeschaffung zur Existenzsicherung zu ermöglichen.

Jede Betrachtung dörflicher Organisationsformen, als eine konkrete Alternative wirtschaftlichen Handelns im indianischen Dorf muss in bezug auf den Erfolg oder Misserfolg der Rekonstruktionsleistungen der Dorfbewohner im Rahmen der Semi-Moderne gesehen werden. Nur aus der Analyse der diskursiven Ebenen des wirtschaftlichen Handelns einzelner oder Gruppen lässt sich eine Aussage über den Grad der **Vermittlung zwischen traditionellem Sozialverband und moderner Wirtschaftsweise**, deren Erfolg oder Zusammenbruch, treffen.

Die Analyse wirtschaftlicher Strukturen muss notwendigerweise dem plakativen Raum-Paradigma bzw. funktionaler Beschränkung enthoben und in den kommunikativ vermittelten Zusammenhang sozialen Handelns gestellt werden. Dadurch werden erst wirtschaftlich-soziale Formungen, und darauf aufbauend, mögliche konkrete Handlungsalternativen für die Dorfbewohner sichtbar.

Resumen

En el presente trabajo se está reinterpretando términos centrales de la discusión geográfica de desarrollo en nuevos contextos de argumentación saliendo de un reseño crítico de las contribuciones de la geografía a la teoría de desarrollo.

La meta de la tesis es construir un puente accionista-teórico para una mejor comprensión de distintas formas de economía minifundista-indígena en el Altiplano Occidental de Guatemala. La base de la partida forma la tensión entre un punto de vista empírico-fenomenológico y un análisis teórico. Desenvolvemos una relación de intercambio de distintas formas de economía desde las influencias históricas y asi mismo desde las estructuras actuales de la organización social de la comunidad. En el centro vemos las bases funcionales y rasgos principales de sociedades indígenas de hoy dia y sus posibilidades de un desenvolvimiento socio-económico de las mismas. La presentación y el análisis profundo de ejemplos adecuados para explicar el papel de estas formas comunales de economía forman la meta general de la tesis.

Resultado del trabajo es un análisis de estructuras comunales orientado hacía distintas teorias, pero sobre todo una presentación de los margenes de acción, dirigidos hacía la práctica. Al mismo tiempo se está revelando las intenciones de desarrollo y cambio desde afuera hacía las distintas agrupaciones sociales y económicos en la comunidad.

Es la opinión del autor de que no se puede establecer alternativas razonables para una actuación económica-social dentro de los municipios indígenas del altiplano, sin comprender satisfactoriamente el trasfondo de la lógica cotidiana de los mismos.

Como un primer paso, la elaboración selectiva del contexto histórico-político de la realidad indígena desde la conquista demuestra los rasgos principales de los cambios decisivos en el altiplano occidental de Guatemala. La posición centrica en la elaboración de una perspectiva fundamental es la formación interna de la comuna municipal en el transcurso del tiempo. Una importancia especial concedemos a la reducción de posibilidades de una expresión autónoma social y económica como un reflejo de los

RESUMEN

sucesos históricos en las comunidades indígenas y de las siguientes estrategias y formas de organización social.

Viendo la situación de las comunidades del altiplano al inicio de este siglo se puede detectar un grado alto de inestabilidad social, a pesar de que aparezcan hacía afuera como una estructura cerrada y socialmente mediada. La disolución rápida o la torción de estructuras social-históricas de ordenamiento interno relacionadas con la "primavera guatemalteca" de 1944-54 demuestra la debilidad ya existente de las estructuras tradicionales del orden social. Tradicionalmente la hierarquía civil-religiosa determinaba el marco de articulación en la comunidad. La introducción e invasión tanto de los *partidos políticos* como de la *Acción católica* rompió las reglas básicas socioeconómicas y dissolvó por una parte las mismas.

Por lo tanto las sociedades comunitarias hoy día están en su camino hacía una modernidad quebrada; este marco de acción se ve caracterisado en un lado por el trasfondo memorizado de las hierarquías sociales y las estrategias de solución de problemas internas correspondientes, por otro lado el rumbo va hacía un pensamiento estratégico de una economía modernista-rentable. La coalición e interdependencia de estos dos elementos principales de acción se ve reflejada en el término del **Semi-modernismo**, a travéz de lo cual hacemos determinables los complejos mecanismos de un establecimiento comunitario y social juntamente con la acción individual. Esto se puede visualizar por ejemplo por el sistema judicial: Anteriormente la hierarquía comunitaria controlaba la agresión comun, hoy en dia las estructuras tradicionales están en proceso de disolución sin una reposición de un sistema judicial funcionable. El resultado es muchas veces agresión exuberante y inseguridad en las comunidades.

Con la coincidencia pero no equivalencia de una economía familiar local, comercio regional, influencia nacional e internacional, la situación de la vida individual se ve expuesta a un cambio permanente con pocas posibilidades de manejo e influencia por lo cual se busca el desarrollo de nuevas estrategias de solución de problemas.

El marco comunicativo constituido por el espacio social, representado en un lado por el municipio constitucional en el centro aministrativo municipal y por otro lado el nivel submunicipal de la aldea, del cantón o de la vecindad refleja rasgos profundos de la constitución comunitaria indígena. Esta constitución se concretiza más en

RESUMEN

la orientación particular hacía las redes familiares. Este enfoque básico demuestra distintas consecuencias y circunstancias de posible apoyo en acciones riesgosas.

El análisis de las estructuras familiares por medio del concepto de las redes sociales lo cual representa un aporte de la sociología, forma por lo tanto el cimiento de las investigaciones teóricas.

Por medio de estos esfuerzos podemos mostrar la importancia de las distintas relaciones dentro de la red familiar y más allá de la red comunitario dentro del contexto de la actuación económica. Una posible neo-constitución del inventario geográfico de descripción y análisis requiere de una reflección a los espacios de la acción individual para no quedarse sujeto a una descripción fotográfica o a una simple copia de un macro-análisis para la investigación de conjuntos económicos-sociales regionales y comunitarios. De hecho la descripción simplemente logra presentar como resultados estructuras económicas dentro del espacio físico, sin embargo aparta el trasfondo de una actuación la cual se emanará como espacial-social.

La teoría de acción como otro decisivo trasfondo teórico debe de llevar la investigación hacía un método adecuado para enfoquar los tres términos **comunicación, distancia y organización** como herramientos analíticos para captar la estructura económico-social de una comunidad.

Con la teoría del ciclo familiar se presenta otro elemento teórico importante de la investigación. Utilizando una abundancia de material empírico se ha logrado revelar aspectos del funcionamiento de economías familiares minifundistas para hacer accesible los enlaces internos entre la posición central de la familia y el individuo. La posibilidad de emplear los ciclos dentro de una economía familiar segun la teoría de TSCHAJANOW amplia el análisis del red familiar hacía una diferenciación de los incentivos de acción en el transcurso de la maduración familiar. Así se logra visualizar distintos motivos y necesidades dentro de la comunidad en la movilización de recursos complementarios fuera de la agricultura.

La agricultura todavía ocupa, como garantía del sustento familiar, en el pensamiento de las personas el primer lugar, a pesar de investigaciones del campo que comprueban el origen de solo 50% a 60% del sustento de la familia de estas ac-tividades. A trabajos fuera de la agricultura se otorga unicamente el caracter de "una estrategia

RESUMEN

de emergencia" para compensar una necesidad. El trasfondo de este pen-samiento está formado por una situación económico-social de carencia multidi-mensional. La formación de organizaciones comunitarias tal como cooperativas, pro-yectos campesinos o grupos informales proviene de una ausencia de acceso a ac-tividades económicas, de la distancia hacía las mismas, la cual tiene que compensar la organización como mediador. En el caso de que no les funcione eso, fracasará luego.

El acceso del individuo a los recursos necesarios el cual en la tesis está caracterizado por la distancia aparece formado complejo por factores geográficos, sociales, económicos y perceptivos. Todos estos elementos forman un esquema interdependiente de experiencias cotidianas.

Por un lado se detecta una limitación vertical de acción. La estratificación valoranda dentro de la sociedad desde el nivel nacional, por el regional hasta el comunal como una discriminación económico-étnica forma parte de la experiencia diaria de la vida cotidiana indígena. Por otro lado el individuo experimenta un limitante económico-social de sus accesos en el nivel de las organizaciones comunitarias hie-rárquicas. Este mundo cotidiano con su caracter complejo unicamente permite margenes de acción dentro de una franja de tensión y conflicto entre estos niveles de influencias en mención. Los caminos escogidos para la adquisición de recursos son un tipo de actuación bajo influencias moderno-económicas y tradicional-hierárquicas. Se presen-tarán estas en un espacio perceptivo que llamamos **Semi-Modernismo**.

El análisis de discurso en el penúltimo capítulo aporta a lo discutido anteriormente que al funcionamiento de organizaciones comunitarias no solo pertenece el nivel de intercambio material en el sentido de una racionalidad económica. El nivel de relaciones sociales de un intercambio inmaterial como una red de aportes mutuos indica la mediación exitosa de distintos intereses en la dirección vertical y horizontal. Esta mediación decide sobre el éxito de acciones concertadas de los distintos grupos.

La comparación de dos organizaciones escogidas en base de los ya presentadas teorías representan el centro del análisis de discurso en forma ejemplar. Por un lado presentamos un "municipio de comerciantes", por otro lado un "municipio de mini-fundistas". Los dos son comparables en función a su contexto histórico. Sin embargo demuestran distintos grados de una heterogeneidad social y distintos funcionamientos de los redes de apoyo mutuo en el sentido material y social. Con escasos recursos materiales es justamente la acción concertada dentro de una red semi-moderno existente la que decide sobre el éxito de estrategias alternativas para cubrir sus necesidades.

El conocimiento analítico de los efectos interdependientes de preferencias de acción decide en la igual forma sobre el éxito o fracaso de una ayuda de "buena voluntad" la cual pretende de ganar influencia sobre la vida de la economía co-munitaria.

El espacio de actuación dentro de lo cual se realiza la economía de las comunidades indígenas del altiplano occidental de Guatemala, se hará accesible y comprensible por los ya mencionados términos de **comunicación, distancia** y **organización**.

El término de **comunicación** desarrollamos en el transcurso de la investigación paralelo con los resultados empíricos obtenidos en el campo. Por lo tanto está sometido a los cambios de la perspectiva del investigador desde las preguntas histórico-políticas, regional-comunitarias hasta estas de un carácter social-familiares. En un principio determina la continua confirmación de las diferencias entre los indígenas y sus patrones españoles. Luego, transferida esta relación colonial a la situación indígena - ladino, la comunicación se materializa en una relación de discriminación racista, una distorsión completa de la sociedad indígena por los valores burgeses y una amplia explotación económica de la población indígena. Comunicación se revela como un discurso de explotación.

A nivel del municipio se puede observar distancias comunicativas entre la comuna civil, mayormente dominada por los ladinos, y las aldeas indígenas. La actuación dentro de la comunidad indígena, por su lado, está también sujeto a la accesibilidad comunicativa dentro del contexto social-hierarquico en el ambiente comunitario y regional-nacional fuera de lo mismo. La comunicación se puede interpretar como un conjunto de acciones pre-establecidas o ritualizadas. Como consecuencia la vida comunitaria pierde su aura de una imparcialidad folclórica y sin conflictos.

A nivel de la familia, la cual representa el centro económico y social de la existencia individual, el término de la comunicación asume todavía más potencial

RESUMEN

conflictivo a base de los cambios del ciclo familiar. La comunicación familiar es una condición para la distribución de recursos ya escasos.

En la percepción cotidiana se traslapan los niveles comunicativos arriba mencionados. La interdependencia simultanea de estos niveles provocan la cristalización de dos lineas principales de actuación comunicativa dentro del marco comunitario para el individuo: el **tipo lider** con sus estructuras de dependencia clientelista adjuntada o el **tipo de organizaciones comunitarias** arriba analizadas en el marco de una actuación concertada.

La relación interdependiente entre estructura comunicativa y estructuración de la vida cotidiana en la comunidad como proyecto concreto abre un campo más amplio para la discusión del término de la **distancia**.

Lineas comunicativas pre-marcan lineas de acciones, también económicas, en el espacio físico. Esta estructuración del mundo social y físico procedente del individuo, permite ver la acción como una actividad de vencer a las distancias sociales las cuales tienen por su parte como consecuencia, también a través de las actividades económicas, la neo-constitución continua del ambiente social en la comunidad. Interpretamos como consecuencia la distancia como un enlace físico-social intermediada por la comunicación. El substrato físico del ambiente por lo tanto es solamente **un factor** en la actuación el cual es sujeto a una multitud de distintos motivos procedente del ámbito social y de la sociedad.

Las organizaciones comunitarias conllevan un rol de intermediación para sus asociados. Las barreras demasiado altas para el individuo a causa de una tutela a nivel de la sociedad nacional y regional, respetivamente a nivel de la comunidad serán sobrepasadas suplente por la organización dentro de la comunidad comunitaria para garantizar la provisión con recursos necesarios para estabilizar la vida familiar.

Cualquier análisis de organizaciones comunitarias como una alternativa concreta de actividades económicas en la comunidad indígena, se tiene que ver como éxito o fracaso de la reconstrucción constante de los habitantes de la comunidad dentro de la semi-modernidad. Solamente desde el análisis de los niveles discursivos de las actividades económicos individuales o de un grupo se puede deducir una aclaración sobre el grado y la calidad de la conciliación entre sociedad tradicional y economía moderna, de su éxito o su fracaso.

El análisis de las estructuras económicas necesariamente hay que sacarlo del parádigma de espacio demasiado placativo o de las limitaciones funcionales y hay que concentrarlo en las relaciones de la actuación social la cual aparece mediado por la comunicación los tipos de organización comunitaria. Desde allí, finalmente, se visualizan las modulaciones económico-sociales y por ende alternativas concretas de acción para las personas de las comunidades.

Summary

This thesis presents some central topics of the discussion on geographical development and new currents of argumentation. It starts from a critical presentation of central contributions of geography to development theory.

The main object of the thesis is to develop an action-oriented approach of interpretation to understand the houshold economy of Indian small farmers in the Western Highlands of Guatemala, based on some interactional perspectives of an empirical-phenomenological interpretation and a theory-based analysis. An interrelation is constructed between economic structures seen from a historical viewpoint on one hand and actual structures of social community organizations on the other. In the centre we see the basic features and functions of nowadays Indian societies and their possibilities of social-economic development. A presentation and in-depth analysis of essential case-studies which exemplifies distinct features of community-based economic structures are the target of the thesis.

From this results a theory-oriented analysis of community structures and a presentation of the margins of action which demonstrate the influences of change and development intentions which are directed from outside on these community-based social and economic organizations.The author is convinced that there are no reasonable economic and social alternatives for action within the Indian communities without sufficent comprehension of the background of their everyday life.

In a first step a selective treatment of the historical and political context of Indian reality is presented starting from the conquista and featuring the main lines of change in the Western Highlands of Guatemala. The focal point within this approach is the construction of a perspective which shows the internal development of the community during the last centuries. Special consideration is given to the decreasing possibilities of social and economic autonomy as a reflexion of historical events in the Indian communities and their consecutive strategies and expressions of social organizations. The study of the situation of the highland communities at the beginning of the present century demonstrates a certain degree of social instability, though the communities continue to appear as a closed and socially bound structure.

SUMMARY

The fast dilution or even deformation of social hierarchy structures and normative mechanisms in the wake of the "guatemaltecan spring" from 1944 to 1954 show how weak the traditional forms of social order have been. The civil-religious hierarchy determined the framework of community action. This hierarchy was hidden and partly diluated by the promotion of political parties and by the "catholic action" which destroyed the normative social-economic norms of order.

The community-based societies of the Highlands are therefore on their way into a modernism which is characterized by deep fractions. Their framework of action is dominated by the memorized background of social hierarchies and resulting from that by strategies of problem-solution as well as by the modern way of strategic thinking in a profit-making economy. The coincidence and the interdependence of these two elements of orientation for action is reflected in the term "semi-modernism". This term enables the description of complex mechanisms of community-based social formations and individual actions. This can be demonstrated for example by the description of the legal system: in former times the hierarchical community order settled overwhelming expressions of aggression. Nowadays the traditional structures are in a process of dilution but cannot be replaced by a system of civil rights. The result is a situation of uncontrolled aggression and insecurity in the communities.

With the coincidence of time but not with the coincidence of an equilibrium of local family economy regional trade and national as well as international influences, the individual situation of life is submitted to a continuous change with small possibilities of personal influence. Therefore the majority of the people sees a necessity to develop new strategies for the solution of their problems.

The characteristic elements of the constitution of an Indian community are divided on one hand to the "centro", that means the socially constituted space and the communicative framework of the legally embodied village and on the other hand to the sub-structure of the legal entity which is represented by the "aldea", the "canton" or the "vecindad". This constitution gains more concrete features in the orientation of the single-person on the specific family network. This pattern shows

SUMMARY

multiple consequences for the development of a possible network of persons within a context of insecurity.

The analysis of family structures via the concept of social netwoks, as a contribution from sociology, forms the base of the theoretical part of this section of the thesis.

By this way the importance of the network relation within the family and within the community context is a frame for the personal economic action. A possible new tendency of geographical description devices needs the reflection on the individual margins of action of social subjects. By this way the process of reflection is not submitted to a simple quasi-photographical description or a pure overtaking of macro-spacial analysis on regional and local economic and social context. The descriptive way can as a result of analysis simply present the physical structures of space but does not consider the background of social action in space.

The action-theoretical perspective as the decisive theoretical background should thereby lead to an adequate procedure to grasp the three terms communication, distance and organization as focal points of an analysis of social economic community structures.

The theory of the family cycle provides an important and elementary approach for this dissertation. The presentation of extended empirical data have been the focus of our interest on the functional basis of Indian small farmers. This permits to open a gateway for a new understanding of the central position of the family for the individual person. Considering the cyclical phases of the family economy according to the theory of Tschajanow we can enlarge the framework of the analysis of family networks for differentiated perceptions of action incentives in distinct life periods of a family. Hereby a cyclical development of motives can be visualized as well as necesseties of complemetary ressources which are provided aside of agricultural activities.

Up to our days the existential security of agriculture takes a prime place in the consciousness of Indian small farmers and empirical data are showing that at least 50 to 60 % of family consumption are provided from that occupation. Activities of non-agricultural character have an image of elements of an emergency

SUMMARY

strategy, to balance the lack of consumption ressources. The background for this thinking is formed by a multi-level situation of essential missing links in the social structure. The formation of community organizations as cooperatives, proyectos campesinos or informal groups is provoqued by the lack of support for economic alternatives, the distance between the individuals and the alternatives which the organization as a communicator should help to compensate. If this fails, the community as a whole is breaking down.

The access of the individual person to scarce resources which is characterized in this thesis by the term of "distance" is made up in a complex way by geographic, social, political, economic and perception-guided factors. All these together build up an interdependent scheme of everyday life experience.

On one hand there are the vertical constraints of the margins of action. The stratification of the society from the national to the regional and finally to the village level according to economic and ethnic discrimination forms part of this experience of Indian everday life.

On the other hand there are - on a horizontal level - individual experiences of social and economic limitations for possibilities of success of community hierarchical organization. The perception of this situation as a complex and limited everday world permits only possibilities of action in the field of tension and conflict between the influences already mentioned. The ways which the individual selects to provide himself with the necessary ressouces are a compromise between modern economic and hierarchical and traditional influences. It takes place in a perceptional space which we have called "semi-modernism".

The discours analysis of the 7th chapter considers the understanding already developed above that within the functional background of community organizations the material exchange level as a modern economic profit thinking is not decisive alone. The immaterial level of social networks of exchange as a network of exchange activities enforces the consecutive negotiation of distinct interests in vertical and horizontal direction. This will decide on the positive results of coordinated action within the distinct groups.

SUMMARY

In the centre of the discourse analysis the comparison is s positioned between two selected organizations based on social theories dicussed before. One selected community is a "trader-community", another represents a "small-farmers-community". Both are comparable in respect to their historical context. Nevertheless they show tendencies of social particularization on different levels and different social networks of mutual material and social support. Under conditions of reduced material ressources it is the coordinated action within an existing semi-modern network of ressource provision which decides about the sucess of alternative strategies for covering the family demand.

The analytical knowledge of mutual effects of everyday life action references decides about the success or misfortune of mostly "well-intentioned" help which tries to gain influence on the community economy.

The margins of action within which the economic activities are taking place in Indian communities of the Western Highlands of Guatemala are represented by the terms of communication, distance and organization already discussed.

In this thesis the term communication is developed in a linear way along the empirical data of the investigation. Therefore it is submitted to the changes of perspectives of the investigator passing from the historical-political to the regional community-based level and finally to the social and family oriented framework. In a first step communication is described as the permanent affirmation of the distinctiveness of Indian people from their Spanish conquistadores. Later it refers to the relationship between the indigena and ladino situation of communication and shows a relationship of racist discrimination, the opening of frictions within the indigenous communities by bourgeoise values and a wide range of economic dependency of the indian population. Communication appears as a discourse of exploitation.

Within the community framework we can observe communicative distances between the officially legalized village, mainly dominated by the ladinos, and the indigeneous aldeas. The internal action within the indigeneous comunidad is ruled by the communicative accessability within the regional and national context and within the social hierarchy of the same community. We can interprete

SUMMARY

communication as a pre-determined and ritual context of action. By that way commuity life loses the nimbus of folkloristic and conflict free paradise.

On the family level which represents the economic and social centre for the individual, the term of *communication* implies a background of cyclical changes within the family structure and therefore another area of potential conflict. The family-based communication process is one main precondition for an equal distribution.

In the perception of everday life there appears an overlay of the above mentioned levels of communication. Through the interdependent coincidence of these levels one can observe the emergence of two main directions of personal communicative action within the community framework: the leader types with their clientelistic structures of personal dependency and the already described forms of community-based organization within the framework of coordinated action.

Referring to the interrelation between communicative structure and to the formation of everyday life experience within the community as a concrete reality of personal life there lies a new field of discussion of the term of distance.

Communicative guidelines prescribe the process of action in physical space, not at least the economic activities. The structuration of the physical and social world starts from the individual and gives way to interprete action as an overcoming of social distance. This interpretation which also can be taken as a basis for economic action shows as a consequence the continuous reconstitution of the community-based social world. Therefore distance is interpreted as a spatial and social interrelation from a communicative background. The physical content of our surroundings is seen only as one factor in the current action process. The underlying motives which come from the social world appear as another - perhaps more important - factor of action.

The organizations in the local community are acting as intermediaries. The constraints which seem to be unremovable because of manipulations on the level of national and regional society or because of social interferences on the community level are overcome by the forms of organizations which exist within the local community and which enable access to the necessary ressources, to ensure the basic subsistence.

SUMMARY

Every analysis of community-based ways of organization as a concrete alternative of economic action in an Iindian community must be seen in relation to the success or failure of possibilities to reconstruct a framework for the local population within the suroundings of semi-modernism. Only from the analysis of different levels of discourse of economic activities of individuals or regular groups one can find an answer for the degree of correlation between the traditional social organization and modern expressions of economy, their success or misfortune.

The analysis of economic structures has to be freed urgently from the simplifying paradigma of space and its functional limitations and has to be placed into a context of social action which is mediated by communication. Only by this way we can visualize economic and social features and above them, concrete and possible alternatives of action for the community population.

LITERATURVERZEICHNIS

ADAMS, R.N.(1970): Crucifixion by Power. Essays on Guatemalan National Social Structure, 1944-1966; Austin.

ders. (1990): Ethnic Images and Strategies in 1944; in: C.A. SMITH (1990): Guatemalan Indians and the State: 1544 to 1988; Austin.

AGUIRRE-BELTRAN, G.(1967): Regiones de refugio; México.

ALBRECHT, G.(1969): Die "Subkultur der Armut" und die Entwicklungsproblematik; in: Kölner Zeitschrift für Soziologie und Sozialpsychologie, Sonderheft 13, 1969.

ALDRICH, H.(1982): The Origins and Persistence of Social Networks: A Comment; in: P.V. MARSDEN/ N. LIN (1982): Social Structure and Network Analysis; Beverley Hills.

ATTESLANDER, P./ B. HAMM (Hrsg.)(1974): Materialien zur Siedlungssoziologie; Köln.

ARBEITSGRUPPE BIELEFELDER SOZIOLOGEN (1973): Alltagswissen, Interaktion und Gesellschaftliche Wirklichkeit; Bde.I,II, Reinbek.

AKADEMIE FÜR RAUMFORSCHUNG UND LANDESPLANUNG (ARL) (Hrsg.) (1975): Ausgeglichene Funktionsräume. Grundlagen für eine Regionalpolitik des mittleren Weges; Hannover.

ARNOLD, H. (1988): Soziologische Theorien und ihre Anwendung in der Sozialgeographie; Urbs et Regio, 49, Kassel.

AZURDIA ALFARO, R.(1980): Código Municipal y sus reformas; Guatemala.

BARNES, J.S. (1977): Class and Committees in a Norwegian Island Parish; in: S. LEINHARDT (1977): Social Networks. A Developing Paradigm; New York.

BARTELS, D.(1968): Zur wissenschaftstheoretischen Grundlegung einer Geographie des Menschen; Geographische Zeitschrift, Beiheft 19, Stuttgart.

BASU, K.(1983): The Emergence of Isolation and Interlinkage in Rural Markets; in: Oxford Economic Papers, 35, 1983, 262- 280.

BECK, G.(1982): Der verhaltens- und entscheidungstheoretische Ansatz. Zur Kritik eines modernen Paradigmas in der Geographie; in: P. SEDLACEK (Hrsg.) (1982): Kultur-/ Sozialgeographie; Paderborn.

LITERATURVERZEICHNIS

BECKER, G.S.(1976): The Economic Approach to Human Behavior; Chicago.

BENNHOLDT-THOMSEN, V.(1976): Zur Bestimmung des Indio. Die soziale, ökonomische und kulturelle Stellung der Indios in Mexiko; Berlin.

BERDOULAY, V.(1978): The Vidal - Durkheim Debate; in: D. LEY/ M.S. SAMUELS (eds.)(1978): Humanistic Geography; Chicago.

BERGER, P./ T. LUCKMANN (1987): Die gesellschaftliche Konstruktion der Wirklichkeit. Eine Theorie der Wissenssoziologie; Frankfurt.

BERKHOFER, R.F.A.(1969): A Behavioural Approach to Historical Analysis; Toronto.

BERTRAND, M.(1986): Demografía de la región de Rabinal del siglo XVII al XIX; in: MESOAMERICA, 1986, H.11, 3-22.

BIELEFELDER SOZIOLOGEN (1975): Alltagswissen, Bde I, II; Reinbek.

BIRK, F.(1987): Agrarstrukturen im Guatemaltekischen Hochland: Die Landwirtschaft der Indígenas zwischen Verharren und erzwungener Veränderung; Tübingen. (Zulassungsarbeit Tübingen)

ders.(1993 a): Indianische Kleinbauern im Hochland Guatemalas. Ihre Alltagslogik und interne Organisation; in: Geographische Zeitschrift, 1993, H.1/2, 110-123.

ders.(1993 b): Semi-Moderne - Indianische *comunidades* im Hochland Guatemalas und deren heutige Interpretation; Tübingen. (unver. Manuskript)

BLOTEVOGEL, H.H./ G. HEINRITZ/ H. POPP (1986): Regionalbewusstsein. Bemerkungen zum Leitbegriff einer Tagung; in: Berichte zur deutschen Landeskunde, 60, 1986, H.1, 103-114.

BLUM, V.(1989): Zur Organisation Kleinbäuerlichen Wirtschaftens. Entwicklungstendenzen, Erklärungsansätze und Fallstudien aus den östlichen Anden Südperus; Saarbrücken/ Fort Lauderdale.

BLUMER, H.(1969): Symbolic Interactionism. Perspective and Method; Eaglewood Cliffs.

BOBEK, H.(1985): Zur Problematik der unterentwickelten Länder; in:F. SCHOLZ (Hrsg.)(1985): Entwicklungsländer; Darmstadt.

BOECKH, A.(1992): Entwicklungstheorien: Eine Rückschau; in: D.NOHLEN/ F. NUSCHELER (1992): Handbuch der Dritten Welt; Bd.1, Bonn.

BOESCH, M.(1989): Engagierte Geographie. Zur Rekonstruktion der Raumwissenschaft als politik-orientierte Geographie; Erdkundliches Wissen, Bd.98, Stuttgart.

LITERATURVERZEICHNIS

BOHLE, H.-G.(1988): Kleinräumige Wirtschaftskreisläufe und Verflechtungsanalyse. Am Beispiel ländlicher Vermarktungssysteme im südlichen Indien; in: Zeitschrift für Wirtschaftsgeographie, 32.Jg., 1988, H.1, 16-32.

BORIS, D./ R.RAUSCH (Hrsg.)(1984): Zentralamerika; Köln.

BOURDIEU, P.(1979): Entwurf einer Teorie der Praxis; Frankfurt.

ders. (1983): Ökonomisches Kapital, kulturelles Kapital, soziales Kapital; in:
R. KRECKEL (Hrsg.)(1983): Soziale Ungleichheiten; Göttingen.

BRANDT, H.(1982): Projektplanung in der Kleinbäuerlichen Produktion; Schriften des Deutschen Instituts für Entwicklungspolitik (DIE), Bd.70, Berlin.

BRINTNALL, D.E.(1979): Revolt against the Dead. The Modernization of a Mayan Community in the Highlands of Guatemala; New York.

BRUNNER, M./W. DIETRICH/M. KALLER (1993): Projekt Guatemala. Vorder- und Hintergründe der österreichischen Wahrnehmung eines zentralamerikanischen Landes; Frankfurt.

BUBNER, R.(1982): Handlung, Sprache und Vernunft; Frankfurt.

BULMER, M.(1985): The Rejuvenation of community studies? Neighbours, Networks and Policy; in: The Sociological Review, 33, 1985, H.2, 430-448.

BUNDESMINISTERIUM FÜR WIRTSCHAFTLICHE ZUSAMMENARBEIT UND ENTWICKLUNG (BMZ) (1992): Journalisten-Handbuch Entwicklungspolitik 1993; Bonn.

BUNTZEL, R.(Hrsg.)(1985): Armutsorientierte Ländliche Entwicklung; Frankfurt, in: Texte zum Kirchlichen Entwicklungsdienst, Bd.33.

BUTTIMER, A.(1984): Ideal und Wirklichkeit in der Angewandten Geographie; Münchner Geographische Hefte, 51, Kallmünz.

dies.(1972): Inqualita, inefficiency and injustice; Kansas City.

BUTZIN, B.(1982): Elemente eines konfliktorientierten Basisentwurfs zur Geogra-phie des Menschen; in: P. SEDLACEK (1982): Kultur-/ Sozialgeographie; Paderborn.

CALAVAN, M. M. (1984): Prospects for a Probabilistic Reinterpretation of Chayanovian Theory: An Exploratory Discussion; in: E.P. DURRENBERGER (ed.)(1984): Chayanov, Peasants, and Economic Anthropology; Orlando.

CAMARA, F.(1952): Religious and Political Organization; in: TAX, S.(ed.)(1952): He ritage of Conquest; Glencoe.

LITERATURVERZEICHNIS

CAMBRANES, J.C.(1985): Coffee and Peasants. The Origins of the Modern Plantation Economy in Guatemala, 1853-1897; Guatemala.

ders.(1986): Introducción a la Historia Agraria de Guatemala, 1500-1900; Guatemala.

ders.(1987): Sobre el desarrollo de la sociedad y las relaciones interétnicas en Guatemala; in: MESOAMERICA, 1987, H.14, 346-354.

CANCIAN, F.(1976): Social Stratification; in: Annual Review of Anthropology, 1976, H.5, 227-248.

ders.(1965): Economics and Prestige in a Maya Community; Stanford.
CARMACK, R. (ed.)(1988): Harvest of Violence: The Maya Indians and the Gua-temalan Crisis; University of Oklahoma Press, Norman.

ders.(1979): Historia Social de los Quichés; Guatemala.

CARRASCO, P.(1982): Sobre los indios de Guatemala; Seminario de Integración Socia l 42, Guatemala.

CASAUS, Marta E.(1992): Guatemala: Linaje y Racismo; FLACSO, San José.

CASTANON OROZCO, D.E.(1979): El Costo de Vida en el Area Rural del Altiplano Occidental. Un caso típico; Quetzaltenango.

CASTELLS, M.(1983): The City and the Grassroots. A Cross-Cultural Theory of Urban Social Movements; Berkeley/ Los Angeles.

CHAMBERS, R.(1983): Rural Development. Putting the Last First; Burnt Mill.

COLBY, B.N./ P.L. v.d.BERGHE (1977): Ixiles y Ladinos. El Pluralismo Social en el Altiplano de Guatemala; Guatemala.

II. CONTINENTAL ENCOUNTER (1991): Campaign 500 Years of Indigenous, Black and Popular Resistance. Quetzaltenango, 7 to 12 Octuber 1991; Guatemala.

CORDAN, W.(Hrsg.)(1987): Popol Vuh. Das Buch des Rates; Köln.

DE ALCANTARA, C.H.(1982): Boundaries and Paradigms: The Anthropological Stud y of Rural Life in Postrevolutionary Mexico; Leiden Development Studies, 4, Leiden.

DE LA ROCA, J.C.(1966): Biografía de un Pueblo. Sintesis monográfica de Quetzaltenango: interpretación de su destino; Guatemala.

DURRENBERGER, E.P.(ed.)(1984): Chayanov, Peasants, and Economic Anthrology; Orlando.

LITERATURVERZEICHNIS

EARLY, J.D.(1983): Some ethnographic implications of an ethnohistorical perspective of the civil-religious hierarchy among the highland maya; in: Ethnohistory, 30, H.4, 1983, 185-202.

EBEL, R.H.(1969): Political Modernization in Three Guatemalan Indian Communities; Middle American Research Institute, Tulane University, New Orleans.

EHMER, J. / M. MITTERAUER (Hrsg.)(1986): Familienstruktur und Arbeitsorganisation in ländlichen Gesellschaften; Köln, Wien.

EISEL, U.(1980): Die Entwicklung der Anthropogeographie von einer "Raumwissenschaft" zur Gesellschaftswissenschaft; Urbs et Regio, Bd.17, Kassel.

EISENSTADT, S.N.(1979): Cultural Orientations, Institutional Entrepreneurs, and Social Change: Comparative Analysis of Traditional Civilizations; in: American Journal of Sociology, Vol. 85, No. 4, 1979, 840-869.

EISENSTADT, S.N./ R. LEMARCHAND (eds.)(1981): Political Clientelismo, Patronage and Development; Beverley Hills.

EISENSTADT, S.N./ RONIGER (1980): Patron-Client Relations as a Model of Structuring Social Exchange; in: Comparative Studies in Society and History, 22, H.1, 43-78.

ELWERT, G.(1983): Aufbruch und Krise - Überlegungen zur Dynamik sozialer Bewegungen; in: R. HANISCH (1983): Soziale Bewegungen in Entwicklungsländern; Baden-Baden.

ENTRIKIN, J.N.(1975): Science and humanism in geography; Wisconsin.

ESTEVA, G.(1992): Fiesta - jenseits von Entwicklung, Hilfe und Politik; Frankfurt/ Wien.

EVERS, H.-D.(1987): Subsistenzproduktion, Markt und Staat. Der sogenannte Bielefelder Verflechtungsansatz; Geographische Rundschau, 39.Jg., 1987, H.3, 136-140.

FALLA, R.(1980): Quiché Rebelde. Estudio de un movimiento de conversión reli-giosa, rebelde a las creencias tradicionales en San Antonio Ilotenango,

Quiché (1948- 1970); Editorial Universitaria, Guatemala.

FELDBAUER, P./H.-J. PUHLE (Hrsg.)(1992): Bauern im Widerstand. Beiträge zur historischen Sozialkunde; Beiheft 1/1992, Wien.

FIEGE, K./ L.RAMALHO (1988): Agrarkrisen. Fallstudien zur ländlichen Entwicklung in der Dritten Welt; Saarbrücken/ Ft. Lauderdale.

FINE, G.A./ S. KLEINMANN (1979): Rethinking Subculture: An Interactionist

Analysis; in: American Journal of Sociology, Vol. 85, 1979, H.1, 1-20.

FLIEDNER, D. (1993): Sozialgeographie; Berlin/New York.

FOSTER, G.M. (1963): The dyadic contract in Tzintzuntzan II: Patron-Client Relationship; in: American Anthropologist, 1963, 65, 1280-

ders. (1965): Peasant society and the Image of Limited Good; in: American Anthropologist, 1965, 67, 293-315.

FREIBERG-STRAUSS, J. (1991): Mikroökonomische Entscheidungsstrukturen von Kleinbauernfamilien in der Kartoffelwirtschaft Boyacá's, Kolumbien; Saarbrücken/ Fort Lauderdale.

FRIEDLANDER, J. (1975): Being Indian in Hueyapán. A Study of Forced Identity in Contemporary Mexico; St. Martin's Press, New York.

FUENTES Y GUZMAN, A. de (1969-72): Recordación florida: discurso historial y demonstración natural, material, militar y política del reyno de Guatemala; 3 tomos, Madrid.

GABRIEL, L. (1987): Aufstand der Kulturen. Konflikt-Region Zentralamerika: Guatemala, El Salvador, Nicaragua; Hamburg.

GAGE, T. (1979): Los Viajes de Tomás Gage en la Nueva España; Biblioteca de Cultura Popular "20 de Octubre", Guatemala.

GALTUNG, J. (1987): Der Weg ist das Ziel; Wuppertal.

GEIPEL, R. (1985): Alltagswissenschaftliche Forschungsansätze in der Geographie; in: W. ISENBERG (1985): Analyse und Interpretation der Alltagswelt; Osnabrück.

GIESEN, B./ H. HAFERKAMP (1987): Soziologie der Sozialen Ungleichheit; Opladen.

GIRARD, R. (1969): Die Ewigen Mayas. Zivilisation und Geschichte; Wiesbaden.

GOETZE, D. (1970): Oscar Lewis' Hypothese von der "culture of poverty"; in: Schmollers' Jahrbuch für Wirtschafts- und Sozialwissenschaften, 90.Jg, 337-350.

ders. (1971): "Culture of poverty" und Soziale Wirklichkeit: Nachruf auf eine Theorie; in: Sociologia Ruralis, 11, 1971, H.3.

GRANOVETTER, M. (1979): The Idea of 'Advancement' in Theories of Social Evolution and Development; in: American Journal of Sociology, 1979, Vol. 82, No.1, 489-515.

ders.(1982):The Strength of Weak Ties: A Network Theory Revisited; in:
P. V. MARSDEN/ N. LIN (1982): Social Structure and Network Analysis; Beverley Hills.

ders. (1985): Economic Action and Social Structure: The Problem of Embeddedness; in: American Journal of Sociology, 1985, Vol.91, No.3, 481-510.

GRATHOFF, R.(1989): Milieu und Lebenswelt; Frankfurt.

GREENBERG, J.B.(1989): Blood ties. Life and Violence in Rural Mexico; Tucson.
GREGORY, D./ J. URRY (eds.)(1985): Social Relations and Spatial Structures; London.

GREINER, Peter (1992): Handelsliberalisierung, ökonomische Integration und zwischenstaatliche Konflikte; Wirtschaftsgeographie, Bd.2, Münster, Hamburg.

GUERRA-BORGES, A.(1983): Compendio de Geografia Económica y Humana de Guatemala; México.

HABERMAS, J.(1988): Theorie des kommunikativen Handelns; Bde.I,II, Frankfurt.

HAGGET, P./ R.J. CHORLEY (eds.)(1967): Models in Geography; London.

HALBWACHS, M.(1985): Das kollektive Gedächtnis; Frankfurt.

HAMMERICH, K./ M. KLEIN (Hrsg.)(1978): Materialien zur Soziologie des Alltags; Opladen.

HANDY, J.(1984): Gift of the Devil. A History of Guatemala; Boston.

ders. (1990): The Corporate Community, Campesino Organizations and Agrarian Reform: 1950-1954; in: C.A. SMITH (ed.)(1990): Guatemalan Indians and the State: 1540 to 1988; Austin.

HANISCH, R.(Hrsg.)(1983): Soziale Bewegungen in Entwicklungsländern; in: Darstellungen zur internationalen Politik und Entwicklungspolitik, 12, Baden-Baden.

HARD, G.(1985): Die Alltagsperspektive in der Geographie; in: W. ISENBERG (1985): Analyse und Interpretation der Alltagswelt; Osnabrück.

ders.(1987 a): 'Bewusstseinsräume'. Interpretationen zu geographischen Versuchen, regionales Bewusstsein zu erforschen; in: Geographische Zeitschrift, 75, 1987, 127-148.

ders.(1987 b): Das Regionalbewusstsein im Spiegel der regionalistischen Utopie; in: Informationen zur Raumentwicklung, H.7/8, 1987, 419-440.

ders.(1987 c): Auf der Suche nach dem verlorenen Raum; in: M.M. FISCHER,/

LITERATURVERZEICHNIS

M. SAUBERER (Hrsg.)(1987): Gesellschaft, Wirtschaft, Raum. Beiträge zur modernen Wirtschafts- und Sozialgeographie; Festschrift für K. Stiglbauer, Wien.

HARTKE, W.(1959): Gedanken über die Bestimmung von Räumen gleichen sozialgeographischen Verhaltens; in: Erdkunde, 13.Jg, 1959, H.4, 426-436.

HARTSHORNE, R.(1939): The Nature of Geography; Lancaster.

HARVEY (1977): The Geography of Capitalist Accumulation: A Reconstruction of the Marxian Theory; in: PEET, R.(1977): Radical Geography, London.

HELLE, H.J./ S.N. EISENSTADT (eds.)(1985): Micro-Sociological Theory. Perspectives in Sociological Theory; Vol.2, London.

HERRING, R.J. (1984): Chayanovian versus Neoclassical Perspectives on Land Tenure and Productivity Interactions; in: E.P. DURRENBERGER (ed.) (1984): Chayanov, Peasants, and Economic Anthropology; Orlando.

HILL, R. M.(1986): Manteniendo el culto de los santos: aspectos financieros de las instituciones religiosas del altiplano colonial maya; in: MESOAMERICA, 1986, H.11, 61-78.

ders.(1987): La perspectiva de los pueblos indígenas; in: MESOAMERICA, 1987, H.1 4, 391-394.

HOMANS, G.C.(1950): The Human Group; New York.

HONDRICH, K.O.(Hrsg.)(1975): Menschliche Bedürfnisse und soziale Steuerung; Reinbek.

HRADIL, S.(1983): Die Ungleichheit der "Sozialen Lage"; in: R. KRECKEL (1983): Soziale Ungleichheiten; Göttingen.

HUSSERL, E.(1972): Erfahrung und Urteil; Hamburg.

ILLICH, I.(1982): Vom Recht auf Gemeinheit; Reinbek.

INDIANER IN LATEINAMERIKA (1982): Neues Bewusstsein und Strategien der Bef reiung; Wuppertal.

INSTITUTO INDIGENISTA INTERAMERICANO(1990): Entre la Ley y la Costumbre; Symposium Lima, México.

INSTITUTO NACIONAL DE ESTADISTICA (INE)(1990): Encuesta Nacional Sociodemográfica 1989; Vol.I/II, Guatemala.

ISENBERG, W.(Hrsg.)(1985): Analyse und Interpretation der Alltagswelt; Osnabrücker Studien zur Geographie, Bd.7, Osnabrück.

JAMES, W.(1976): Essays in Radical Empiricism; Cambridge/ London.

JONAS, S.(1991): The Battle for Guatemala. Rebels, Death Squads, and U.S. Power; Boulder/ San Francisco.

KALLER, M.(1991): Zur historischen Kategorie "Indio"; Wien. (unver. Manusk.)

dies.(1992): Indianische Widerstandskultur in Guatemala; in:
P. FELDBAUER/ H.-J.PUHLE (1992): Bauern im Widerstand. Beiträge zur historischen Sozialkunde, Beiheft 1/1992, 239-261, Wien.

KASCHUBA, W.(1985): Alltagsweltanalyse in der regionalen Ethnographie. Kulturanthropologische Gemeindeforschung; in:W. ISENBERG (1985): Analyse und Interpretation der Alltagswelt; Osnabrück.

KASCHUBA, W./ C. LIPP (1982): Dörfliches Überleben. Zur Geschichte materieller und sozialer Reproduktion ländlicher Gesellschaft im 19. und 20. Jahrhundert; Tübingen.

KELLEY Y SELIGSON (1986): Tierra y trabajo en Guatemala; in: Anuario de Estudios Centroamericanos, Vol.12, 1986, H.2, 5-34.

KEUPP, H./ B. RÖHRLE (Hrsg.)(1987): Soziale Netzwerke; Frankfurt.

KLÜTER, H.(1986): Raum als Element sozialer Kommunikation; Giessener Geographische Schriften, Bd.60, Giessen.

KNEISLE, A.(1983): Es muss nicht immer Wissenschaft sein... . Methodologische Ver suche zur Theoretischen und Sozialgeographie in wissenschaftsanalytischer Hinsicht; Urbs et Regio 28/ 1983, Kassel.

KOHLHEPP, G.(Hrsg.)(1991): Lateinamerika. Umwelt und Gesellschaft zwischen Kris e und Hoffnung; Tübinger Geographische Studien, Bd.107, Tübingen.

KOLB, A.(1961): Die Entwicklungsländer im Blickfeld der Geographie; Wiesbaden.

KONAU, E.(1977): Raum und soziales Handeln. Studien zu einer vernachlässigten Dimension soziologischer Theoriebildung; Göttinger Abhandlungen zur Soziologie, Bd.25, Göttingen.

KRECKEL, R.(Hrsg.)(1983): Soziale Ungleichheiten; Soziale Welt: Sonderband 2, Göt tingen.

KREIBICH, V./ W. MAENNLING (1985): Armutsorientierte Regionalplanung; in: Zts f. für Wirtschaftsgeographie, 29.Jg., 1985, H.2, 117-123.

KRIEDTE, P./ H. MEDICK/ J. SCHLUMBOHM (1977): Industrialisierung vor der Industrialisierung. Gewerbliche Warenproduktion auf dem Land in der Formationsperiode des Kapitalismus; Göttingen.

KURSBUCH (1975): Kursbuch 41. Alltag; Berlin.

LANDES, D.S.(1973): Der entfesselte Prometheus; Köln.

LANGENBERG, I.(1981): Urbanisation und Bevölkerungsstruktur der Stadt Guatemala in der ausgehenden Kolonialzeit; Lateinamerikanische Forschungen, Bd.9, Köln/ Wien.

LAU, E.E.(1978): Interaktion und Institution. Zur Theorie der Institution und der Institutionalisierung aus der Perspektive einer verstehend-interaktionistischen Soziologie, Berlin.

LAUMANN, E.O./ F.U. PAPPI (1976): Networks of Collective Action. A Perspective on Community Influence Systems; New York.

LEFEBVRE, H.(1987): Kritik des Alltagslebens; Frankfurt.

LEIGHLY, J.(ed.)(1963): Land and Life. A Selection from the writings of C.O. Sauer; Berkeley.

LEINHARDT, S.(ed.)(1977): Social Networks. A Developing Paradigm; New York.

LENG, G./ W. TAUBMANN (Hrsg.)(1988): Geographische Entwicklungsforschung imm interdisziplinären Dialog. 10 Jahre "Geographischer Arbeitskreis Entwicklungstheorien"; Bremer Beiträge zur Geographie und Raumplanung, Bd.14, Bremen.

LENTZ, C.(1988): Why the Most Incompetent are on the Village Council; in: Sociologia Ruralis, Vol.28, 1988, 199-215.

LEWIS, O.(1963): Life in a Mexican Village: Tepoztlán Restudied; Urbana, Ill.,

LEY, D.(1978): Social Geography and Social Action; in: D. LEY/ M.S. SAMUELS (1978): Humanistic Geography; Chicago.

LEY, D./ M.S. SAMUELS (eds.)(1978): Humanistic Geography. Prospects and Problems; Chicago.

LINDE, H.(1972): Sachdominanz in Sozialstrukturen; Tübingen.

ders.(1980): Proto-Industrialisierung: Zur Justierung eines neuen Leitbegriffes der sozialgeschichtlichen Forschung; in: Geschichte und Gesellschaft, 6, 1980, H.1, 103-124.

LINDIG, W./ M. MÜNZEL (1985): Die Indianer. Band II. Mittel- und Südamerika; Frankfurt.

LOPEZ DE SOUZA, M.(1988): O Espaço em Questão; in: Terra Livre, 5, 1988, 21-45.

LOVELL, G.W.(1988): Surviving Conquest. The Maya of Guatemala in Historical Perspective; in: Latin American Research Review, XXIII, H.2, Albuquerque.

ders.(1988): Las enfermedades del Viejo Mundo y la mortandad indígena: la viruela y el tabardillo en la Sierra de los Cuchumatanes, Guatemala (1780-1810); in: MESOAMERICA, H.16, 1988, 239-286.

ders.(1989): Supervivientes de la Conquista. Los Mayas de Guatemala en Perspectiva Histórica; in: Anuario de Estudios Centroamericanos, Vol.15, H.1, 1989, 5-27.

ders.(1990): Conquista y Cambio Cultural. La sierra de los Cuchumatanes de Gua-temala 1500-1821; South Woodstock, Vermont.

LUCKMANN, Thomas (1992): Theorie des Sozialen Handelns; Berlin/New York.

LÜHRING, J.(1985): Kritik der (Sozial-) Geographischen Forschung zur Problematik von Unterentwicklung und Entwicklung - Ideologie, Theorie und Gebrauchswert; in: F. SCHOLZ (Hrsg.)(1985): Entwicklungsländer; Darmstadt.

MACLEOD, M.(1983): Papel social y económico de las cofradías indígenas de la colonia en Chiapas; in: MESOAMERICA, H.5, 1983, 64-86.

MANIG, W.(1985): Integrierte Rurale Entwicklung; Kiel.

MANSILLA, H.C.F.(1992): Los Tortuosos Caminos de la Modernidad. América Latina entre la Tradición y el Postmodernismo; La Paz.

MARKMAN, S.D.(1987): Extinción, fosilización y transformación de los "pueblos de indios" del Reino de Guatemala; in: MESOAMERICA, H.14, 1987, 407-428.

MARTINEZ PELAEZ, S.(1990): La Patria del Criollo. Ensayo de interpretación de la Realidad Colonial Guatemalteca; Guatemala.

ders.(1991): Motines de Indios; Guatemala.

McGOUGH, J.P. (1984): The Domestic Mode of Production and Peasant Social Organization: The Chinese Case; in: E.P. DURRENBERGER (ed.)(1984): Chayanov, Peasants, and Economic Anthropology; Orlando.

MEAD, G.H.(1973): Geist, Identität und Gesellschaft; Frankfurt.

MEILLASSOUX, C.(1973): The Social Organisation of the Peasantry: The Econo-mic Basis of Kinship; in: Journal of Peasant Studies, Vol.1, H.1, 1973-4, 81-90.

LITERATURVERZEICHNIS

ders.(1983): "Die wilden Früchte der Frau": Über häusliche Produktion und kapitalistische Wirtschaft; Frankfurt.

MELVILLE, T.R.(1983): The Catholic Church in Guatemala 1944-82; in: Cultural Survival Quaterly, 7, 1983, 23-27.

MELVILLE, Th.R./ M.MELVILLE (1971): Whose Heaven, Whose Earth?; New York.

dies.(1975): Tierra y Poder en Guatemala; Guatemala.

MEUSER, M.(1985): Alltagswissen und gesellschaftliche Wirklichkeit. Sozialwissenschaftliche Alltagsforschung; in: W. ISENBERG (1985): Analyse und Interpretation der Alltagswelt; Osnabrück.

MEYER, G.(1985): Sozioökonomische Handlungsstrategien und sozialgruppenspezifische Kooperationsformen im informellen Sektor von Sanaa, Nordjemen; in: Ztsf. für Wirtschaftsgeographie, 29.Jg., 1985, H.2, 107-116.

MODIGLIANI, F.(1986): Life Cicle, Individual Thrift, and the Wealth of Nations; in: American Economic Review, 76, 1986, H.3, 297-313.

MONTENEGRO, S.(1992): Identidad y Colonialismo: El Retorno de la Malinche; Managua. (Unver. Manus.)

McCREERY, D.J.(1983): Debt Servitude in Rural Guatemala 1876-1936; in: Hispanic American Historical Review, Vol.63, 1983.

NACHTIGALL, H.(1978): Die Ixil. Maya-Indianer in Guatemala; in: Marburger Studien zur Völkerkunde, Bd.3, Berlin.

NASH, M.(1958): Political Relations in Guatemala; in: Social and Economic Research, 7, H.1, 1958, 65-75.

(1961): The social context of economic choice in a small society; in: Man, 61, 1961, 186-191.

ders.(1970): Los Mayas en la Era de la Máquina. La Industrialización de una Comunidad Guatemalteca; Guatemala.

NAYLOR, R.A.(1967): Guatemala. Indian Attitudes toward Land Tenure; in: Journal of Interamerican Studies, Coral Gables, IX,H.4, 619- 639.

NOHLEN, D./ F. NUSCHELER (Hrsg.)(1992): Handbuch der Dritten Welt. Bd.1; Bonn.

NOVAL, J.(1954): Guatemala. The Indian and the Land; in: The Americas, 3, 1954, 6-19.

OBUDHO, R.A./ D.R.F.TAYLOR (eds.)(1979): The spatial structure of develop-ment : a study of Kenya; Boulder.

von der OHE, W. et al.(1982): Die Bedeutung sozio-kultureller Faktoren in der Entwicklungstheorie und -praxis; in: Forschungsberichte des Bundesministeriums für Wirtschaftliche Zusammenarbeit, München.

OSSENBRÜGGE, J.(1983): Politische Geographie als Räumliche Konfliktforschung; in: Hamburger Geographische Studien, Bd.40, Hamburg.

OTREMBA, E.(1969): Soziale Räume; in: Geographische Rundschau, 1969, H.1, 10-14.

PAIZ, M.O.(1993): Y su palabra es la ley; in: CRONICA, 275, vom 14.5.1993, 23, Guatemala.

PARKIN, F.(1983): Strategien Sozialer Schliessung und Klassenbildung; in: R. KRECKEL (1983): Soziale Ungleichheiten; Göttingen.

PARSONS, T.(1975): Gesellschaft als soziales System. Die Komponenten und ihre wec hselseitigen Beziehungen; in: K.O. HONDRICH (1975): Menschliche Bedürfnisse uns soziale Steuerung; Reinbek.

PARSONS, T./ A. BALES (1953): Family. Socialization and interaction process; London.

PAUL, B.D.(1950): Symbolic sibling rivalry in a Guatemalan Indian Village; in: American Anthropologist, 52, 205- 218.

PEDRONI, G./ A. PORRES (1991): Políticas Agrarias, Programas de Acceso a la Tierra y Estrategias de Comercialización Campesina; FLACSO, Debate No.11, Guatemala.

PEET, R.(ed.)(1977): Radical Geography: alternative viewpoints on contemporary soci al issues; Chicago.

POLO SIFONTES, F.(1984): Los Cakchiqueles en la Conquista de Guatemala; Guatemala.

PORSCHNEW, B.F.(1952b): Das Wesen des Feudalstaates; in: Sowjetwissenschaft, Gesellschaftswissenschaftliche Abteilung, 248-277.

POTTER, J./ N.D. MAY/ G.M. FOSTER (eds.)(1967): Peasant Society. A Reader; Boston.

POWELL, J.D.(1970): Peasant Society and Clientelist Politics; in: American Political Science Review, Vol.64, No.2, 1970.

PRODOEHL, H.G.(1983): Theorie des Alltags; Soziologische Schriften, 39, Berlin .

RATTER, B.(1992): Karibische Netze; Hamburg.

RAUCH, T.(1988): Die Relevanz der entwicklungstheoretischenDiskussion für die entwicklungspolitische Praxis; in: G. LENG/ W. TAUBMANN (1988): Geographische Entwicklungsforschung im interdisziplinären Dialog; Bremen.

RAUCH, T./ A. REDDER (1987): Autozentrierte Entwicklung in ressourcenarmen ländlichen Regionen durch kleinräumige Wirtschaftskreisläufe; in: Die Erde, 118, 1987, H.2, 109-128.

RECINOS, Adrian (1984): Crónicas Indígenas de Guatemala; Guatemala.

ders.(ed.)(1980): Memorial de Sololá. Anales de los Cakchiqueles; Guatemala.

REDFIELD (1959): Comerciantes primitivos de Guatemala; in: Cultura Indígena de Guatemala. Ensayos de antropología social; Guatemala.

REINA, R.E.(1959): Two patterns of friendship in a Guatemalan Community; in: American Anthropologist, 61, 1959, 44-50.

ders. (1973): La Ley de los Santos. Un pueblo pokomam y su cultura de comunidad; Guatemala.

RELPH, E.(1976): Place and Placelessness; London.

RIBEIRO, D.(1988): Amerika und die Zivilisation; Frankfurt.

RIEKENBERG, M.(1990): Zum Wandel von Herrschaft und Mentalität in Guatemala; Lateinamerikanische Forschungen Bd.18, Köln/Wien.

ROBBINS, M.C.(1966): Readings in Cultural Anthropology; New York.

ROBERTSON, A.F.(1980): On Sharecropping; in: Man, 15, 1980, 411-429.

ders.(1982): Abusa: The Structural History of an Economic Contract; in: Journal of Development Studies, Jg.18, 1982, H.4, 447-478.

ROGERS, E.M./ F.F. SHOEMAKER (1971): Communication of Innovations. A Cross-Cultural Approach; New York.

ROJAS LIMA, F.(1988): La Cofradía. Reducto Cultural Indígena; Guatemala.

ders.(1990): Etnicidad: Teoría y Praxis. La Revolución Cultural de 1990; Guatemala.

LITERATURVERZEICHNIS

ROSENBLAT, J.(1967): La población de América en 1492: viejos y nuevos cálculos; México.

ROWLES (1978): Reflections on Eperiential Field Work; in: D. LEY/ M.S. SAMUELS (1978): Humanistic Geography; Chicago.

RUPPERT, K./ F. SCHAFFER (1969): Zur Konzeption der Sozialgeographie; in: Geo graphische Rundschau, 1969, H.6, 205-214.

SACK, R.D.(1980): Conceptions of Space in Social Thought. A Geographic Perspective; London/Basingstoke.

SAHLINS, M.(1972): Stone Age Economics; Chicago.

ders.(1992): Inseln der Geschichte; Hamburg.

SANCHEZ-ALBORNOZ, N.(1973): La población de América Latina desde los tiempos precolombinos al año 2000; Madrid.

SANDNER, G.(1983): La planificación regional integrada como agente del estado frent e a la comunidad local y la patria chica; in: REVISTA EURE, Vol.X, H.28, 47-55.

SCHENK, M.(1984): Soziale Netzwerke und Kommunikation; Tübingen.

SCHAMP, E.W.(Hrsg.)(1989): Der Informelle Sektor. Geographische Perspektiven ein es umstrittenen Konzepts; Aachen.

ders.(1989): Was ist informell? Eine Einführung aus Sicht der Geographen; in: E.W. SCHAMP (Hrsg.)(1989): Der Informelle Sektor; Aachen.

SCHMID, M.(1982): Theorie Sozialen Wandels; Opladen.

SCHMIDT, A.(1991): Soziale Auswirkungen ausgewählter Strukturanpassungen im ländlichen Raum Guatemalas im Zeitraum 1985-1991; Guatemala. (unver.Manuskript)

SCHMIDT-WULFFEN, W.-D. (1987): 10 Jahre entwicklungstheoretische Diskussion; in: Geographische Rundschau, 39.Jg, 1987, H.3, 130-136.

SCHOLZ, F.(Hrsg.)(1985): Entwicklungsländer; Darmstadt.

ders.(1985): Einleitung; in: F. SCHOLZ (Hrsg.)(1985): Entwicklungsländer; Darm-sta dt.

ders.(1988): Position und Perspektiven geographischer Entwicklungsländerforschung. Zehn Jahre "Geographischer Arbeitskreis Entwicklungstheorien"; in:G. LENG/ W. TAUBMANN (1988): Geographische Entwicklungsforschung im interdisziplinären Dialog; Bremen.

SCHRAMKE, W.(1975): Zur Paradigmengeschichte der Geographie und ihrer Didaktik; Geographische Hochschulmanuskripte, 2, Göttingen.

SCHÜTZ, A./ T. LUCKMANN (1979): Strukturen der Lebenswelt; 1.Bd. Frankfurt.

dies.(1984): Strukturen der Lebenswelt; 2.Bd., Frankfurt.

ders.(1971): Gesammelte Aufsätze I. Das Problem der Sozialen Wirklichkeit; Den Haag.

ders.(1972): Gesammelte Aufsätze II. Studien zur Soziologischen Theorie; Den Haag.

SCHWEFEL, D.(Hrsg.)(1987): Soziale Wirkungen von Projekten in der Dritten Welt; Schriftenreihe der Deutschen Stiftung für Internationale Entwicklung, Baden-Baden.

SCOTT, J.C.(1976): The Moral Economy of the Peasant. Rebellion and Subsistence in Southeast Asia; London/ New Haven.

SEAMON, D.(1979): A Geography of the Lifeworld; London.

SEARLE, J.R. (1986): Sprechakte; Frankfurt.

SEDLACEK, P.(Hrsg.)(1983): Zur Situation der deutschen Geographie zehn Jahre nach Kiel; Osnabrücker Studien zur Geographie, 2, Osnabrück.

ders.(Hrsg.)(1982): Kultur-/Sozialgeographie; Paderborn.

ders.(1988): Wirtschaftsgeographie. Eine Einführung; Darmstadt.

SHANIN, T.(1966): The Peasantry as a Political Factor; in: The Sociological Review, 14.Jg., 1966, 5-27.

ders.(1990): Defining Peasants; Cambridge.

SIEGEL, M.(1941): Religion in Western Guatemala: A Product of Acculturation; in: American Anthropologist, 43, 1941, 62- 76.

SIGRIST, Ch.(1967): Segmentäre Gesellschaften. Untersuchungen zur "regulierten Anarchie" und zur Entstehung politischer Herrschaft in afrikanischen Ethnien; Olten/Freiburg.

SIMMEL, G.(1983): Schriften zur Soziologie. Eine Auswahl; Frankfurt.

SKINNER, G.W. (1971): Chinese Peasants and the Closed Community, an Open and Shut Case; Comparative Studies in Society and History, 13, 270-281.

SMITH, C.A.(1972): Market Articulation and Economic Stratification in Western Guatemala; in: Food Research Institute Studies in Agricultural Economics, Trade and Development, 11, H.2, 203-233, Stanford.

dies.(1972): Market Articulation and Economic Stratification in Western Guatemala; in: Food Research Institute Studies in Agricultural Economics, Trade and Development, II, 2, 203-233.

dies.(1984): Local History in Global Context: Social and Economic transitions in Western Guatemala; in: Comparative Study of Society and History, 1984, 193-228.

dies.(1987): Ideologías de la historia social; in: MESOAMERICA, H.14, 1987, 355-366.

dies.(ed.)(1990): Guatemalan Indians and the State, 1540 to 1988; Austin.

SMITH, M.G. (1956): On Segmentary Lineage Systems; in: Journal of the Royal Anthropological Institute, 86, 1956,

SOEFFNER, H.-G.(1989): Auslegung des Alltags - Der Alltag der Auslegung. Zur wissenssoziologischen Konzeption einer sozialwissenschaftlichen Hermeneutik; Frankfurt.

SOMMER, M.(1989): Lebenswelt und Zeitbewusstsein; Frankfurt.

SOPHER, D.E.(1978): The Structuring of Space in Place Names and Words for Place; in: D. LEY/ M.S. SAMUELS (1978): Humanistic Geography; Chicago.

SOROKIN, P.A.(1964): Sociocultural Causality, Space, Time. A Study of Referential Principles of Sociology and Social Science; New York.

SPAHNI, J.-Ch.(1981): Los Indios de América Central; Guatemala.

SPITTLER, G.(1983): Passivität statt Sozialer Bewegung. Familiäre Subsistenzwirt-schaft als Basis für defensive Strategien der Bauern und Passivität der Verwaltung; in: R. HANISCH (1983): Soziale Bewegungen in Entwicklungsländern; Baden-Baden.

STATISTISCHES BUNDESAMT (1989): Länderbericht Guatemala 1989; Wiesbaden.

STIGLITZ, J.E.(1987): Principal- Agent- Problem; in: The New Palgrave Dictiona-ry of Economics, Vol.3, London.

STOCKHAUSEN, J. von (1980): Ländliche Finanzmärkte und kleinbäuerliche Betriebe; in: Entwicklung und Ländlicher Raum, 1980, H.1, .

SUDARSKY, J.(1988): Clientelismo y Desarrollo Social. El Caso de las Cooperativas; Bogotá.

TAX, S.(1937): The municipios of the midwestern highlands of Guatemala; in: American Anthropologist, 39, 1937, 432-444.

ders.(1941): World view and social relations in Guatemala; in: American Anthropologist, 43, 1941, 27-42.

ders.(1952): Heritage of Conquest; New York.

THOMI, W.(1988): Produktionsweisendebatte, Verflechtungsansatz und gesellschaftliche Reproduktion. Anmerkungen zu Aspekten der aktuellen entwicklungstheoretischen Diskussion; in: G. LENG/ W. TAUBMANN (Hrsg.) (1988): Geographische Entwicklungsforschung im interdisziplinären Dialog; Bremen.

THURN, H.P.(1980): Der Mensch im Alltag. Grundrisse einer Anthropologie des Alltagslebens; Stuttgart.

TIETZE, W.(Hrsg.)(1968): Lexikon der Geographie; 4 Bde., Braunschweig.

TODOROV, T.(1985): Die Eroberung Amerikas. Das Problem des Anderen; Frankfurt.

TREINEN, H.(1974): Symbolische Ortsbezogenheit; in:P. ATTESLANDER,/ B. HAMM (Hrsg.)(1974): Materialien zur Siedlungssoziologie; Köln.

TSCHAJANOW, A.(1987): Die Lehre von der bäuerlichen Wirtschaft: Versuch einer Theorie der Familienwirtschaft im Landbau; Einl.v. Gerd Spittler, Frankfurt.

TUAN, Y.(1977): Space and Place: The Perspective of Experience; University of Minnesota Press, Minneapolis.

UNIVERSIDAD RAFAEL LANDIVAR/ ICATA (1987): Perfil Ambiental de la República de Guatemala; Guatemala, Tomo I-III.

VARESE, S.(1985): Cultural Development in Ethnic Groups: Anthropological Explorations in Education; in: International Social Science Journal, 37, 1985, H.104, 201-216.

VEBLEN, T.T.(1982): Decline of the Native Population in Totonicapán, Guatemala; in: MESOAMERICA, H.3, 1982, 26-66.

VIDAL DE LA BLACHE, P.(1911): Le genres de vie dans la géographie humaine; in: Annales de Géographie, 20.Jg., 1911, 193-202, 289-304.

ders.(1951): La personnalité Géographique de la France; London; Reprod. aus E. LAVISSE (1920): Histoire de France; Paris.

WAGLEY, C.(1941): The Economics of a Guatemalan Village; in: Memoirs of the American Anthropological Association, 58.

LITERATURVERZEICHNIS

WALLERSTEIN, I.(1990): Rasse, Klasse, Nation. Ambivalente Identitäten; Hamburg/ Berlin.

WARREN, K.B.(1989): The Symbolism of Subordination. Indian Identity in a Guatemalan Town; Austin.

WATANABE, J.M.(1990): Enduring Yet Ineffable Community in the Western Periphery of Guatemala; in: SMITH, C.A.(1990): Guatemalan Indians and the State: 1544 to 1988; Austin.

WAUCHOPE, R./ M. NASH (1967): Handbook of Middle American Indians. Social Anthropology; Vol.VI, Austin.

WELLMAN, B.(1982): Studying Personal Communities; in: P.V. MARSDEN/ N. LIN (1982): Social Structure and Network Analysis; Beverly Hills.

WEICHHART, P.(1975): Geographie im Umbruch. Ein methodologischer Beitrag zur Neukonzeption der komplexen Geographie; Wien.

ders.(1990): Raumbezogene Identität. Bausteine zu einer Theorie räumlich-sozialer Kognition und Identifikation; Erdkundliches Wissen, 102, Stuttgart.

WERLEN, B.(1987): Gesellschaft, Handlung und Raum. Grundlagen Handlungstheoretischer Sozialgeographie; Erdkundliches Wissen, 89, Stuttgart.

von WERLHOFF, C.(1985): Wenn die Bauern wiederkommen: Frauen,Arbeit und Agrobusiness in Venezuela; Bremen.

WHARTON, C.R.(1973): Subsistence Agriculture and Economic Development; London.

WILHELMY, H.(1981): Welt und Umwelt der Mayas; München/ Zürich.

WIMMER, A.(1989): Indianische Bauern in Mittelamerika. Ein kritischer Rückblick auf vierzig Jahre Theoriegeschichte; Zürich, (Lizenziatsarbeit).

WIRTH, E.(1979): Theoretische Geographie. Grundzüge einer Theoretischen Kulturgeographie; Stuttgart.

WITTGENSTEIN, L.(1971): Philosophische Untersuchungen; Frankfurt

WÖHLCKE, M.(1991): Lateinamerika: Kosten des Fortschritts und Probleme der qualitativen Entwicklung; in: G. KOHLHEPP (Hrsg.)(1991): Lateinamerika. Umwelt und Gesellschaft zwischen Krise und Hoffnung; Tübingen.

WOLF, E.R.(1957): Closed Corporate Communities in Mesoamerica and Central Java; in: Southwestern Journal of Anthropology, 13, 1957, 1-18.

ders.(1966): Peasants; Eaglewood Cliffs, New York.

ders.(1967): Types of Latin American Peasantry: A Preliminary Discussion; in: Tribal and Peasant Economics, 1967, 503-523, Garden City.

ders.(1986 a): Die Völker ohne Geschichte. Europa und die andere Welt seit 1400; Frankfurt.

ders.(1986 b): The vicissitudes of the closed corporate peasant community; in: American Ethnologist, 13, 1986, 325-329.

WOLF, K.(1977): Sozialraumwandel und Raumdisparität - zum Forschungstrend der Sozialgeographie; in: K.H. REINHARDT (1977): Die Geographie und ihre Didaktik zwischen Umbruch und Konsolidierung; Festschrift für K.E. Fick, Frankfurter Beiträge zur Didaktik der Geographie, Bd.1, Frankfurt.

ZAMORA ACOSTA, E.(1983): Conquista y Crisis Demográfica: la población indígena del Occidente de Guatemala en el siglo XVI; in: MESO-AMERICA, 6, 1983, 291-328.

Anhang

Im Anhang wurden die verwendeten Fragebögen und die wichtigsten Vollstatistiken zusammengestellt.

ANHANG

PROYECTO DE SASTRERIA ST. MARIA CHIQUIMULA

Cuestionario

1. ¿Cuántos años de edad tiene Ud? _____ años.

2. ¿Es casado Ud? Si ☐   No ☐

3. ¿Cuántos niños tiene Ud? _____ niños.

4. ¿En qué aldea vive Ud? Aldea _____ .

5. ¿Cuántas cuerdas de terreno tiene Ud? _____ cuerdas.

6. ¿Cuántos animales? _____ vacas, _____ caballos, _____ coches.

7. ¿Tiene Ud otro trabajo aparte de la agricultura? No ☐. ¿Qué trabajo? _____

8. ¿Hasta qué grado llegó Ud en la escuela? ____ a Primaria, ____ a Básica, otro

9. ¿Ud. trabajó antes en una sastrería?   No ☐   ¿Cuántos años? _____ años.

10. ¿Tenía Ud. otro trabajo en cualquier proyecto/ taller antes?

    No ☐   Si ☐   ¿En cual proyecto/taller? _____

11. ¿Cuántos de los asociados de la empresa conocía Ud. antes?

    Pocos ☐   La mitad ☐   La mayoría ☐   Todos ☐

12. ¿Segun su opinión, cuáles son los problemas los más grandes en la empresa?

    1. _____ , 2. _____ .

13. ¿Dónde prefería Ud. trabajar por parte de la empresa?

   ¿En casa? ☐   ¿En su aldea? ☐   ¿En la empresa? ☐

14. ¿Por qué motivo piensa Ud. ingresaron los demás en la empresa?

   1. _____ ,   2. _____ .

15. ¿Segun su opinión, en qué tipo de trabajo puede ud. trabajar mejor en la empresa?

   1. _____ ,   2. _____ .

16. ¿Cuántas horas o minutos necesita Ud. para llegar en el taller en el centro?

   _____ minutos,   _____ horas.

17. ¿Piensa Ud. que sea necesario un administrador general en la empresa?

   Si ☐   No ☐   No sé ☐

18. ¿Los problemas los más grandes de la empresa ya son resueltos o todavía falta resolverlos? ¿Qué piensa Ud?

   Ya son resueltos ☐   Todavía falta resolverlos ☐

19. ¿Cuál es el motivo más importante de su participación en la empresa?

   ¿Servivio a la comunidad? ☐   ¿Ganar dinero? ☐   ¿estar con otros?☐

20. ¿Segun su opinión, quienes son los <u>tres</u> personas más importantes de la empresa?

   1. _____   2. _____   3. _____

21. ¿En caso que Ud. tenga un trabajo en el taller, va dejar Ud. sus trabajos de ahora?

　　Si ☐　　　　　　No ☐　　　　　Busco un compromiso ☐

22. ¿Segun su opinión, qué puede Ud. contribuir a la empresa para lograr un éxito?

　　_____

23. ¿Cómo conoció Ud. el plan de empezar con esta empresa de sastrería?

　　Anuncio público ☐　　　　　vecino ☐

24. ¿Qué piensa Ud. va a conseguir Ud. ahorita un trabajo pagado en la empresa en cuanto vengan las nuevas máquinas?　　Si ☐　　No sé ☐

25. ¿Qué piensa Ud. cuántos dias por semana va a trabajar Ud. allí mismo?

　　_____ dias por semana.

26. ¿Qué trabajo pagado tenía Ud. hasta ahora en la empresa?

　　No tenía ningun trabajo ☐　Si ☐　tenía tal trabajo _____

27. ¿Ud. puede imaginarse que entren otras personas profesionales en la empresa para ocupar puestos especiales?

　　Si ☐　　　　　　No ☐　　　　　No nos ayudaría ☐

ANHANG

CUESTIONARIO COOPERATIVA SANTIAGO CABRICAN

1. ¿Cómo hablan los PARTICULARES sobre la Cooperativa?

    Mal ☐   con envidia ☐   no les importa ☐   con respeto ☐

2. ¿Cómo hablan los mismos SOCIOS sobre la Cooperativa?

    mal ☐   regular ☐   no les importa ☐   con orgullo ☐

3. ¿Cómo trabaja la Cooperativa?

    mal ☐   regular ☐   bién ☐   muy bién ☐

4. ¿Usted está contento con la Cooperativa?

    no contento ☐   contento ☐   muy contento ☐

5. ¿Usted estuviera dispuesto de aumentar su aportación por otros 100 Quetzales?

    no dispuesto ☐   talvez ☐   dispuesto ☐

6. ¿La Cooperativa necesita a un PATRON para trabajar bién?

    Si ☐   talvez ☐   No ☐

7. ¿Dónde trabaja Ud. más facil?   En la finca ☐   en la Cooperativa ☐

8. ¿Hubo cambios en la Cooperativa durante los 2 años pasados?   Si ☐   No ☐

9. ¿Los cambios que se vió durante los 2 años pasados fueron

    muy rápidos ☐   adecuados ☐   regulares ☐

10. ¿Cúal INSTITUCION es la ás importante para la Cooperativa?

    la iglesia ☐   la alcaldía ☐   la federación ☐

    el gobierno ☐   el ejército ☐

11. ¿A QUIEN le gustaría más de vender sus manzanas?

    a la Cooperativa ☐   a los manzaneros ☐   depende del precio ☐

12. ¿DONDE encuentra Ud. más apoyo?

    en la Cooperativa ☐   con los vecinos ☐

ANHANG

CUESTIONARIO GENERAL COOPERATIVA SANTIAGO CABRICAN

25.08.1991

¡Conteste Ud. las preguntas concientemente y sin discutirlas con los demás compañeros!

---

1. ¿**Cuántas** veces sale Ud. lejos del pueblo? ____ veces/mes; ____ veces/año.

2. ¿Sus salidas del pueblo son

    para vender ☐   hacer compras ☐   cumplir mandados ☐

3. ¿Usted ya vendia productos de Usted?   en su aldea,   en la plaza

4. ¿**Cuáles** son los productos que Usted ya vendía?

    madera ☐   animales ☐   plásticos ☐   alimentos ☐

5. ¿**En cuanto** Ud. vendió un animal qué hizo con el pisto?

    lo guardé ☐   compré otras cosas ☐

6. ¿Usted tiene **conocimiento** en la siembra de verduras?

    muy poco ☐   regular ☐   bueno ☐

7. ¿Usted se animaría de producir **verduras** si la Cooperativa las compraría?

    Si ☐   No ☐   talvez ☐

8. ¿Si viene un vecino pidiendole un **préstamo** ahorita, cuánto le daría?

    Nada ☐   25 Quetzales ☐   100 Quetzales ☐   lo que pide ☐

9. ¿Si le pidieron **a Usted ahora** de administrar a la Cooperativa lo acepteria?

    Si ☐   No ☐

ANHANG

CUESTIONARIO GENERAL CABRICAN

Cuestionario No. ____.

1. a. ¿**EDAD** del Padre de la Familia: ____ ANOS.

   b. ¿**EDAD** de su esposa: ____ ANOS.

2. a. ¿Hace CUANTOS ANOS se casaron ellos? ____ ANOS.

   b. ¿SI NO SON CASADOS, CUANTOS ANOS ya viven juntos? ____ ANOS.

3. ¿CUANTAS **CUERDAS** está sembrando la familia? ____ CUERDAS.

4. ¿CUANTOS HIJOS han nacidos en SU FAMILIA, tanto muertos como vivos? ____ HIJOS.

5. ¿CUANTOS DE SUS HIJOS son **MAYOR** de 14 anos? ____ HIJOS.

6. ¿CUANTOS DE SUS HIJOS son **MENOR** de 14 anos? ____ HIJOS.

7. ¿CUANTOS DE SUS HIJOS ya son **CASADOS**? ____ HIJOS.

8. ¿CUANTOS HIJOS viven **FUERA** DEL MUNICIPIO DE CABRICAN? ____ HIJOS

9. ¿CUANTOS ANOS de edad tuvo USTED COMO PADRE DE LA FAMILIA, cuando recibiò su HERENCIA?
   ____ ANOS.

10. ¿Cuantos hijos DE SU FAMILIA ya RECIBIERON SU **HERENCIA**? ____ HIJOS.

11. ¿Cuantos anos de edad tuvo SU ESPOSA, cuando recibiò la herencia? ____ AÑOS.

12. ¿Usted ya ha construido SU CASA cuando recibió su HERENCIA? ____ SI. ____ NO.

13. ¿Los hijos que VIVEN EN LA CIUDAD tienen TERRENOS EN LA ALDEA?

    ____ SI, tienen terreno.   ____ NO, no tienen terreno.

14. ¿CUANDO SINTIO UD. MAS DURO su vida como campesino?

ANHANG

___ en los ANOS DESPUES DE SU MATRIMONIO.   ___ HOY DIA.

15. ¿Cómo fue su reacción DESPUES DE LOS PROBLEMAS CON EL TRIGO EN 1990?

___ yo sembré todavia MAS TRIGO en 1991. ___ yo sembré MENOS TRIGO en 1991.

16. ¿Qué piensa Ud. es MEJOR HOY DIA?

___ tener MAS HIJOS.   ___ tener MENOS HIJOS.

17. ¿Usted piensa que uno que tiene una PROFESSION NECESSITA TODAVIA TERRENO para sembrar?
___ SI.   ___ NO.

18. ¿Usted tiene MAS TERRENO AHORA como tuvo SU PAPA antes?
___ SI.   ___ NO.

19. ¿CUANTAS CUERDAS de terreno tiene Usted ARENDADAS hoy dia?
____ CUERDAS.

20. ¿Por CUANTOS ANOS lo tiene arrendado EL TERRENO? ____ ANOS.

21. ¿Usted recibió su HERENCIA de su papá DE UNA VEZ o POCO A POCO?
___ DE UNA VEZ.   ___ POCO A POCO.

22. ¿Usted solicitó CREDITOS durante los CINCO ANOS pasados? ___ SI. ___ NO.

23. ¿En caso que SI, _____ con un BANCO.

_____ con una persona PARTICULAR.

_____ con entidades del GOBIERNO.

24. ¿Usted logró un EXITO con este CREDITO? ___ SI. ___ NO.

25. ¿Usted ya pensó una vez de IRSE A LOS ESTADOS para trabajar allá?
___ SI.   ___ NO.

26. ¿QUIENES son las personas que les AYUDAN MAS en momentos dificiles?

___ LOS HERMANOS.   ___ LOS PAPAS.   ___ LOS VECINOS.

27. ¿Usted ya HIZO VENTAS **FUERA** de Cabricán?   ___ SI.   ___ NO.

28. ¿QUE PRODUCTOS vendió Ud.? _____.

29. ¿A QUIEN y DONDE vendió Usted su **trigo**? _____.

30. ¿A QUIEN y DONDE vendió Usted sus **manzanas**? _____.

31. ¿En QUE **GRUPOS O COMITES** del DEL MUNICIPIO/ DE LA ALDEA está trabajando Usted?

_____.

32. Usted COMPRA MAIZ en el tiempo de LLUVIA?   ___ SI.   ___ NO.

_____

OBSERVACIONES O COMENTARIOS:

ANHANG

ZUSAMMENSTELLUNG VON FAMILIENDATEN VON 81 FAMILIEN IN CABRICAN HINSICHTLICH DES ALTERS DES FAMILIENVORSTANDES UND DER FAMILIENZYKLISCHEN ENTWICKLUNG

Alter Fam.Vor-stand	Heirat vor	Land-besitz	Kinder verh.	Kinder Anzahl gesamt	Kinder Alter <14 J.	Kinder Alter >13 J.	Erbe überr.	Bogen Nr.
53	25	8	3	12	5	5	2	1
50	-	3	3	12	6	-	-	2
43	21	15	1	6	2	4	-	3
38	8	10	-	12	2	6	-	4
52	30	8	5	13	9	4	-	5
40	24	28	-	11	3	8	-	6
48	29	10	2	11	5	6	-	7
41	19	14	-	10	4	6	-	8
70	30	10	9	11	11	-	9	9
29	10	25	-	3	-	3	-	10
62	33	25	4	4	4	-	2	11
49	35	3	5	10	7	1	5	12
39	21	8	-	9	2	6	-	13
40	18	4	1	8	3	5	-	14
48	22	25	2	11	7	4	-	15
46	28	15	1	8	2	6	-	16
23	4	7	-	2	-	2	-	17
27	6	5	-	3	-	3	-	18
44	19	5	-	4	2	2	-	19
35	15	11	-	8	-	8	-	20
44	26	15	2	9	3	6	2	21
56	27	10	2	6	6	-	6	22
25	6	10	-	4	-	4	-	23
50	25	15	1	8	3	5	-	24
26	5	10	-	3	-	3	-	25
30	9	5	-	5	-	5	-	26
31	9	10	-	4	-	4	-	27

36	15	10	-	4	-	4	-	28	
65	42	5	3	14	14	-	14	29	
68	45	40	5	6	6	-	5	30	
31	14	15	-	3	-	3	-	31	
38	20	10	-	8	3	5	-	32	
52	23	10	-	9	3	6	-	33	
65	45	8	9	9	9	-	9	34	
24	4	3	-	2	-	2	-	35	
49	20	12	-	9	1	8	-	36	
30	6	8	-	3	-	3	-	37	
44	24	10	1	4	3	1	1	38	
78	30	10	2	2	2	-	2	39	
27	6	4	-	5	-	5	-	40	
33	13	13	-	5	-	5	-	41	
45	15	8	1	7	2	5	-	42	
43	17	12	-	5	1	4	-	43	
36	14	15	-	6	1	5	-	44	
24	7	5	-	3	-	3	-	45	
34	16	10	-	9	1	7	-	46	
50	24	30	3	11	3	5	1	47	
42	23	5	-	8	3	3	-	48	
50	37	20	3	15	8	3	2	49	
42	19	7	-	9	2	5	-	50	
63	49	20	8	16	9	1	9	51	
33	8	9	-	5	-	3	-	52	
55	30	27	4	9	7	1	3	53	
38	19	32	-	8	4	4	-	54	
43	26	30	5	10	6	2	3	55	
28	12	18	-	4	-	4	-	56	
30	13	18	-	5	-	4	-	57	
38	19	10	-	7	3	3	-	58	
28	8	6	-	3	-	3	-	59	
35	19	14	-	3	2	1	-	60	

ANHANG

41	20	10	-	6	2	4	-	61
42	18	9	-	6	2	4	-	62
46	17	10	-	6	1	5	-	63
18	1	15	-	2	-	2	-	64
64	41	23	8	9	9	-	-	65
70	47	15	7	10	10	-	7	66
30	8	4	-	4	-	4	-	67
64	39	13	3	11	11	-	2	68
45	13	30	2	10	2	8	2	69
28	9	15	-	5	-	5	-	70
33	15	18	-	7	1	6	-	71
40	18	10	1	10	3	7	-	72
35	15	20	-	8	-	8	-	73
39	15	12	-	9	1	8	-	74
24	6	10	-	3	-	3	-	75
56	-	8	6	8	8	-	6	76
44	20	22	-	10	2	8	-	77
25	8	24	-	5	-	5	-	78
62	40	-	10	14	11	3	11	79
28	8	5	-	4	-	4	-	80
49	30	20	3	14	9	5	2	81

Quelle: Eigene Erhebungen 1992

ANHANG

ZUSAMMENSTELLUNG VON FAMILIENDATEN VON 81 FAMILIEN IN CABRICAN HINSICHTLICH DES ALTERS DES FAMILIE UND DER FAMILIENZYKLISCHEN ENTWICKLUNG

Bogen Nr.	Pachtland (cuerdas)		Kinder besser		Hilfeleistungen wichtiger von			Alter	Arbeitsbelastung		Weizenanbau	
	ja	nein	+	-	Eltern	Geschwi	Nachbarn		heute	Heirat	+	-
1		*		*			*	53		*		*
2	3			*			*	50		*		*
3		*		*			*	43		*		
4		*		*			*	38		*		
5		*		*			*	52		*		*
6		*		*			*	40	*			*
7		*		*			*	48		*		
8		*		*			*	41		*		*
9		*		*				70		*		*
10		*		*		*	*	29	*			*
11		*		*		*		62		*		*
12		*		*			*	49		*		*
13		*		*		*		39		*		
14		*		*			*	40		*		*
15		*		*			*	48		*		*
16		*		*	*			46	*			*
17		*		*		*		23		*		
18	5			*	*			27	*			*
19		*		*		*		44	*			
20		*		*	*			35	*			*
21		*		*			*	44	*			*
22		*		*			*	56	*			*
23		*		*		*		25	*			*
24		*		*		*		50		*		*
25		*		*	*			26	*			*

ANHANG

26	2			*	*			30	*		*	
27		*		*		*		31	*			
28		*		*	*			36	*			
29		*		*			*	65	*			*
30		*		*			*	68		*		*
31		*		*	*		*	31		*		*
32		*		*		*		38	*		*	
33		*		*		*	*	52	*			*
34		*		*		*		65		*		*
35		*		*	*			24	*			
36		*		*		*		49		*		*
37		*		*		*		30	*			
38		*		*		*		44	*			*
39		*		*			*	78	*			
40		*		*		*		27	*			*
41		*		*	*			33	*			
42	5			*		*		45	*			*
43		*		*		*		43		*		
44	6			*				36	*			*
45		*		*		*		24	*			*
46		*		*			*	34			*	
47		*		*			*	50	*		*	
48		*		*				42	*			*
49		*		*			*	50		*		*
50		*		*			*	42	*			*
51		*		*			*	63		*		*
52		*		*			*	33		*		*
53		*		*			*	55		*		*
54		*		*			*	38	*			*
55		*		*		*		43		*		*
56		*		*		*		28		*		*
57		*		*			*	30	*			*
58		*		*			*	38	*			*

59		*		*	*			28	*			*
60		*		*	*			35	*			*
61		*		*			*	41	*			*
62		*		*		*		42	*			*
63		*		*	*			46	*			*
64	3			*		*		18	*			*
65		*	*			*	*	64		*		*
66		*		*		*		70		*		*
67		*		*		*		30	*		*	
68		*	*			*		64		*		
69		*				*		45		*		
70		*		*		*		28				*
71		*				*		33				*
72		*		*		*		40	*			*
73		*		*	*			35		*	*	
74		*		*	*			39		*	*	
75	3			*	*			24	*			*
76		*		*	*			56		*		*
77				*	*			44		*	*	
78		*		*	*			25		*	*	
79		*		*	*			62		*	*	
80		*		*		*		28		*	*	
81		*		*	*	*		*	49		*	*

Quelle: Eigene Erhebungen 1992

Anmerkung: Zur Frage nach dem Weizenanbau steht im Hintergrund eine bäuerliche Absatzkrise 1990 nach einer staatlichen Genehmigung für die fünf Grossmühlen im Land, ca. 500.000 Zentner zu subventionierten Preisen während der nationalen Weizenernte aus Mexiko einzuführen.

Tübinger Geographische Studien
(Lieferbare Titel)

Heft 1	M. König:	Die bäuerliche Kulturlandschaft der Hohen Schwabenalb und ihr Gestaltswandel unter dem Einfluß der Industrie. 1958. 83 S. Mit 14 Karten, 1 Abb. u. 5 Tab. 2. Aufl. 1991, im Rems-Murr-Verlag, Remshalden (ISBN 3-927981-07-9)	**DM 34,–**
Heft 2	I. Böwing-Bauer:	Die Berglen. Eine geographische Landschaftsmonographie. 1958. 75 S. Mit 15 Karten. 2. Aufl. 1991, im Natur-Rems-Murr-Verlag, Remshalden (kartoniert: ISBN 3-927981-05-2) (broschiert: ISBN 3-927981-06-0)	**DM 34,–** **DM 34,–**
Heft 3	W. Kienzle:	Der Schurwald. Eine siedlungs- und wirtschaftsgeographische Untersuchung. 1958. Mit 14 Karten u. Abb. 2. Aufl. 1991, im Natur-Rems-Murr-Verlag, Remshalden (kartoniert: ISBN 3-927981-08-7) (broschiert: ISBN 3-927981-09-5)	**DM 34,–** **DM 34,–**
Sbd. 1	A. Leidlmair: (Hrsg.):	Hermann von Wissmann – Festschrift. 1962. Mit 68 Karten u. Abb., 15 Tab. u. 32 Fotos	**DM 29,–**
Heft 12	G. Abele:	Die Fernpaßtalung und ihre morphologischen Probleme. 1964. 123 S. Mit 7 Abb., 4 Bildern, 2 Tab. im Text u. 1 Karte als Beilage.	**DM 8,–**
Heft 13	J. Dahlke:	Das Bergbaurevier am Taff (Südwales). 1964. 215 S. Mit 32 Abb., 10 Tab. im Text u. 1 Kartenbeilage	**DM 11,–**
Heft 16	A. Engel:	Die Siedlungsformen in Ohrnwald. 1964. 122 S. Mit 1 Karte im Text u. 17 Karten als Beilagen	**DM 11,–**
Heft 17	H. Prechtl:	Geomorphologische Strukturen. 1965. 144 S. Mit 26 Fig. im Text u. 14 Abb. auf Tafeln	**DM 15,–**
Sbd. 2	M. Dongus:	Die Agrarlandschaft der östlichen Poebene. 1966. 308 S. Mit 42 Abb. u. 10 Karten	**DM 40,–**
Heft 21	D. Schillig:	Geomorphologische Untersuchungen in der Saualpe (Kärnten). 1966. 81 S. Mit 6 Skizzen, 15 Abb., 2 Tab. im Text und 5 Karten als Beilagen	**DM 13,–**
Heft 23	C. Hannss:	Die morphologischen Grundzüge des Ahrntales. 1967. 144 S. Mit 5 Karten, 4 Profilen, 3 graph. Darstellungen. 3 Tab. im Text u. 1 Karte als Beilage	**DM 10,–**
Heft 24	S. Kullen:	Der Einfluß der Reichsritterschaft auf die Kulturlandschaft im Mittleren Neckarland. 1967. 205 S. Mit 42 Abb. u. Karten, 24 Fotos u. 15 Tab. 2. Aufl. 1991, im Natur-Rems-Murr-Verlag, Remshalden (ISBN 3-927981-25-7)	**DM 42,–**
Heft 25	K.-G. Krauter:	Die Landwirtschaft im östlichen Hochpustertal. 1968. 186 S. Mit 7 Abb., 15 Tab. im Text u. 3 Karten als Beilagen	**DM 9,–**

Heft 36 (Sbd. 4)	R. Jätzold:	Die wirtschaftsgeographische Struktur von Südtanzania. 1970. 341 S., Mit 56 Karten u. Diagr., 46 Tab. u. 26 Bildern. Summary **DM 35,–**
Heft 38	H.-K. Barth:	Probleme der Schichtstufenlandschaft West-Afrikas am Beispiel der Bandiagara-, Gambaga- und Mampong-Stufenländer. 1970. 215 S. Mit 6 Karten, 57 Fig. u. 40 Bildern **DM 15,–**
Heft 42	L. Rother:	Die Städte der Çukurova: Adana – Mersin – Tarsus. 1971. 312 S. Mit 51 Karten u. Abb., 34 Tab. **DM 21,–**
Heft 43	A. Roemer:	The St. Lawrence Seaway, its Ports and its Hinterland. 1971. 235 S. With 19 maps and figures, 15 fotos and 64 tables **DM 21,–**
Heft 44 (Sbd. 5)	E. Ehlers:	Südkaspisches Tiefland (Nordiran) und Kaspisches Meer. Beiträge zu ihrer Entwicklungsgeschichte im Jung- und Postpleistozän. 1971. 184 S. Mit 54 Karten u. Abb., 29 Fotos. Summary **DM 24,–**
Heft 45 (Sbd. 6)	H. Blume und H.-K. Barth:	Die pleistozäne Reliefentwicklung im Schichtstufenland der Driftless Area von Wisconsin (USA). 1971. 61 S. Mit 20 Karten, 4 Abb., 3 Tab. u. 6 Fotos. Summary **DM 18,–**
Heft 46 (Sbd. 7)	H. Blume (Hrsg.):	Geomorphologische Untersuchungen im Württembergischen Keuperbergland. Mit Beiträgen von H.-K. Barth, R. Schwarz und R. Zeese. 1971. 97 S. Mit 25 Karten u. Abb. u. 15 Fotos **DM 20,–**
Heft 48	K. Schliebe:	Die jüngere Entwicklung der Kulturlandschaft des Campidano (Sardinien). 1972. 198 S. Mit 40 Karten u. Abb., 10 Tab. im Text u. 3 Kartenbeilagen **DM 18,–**
Heft 50	K. Hüser:	Geomorphologische Untersuchungen im westlichen Hintertaunus. 1972. 184 S. Mit 1 Karte, 14 Profilen, 7 Abb., 31 Diagr., 2 Tab. im Text u. 5 Karten, 4 Tafeln u. 1 Tab. als Beilagen **DM 27,–**
Heft 51	S. Kullen:	Wandlungen der Bevölkerungs- und Wirtschaftsstruktur in den Wölzer Alpen. 1972. 87 S. Mit 12 Karten u. Abb. 7 Fotos u. 17 Tab. **DM 15,–**
Heft 52	E. Bischoff:	Anbau und Weiterverarbeitung von Zuckerrohr in der Wirtschaftslandschaft der Indischen Union, dargestellt anhand regionaler Beispiele. 1973. 166 S. Mit 50 Karten, 22 Abb., 4 Anlagen u. 22 Tab. **DM 24,–**
Heft 53	H.-K. Barth und H. Blume:	Zur Morphodynamik und Morphogenese von Schichtkamm- und Schichtstufenreliefs in den Trockengebieten der Vereinigten Staaten. 1973. 102 S. Mit 20 Karten u. Abb., 28 Fotos. Summary **DM 21,–**
Heft 54	K.-H. Schröder: (Hrsg.):	Geographische Hausforschung im südwestlichen Mitteleuropa. Mit Beiträgen von H. Baum, U. Itzin, L. Kluge, J. Koch, R. Roth, K.-H. Schröder und H.P. Verse. 1974. 110 S. Mit 20 Abb. u. 3 Fotos **DM 19,50**

Heft 56	C. Hanss:	Val d'Isère. Entwicklung und Probleme eines Wintersportplatzes in den französischen Nordalpen. 1974. 173 S. Mit 51 Karten u. Abb., 28 Tab. Résumé.	**DM 42,–**
Heft 57	A. Hüttermann:	Untersuchungen zur Industriegeographie Neuseelands. 1974. 243 S. Mit 33 Karten, 28 Diagrammen und 51 Tab. Summary	**DM 36,–**
Heft 59	J. Koch:	Rentnerstädte in Kalifornien. Eine bevölkerungs- und sozialgeographische Untersuchung. 1975. 154 S. Mit 51 Karten u. Abb., 15 Tab. und 4 Fotos. Summary	**DM 30,–**
Heft 60 (Sbd. 9)	G. Schweizer:	Untersuchungen zur Physiogeographie von Ostanatolien und Nordwestiran. Geomorphologische, klima- und hydrogeographische Studien im Vansee- und Rezaiyehsee-Gebiet. 1975. 145 S. Mit 21 Karten, 6 Abb., 18 Tab. und 12 Fotos. Summary. Résumé	**DM 39,–**
Heft 61 (Sbd. 10)	W. Brücher:	Probleme der Industrialisierung in Kolumbien unter besonderer Berücksichtigung von Bogotá und Medellín. 1975. 175 S. Mit 26 Tab. und 42 Abb. Resumen	**DM 42,–**
Heft 62	H. Reichel:	Die Natursteinverwitterung an Bauwerken als mikroklimatisches und edaphisches Problem in Mitteleuropa. 1975. 85 S. Mit 4 Diagrammen, 5 Tab. und 36 Abb. Summary. Résumè.	**DM 30,–**
Heft 63	H.-R. Schömmel:	Straßendörfer im Neckarland. Ein Beitrag zur geographischen Erforschung der mittelalterlichen regelmäßigen Siedlungsformen in Südwestdeutschland. 1975. 118 S. Mit 19 Karten, 2 Abb., 11 Tab. und 6 Fotos. Summary	**DM 30,–**
Heft 64	G. Olbert:	Talentwicklung und Schichtstufenmorphogenese am Südrand des Odenwaldes. 1975. 121 S. Mit 40 Abb., 4 Karten und 4 Tab. Summary	**DM 27,–**
Heft 65	H. M. Blessing:	Karstmorphologische Studien in den Berner Alpen. 1976. 77 S. Mit 3 Karten, 8 Abb. und 15 Fotos. Summary. Résumé	**DM 30,–**
Heft 66	K. Frantzok:	Die multiple Regressionsanalyse, dargestellt am Beispiel einer Untersuchung über die Verteilung der ländlichen Bevölkerung in der Gangesebene. 1976. 137 S. Mit 17 Tab., 4 Abb. und 19 Karten. Summary. Résumé.	**DM 36,–**
Heft 67	H. Stadelmaier:	Das Industriegebiet von West Yorkshire. 1976. 155 S. Mit 38 Karten, 8 Diagr. u. 25 Tab. Summary	**DM 39,–**
Heft 69	A. Borsdorf:	Valdivia und Osorno. Strukturelle Disparitäten und Entwicklungsprobleme in chilenischen Mittelstädten. Ein geographischer Beitrag zu Urbanisierungserscheinungen in Lateinamerika. 1976. 155 S. Mit 28 Fig. u. 48 Tab. Summary. Resumen.	**DM 39,–**
Heft 70	U. Rostock:	West-Malaysia – ein Einwicklungsland im Übergang. Probleme, Tendenzen, Möglichkeiten. 1977. 199 S. Mit 22 Abb. und 28 Tab. Summary	**DM 36,–**

Heft 71 (Sbd. 12)	H.-K. Barth:	Der Geokomplex Sahel. Untersuchungen zur Landschaftsökologie im Sahel Malis als Grundlage agrar- und weidewirtschaftlicher Entwicklungsplanung. 1977. 234 S. Mit 68 Abb. u. 26 Tab. Summary **DM 42,–**
Heft 72	K.-H. Schröder:	Geographie an der Universität Tübingen 1512-1977. 1977. 100 S. **DM 30,–**
Heft 73	B. Kazmaier:	Das Ermstal zwischen Urach und Metzingen. Untersuchungen zur Kulturlandschaftsentwicklung in der Neuzeit. 1978. 316 S. Mit 28 Karten, 3 Abb. und 83 Tab. Summary **DM 48,–**
Heft 74	H.-R. Lang:	Das Wochenend-Dauercamping in der Region Nordschwarzwald. Geographische Untersuchung einer jungen Freizeitwohnsitzform. 1978. 162 S. Mit 7 Karten, 40 Tab. und 15 Fotos. Summary **DM 36,–**
Heft 75	G. Schanz:	Die Entwicklung der Zwergstädte des Schwarzwaldes seit der Mitte des 19. Jahrhunderts. 1979. 174 S. Mit 2 Abb., 10 Karten und 26 Tab. **DM 36,–**
Heft 76	W. Ubbens:	Industrialisierung und Raumentwicklung in der nordspanischen Provinz Alava. 1979. 194 S. Mit 16 Karten, 20 Abb. und 34 Tab. **DM 40,–**
Heft 77	R. Roth:	Die Stufenrandzone der Schwäbischen Alb zwischen Erms und Fils. Morphogenese in Abhängigkeit von lithologischen und hydrologischen Verhältnissen. 1979. 147 S. Mit 29 Abb. **DM 32,–**
Heft 78	H. Gebhardt:	Die Stadtregion Ulm/Neu-Ulm als Industriestandort. Eine industriegeographische Untersuchung auf betrieblicher Basis. 1979. 305 S. Mit 31 Abb., 4 Fig., 47 Tab. und 2 Karten. Summary **DM 48,–**
Heft 79 (Sbd. 14)	R. Schwarz:	Landschaftstypen in Baden-Württemberg. Eine Untersuchung mit Hilfe multivariater quantitativer Methodik. 1980. 167 S. Mit 31 Karten, 11 Abb. u. 36 Tab. Summary **DM 35,–**
Heft 80 (Sbd. 13)	H.-K. Barth und H. Wilhelmy (Hrsg.):	Trockengebiete. Natur und Mensch im ariden Lebensraum. (Festschrift für H. Blume) 1980. 405 S. Mit 89 Abb., 51 Tab., 38 Fotos. **DM 68,–**
Heft 81	P. Steinert:	Górly Stolowe – Heuscheuergebirge. Zur Morphogenese und Morphodynamik des polnischen Tafelgebirges. 1981. 180 S., 23 Abb., 9 Karten. Summary, Streszczenie **DM 24,–**
Heft 82	H. Upmeier:	Der Agrarwirtschaftsraum der Poebene. Eignung, Agrarstruktur und regionale Differenzierung. 1981. 280 S. Mit 26 Abb., 13 Tab., 2 Übersichten und 8 Karten. Summary, Riassunto **DM 27,–**
Heft 83	C.C. Liebmann:	Rohstofforientierte Raumerschließungsplanung in den östlichen Landesteilen der Sowjetunion (1925-1940). 1981. 466 S. Mit 16 Karten, 24 Tab. Summary **DM 54,–**
Heft 84	P. Kirsch:	Arbeiterwohnsiedlungen im Königreich Württemberg in der Zeit vom 19. Jahrhundert bis zum Ende des Ersten Weltkrieges. 1982. 343 S. Mit 39 Kt., 8 Abb., 15 Tab., 9 Fotos. Summary **DM 40,–**

Heft 85	A. Borsdorf u. H. Eck:	Der Weinbau in Unterjesingen. Aufschwung, Niedergang und Wiederbelebung der Rebkultur an der Peripherie des württembergischen Hauptanbaugebietes. 1982. 96 S. Mit 14 Abb., 17 Tab. Summary **DM 15,-**
Heft 86	U. Itzin:	Das ländliche Anwesen in Lothringen. 1983. 183 S. Mit 21 Karten, 36 Abb., 1 Tab. **DM 35,-**
Heft 87	A. Jebens:	Wirtschafts- und sozialgeographische Untersuchungen über das Heimgewerbe in Nordafghanistan unter besonderer Berücksichtigung der Mittelstadt Sar-e-Pul. Ein geographischer Beitrag zur Stadt-Umland-Forschung und zur Wirtschaftsform des Heimgewerbes. 1983. 426 S. Mit 19 Karten, 29 Abb., 81 Tab. Summary u. persische Zusammenfassung **DM 59,-**
Heft 88	G. Remmele:	Massenbewegungen an der Hauptschichtstufe der Benbulben Range. Untersuchungen zur Morphodynamik und Morphogenese eines Schichtstufenreliefs in Nordwestirland. 1984. 233 S. Mit 9 Karten, 22 Abb., 3 Tab. u. 30 Fotos. Summary. **DM 44,-**
Heft 89	C. Hannss:	Neue Wege der Fremdenverkehrsentwicklung in den französischen Nordalpen. Die Antiretortenstation Bonneval-sur-Arc im Vergleich mit Bessans (Hoch-Maurienne). 1984. 96 S. Mit 21 Abb. u. 9 Tab. Summary. Resumé. **DM 16,-**
Heft 90 *(Sbd. 15)*	S. Kullen (Hrsg.):	Aspekte landeskundlicher Forschung. Beiträge zur Sozialen und Regionalen Geographie unter besonderer Berücksichtigung Südwestdeutschlands. (Festschrift für Hermann Grees) 1985. 483 S. Mit 42 Karten (teils farbig), 38 Abb., 18 Tab., Lit. **DM 59,-**
Heft 91	J.-W. Schindler:	Typisierung der Gemeinden des ländlichen Raumes Baden-Württembergs nach der Wanderungsbewegung der deutschen Bevölkerung. 1985. 274 S. Mit 14 Karten, 24 Abb., 95 Tab. Summary. **DM 40,-**
Heft 92	H. Eck:	Image und Bewertung des Schwarzwaldes als Erholungsraum – nach dem Vorstellungsbild der Sommergäste. 1985. 274 S. Mit 31 Abb. und 66 Tab. Summary. **DM 40,-**
Heft 94 *(TBGL 2)*	R. Lücker:	Agrarräumliche Entwicklungsprozesse im Alto-Uruguai-Gebiet (Südbrasilien). Analyse eines randtropischen Neusiedlungsgebietes unter Berücksichtigung von Diffusionsprozessen im Rahmen modernisierender Entwicklung. 1986. 278 S. Mit 20 Karten, 17 Abb., 160 Tab., 17 Fotos. Summary. Resumo. **DM 54,-**
Heft 97 *(TBGL 5)*	M. Coy:	Regionalentwicklung und regionale Entwicklungsplanung an der Peripherie in Amazonien. Probleme und Interessenkonflikte bei der Erschließung einer jungen Pionierfront am Beispiel des brasilianischen Bundesstaates Rondônia. 1988. 549 S. Mit 31 Karten, 22 Abb., 79 Tab. Summary. Resumo. **DM 48,-**
Heft 98	K.-H. Pfeffer (Hrsg.):	Geoökologische Studien im Umland der Stadt Kerpen/Rheinland. 1989. 300 S. Mit 30 Karten, 65 Abb., 10 Tab. **DM 39,50**

Heft 99	Ch. Ellger:	Informationssektor und räumliche Entwicklung – dargestellt am Beispiel Baden-Württembergs. 1988. 203 S. Mit 25 Karten, 7 Schaubildern, 21 Tab., Summary. **DM 29,–**
Heft 100	K.-H. Pfeffer: (Hrsg.)	Studien zur Geoökolgie und zur Umwelt. 1988. 336 S. Mit 11 Karten, 55 Abb., 22 Tab., 4 Farbkarten, 1 Faltkarte. **DM 67.-**
Heft 101	M. Landmann:	Reliefgenerationen und Formengenese im Gebiet des Lluidas Vale-Poljes/Jamaika. 1989. 212 S. Mit 8 Karten, 41 Abb., 14 Tab., 1 Farbkarte. Summary. **DM 63.-**
Heft 102 (Sbd. 18)	H. Grees u. G. Kohlhepp (Hrsg.):	Ostmittel- und Osteuropa. Beiträge zur Landeskunde. (Festschrift für Adolf Karger, Teil 1). 1989. 466 S. Mit 52 Karten, 48 Abb., 39 Tab., 25 Fotos. **DM 83.-**
Heft 103 (Sbd. 19)	H. Grees u. G. Kohlhepp (Hrsg.):	Erkenntnisobjekt Geosphäre. Beiträge zur geowissenschaftlichen Regionalforschung, ihrer Methodik und Didaktik. (Festschrift für Adolf Karger, Teil 2). 1989. 224 S. 7 Karten, 36 Abb., 16 Tab. **DM 59,–**
Heft 104 (TBGL 6)	G. W. Achilles:	Strukturwandel und Bewertung sozial hochrangiger Wohnviertel in Rio de Janeiro. Die Entwicklung einer brasilianischen Metropole unter besonderer Berücksichtigung der Stadtteile Ipanema und Leblon. 1989. 367 S. Mit 29 Karten. 17 Abb., 84 Tab., 10 Farbkarten als Dias. **DM 57.-**
Heft 105	K.-H. Pfeffer (Hrsg.):	Süddeutsche Karstökosysteme. Beiträge zu Grundlagen und praxisorientierten Fragestellungen. 1990. 382 S. Mit 28 Karten, 114 Abb., 10 Tab., 3 Fotos. Lit. Summaries. **DM 60.-**
Heft 106 (TBGL 7)	J. Gutberlet:	Industrieproduktion und Umweltzerstörung im Wirtschaftsraum Cubatão/São Paulo (Brasilien). 1991. 338 S. 5 Karten, 41 Abb., 54 Tab. Summary. Resumo. **DM 45,–**
Heft 107 (TBGL 8)	G. Kohlhepp (Hrsg.):	Lateinamerika. Umwelt und Gesellschaft zwischen Krise und Hoffnung. 1991. 238 S. Mit 18 Abb., 6 Tab. Resumo. Resumen. **DM 38,–**
Heft 108 (TBGL 9)	M. Coy, R. Lücker:	Der brasilianische Mittelwesten. Wirtschafts- und sozialgeographischer Wandel eines peripheren Agrarraumes. 1993. 305 S. Mit 59 Karten, 14 Abb., 14 Tab. **DM 39,–**
Heft 109	M. Chardon, M. Sweeting K.-H. Pfeffer (Hrsg.):	Proceedings of the Karst-Symposium-Blaubeuren. 2nd International Conference on Geomorphology, 1989, 1992. 130 S., 47 Abb., 14 Tab. **DM 29,–**
Heft 110	A. Megerle	Probleme der Durchsetzung von Vorgaben der Landes- und Regionalplanung bei der kommunalen Bauleitplanung am Bodensee. Ein Beitrag zur Implementations- und Evaluierungsdiskussion in der Raumplanung. 1992. 282 S. Mit 4 Karten, 18 Abb., 6 Tab. **DM 39,–**
Heft 111 (TBGL 10)	M.J. Lopes de Souza:	Armut, sozialräumliche Segregation und sozialer Konflikt in der Metropolitanregion von Rio de Janeiro. Ein Beitrag zur Analyse der »Stadtfrage« in Brasilien. 1993. 445 S. Mit 16 Karten, 6 Abb. u. 36 Tabellen. **DM 45,–**

Heft 113   H. Grees   Wege geographischer Hausforschung. Gesammelte Beiträge von Karl Heinz Schröder zu seinem 80. Geburtstag am 17. Juni 1994. Hrsg. v. H. Grees. 1994. 137 S.   **DM 33,–**